BEITRÄGE ZUR HISTORISCHEN THEOLOGIE

HERAUSGEGEBEN VON JOHANNES WALLMANN

60

Albert Schweitzer als Theologe

von

ERICH GRÄSSER

1979

J.C.B. MOHR (PAUL SIEBECK) TÜBINGEN

CIP-Kurztitelaufnahme der Deutschen Bibliothek

Grässer, Erich:
Albert Schweitzer als Theologe / von Erich Grässer.
– Tübingen: Mohr, 1979.
(Beiträge zur historischen Theologie; 60)
ISBN 3-16-142351-8 kart.
ISBN 3-16-142352-6 Lw.
ISSN 0340-6741

Satz und Druck: Gulde-Druck, Tübingen. Einband: Großbuchbinderei Heinr. Koch, Tübingen

Meiner Frau Ingeborg
und unseren Kindern
Annedore, Friederike, Johann-Peter

„Alle wertvolle Überzeugung ist irrational" (Kultur und Ethik. Kulturphilosophie, 2. Teil 1923, S. XIX).

„Was vor allem nottut, ist, daß die Theologie eine klare Sprache rede. Eure Rede sei Ja Ja, Nein Nein; was darüber ist, das ist vom Uebel." (Geschichte der Leben-Jesu-Forschung, 1913, S. 521).

Vorwort

Das Buch ist aus einer Vorlesung herausgewachsen, die ich im Sommer-Semester 1976 für Hörer aller Fakultäten an der Ruhr-Universität Bochum gehalten habe. Die Anregung zu einer Veröffentlichung kam von den Studenten. Ich griff sie zunächst nur zögernd auf, dann aber doch gerne und mit dem Vorsatz, das ursprüngliche Manuskript gründlich um- und auszubauen. Das ist geschehen, und zwar aus zwei Gründen.

1. Die überaus umfangreiche Literatur zu *Albert Schweitzer* handelt in aller Regel (Ausnahmen sind z.B. *Werner Picht* und *Helmut Groos*) von dem großen Menschenfreund und stellt ihn als *das* Symbol wahrer Humanität heraus. Die *theologische Existenz* aber, in welcher das unvergleichliche Lebensbeispiel Schweitzers *gründet,* findet dabei nicht immer die ihr gebührende Beachtung.

Boris Michailowitsch Nossik z.B. berührt den Theologen Schweitzer nur am Rande. Dabei will er seiner weitverbreiteten Leserschaft – das in Moskau erschienene Buch wurde auch ins Ungarische, Estnische und Deutsche übersetzt – suggerieren, Schweitzer habe „in die Theologie die Prinzipien echten wissenschaftlichen Vorgehens" eingeführt, „die bekanntlich darin bestehen, eine existierende Theorie bis zum Letzten zu verteidigen, sie aber dann zu verwerfen, wenn sie sich als falsch herausstellt" (ebd. 54).

Was Schweitzer für die heutige wissenschaftliche Theologie noch immer unentbehrlich macht, sind nicht seine methodischen Prinzipien, wohl aber seine *Problemstellungen* und *-lösungen*, die den theologischen Erkenntnisfortschritt entscheidend beeinflußt haben. Daran möchte dieses Buch erinnern und zugleich verhindern helfen, daß die Berühmtheit des großen Mannes das vergessen macht, was er auch im Urwald geblieben ist: Theologe.

2. Vor dem Hintergrund der gegenwärtigen Weltsituation gibt es kaum einen aktuelleren Denker als *Albert Schweitzer*. In einer Zeit, in der Altes vergeht, Neues aber noch nicht richtig sichtbar ist, die Technik zur alles beherrschenden Macht wird, das Machbare gegenüber dem Verantwortbaren verselbständigt wird, der Zwang zum Weltfrieden ebenso etwas Erstmaliges ist wie der Zwang, eine Wirtschafts- und Lebensordnung herzustellen, die der Plünderung des Planeten Erde Einhalt gebietet, in einer

solchen Zeit wird Albert Schweitzers *Ethik der Ehrfurcht vor dem Leben*
zum entscheidenden Richtungsweiser, ja, zum zwingenden Gebot. Auch
in diesem Punkte ist sein Denken eine bleibende Herausforderung für die
Theologie. Weder darf die neutestamentliche Wissenschaft Albert
Schweitzer leichtfertig als überholt zur Seite legen – das wäre schlimm –,
noch kann eine theologische Ethik ihn ignorieren – das wäre unentschuld-
bar. Es wäre gut, zu Schweitzer in die Schule zu gehen – um der Glaubwürdigkeit der Theologie willen!

Es bedarf noch einiger Bemerkungen zu dieser Arbeit. Sie ist als *Stu-
dienbuch* gedacht. Aus diesem Grunde wird reichlich aus Schweitzers
Werken zitiert und der jeweilige Fundort in den wichtigsten Ausgaben
angegeben. Auf eine umfassende Schweitzer-Bibliographie wurde verzichtet. Es gibt sie in vielen Büchern, am gründlichsten bei *Friedrich Wilhelm Kantzenbach,* Albert Schweitzer 111 ff. Nur die fünfbändige Ausgabe von Rudolf Grabs wäre hier noch nachzutragen. Die Sekundärliteratur ist nicht mehr vollständig erfaßbar. Darum wird in diesem Buch nur
wirklich Benutztes angegeben, und zwar im Literaturverzeichnis die häu-
figer genannten Titel, die nur einmal genannten dagegen am jeweiligen
Ort in der Anmerkung. Die abgekürzten Literaturhinweise in den Anmerkungen sind im Literaturverzeichnis aufgelöst, Abkürzungen nach S.
Schwertner, TRE Abkürzungsverzeichnis, Berlin 1976 oder sinngemäß.

Ich kann das Buch nicht ohne vielfältigen Dank hinausgehen lassen.
Mein verehrter Lehrer *Werner Georg Kümmel* in Marburg hat das Entstehen dieser Arbeit von Anfang an mit Interesse und Rat begleitet. Daß er
mir überdies die von ihm gesammelten Rezensionen der Arbeiten
Schweitzers überließ – eine beträchtliche Arbeitserleichterung für mich! –
danke ich ihm ganz besonders.

Nicht weniger dankbar bin ich den langjährigen Mitarbeiterinnen
Schweitzers in Lambarene, *Ali Silver* und *Tony van Leer,* die heute das
Zentralarchiv in Günsbach leiten. Ich durfte mehrmals dort Gast sein, erhielt Einsicht in den Nachlaß Schweitzers und konnte im Haus selbst arbeiten. Die dort geführten Gespräche und die Hilfsbereitschaft beim Auf-
suchen von Skripten Schweitzers kamen dem Buch sehr zustatten.

Dank verdient auch mein Assistent *Thomas Hübner.* Er hat nicht nur
unermüdlich Literatur aufgestöbert, Korrekturen gelesen und an der äußeren Form des Buches gefeilt, sondern er hat sich auch dessen innere Gestalt zur Herzenssache werden lassen. Die mit ihm geführten Diskussionen waren mir eine gedankliche Bereicherung, die an manchen Stellen
unmittelbar in die Darstellung eingeflossen ist.

Frau *Karin Kaschade* hat in bewährter Zuverlässigkeit und unverdrossen die maschinengeschriebene Reinschrift des mehrmals umgestalteten Manuskriptes besorgt. Auch ihr sei herzlich gedankt.

Meinem langjährigen Bochumer Kollegen *Johannes Wallmann* gebührt Dank für die freundliche Aufnahme dieses Buches in die Reihe der „Beiträge zur historischen Theologie".

Das wissenschaftliche Werk Albert Schweitzers, mit dem diese Untersuchung sich beschäftigt, ist von Anfang an und bis zuletzt vom Verlag J. C. B. Mohr (Paul Siebeck) betreut worden. Es freut mich daher ganz besonders, daß *Georg Siebeck* nicht gezögert hat, dieses Buch zu verlegen.

Die Widmung sei ein Dank für die große Hilfe, die mir die Gemeinsamkeit der Überzeugung im Blick auf Albert Schweitzers Denken und Tun bei der Arbeit war.

Witten-Bommern, den 31. Mai 1979   *Erich Gräßer*

Inhalt

I. Zu diesem Buch

1. Die Aufgabe

Die Beschäftigung mit dem Theologen Albert Schweitzer kann keine Heldenverehrung sein, in der das Lob des Vielgelobten weiter angereichert würde, obschon es sich andererseits aus methodischen und sachlichen Gründen verbietet, einem respektablen Gegenstand respektlos zu begegnen. Nein, wenn wir uns Albert Schweitzer als *Theologen* begegnen lassen, ist das leitende Interesse ein genuin *geschichtliches*, d. h., unsere Darstellung weiß sich einem *dialogischen* Geschichtsverständnis verpflichtet, das keine neutralen Beobachter, wohl aber *betroffene* Teilnehmer am geschichtlichen Geschehen kennt, denen Geschichte „Beispiel für das ewig Menschliche; für das Gewöhnliche, das Erbärmliche, das Böse, wie für das Edle und Hochfliegende" ist, das sie zur Entscheidung ruft[1]. Walter Benjamin schreibt: „Vergangenes historisch artikulieren heißt nicht, es erkennen ‚wie es denn eigentlich gewesen ist'. Es heißt, sich einer Erinnerung zu bemächtigen, wie sie im Augenblick einer Gefahr aufblitzt."[2] Ein solcher Augenblick ist mit dem Bewußtwerden der „Grenzen des Wachstums" und der gefährlichen Aggression des Menschen auf die gesamte Biosphäre unübersehbar gegeben. Und er ruft unmittelbar Schweitzers Ethik ins Gedächtnis, die als stets abrufbare „humane Reserve"[3] einen Damm bilden könnte gegen eine Entwicklung, deren unaufgehaltene Folgen den Planeten Erde zu zerstören drohen.

Es sollen also im folgenden die Wege, die ein Weltbürger und Theologe von Rang in seinem Denken gegangen ist, nicht noch einmal nur nachgezeichnet werden. Es sollen auch nicht positivistisch nur Fakten zur Kenntnis gebracht werden. Sondern es sollen Zeugnisse erneut gehört werden, die den Erfahrungen unserer Gegenwart oft zum Erstaunen nahe sind. Also: „Geschichte als Lehre und als Trost. Ferner dann auch: Geschichte als Quelle der Freude und Faszination."[4] Und schließlich: es soll

---

[1] G. MANN, Geschichtswissenschaft 197.

[2] WALTER BENJAMIN, Über den Begriff Geschichte, in: DERS., Ges. Schriften I. 2 (hg. v. R. Tiedemann u. H. Schoeppenhäuser), Frankfurt a. M. 1974 (691–704) 695.

[3] H. STEFFAHN, Du aber folge mir nach 241.

[4] G. MANN, Geschichtswissenschaft 197.

das zu Erforschende in einen *Sinnzusammenhang* gebracht werden, ohne den es im Grunde nur Annalen oder „Vergangenheit", aber keine „Geschichte" gibt[5]. *Was* also hat Albert Schweitzer theologisch zur Sprache gebracht? In welchem Zusammenhang hat er es getan? Was ist davon geblieben?

Albert Schweitzers Leben war ein „Elementarereignis" (F. W. Kantzenbach), das Theologische darin die alles bestimmende Mitte. Rudolf Grabs verdient Zustimmung: „Nur wer das Anliegen des Kulturphilosophen und Ethikers Schweitzer zugleich im Blickfeld hat, ist fähig, den Theologen zu verstehen. Nur wer Schweitzer als Theologen kennt, weiß um die tiefsten Energien dieses Lebens. Nur wer die geistige Gestalt Schweitzers erschaut, kann den ‚Tatmystiker' vom Ogowe verstehen."[6] Als Theologe war Schweitzer vor allem Jesus- und Paulusforscher. Um das Verständnis dieser beiden aber, Jesus und Paulus, geht es entscheidend dort, wo es um das Verständnis des Christentums geht.

2. Der Gegenstand der Darstellung

Wer über Albert Schweitzer als Theologen handelt, beschreibt – äußerlich gesehen – nur einen schmalen Sektor dieses reich begabten Lebens. Denn nur wenige Jahre gehörten hauptamtlich der Theologie. Die meisten Jahre seiner neunzigjährigen Lebenszeit widmete er als Arzt in Lambarene dem Dienst unmittelbaren Helfens, ohne freilich aufzuhören, das „Phänomen der Vielseitigkeit" zu sein, als das man ihn m. R. bezeichnet hat[7]. Wenn wir trotzdem die *theologische* Seite besonders aufschlagen, so hat das naheliegende Gründe. Der eine ist ein *biographischer*. Albert Schweitzer war Theologe. Vom ersten Semester im Jahre 1893 an studierte er in Straßburg Theologie und Philosophie. Und obwohl seine erste wissenschaftliche Abhandlung, nämlich seine Doktordissertation (1899), einem philosophischen Thema galt (Kant), lehnte er das Angebot ab, sich in der philosophischen Fakultät zu habilitieren, weil ihm bedeutet wurde, man würde es ungern sehen, wenn ein Dozent der Philosophie zugleich Prediger sei. Da er aber das im gleichen Jahr angetretene Predigtamt an St. Nicolai in Straßburg nicht aufgeben wollte, habilitierte er sich in der theologischen Fakultät. Von 1901 an sind es *theologische* Schriften, mit

---

[5] AaO.

[6] R. GRABS, Denker aus Christentum 6; H. STEFFAHN, Du aber folge mir nach 74, teilt diese Überzeugung.

[7] H. GROOS 17.

denen er sich einen Namen machte, der nun schon 80 Jahre aus der wissenschaftlichen Diskussion der Jesus- und Paulusforschung nicht mehr wegzudenken ist. Mit Recht zählt man Schweitzer neben Martin Buber, Rudolf Bultmann, Karl Barth und Dietrich Bonhoeffer zu den unser Jahrhundert entscheidend beeinflussenden „Denkern des Glaubens"[8].

Der andere Grund, gerade die theologische Seite Albert Schweitzers besonders aufzuschlagen, ist *sachlicher* Art. Was immer Schweitzer in seiner reichen Vielseitigkeit im einzelnen gewesen sein mag, sein Leben hat eine das alles zusammenbindende Mitte. Diese Mitte ist ein ethischer Impuls. Er heißt: „Ehrfurcht vor dem Leben." Es heißt nicht, Schweitzer christlich zu vereinnahmen, wenn man sagt, daß diese Mitte ein Denken aus Glauben war, wobei beide Substantive einen gleichgewichtigen Akzent tragen: *Denken* aus *Glauben*. Sondern es heißt nur einem Tatbestand gerecht werden, wenn man feststellt, daß es zu diesem Denken nicht ohne Albert Schweitzers Hören auf die Botschaft des Evangeliums gekommen wäre. Sie hat ihn von Kindheit an bis an sein Lebensende begleitet und ihm deutlich gemacht: Wem ein reiches Leben gegeben ist, der soll sich reich verschenken. Wenn es richtig ist, daß der Heilige Franz von Assisi und Albert Schweitzer einander ähneln wie Brüder[9], wird diese Tatsache nur um so nachhaltiger unterstrichen.

Schließlich wird das Theologische als die gewichtige Mitte – sieht man von der praktischen Tätigkeit als Arzt und Menschenfreund nun einmal ab – auch dadurch hervorgehoben, daß der *Wissenschaftler* Schweitzer mit keinem seiner Gebiete so erfolgreich gewesen ist wie mit der Theologie, also nicht mit seiner Philosophie[10], nicht mit seiner Musikwissenschaft, obwohl bei letzterer Vorsicht geboten ist: Das Bachbuch nennt Arthur Hübscher neben Peter Raabes „Liszt" die beste deutsche Musikbiographie[11]. Hier überall ist Schweitzer bedeutend, aber nicht groß. Er ist es

---

[8] U. Neuenschwander, Denker des Glaubens I, 47 ff. Vgl. auch F. W. Kantzenbach, Programme; hier hat Schweitzer seinen selbstverständlichen Platz (152–163), unverständlicherweise jedoch nicht bei Martin Greschat (Hg.), Theologen des Protestantismus im 19. und 20. Jahrhundert I., II. (UB 284. 285), Stuttgart 1978.

[9] Niko Kazantzakis, Epilog. Die beiden Brüder, in: J. Pierhal, A. Schweitzer 346; vgl. auch L. Kotter, Vom Recht des Tieres, in: Universitas 33, 1978, 523–532, bes. 529.

[10] Sie gilt als sein schwächstes Stück. Von seiner Ethik wird gesagt, daß sie „große Schwächen" habe. Die Wissenschaft hat Schweitzers Bemühungen in dieser Hinsicht wenig beachtet. Vgl. H. Groos 12.

[11] A. Hübscher, Denker unserer Zeit, 1956, 133. Vgl. H. Groos, 19 Anm. 11. Zu A. Schweitzer als Musikwissenschaftler vgl. neben dem Bach-Buch auch seine Edition der Orgelwerke: J. S. Bachs Orgelwerke. Kritisch-praktische Ausgabe. Zusammen mit Charles Marie Widor. Englisch, deutsch, französisch. Bd. I, II (Präludien und Fugen) 1912. Bd. III,

aber zweifellos als *historischer Theologe*. Die Frage- und Problemstellungen, die Schweitzer als solcher in die Jesus- und Paulusforschung eingeführt oder doch verschärft bewußt gemacht hat, sind noch heute gültig. Seine Geschichte der Leben-Jesu-Forschung ist – ausgenommen die Selbstzeugnisse – das am meisten gelesene theologische Buch Albert Schweitzers (6 Auflagen und eine Taschenbuchausgabe), die Mystik des Apostels Paulus sein bestes.

Ein Grund, sich mit dem Theologen Albert Schweitzer zu beschäftigen, ist sicher auch die große *Strittigkeit* hinsichtlich seiner *Christlichkeit*. „Die christliche Theologie hat es schwer gefunden", so äußert er sich selbst, „meine Gedanken gelten zu lassen, obwohl es den *Christen* nicht schwerfiel."[12] Dieser Streit setzt bereits früh ein und begleitet ihn dann lebenslang, ohne daß er auf diesbezügliche Kritik je geantwortet hätte. Die Pariser Missionsgesellschaft, in deren Namen Schweitzer 1913 nach Afrika ausreiste, nahm ihn nur zögernd auf. Sie hatte „schwere Bedenken" gegen seinen „theologischen Standpunkt" geltend gemacht. Schweitzer gab ihr die beruhigende Versicherung ab, er werde in Lambarene „stumm sein wie ein Karpfen"[13]. Daß ihm das Opfer des Schweigens dann doch erlassen wurde, lag an den Missionaren im Ogowegebiet, die ihn bald baten, Predigten zu übernehmen. Dennoch blieb er als „ein ausgeprägter Vertreter des Neuprotestantismus"[14] umstritten. Während das freisinnige Christentum ihn vorbehaltlos als einen der Seinen akzeptierte und an Schweitzers Jüngerschaft Jesu nicht zweifelte[15], sahen andere in ihm den „problematischen Theologen". Dafür zwei Beispiele aus neuerer Zeit.

Das eine stammt von Fritz Buri, einem Schüler und Bewunderer Albert Schweitzers. In seinem Büchlein „Albert Schweitzers Wahrheit in Anfechtung und Bewährung" (1960) schreibt er: „Es gibt Theologen, die sehr viel vom Heiligen Geist reden – aber gerade in dieser Frage merkwür-

---

IV (Präludien und Fugen) 1913. Bd. V (Concertos und Sonaten) 1914. A. Schweitzer, Deutsche und Französische Orgelbaukunst und Orgelkunst. 3. faksimilierter Nachdruck der 1. Auflage von 1906, Wiesbaden 1976 (= Werke 5, 389–465).

[12] Zit. nach H. Steffahn, Du aber folge mir nach 99 f.

[13] LD 107/Werke 1, 129; vgl. W. Picht 28. – Dennoch blieben die Vorbehalte gegen einen Missionsarzt, „der nur die rechte christliche Liebe, nicht aber auch den rechten Glauben hätte", bestehen. Schweitzer indes vertraute darauf, „daß die Betreffenden noch einige Jahre Zeit hätten, um zur rechten christlichen Vernunft (!) zu kommen" (LD 90/Werke 1, 111).

[14] M. Schmidt, A. Schweitzer als Theologe 208.

[15] In Amerika hat man ihn den „13. Jünger" genannt (vgl. H. Steffahn, Du aber folge mir nach 99).

dig wenig Vertrauen in diesen Geist an den Tag legen. Wir aber wissen
jetzt, was das für ein Geist ist, auf dessen Mächtigwerden Schweitzer in
seinen Atomreden hofft und dem er als ein von ihm Ergriffener mit seinen
Mahnungen dienen möchte. Es ist der Geist, den das Neue Testament den
Heiligen Geist nennt und den der Apostel Paulus einmal mit Christus
gleichsetzt und von ihm bezeugt, daß er uns frei mache (2 Kor 3,17).
Schweitzer hat an sich selber erfahren, was er von dem Apostel Paulus
sagt: ‚Sein Denken liefert uns Christus aus‘.“[16] Die Wahrheit der Theologie Schweitzers „als Wahrheit in Bewährung“ gilt hier ganz unmittelbar
als eine Frucht des „Christusgeistes“[17].

Das andere Urteil stammt von Karl Barth. Am 15. November 1928
schreibt er von Münster aus an seinen Freund Eduard Thurneysen:

„Vor 8 Tagen habe ich unsern Zeitgenossen Albert Schweitzer hier in
meinem Studierzimmer und in seinem Lambarenevortrag erlebt. Ich teilte
ihm freundlich mit, das sei ‚saftige Werkgerechtigkeit‘ und er sei ein
Mensch des 18. Jahrhunderts, und im Übrigen unterhielten und verstän-
digten wir uns dann sehr gut. Es hat keinen Sinn, mit ihm zanken zu wollen. Er sieht auch sich selber relativ wie alles und alle, und daß man mitleidig sein soll, ist ja sicher wahr und auch für uns immer wieder zu bedenken. Ich muß ins Kolleg. Ich rede heute über die Schädlichkeit zeitloser
Wahrheiten.“[18]

Hat Karl Barth Schweitzer in *dieser* Hinsicht für einen Schädling gehalten? Jedenfalls verbindet die beiden *als Theologen* wenig. Dafür ist die

---

[16] Ebd. 43 f.

[17] AaO 38. 43. Vgl. auch Martin Werner, Albert Schweitzer und das freie Christentum,
1924; Kurt Guggisberg, Der freie Protestantismus. Eine Einführung, Bern/Stuttgart
²1952; Hans Pribnow, Jesus im Denken Albert Schweitzers (Beihefte zur Monatsschrift
„Freies Christentum“ 50/51), Hanau 1964; H. Zwecker, Neuzeitlicher Glaube. Ein Weg
zu echter Überzeugung (Schriftenreihe Freies Christentum, Heft 56) 1965. Vor allem aber F.
Buri, Albert Schweitzer als Theologe heute 32, der das dictum von Schweitzer überliefert:
„Ich bin ein rationalistischer Pietist.“ Zur an A. Schweitzer anknüpfenden neuprotestanti-
schen Schule Martin Werners, Fritz Buris, Willy Bremis und Ulrich Neuenschwanders vgl.
Walther v. Loewenich, Luther und der Neuprotestantismus, Witten 1963.

[18] K. Barth, GA V. Briefe. Karl Barth – Eduard Thurneysen, Briefwechsel, Bd. 2,
1921–1930 (hg. v. E. Thurneysen), Zürich 1974, 628. – Den Vorwurf der „Werkgerechtigkeit“ erhebt Barth leichthin. In einer öffentlichen Diskussion parierte Schweitzer den Vorwurf mit dem Hinweis auf die für das Christsein notwendige „Werkfreudigkeit“ (vgl. Rudolf Grabs, Gelebter Glaube. Ein Lesebuch, Berlin 1957, 47). Außerdem kann Schweizer, Selbstzeugnisse 205/Werke 1, 472, darauf hinweisen: „Wenn ich es als meine Lebensaufgabe betrachte, die Sache der Kranken unter fernen Sternen zu verfechten, berufe ich
mich auf die Barmherzigkeit, die Jesus und die Religion befiehlt. Zugleich aber wende ich
mich an das elementare Denken und Vorstellen. Nicht als ein ‚gutes Werk‘, sondern als eine
unabweisliche Pflicht soll uns das, was unter den Farbigen zu tun ist, erscheinen.“

Kluft zwischen der Vernunftdeutung des Evangeliums zur Ehrfurcht vor
dem Leben bei Albert Schweitzer und dem streng von der Offenbarung
her gedachten theologischen Denken bei Karl Barth zu groß[19]. Aber das
hat Karl Barth nicht gehindert, Schweitzers Leidenschaft dafür, daß das
Tun des Gebotenen nicht auch ganz eitel werde, anzuerkennen. Im Gegenteil! Er hat es gelobt[20]. Mehr noch! Barth, der sich nie darüber täusch-
te, ,,wie erschütternd relativ *Alles* ist, was man über den großen Gegenstand" Theologie ,,*sagen* kann"[21], sprach in seiner Basler Abschiedsvorle-
sung über das ,,Mißverhältnis" zwischen dem, was die Theologie treibt
und dem, was gleichzeitig in der Welt geschieht. Er stellte die Frage:
,,Könnte Theologie nicht eine Luxusbeschäftigung, könnten wir mit ihr
nicht auf der Flucht vor dem lebendigen Gott begriffen sein? Könnte ein
so problematischer Theologe wie Albert Schweitzer nicht – immer gerade
vom Gegenstand der Theologie her gesehen – das bessere Teil erwählt haben, und mit ihm die ersten Besten, die da und dort ohne alle theologische
Besinnung versucht haben, Wunden zu heilen, Hungrige zu speisen, Dur-
stige zu tränken, elternlosen Kindern eine Heimat zu bereiten? Ist im
Schatten der großen Not der Welt (und auch der Kirche in der Welt) nicht
alle Theologie dadurch ausgezeichnet, daß sie so viel Zeit, so gar keine Eile
zu haben scheint, daß sie der Erlösung in der Wiederkunft Jesu Christi,
auch wenn sie sie nicht geradezu leugnet, scheinbar anderweitig beschäftigt, so merkwürdig gemächlich entgegensieht. Ich ziehe keine Folgerun-
gen . . . Ich stelle nur *Fragen*. Sie sind aber dringliche Fragen und solche,
die schon, indem sie sich erheben und nicht einfach abzuweisen sind, eine
Gestalt des Zornes Gottes darstellen, in der, was wir als Theologie treiben, in seiner Wurzel angegriffen sein dürfte."[22]

---

[19] Während K. BARTH Gott streng von der Offenbarung her denkt, ist für A. SCHWEIT-
ZER ,,das Problem gerade dieses . . ., wie wir unsern aus dem modernen Denken gewonne-
nen Begriff von Gott mit der naiven Vorstellung Jesu in Einklang bringen können" (LJ
520/Werke 3, 733 f./GTB 520). Richtig H. STEFFAHN, Du aber folge mir nach 63: Schweitzers Erlösungsbegriff ,,bleibt vorchristlich, besser, vorchristologisch. Schweitzer schaltet
das Osterlicht auf dem Wege seiner persönlichen Heilssuche aus. Das hat ihm bereits bei der
Habilitation Schwierigkeiten bereitet und später den Weg nach Afrika erschwert". – Den
Gegensatz Barth–Schweitzer arbeitet z. T. bissig heraus MARTIN WERNER, Das Weltanschauungsproblem bei Karl Barth und Albert Schweitzer. Eine Auseinandersetzung, München 1924. Zu Schweitzers Reaktion siehe unten S. 247ff.
[20] K. BARTH, GA II. Ethik I. (hg. v. D. Braun), Zürich 1973, 231 ff. – DERS., KD III/4,
366–453.
[21] K. BARTH, Antwort auf Herrn Professor von Harnacks offenen Brief (1923), in: J.
MOLTMANN (Hg.), Anfänge der dialektischen Theologie I (TB 17), München [2]1966,
(333–345) 345.
[22] KARL BARTH, Einführung in die evangelische Theologie, Zürich 1962, 154, 155f.

In der Schweitzer-Biographie des Pfarrers Rudolf Grabs ist ein ganzer
Abschnitt der Frage gewidmet: Ist Schweitzer Christ? Die Antwort fällt
uneindeutig aus. Das klare Prädikat „christlich" wird dem *Denken*
Schweitzers vorenthalten, seinem Tun jedoch vorbehaltlos zuerkannt. Je-
nes ist „Teil der kommenden ‚Weltphilosophie'"²³, dieses „gelebter
Glaube".

Weitaus kritischer noch beurteilt Helmut Groos diesen Sachverhalt:
„Der Denker Schweitzer . . . ist alles andere als christlich." Trotz seiner
wiederholten Versicherungen, Christentum und Kirche treu ergeben zu
sein, habe er nicht nur den Boden eines orthodoxen, sondern auch eines
freisinnigen, liberalen Christentums „offensichtlich hinter sich gelassen."²⁴ Mehr noch! Als zusammenfassender Ausdruck allgemeiner Auf-
lösungstendenzen der Theologie könne Schweitzers theologisches Denken „sogar recht aktuell genannt werden". Denn: „Entmythologisierung, Abkehr von der Transzendenz, ein Glaube ohne wirkliche Hoffnung und eine Hoffnung ohne eigentlichen Glauben, ein Himmel ohne
Gott und ein Gott ohne Himmel, d. h. ein Gott, der mehr eine Wertvor-
stellung, ein Ideal, eine Idee darstellt, als daß er eine dem Menschen ge-
genüberstehende, einerseits übermächtige, andererseits ihn als Partner eines Ich-Du-Verhältnisses einbeziehende lebendige Wirklichkeit wäre, ein
Christentum infolgedessen, das sich auf das Erlebnis der Existenz, auf das
Engagement, auf die Ethik der Mitmenschlichkeit reduziert, das den
Glauben an das Kommen Gottes in einen Aufruf zum Handeln im Sinne
der Ehrfurcht vor dem Leben, zur Veränderung der Welt umfunktioniert,
dies alles bezeichnet einen Trend, dem sich zu entziehen der Theologie
immer schwerer wird und der Schweitzers Gestalt zum Seher und Vorläufer entscheidender Entwicklungen werden läßt."²⁵

Nun, die Tatsache, daß von derartigen Tendenzen in der Gegenwart
Verbindungslinien zu Albert Schweitzer gezogen werden *können*, weist
fraglos auf die Grenzen seiner Theologie, in welcher das biblische Offen-
barungszeugnis Alten und Neuen Testamentes nicht den ihm zukom-
menden Platz einnimmt. Trotzdem kann m. E. keine Rede davon sein,
daß es genüge, „einige unwesentlich gewordene Beziehungen zur Religion, die in Schweitzer noch anklingen oder nachwirken", zu eliminieren,
um ihn auf die Ebene eines atheistischen „Realidealismus" herüberzuzie-

---

²³ R. Grabs, Denker aus Christentum 37.
²⁴ H. Groos 493.
²⁵ AaO 465.

hen[26]. Man bringt Schweitzer um seine Identität, wenn man seine „Beziehungen zur Religion" unwesentlich werden läßt. Tatsächlich sind sie für sein Denken elementar. Was aber ihre Christlichkeit anbetrifft, so kann unsere Antwort auf die Frage, ob Schweitzer Christ war, *vordergründig* nur lauten: Ja! Denn als getauftes Glied der Evangelischen Kirche und später als ihr Prediger hat er zeitlebens diesem Kirchentum die Treue gehalten[27]. Aber darf die Frage auch *hintergründig* als die nach dem christlichen Glauben Albert Schweitzers gestellt werden? Gewiß, seine Theologie ist kritisierbar, ja, an Schrift und Bekenntnis gemessen in vielem sogar defizitär. Ein Urteil über Albert Schweitzers Frömmigkeit ist dennoch abzuweisen. Aus zwei Gründen. Einmal gilt hier besonders, was Albert Schweitzer überhaupt verneint: das Recht, alle Gedanken des andern zu kennen. „Nicht einmal die Mutter darf so gegen ihr Kind auftreten." Denn „von dem, was unser inneres Erleben ausmacht, können wir auch unseren Vertrautesten nur Bruchstücke mitteilen. Das Ganze vermögen wir weder von uns zu geben, noch wären sie imstande es zu fassen"[28]. Zum andern bemißt sich die Frage, ob ein anderer Christ ist, zumeist nach einem Konfessionschristentum, nach Schultheologien oder auch nach festen Kirchentümern mit bestimmten Dogmen und Riten. Bei Albert Schweitzer bemißt es sich ausschließlich nach einem Verständnis von *Nachfolge Jesu,* das in Zweifel zu ziehen es kein Recht gibt. Sein Lebenswerk macht überall – ob als Vikar in Straßburg oder als Arzt in Lambarene – kund, „daß er überhaupt nicht vom Theoretischen her im letzten begriffen und gewürdigt werden kann, sondern vom Praktischen erfaßt werden muß"[29]. Und hier ist völlig klar: Er hat sein Werk „überkonfessionell und

---

26 AaO 750. 751. Zur Kritik an Groos vgl. H.-H. JENSSEN, Rezension 97f.

27 Die Indizien für eine schlichte, persönliche Frömmigkeit im Leben Albert Schweitzers sind Legion. Sehr sprechend ist das folgende: Auf dem Nachttisch im Günsbacher Haus liegt ein sehr altes Gesangbuch, mit dem Schweitzer seine Abendandachten hielt. Ein zerleseneres Buch kann man sich kaum vorstellen! Das Lieblingslied war: „Ach bleib mit deiner Gnade bei uns, Herr Jesu Christ . . ." Es wurde mit allen Strophen auch bei Schweitzers Beerdigung gesungen (vgl. S. OSWALD, Mein Onkel Bery 196; H. STEFFAHN, Du aber folge mir nach 207). Doch wurde noch zwei Jahre nach Schweitzers Tod über seine Christlichkeit im Kreise seiner Freunde diskutiert; vgl. HERMANN BAUR/ROBERT MINDER, Albert Schweitzer Gespräch, Basel 1967 (EZS 42/43), Hamburg 1969, vor allem 24f.

28 Selbstzeugnisse 57f./Werke 1, 305f./KJ 52f.

29 M. SCHMIDT, A. Schweitzer als Theologe 209. – Vgl. auch H. STEFFAHN, Du aber folge mir nach 64f.: „Es bleibt ein liebenswerter Irrationalismus dieses Christenmenschen, daß man ihn nicht in Formeln pressen kann; daß das Ganze immer noch mehr als die Summe der Teile ist. Die Fotolinse dogmatisch ausgeruhter Kirchenchristen kriegt ihn nicht ins Bild, wenn sie aus seinen unkonventionellen Äußerungen ein Porträt fertigen will. Aber auch das ‚Freie Christentum', dem er nahe stand, kommt in dem Wunsch nach voller Identifikation mit der Tiefenschärfe nicht zurecht." Vgl. auch S. OSWALD, Mein Onkel Bery 200: „Er ge-

international" verstanden. ,,Es war meine Überzeugung und ist es noch heute, daß die humanitären Aufgaben in der Welt dem Menschen als solchem, nicht als dem Angehörigen einer bestimmten Nation oder Konfession nähergebracht werden müssen."[30] Klar ist aber auch, daß der Impuls zu diesen Aufgaben anders denn christlich nicht abgeleitet werden kann.

Schweitzer schreibt: ,,Die Ideen, die das Wesen und das Leben eines Menschen bestimmen, sind in ihm auf geheimnisvolle Weise gegeben."[31] Aber um zu einer lebensbestimmenden Macht zu werden, bedürfen sie der Verlebendigung durch die Personifikation. Schweitzer fand diese in Jesus von Nazareth und seinem Wort: ,,Wer sein Leben will behalten, der wird es verlieren, und wer sein Leben verliert um meinet- und des Evangeliums willen, der wird es behalten" (Mk 8,35). Damit entschied sich die Auffassung und das Schicksal seines Lebens: ,,Wer von eigenem Leid verschont ist, hat sich berufen zu fühlen, zu helfen, das Leid der andern zu lindern"[32].

Schweitzer wußte diese Lebensauffassung durch die höchste Autorität bekräftigt. *Jesus* gebietet! Dieses Gebot aber ,,umschließt in dem ,um meinetwillen' die Bindung an die Person seines Verkünders. Ein seinen Weg suchender Wille wird von einem Stärkeren ergriffen und in Dienst genommen. Albert Schweitzer hat seinen Herrn gefunden"[33]. Er sollte ihm Zeit seines Lebens treu bleiben.

---

hörte uns allen. Als an jenem Sonntag nach seinem Tode in der Dorfkirche von Günsbach ein Gedächtnisgottesdienst gefeiert wurde, zu dem das ganze Dorf und viele Menschen von auswärts gekommen waren, da hat neben den protestantischen Pfarrern, die deutsch und französisch sprachen und neben dem Arzt, einem der ersten Helfer in Lambarene, der elsässisch zu der Gemeinde redete, auch der katholische Curé das Wort ergriffen . . . Es war *eine* Gemeinde, die ihres verstorbenen Sohnes gedachte."

[30] Selbstzeugnisse 68/Werke 1, 371. Im ,,freisinnigen Protestantismus" sieht SCHWEITZER ,,eine Notwendigkeit für christliche Kultur . . . und er ist die Wahrheit" (Brief vom 3. 5. 1951 an H. Bahr. Abschrift im Zentralarchiv in Günsbach). Vgl. auch SCHWEITZERS ,,Botschaft an die Teilnehmer der Tagung des Weltbundes für freies Christentum", Werke 5, 378f. (,,nicht nur freies, sondern tiefes Christentum sei unser Ideal", ebd. 379).

[31] AaO 61/309/KJ 56.

[32] AaO 52/300/47. Der Hinweis auf Mk 8,35 in LD 78f./Werke 1, 99.

[33] W. PICHT 33. Es gibt eine Predigt vom 6. Januar 1905, die also bald nach dem Entschluß, in den Kongo zu gehen, gehalten wurde (SP 47ff.). Man hat sie m. R. ein ,,biographisches Schlüsselwort" genannt, das ,,direkt an eine schicksalhafte Wegbiegung im Leben Schweitzers" heranführt und wieder einmal erweist, ,,wie sehr Jesus von Nazareth bis in wörtliche Motivwiederholung hinein eine Antriebskraft seines Handelns war" (H. STEFFAHN, Du aber folge mir nach 72). Zur missionarischen Perspektive im Leben Schweitzers vgl. FRITZ KOLLBRUNNER, Albert Schweitzer und die Mission, in: NZM 31, 1975, 288–293.

3. Die Identität von Denken und Tat

Zuletzt einige Überlegungen zur notwendigen Unterscheidung „Zwischen der Fragwürdigkeit wissenschaftlich beweisbarer Richtigkeiten und der Unbedingtheit der Gültigkeit einer Wahrheit, die sich uns nur in dem Maße erweist, als wir sie in unserem Leben bewähren"[34].

Die Glaubwürdigkeit eines Menschen ist allemale die Identität von Wort und Tat, von Denken und Leben. Man hat gesagt, Jesus sei der einzige Mensch auf dieser Erde gewesen, bei dem das Denken und das Handeln, das Wort und die Tat absolut deckungsgleich waren. Jesus hat Gleichnisse vom Reich Gottes gepredigt und in einem damit sein Leben zum Gleichnis des Reiches Gottes gemacht. Sein Tod als das Siegel dieser Identität hat dem heidnischen Hauptmann unter dem Kreuz das Urteil abgenötigt: „Wahrlich, dieser Mensch ist Gottes Sohn gewesen" (Mk 15,39). Jesus war der *einzige*. Aber Albert Schweitzers Glaubwürdigkeit hat ihre Unantastbarkeit *auch* darin, daß sein gelebtes Leben die Verifikation seiner gedachten Gedanken war. Einst, im Jahre 1905, klagte Albert Schweitzer darüber, daß „die vielgerühmten Kulturstaaten . . . draußen" – heute hieße das: in der Dritten Welt – „nur Raubstaaten" sind. „Und wo sind in diesen Kulturstaaten die Menschen, die diese langwierige, selbstlose Arbeit unternehmen, jene Völker zu erziehen und ihnen die Segnungen unserer Kultur zu bringen? Wo sind die Arbeiter, die Handwerker, die Lehrer, die Gelehrten, die Ärzte, die dort, um an dieser Kulturaufgabe zu arbeiten, in diese Länder ziehen?"[35] Er selber hatte – was zu diesem Zeitpunkt noch niemand wußte – wenige Wochen zuvor aufgrund eines Aufrufes der Pariser evangelischen Missionsgesellschaft beschlossen, zu einer Tätigkeit menschlichen Dienens in den französischen Kongo zu gehen. Um das Heil zu *wirken,* genügen die Bücher über die Heilsgeschichte nicht.

Der Diastase von Wort und Tat, von Theorie und Praxis gewährte Albert Schweitzer nicht einen Millimeter Boden. Als Theologe hat er die Nächstenliebe nicht nur aus der sicheren Pfarramtspfründe heraus gepredigt; er hat sie unter den schwierigen Bedingungen eines heißen Kontinents *getan*. Als Philosoph hat er den Zusammenbruch der abendländischen Kultur nicht nur in einer Zeit vorausgesehen, in der die Soziologen noch zuversichtlich deren fortschreitende Aufwärtsentwicklung verkündeten, sondern das Mittel zu ihrer wirksamen Erneuerung – Ehrfurcht vor

---

[34] F. Buri, Albert Schweitzers Wahrheit 8 f.
[35] SP 49 f. (Predigt am 6. Jan. 1905).

dem Leben – zu praktizieren begonnen. Als Musikwissenschaftler hat er nicht nur eine wissenschaftliche Ausgabe des Bachschen Orgelwerkes besorgt und zahlreiche Konzerte gegeben, sondern viele alte Orgeln vor dem Verfall gerettet. Als Mediziner war er nicht Pendler zwischen Praxis und Privatleben, sondern Baumeister seines eigenen Spitals, in dem er mit den Helfern und Hilfsbedürftigen in *einer* Gemeinschaft lebte. Albert Schweitzer hat mit seiner Existenz jedes Theorie-Praxis-Problem zum Gespött gemacht. Sein Leben hat seinem Denken vollkommen entsprochen – und umgekehrt. Jede Erkenntnis wurde unmittelbar in Handlung umgesetzt, die einmal getroffene Entscheidung nie zurückgenommen. „Die Identität von Denken und Tat ist eine vollkommene."[36] Was Schweitzer an Goethe bewunderte, galt von ihm selber: „Das Größte an einem Denker wird immer bleiben, daß seine Gedanken und sein Leben eine Einheit bilden."[37] Darin realisierte Albert Schweitzer die von Jesus geforderte *Nachfolge*, die er mit den Schlußsätzen seines berühmtesten theologischen Werkes, der Geschichte der Leben-Jesu-Forschung, so beschreibt: „Als ein Unbekannter und Namenloser kommt er (sc. Jesus) zu uns, wie er am Gestade des Sees an jene Männer, die nicht wußten, wer er war, herantrat. Er sagt dasselbe Wort: Du aber folge mir nach! Und stellt uns vor die Aufgaben, die er in unserer Zeit lösen muß. Er gebietet. Und denjenigen, welche ihm gehorchen, Weisen und Unweisen, wird er sich offenbaren in dem, was sie in seiner Gemeinschaft an Frieden, Wirken, Kämpfen und Leiden erleben dürfen, und als ein unaussprechliches Geheimnis werden sie erfahren, wer er ist . . .".

---

[36] W. Picht 24.
[37] Goethe 68/Werke 5, 523.

II. Die Voraussetzungen

1. Die Zeitepoche: Fin de siècle

„Ein allgemeiner Einblick in die Zeitepoche, in der eine auffallende Person auftritt, ist immer wichtig, um sie in ihrer wahrhaft menschlichen und doch ursprünglichen Eigenheit einordnen und identifizieren zu können. Aber sei es auch innerhalb dieses allgemeinen Rahmens, es sind doch vor allem sehr konkrete Umstände, zufällige oder gesuchte Begegnungen, sehr präzise, gleichsam lokalisierte Ereignisse, die das prononcierte Auftreten und öffentliche Erscheinen einer Person – zumindest in erster Linie – anschaulich und begreiflich machen."[1]

Für Albert Schweitzer trifft das in vollem Maße zu. Sein ethisches Philosophieren ist ganz unmittelbar Resultat der um 1900 ihm bewußt werdenden Kulturkrise[2].

Die deutsche Kulturkritik, die mit Schiller und Hölderlin einsetzt, wird von Friedrich Nietzsche und Jakob Burckhardt fortgeführt und begleitet den liberalen Fortschrittsgedanken des 19. Jahrhunderts als Mahnung, daß die moralischen Fähigkeiten des Menschen mit seinen technischen Fertigkeiten nicht Schritt halten. Der von Goethe mit tiefer Besorgnis erahnte Bruch der Kontinuität in der abendländischen Humanität war in den beiden letzten Jahrzehnten des vergangenen Jahrhunderts, also in den Jahrzehnten, in denen Albert Schweitzer aufgewachsen ist, Wirklichkeit geworden. Die technisch-industrielle Revolution veränderte und gefährdete die elementaren Lebensgrundlagen in wenigen Jahrzehnten tiefgreifender, als alle Revolutionen der Jahrhunderte zuvor. Der jetzt die Weltanschauung formende Tatsachen-Optimismus zerriß nicht nur die Denkgebäude des Idealismus, sondern er ließ auch „den erschreckenden Graben zwischen der Welt der Einzeltatsache und ihrer metaphysischen Struktur sichtbar werden . . . Kommende Zusammenbrüche waren jenen

---

[1] EDWARD SCHILLEBEECKX, Jesus. Die Geschichte von einem Lebenden, Freiburg ³1976, 102.

[2] Zur Kulturkritik und ihrer Entwicklung überhaupt vgl. ALEXANDER RÜSTOW, Ortsbestimmung der Gegenwart. Eine universalgeschichtliche Kulturkritik, Bd. 1 Ursprung der Herrschaft, Erlenbach-Zürich/Stuttgart 1950, Bd. 2 Weg der Freiheit, ²1963; ALFRED WEBER, Kulturgeschichte als Kultursoziologie, München ²1951.

Jahrzehnten noch nicht einsichtig. Aber sie schoben sich heran: Die düster ahnende Stimmung des Fin de siècle legte sich wie Mehltau auf die Blüten und Blätter, die der Historismus und der Positivismus damals trieben"[3].

Albert Schweitzer war bildungsmäßig ein Kind jener Jahrzehnte. Einer der führenden Köpfe des damaligen Historismus und Positivismus war sein philosophischer Lehrer in Straßburg, Theobald Ziegler (1804–1918). In ihm verband sich die theologische und philosophische Tradition des Tübinger Stifts, dessen Repetent er 1871 gewesen war. Der prägende Einfluß von David Friedrich Strauß blieb bei ihm insofern immer spürbar, als er in seinen Werken stets vor die Frage stellt: „Sind wir noch Christen?" Hat die moderne Weltanschauung die Religion in ihrer christlichen Gestalt nicht fraglich gemacht[4]? Andererseits verband sich mit dieser positivistischen Einstellung ein starker ethischer Idealismus[5]. Alles war Ethik, und zwar als „eine Moral für dieses Leben mit Motiven, die im Diesseits ihre Wurzel finden"[6]. Als Schweitzer bei ihm studierte, war gerade Zieglers erfolgreichste Schrift erschienen: „Die soziale Frage, eine sittliche Frage" (1891; [6]1899). Und so wird man die Begegnung mit *diesem* philosophischen Lehrer als eine glückliche Fügung preisen. Zwar hat Ziegler „die Urzelle von Schweitzers Denken", die Ethik[7], nicht in diesen eingepflanzt, wohl aber reich befruchtet[8].

Durch Schweitzers philosophische Ausbildung erklärt sich andererseits aber auch der seinen ethischen Optimismus flankierende *Pessimismus* hinsichtlich der Weltwirklichkeit. Denn der andere philosophische Lehrer in Straßburg, der Ziegler „in ausgezeichneter Weise" ergänzte[9], war Wilhelm Windelband (1848–1915), der 1894, also im zweiten Studienjahr Schweitzers, in Straßburg seine berühmte Rektoratsrede „Geschichte und Naturwissenschaft" gehalten hat. Windelband war Neukantianer und als solcher Wegbereiter der „Wertphilosophie" (H. Rickert). Mit Cohen, Dilthey, Rickert und Max Weber gehörte er zu jenen Philosophen, die mit ihrer Kritik den Historismus in eine erste Krise brachten. Hier lernte

---

[3] C. H. Ratschow, Die geistesgeschichtliche Bedeutung A. Schweitzers 29.

[4] AaO 30.

[5] Ablesbar schon an Theobald Zieglers Hauptwerken: Geschichte der Ethik I, 1881; II, 1886. 1892; Sittliches Sein und sittliches Werden, 1890. Die geistigen und sozialen Strömungen des 19. Jahrhunderts, [3]1900. – Zu Ziegler vgl. M. Schmidt, A. Schweitzer als Theologe 198 f.

[6] Zit. nach C. H. Ratschow, Die geistesgeschichtliche Bedeutung A. Schweitzers 30.

[7] H. Groos 513.

[8] Sonderbarerweise geht H. Groos darauf gar nicht ein.

[9] LD 20/Werke 1, 36.

Schweitzer an die „Irrationalität der Welt" ebenso glauben wie an die Kraft rationalen Denkens und Erkennens. Er begriff ein Doppeltes: 1. daß die menschlichen Bemühungen, einem vernünftigen Ideal nachzustreben, eine optimistische Zukunftsschau hinsichtlich des „Gesamtbewußtseins der Menschheit" einschließen; 2. daß die moderne technische Massengesellschaft die überkommenen Werte der Kultur bedrohe (J. Burckhardt).

In dieser Linie ist Albert Schweitzers Kulturkritik zu sehen, also im Zusammenhang der meist antimaterialistisch argumentierenden, vom Bürgertum getragenen älteren Kulturkritik des 19. Jahrhunderts, während er die ökonomisch und materialistisch ausgerichtete radikale Gesellschaftskritik des Marxismus, auf dessen Fortschrittspathos wiederum Oswald Spenglers Kulturkritik eine pessimistische Antwort darstellte, ablehnte. Karl Marx jedenfalls spielt in Schweitzers Denken eine ganz untergeordnete Rolle. Er erwähnt ihn zwei- oder dreimal[10], was auffallend ist, da er sich in einer Hauptthese durchaus mit Marx einig weiß, nämlich der Verelendung der Massen infolge der ökonomischen Entwicklung. Jedoch war die Vernachlässigung der Sozial- und Wirtschaftsgeschichte, der soziologischen Methoden und der Statistik kein spezieller Mangel der Philosophie Schweitzers. Sie war dem Historismus des 19. Jahrhunderts, dem Schweitzer zuzurechnen ist, überhaupt eigen und findet sich nicht minder bei den großen Historikern, z. B. bei Leopold v. Ranke, auch bei Wilhelm v. Humboldt usw.[11].

Um so erstaunlicher sind die große Sensibilität und der wache Blick für die Ursachen des Niedergangs der Kultur, dessen er sich ab 1900 zunehmend bewußt wird. Und zwar verhalf ihm ein zufälliges Erlebnis zur durchschlagenden Erkenntnis. Im Sommer 1899 war er Gast im Hause der Witwe von Ernst Curtius, des berühmten Altertumsforschers in Berlin. Dort unterhielten sich Hermann Grimm und andere über eine Sitzung der Akademie, von der sie eben kamen. „Plötzlich sprach einer – ich erinnere mich nicht mehr, wer es war – das Wort aus: ‚Ach was! Wir sind ja doch alle nur Epigonen.' Es schlug wie ein Blitz neben mir ein, weil es dem Ausdruck gab, was ich selber empfand."[12]

Was er empfand war, daß der Niedergang der Kultur etwas mit der Schwäche des Denkens zu tun habe. Schwäche des Denkens aber ist das

---

[10] In KE (Register).
[11] Ursachen und Wirkung dieses Phänomens beschreibt glänzend Georg G. Iggers, Deutsche Geschichtswissenschaft. Eine Kritik der traditionellen Geschichtsauffassung von Herder bis zur Gegenwart (dtv WR 4095), München 1971.
[12] LD 134/Werke 1, 158.

Charakteristikum allen Epigonentums. ,,Mit dem Geiste der Zeit'' befand sich Albert Schweitzer ,,in vollständigem Widerspruch'', weil er ihn ,,von Mißachtung des Denkens erfüllt'' sah[13]. ,,Die Saat des Skeptizismus ist aufgegangen. Tatsächlich besitzt der moderne Mensch kein geistiges Selbstvertrauen mehr. Hinter einem selbstsicheren Auftreten verbirgt er eine große geistige Unsicherheit. Trotz seiner großen materiellen Leistungsfähigkeit ist er ein in Verkümmerung begriffener Mensch, weil er von seiner Fähigkeit zu denken keinen Gebrauch macht. Es wird unbegreiflich bleiben, daß unser durch Errungenschaften des Wissens und Könnens so groß dastehendes Geschlecht geistig so herunterkommen konnte, auf das Denken zu verzichten.''[14] Wir werden weiter unten noch sehen, daß es ganz charakteristisch für Albert Schweitzers kulturkritische Gedanken ist, daß sich ihre Aktualität im Laufe der Zeit nicht abnützt, sondern steigert. Darin beweist sich die Kraft ,,elementaren Denkens'', daß es wie damals in der ethischen, so heute in der ökologischen Krise ganz unmittelbar anspricht. Seine Gedanken veralten nicht, seine Heilrezepte bleiben gültig. ,,Am Krankenbett der Kultur hat der Arzt von Lambarene die Diagnose exakt gestellt. Die Ursachen des Leidens sah er nicht in allen Einzelheiten, doch die von ihm verordnete Medizin ist nach wie vor durch kein anderes Medikament der gesellschaftlichen Heilmittelindustrie überholt.''[15]

Damit, daß Schweitzer den damals weit verbreiteten Fortschrittsoptimismus nicht mitvertrat, schwamm er gegen den Strom. Er bekennt: ,,Als man gegen Ende des Jahrhunderts auf allen Gebieten Rückschau und Umschau hielt, um seine Errungenschaften festzustellen und zu bewerten, geschah dies mit einem mir unfaßlichen Optimismus. Überall schien man anzunehmen, daß wir nicht nur in Erfindungen und im Wissen vorangekommen seien, sondern uns auch im Geistigen und im Ethischen auf einer nie zuvor erreichten und nie mehr verlierbaren Höhe bewegten. Mir aber wollte es vorkommen, als ob wir im geistigen Leben vergangene Generationen nicht nur nicht überholt hätten, sondern vielfach nur von ihren Errungenschaften zehrten . . . und daß gar mancherlei von diesem Besitz uns unter den Händen zu zerrinnen begönne.''[16]

Als mit dem Ersten Weltkrieg in Europa die Lichter ausgingen, wurde

---

[13] AaO 197/228.

[14] AaO 199/230f.

[15] H. STEFFAHN, Du aber folge mir nach 238; vgl. auch 227f. und E. GRÄSSER, Elementair denken.

[16] LD 135/Werke 1, 159.

klar: man hatte sich an dem mit einem ungeheuren Optimismus gefeierten
Silvesterabend des Jahres 1899 mit viel Feuerwerk darüber hinweggeblen-
det, daß die Mitternachtsglocken nicht ein goldenes, sondern ein nieder-
gehendes Zeitalter einläuteten.

Ist diese Entwicklung aufhaltbar? Albert Schweitzer hat daran niemals
gezweifelt. Sein pessimistisches Erkennen war stets begleitet von einem
optimistischen Wollen und Hoffen. So kann er im Epilog zu ,,Aus meinem Leben und Denken" schreiben: ,,Das geistige und materielle Elend,
dem sich unsere Menschheit durch den Verzicht auf das Denken und die
aus dem Denken kommenden Ideale ausliefert, stelle ich mir in seiner ganzen Größe vor. Dennoch bleibe ich optimistisch. Als unverlierbaren Kinderglauben habe ich mir den an die Wahrheit bewahrt. Ich bin der Zuversicht, daß der aus der Wahrheit kommende Geist stärker ist als die Macht
der Verhältnisse. Meiner Ansicht nach gibt es kein anderes Schicksal der
Menschheit als dasjenige, das sie sich durch ihre Gesinnung selber bereitet. Darum glaube ich nicht, daß sie den Weg des Niedergangs bis zum
Ende gehen muß . . . Weil ich auf die Kraft der Wahrheit und des Geistes
vertraue, glaube ich an die Zukunft der Menschheit. Ethische Welt- und
Lebensbejahung enthält optimistisches Wollen und Hoffen unverlierbar
in sich. Darum fürchtet sie sich nicht davor, die trübe Wirklichkeit so zu
sehen, wie sie ist."[17]

Das Leiden an der Entwicklung einer Menschheit, die ,,materiell viel
stärker entwickelt" ist als ,,geistig"[18], die das technisch Machbare ethisch
nicht zu steuern vermag und das Vertrauen auf die Durchsetzungskraft
der Wahrheit haben Albert Schweitzer durch sein ganzes Leben hindurch
begleitet. Hier ist der ,,Sitz im Leben" seiner Theologie. Das wird wohl
zu beachten sein.

2. Der geistige Mutterboden: das protestantische Pfarrhaus

Werner Picht hat hervorgehoben, daß Schweitzer ,wurzelhaft' einem
landschaftlichen und geistigen Mutterboden verhaftet war, der ihn formte
und aus dem er sich lebenslang nährte[19]. Der landschaftliche Mutterboden
war das elsässische Günsbach im Münstertal; der geistige das ganz typi-
sche protestantische Pfarrhaus des 19. Jahrhunderts.

Günsbach, dieses kleine elsässische Dorf am Abhang der Vogesen,

---

[17] AaO 218f./250f.
[18] KE 2/Werke 2, 118.
[19] W. Picht 22.

10 km westlich von Colmar, ist zeitlebens Schweitzers Zuhause geblieben, und zwar in dem tiefsten Sinne, den das Wort „Zuhause" haben kann. „Keine Landschaft entspricht dem Wesen dieses Mannes tiefer als dieses Tal der Südvogesen in seiner ungewöhnlichen Verbindung von sanftem Frieden und herber Größe."[20] Vor seiner ersten Ausreise nach Afrika, 1913, hat er einen Felsen überm Dorf, den Kanzrain, der sein Lieblingsplatz war, auf Lebenszeit gepachtet. „Er wollte ein Stück eigenen Boden in der Heimat haben."[21] Jahre später, 1928, als er nach der Eltern Tod (die Mutter starb 1916, der Vater 1925), im Pfarrhaus nicht mehr daheim war, baute er sich mit dem Goethepreis der Stadt Frankfurt in Günsbach ein bescheidenes Haus – als seine „bleibende Statt"[22]. Hierhin ging er, wenn er nach Europa kam. Wieviele Briefe aus Afrika zeugen vom Heimweh nach dem Günsbacher Frühling und nach dem Kanzrain[23]!

Der andere wurzelhafte Standort Schweitzers neben dem landschaftlichen ist der geistige des protestantischen Pfarrhauses des 19. Jahrhunderts. Wie sehr dieses sein Elternhaus und das liberale theologische Erbe des Großvaters Schillinger mütterlicherseits, der ebenfalls Pfarrer war, prägend gewirkt haben, lesen wir auf allen Seiten der Selbstdarstellungen Albert Schweitzers. Die Mutter bezeichnet Schweitzer als leidenschaftlich. Aber der Vater hatte eine milde Gesinnung und war ganz dem Geiste der Aufklärung verhaftet. Sein Predigtamt übte er mit der größten Gewissenhaftigkeit aus. Einmal im Monat hielt er am Nachmittag einen Missionsgottesdienst ab, auf den Albert Schweitzer sein frühes Interesse für die Mission zurückführt. Seine Erholung fand der Vater beim Niederschreiben von Dorfgeschichten. 1893 hat er „Eine Predigt ohne Worte" veröffentlicht, deren Pointe fast prophetisch auf das Leben seines Sohnes Albert gehen könnte. Denn diese Predigt ohne Worte ist der Wandel in der Liebe. In der Erzählung erweist sich ein Anhänger eines liberalen Pfarrers eben dadurch als ein Jünger Christi. Seine Frau formuliert den wichtigen Satz: „Wir wollen nicht weiter über den Glauben streiten . . . wir würden uns wahrscheinlich doch nicht verstehen. Wir wollen uns vielmehr bemühen, jeder in seiner Weise dem Herrn zu dienen in Liebe und

---

[20] W. PICHT 24 f.; vgl. auch S. OSWALD, Mein Onkel Bery 102. – B. M. NOSSIK 13 überliefert das Diktum Schweitzers: „Ich bin eine Fichte der Vogesen."
[21] S. OSWALD, Mein Onkel Bery 56. Heute steht auf diesem Felsen ein Schweitzer-Denkmal, geschaffen von Fritz Behn, einem Schüler von August Rodin.
[22] AaO 102.
[23] AaO 84f. 206f.

Demut."[24] Wie sehr das der bestimmende Impuls für das Leben Schweitzers geworden und dann auch durch die vielen Jahre seines Lebens hindurch geblieben ist, bedarf keiner weiteren Hinweise. Diese tolerante Gesinnung ist auch für den Forscher Schweitzer maßgebend geblieben, wie wir noch sehen werden[25].

Stärker noch als die prägende Kraft der Landschaft und der Eltern ist die geistliche Kraft des Gottesdienstes gewesen, den Schweitzer von frühester Kindheit an gerne und ohne jeden äußeren Zwang besucht hat. Er schreibt: „Meine erste Erinnerung ist der Teufel. Mit drei oder vier Jahren durfte ich schon alle Sonntage mit in die Kirche. Ich freute mich die ganze Woche darauf. Noch fühle ich auf meinen Lippen die Zwirnhandschuhe unserer Magd, die mir die Hand auf den Mund legte, wenn ich gähnte oder zu laut mitsang. Jeden Sonntag nun erlebte ich es, daß aus blitzendem Rahmen oben seitwärts von der Orgel herunter ein zottiges Antlitz sich hin- und herwendend in die Kirche herunterschaute. Es war sichtbar, solange die Orgel spielte und der Gesang dauerte, verschwand, sobald mein Vater am Altar betete, kam wieder, sowie wieder gespielt und gesungen wurde, verschwand wieder, sobald mein Vater predigte, um nachher zu Gesang und Orgelspiel noch einmal zu erscheinen. ‚Dies ist der Teufel, der in die Kirche hereinschaut‘, sagte ich mir. ‚Wenn Dein Vater mit dem Worte Gottes anfängt, muß er sich davonmachen‘. Diese allsonntäglich erlebte Theologie gab den bestimmenden Ton in meiner kindlichen Frömmigkeit an."[26] Diese kindliche Frömmigkeit hat sich Schweitzer bewahrt bis an sein Lebensende[27]. Es ist nicht zuviel gesagt, wenn man

---

[24] L. SCHWEITZER, Eine Predigt ohne Worte (Schriften des prot. liberalen Vereins in Elsaß-Lothringen XLI), Straßburg 1893, 27).

[25] Ein Exemplar meiner 1957 im Druck erschienenen Marburger Doktor-Dissertation zum Problem der Parusieverzögerung schickte ich, da die Auseinandersetzung mit Albert Schweitzer in ihr ein wesentliches Gewicht hat, auch nach Lambarene. Das handschriftliche Dankschreiben kam postwendend mit Datum vom 8. Juni 1957. Darin heißt es u. a.: „Bekehrt haben Sie mich alten draufgängerischen Eschatologiesünder nicht. Aber das haben Sie auch nicht erwartet. Aber gerne gestehe ich Ihnen zu, daß Sie . . . einen Weg beschritten haben, der einmal gegangen werden mußte. Daß wir jeder auf seine Weise mit Gewissenhaftigkeit forschen, darauf kommt es für die Theologie an."

[26] Selbstzeugnisse 12/Werke 1, 256/KJ 6. Die Erscheinung findet eine einfache Erklärung: das zottige Antlitz gehörte dem Organisten Iltis an. Er erschien und verschwand in dem Spiegel, der an der Orgel befestigt war, „um den Organisten schauen zu lassen, wenn mein Vater an den Altar oder auf die Kanzel trat" (ebd.). – Zu dieser Kindheitserinnerung vgl. WILLY BREMI, Albert Schweitzers theologische Arbeit im Rahmen seiner Biographie, in: DERS./M. WERNER u. a. (Hg.), Albert Schweitzer. Mensch und Werk. Eine kleine Festgabe zu seinem 85. Geburtstag, Bern 1959, 11.

[27] R. MINDER, A. Schweitzers Begegnung mit Goethe 283 hat richtig gesehen, daß Schweitzers Liberalismus nicht der säkularisierte von D. F. Strauß ist. „Wir stehen wieder

den Gottesdienst, sei es den bloß miterlebten, sei es den später selbst re-
gelmäßig gehaltenen, als den eigentlichen Mittelpunkt alles Denkens und
Fühlens von Albert Schweitzer bezeichnet. Er schreibt: „Aus den Got-
tesdiensten, an denen ich als Kind teilnahm, habe ich den Sinn für das Feierliche und das Bedürfnis nach Stille und Sammlung mit ins Leben genommen, ohne die ich mir mein Dasein nicht denken kann. Darum vermag ich der Meinung derer nicht beizutreten, die die Jugend am Gottes-
dienste der Erwachsenen nicht teilnehmen lassen wollen, ehe sie etwas davon versteht. Es kommt gar nicht auf ein Verstehen an, sondern auf das
Erleben des Feierlichen. Daß das Kind die Erwachsenen andächtig sieht
und von ihrer Andacht mitergriffen wird: dies ist es, was für es bedeutungsvoll ist."[28]

Werner Picht hat gesagt: „Das Zuhause Schweitzers im engeren Sinn ist
der gottesdienstliche Raum, ist Orgelbank und Kanzel. Sein Verhältnis zu
diesem seinem eigentlichen Standort ist von einer im Protestantismus ungewöhnlichen Innigkeit."[29] Das wird unterstrichen dadurch, daß
Schweitzer in seiner Gymnasialzeit, die er fern von Günsbach in Mühlhausen verbrachte, „an Heimweh nach der Kirche zu Günsbach" litt.
„Mir fehlten die Predigten meines Vaters und der mir von Kindheit her
vertraute Gottesdienst."[30] Später sollte ihm das Predigen selbst zur liebsten Pflicht werden. Er schreibt: „Ich empfand es als etwas Wunderbares,
allsonntäglich zu gesammelten Menschen von den letzten Fragen des Daseins reden zu dürfen."[31] Er hat darum das Predigtamt zu St. Nicolai in
Straßburg auch dann nicht aufgegeben, als es durch Medizinstudium, Dozententätigkeit an der Universität, theologische Forscherarbeit und Or-
gelkonzerte übermenschliche Kräfte von ihm erforderte. Und es ist bezeichnend für Albert Schweitzer, daß bei dieser Selbstverständlichkeit des
Lebens in und mit dem Gottesdienst, daß beim „Heimweh nach den
Günsbacher Sonntagen"[32] auch der *gottesdienstliche Raum* eine große
Rolle spielte. Die Günsbacher Kirche war eine Simultankirche. Sie hatte

---

bei der viel strengeren religiösen Auffassung eines Ferdinand Christian Baur; sogar Töne von
Jung-Stillings Frömmigkeit klingen herein, aber ohne das Schwärmerische und Verzückte
daran. Die unpathetische, tatkräftige und zugleich zarte und innerliche Art Schweitzers steht
in viel unmittelbarerer Beziehung zu derjenigen seiner elsässischen Vorgänger Spener und
Oberlin." Vgl. auch DERS., Albert Schweitzer und das Elsaß, in: H. W. Bähr 210–215, hier
214.

[28] Selbstzeugnisse 41/Werke 1, 288/KJ 36.
[29] W. PICHT 26.
[30] Selbstzeugnisse 41/Werke 1, 287/KJ 35 f.
[31] LD 27/Werke 1, 44.
[32] Selbstzeugnisse 42/Werke 1, 289/KJ 37.

einen „katholischen Chor". Durch das vergoldete Gitter hindurch in ihn
hineinzuschauen und die Heiligen in ihrer Herrlichkeit zu bestaunen war
– wie Schweitzer bekennt – „für meine kindliche Phantasie der Inbegriff
der Herrlichkeit"[33]. „Mit diesen Jugenderinnerungen hängt es zusammen, daß ich den Bemühungen um einen protestantischen Kirchentypus
kein Verständnis entgegenbringe. Wenn ich Kirchen sehe, in denen moderne Architekten das Ideal der ‚Predigtkirche' verwirklichen wollen,
wird mir weh ums Herz. Eine Kirche ist viel mehr als ein Raum, in dem
man eine Predigt anhört. Sie ist ein Ort der Andacht. An sich, als Raum,
muß sie zur Andacht anhalten. Das kann sie aber nicht, wenn der Blick
ringsum auf Mauern aufprallt. Das Auge bedarf stimmungsvoller Ferne,
in der das äußerliche Schauen sich zum innerlichen wandelt. Der Chor ist
also nicht etwas Katholisches, sondern er gehört zum Wesen der Kirche
überhaupt. Ist der protestantische Gottesdienst naturgemäß nüchtern, so
darf es der kirchliche Raum nicht auch noch sein. Er muß den Gottesdienst ergänzen und mit Wort, Gesang und Gebet der Seele zum Erlebnis
werden."[34]

Auch Schweitzers Leidenschaft für die *Orgel,* sein beseeltes Spiel auf
derselben, ist letztlich gottesdienstlich begründet und nicht rein ästhe-
tisch. Die Orgel gehört in die Kirche. In einem Konzertsaal kann nach
Schweitzers Meinung auch die beste Orgel nicht zu der ihr eigentümlichen
Wirkung gelangen. „Im Konzertsaal die Orgel mit dem Orchester erklin-
gen zu lassen, ist mir eine Freude. Komme ich in die Lage, sie hier als Solo-
instrument spielen zu müssen, so vermeide ich es nach Möglichkeit, sie als
profanes Konzertinstrument zu behandeln. Durch die Wahl der Stücke
und die Art der Wiedergabe suche ich den Konzertsaal zur Kirche zu machen. Am liebsten lasse ich, in der Kirche wie in dem Konzertsaal, durch
Heranziehung eines Chors das Konzert zu einer Art von Gottesdienst
werden, in welchem der Chor auf die Choralvorspiele der Orgel durch
den gesungenen Choral respondiert. Durch ihren gleichmäßig und dau-
ernd aushaltbaren Ton hat die Orgel etwas von der Art des Ewigen an sich.
Auch in dem profanen Raum kann sie nicht zum profanen Instrument
werden."[35] Wie sehr das theologisch begründet ist, zeigt folgende Episode: Schweitzers berühmter Orgellehrer Charles Marie Widor in Paris ge-
stand 1899 seinem Schüler, daß ihm an den Choralvorspielen Bachs man-

---

[33] AaO 43/289/37.
[34] AaO 43/290/38.
[35] LD 76 f./Werke 1, 97. Vgl. auch Schweitzers Bemerkung, für ihn sei „der Kampf um
die gute Orgel . . . ein Stück des Kampfes um die Wahrheit" (AaO 77/97).

ches unklar sei. Schweitzer erklärte: ,,Natürlich muß Ihnen in den Chorälen vieles dunkel bleiben, da sie sich nur aus den zugehörigen Texten erklären.''[36] Bachs Musik ist ,,Tonsprache'', vertontes *Wort!*

,,Alles was in den Worten des Textes liegt, das Gefühlsmäßige wie das Bildliche, will er (sc. Bach) mit größtmöglicher Lebendigkeit und Deutlichkeit in dem Material der Töne wiedergeben.''[37] Die international anerkannte Meisterschaft der Interpretation Bachscher Werke durch Albert Schweitzer hat in dieser Erkenntnis ihre Ursache. Als profan-ästhetische Kunstwerke sind die Bachschen Orgelwerke und Passionen nicht verstehbar und auch nicht wahrheitsgetreu zur Aufführung zu bringen. Aber ist Ästhetik überhaupt profan? Die Frage soll offen bleiben. Schweitzer jedenfalls hat seine zeitraubende und kräfteverschleißende Beschäftigung mit Bach und der Orgelbaukunst nicht abseits der Gesamtlinie seines Denkens und Tuns gesehen. Vielmehr sah er Bach als Helfer dafür, ,,daß unsere Zeit zur geistigen Sammlung und zur Innerlichkeit komme, die ihr so not tun''[38]. Das ist hier als wichtig festzuhalten: Im Leben und Denken Schweitzers dient alles *einem* Ziel: der Menschheit Samariter zu sein. Seine Ästhetik, dargeboten am Beispiel Bachs – so stellt Leo Schrade mit Recht fest – ,,ist von Grund auf ethisch. Sie existiert nicht als unabhängige Lehre um ihrer selbst willen. Sie trägt eine ethische Botschaft an die Menschheit''[39].

---

[36] CH. M. WIDOR, Vorrede, in: A. Schweitzer, J. S. Bach VII.

[37] LD 62/Werke 1, 82. Vgl. dazu besonders Kap. XXI ,,Wort und Ton bei Bach'', J. S. Bach 398–425. Bachs ,,musikalischer Satz'', so heißt es da, ,,ist nur der in Tönen gehärtete Wortsatz. Seine Musik ist eben nicht melodisch, sondern deklamatorisch'' (398). Vgl. auch L. SCHRADE, Die Ästhetik A. Schweitzers 274: ,,Bach wählte die Harmonie als das Element, das das *Geheimnis* des Wortes enthüllt'' (Hervorhebung von mir).

[38] J. S. Bach 776 (letzter Satz des Bach-Buches).

[39] L. SCHRADE, Die Ästhetik A. Schweitzers 279 f. Übrigens hat auch Schweitzers Begegnung mit Goethe kein anderes Motiv. In Goethes größtem Werk, dem Faust, sieht er die Ehrfurcht vor dem Leben exemplarisch gestaltet. So ist auch diese Ästhetik im Werk Schweitzers von Grund auf ethisch gerichtet. In gewisser Weise hat Schweitzer vollstreckt, was Goethe meinte: ,,Die Gesetze ordnen und zerstören, die Religion erhebt und verfolgt, die Moral veredelt und verdammt: durch alle Adern des Daseins dringt so der Tod des notwendigen Buchstabens. Der humane Mensch aber, sei er Fürst, Staatsmann, Krieger oder Handwerker und Bauer, findet in seinem Leben tausendfältige Gelegenheit, hilfreich zu sein, wo Staat, Religion, Gesetze und Lehre nicht ausreichen, und so das Geistigste – das, was unantastbar sein sollte, und was doch immerdar verletzt werden muß, still und behutsam zu schützen'' (zit. nach R. MINDER, A. Schweitzers Begegnung mit Goethe 285 f.). Vgl. auch EMIL LIND, Die Goethe-Reden Albert Schweitzers, in: H. W. Bähr 307–310. Daß das Verhältnis Musik–Theologie auch kritisch gesehen werden kann, zeigt R. BULTMANN, dem die ,,Verquickung von Kunst und christlicher Botschaft – selbst in Bachs Matthäuspassion – . . . problematisch'' war; so E. DINKLER, Die christliche Wahrheitsfrage und die Unabgeschlossenheit der Theologie als Wissenschaft. Bemerkungen zum wissenschaftlichen Werk Rudolf

Zur besonders prägenden Kraft wurde das Geistliche des Elternhauses
nicht zuletzt auch deshalb, weil es mit dem Menschlichen eine bruchlose
Einheit bildete. Das gepredigte Wort wurde im Hause selbst *gelebt!*

Albert Schweitzer hat durch sein ganzes Leben bestätigt: Das Elternhaus und die Eindrücke, die ein Kind von dort mitbringt, sind lebensbe-
stimmend und lebensentscheidend. Es gibt nicht einen Zug in Schweitzers
Wesen, nicht eine Tat in seinem Leben, die sich nicht herleiten ließen aus
dieser Brunnenstube aller seiner guten Gaben. Werner Picht hat recht:
,,Vergegenwärtigt man sich die geistige Welt des protestantischen Pfarrhauses und seiner Rolle in der deutschen Geistesgeschichte des 19. Jahrhunderts, so erscheint der Theologe, der Prediger, der Philosoph, der
Goethekenner, der Bachforscher, der Orgelspieler Albert Schweitzer als
gesteigerte Ausdrucksform der typischen Elemente, die in jenem *in nuce*
enthalten sind. Als Variante des Missionars – der Vater hielt an jedem ersten Sonntag des Monats einen Missionsgottesdienst ab – ist auch der Ur-
walddoktor gleicher Herkunft. So ist die Geschlossenheit der Erscheinung, die Unterwerfung ihrer Komponenten unter ein Gesetz der Mitte
schon durch die Bindung an den Ursprung gesichert."[40]

Während der Kindheit und Jugendzeit hat diese *Mitte* noch keinen
Namen, aber in der Sache liegt sie fest: das Mitleiden und die unbegrenzte
Fähigkeit zum Mittragen. Später wird er es auf den Begriff bringen, der
ihm ein Gebot des *Denkens* ist: ,,Ehrfurcht vor dem Leben." Aber das
Denken war für Schweitzer nie ein Rivale, sondern stets Verbündeter des
Glaubens an einen Gott, der sich in der Welt als ,,unpersönliche Kraft", in
uns aber als ,,ethischer Wille", als ,,Persönlichkeit" offenbart[41]. Insofern
war Schweitzer der Theologe nicht gerade auf den Leib geschrieben. Als er
aber einer wurde, bedeutete das nicht den geringsten Bruch in seinem
Denken und Wollen und in seiner Entwicklung. ,, ,Ich bin', steht in einem
Brief von 1931, ,sehr zurückhaltend in Äußerungen über mein religiöses
Empfinden. Aber alles liegt im Schlußwort der ,Leben-Jesu-Forschung':
Jesus der Herr! Friede in Christo! Jesus hat mich einfach gefangenge-
nommen seit meiner Kindheit . . . Meine Entwicklung ist ohne jeden
Bruch vor sich gegangen . . .' "[42]

Bultmanns, in: O. Kaiser (Hg.), Gedenken an Rudolf Bultmann, Tübingen 1977 (15–40) 34
Anm. 26.
    [40] W. Picht 28.
    [41] CW 51/Werke 2, 711.
    [42] H. Steffahn, Du aber folge mir nach 73.

3. Albert Schweitzers theologische Existenz
nach seinen Selbstzeugnissen

Obwohl Schweitzer unser inneres Erleben etwas nannte, was nicht mitteilbar sei, was wir auch unsern Vertrautesten nur in Bruchstücken offenbaren könnten, weil das eigentliche Wesen eines Menschen sein unauslotbares Geheimnis sei, hat er sich wie kaum einer der Großen unseres Jahrhunderts in seinem religiösen Denken und Fühlen authentisch offenbart.

Das berührt seine theologische Existenz, die – wie wir im vorigen Kapitel gesehen haben – schon im frühesten Kindesalter durch die große Liebe zu den Predigten des Vaters und das innige Verhältnis zur Kirche als einem sakralen Raum geweckt wurde. Die Selbstzeugnisse lassen darüber hinaus erkennen, wie er das Erwachen der theologischen Existenz *reflektierend* beschreibt. Dabei stoßen wir sogleich wieder auf einen Grundzug seines Charakters: das einmal als wesentlich, als richtig Erkannte wird nie wieder revidiert. Dabei bleibt er. Darin ist er dann unbeirrbar. „Kritik läuft an mir ab wie das Wasser an der Gans."[43]

Ein frühes Zeugnis, wie sich Schweitzer *denkend* mit dem christlichen Glauben auseinandersetzt, und zwar gleich so, wie es dann sein ganzes Leben charakteristisch bleiben sollte, haben wir von dem Konfirmandenschüler. Das war während seiner Gymnasialzeit zu Mühlhausen, also fern vom Elternhaus. Dort war er bei einem alten Pfarrer namens Wennagel im Konfirmandenunterricht. Schweitzer schreibt: „Ich hatte große Ehrfurcht vor ihm. Aber auch ihm gegenüber verschloß ich mich. Ich war ein fleißiger Konfirmandenschüler. Nie jedoch hat der gute Pfarrer geahnt, was mein Herz bewegte. Und auf so vieles, was mein Gemüt beschäftigte, gab mir sein an sich gediegener Unterricht keine Antwort. Wie manche Frage hätte ich ihm gerne gestellt! Aber man durfte es nicht."[44] Es ist der fragende, der kritische Geist, der uns hier begegnet. Aber wie immer steht ihm auch jetzt seine angeborene Scheu, seine Zurückhaltung, ja, seine Verschlossenheit im Wege. Man mag daran die Schädlichkeit eines allzu autoritären Unterrichts, vielleicht auch eines allzu autoritären Vaters ermessen[45]. Ein Konfirmandenunterricht, in dem man seine Fragen nicht stellen *darf*, ist nicht nur in der Methode, sondern auch in der Sache ver-

---

[43] Zit. nach H. STEFFAHN aaO 167; vgl. auch W. PICHT 37; H. GROOS 25ff. („Die kontrapunktische Struktur der Persönlichkeit und ihre geistige Haltung als Complexio oppositorum").

[44] Selbstzeugnisse 39f./Werke 1, 286/KJ 34.

[45] Schweitzer erinnert sich an ungerechtfertigte Züchtigungen durch den Vater. Vgl. S. OSWALD, Mein Onkel Bery 82. 205f.

fehlt. Albert Schweitzer hat natürlich gewußt, daß seine Fragen unbequemer Art waren, also quer lagen zur gängigen Theologie und Christlichkeit: Der Bibel hat man zu glauben, man hat ihr keine Fragen zu stellen. Aber gerade dagegen begehrte Albert Schweitzer innerlich auf. Er schreibt weiter: ,,In einem Punkt, dies fühlte ich klar, dachte ich anders als er (gemeint ist Pfarrer Wennagel), bei aller Verehrung, die ich ihm entgegenbrachte. Er wollte uns begreiflich machen, daß vor dem Glauben alles Nachdenken verstummen müsse. Ich aber war überzeugt, und ich bin es noch, daß die Wahrheit der Grundgedanken des Christentums sich gerade im Nachdenken zu bewähren habe. Das Denken, sagte ich mir, ist uns gegeben, daß wir darin alle, auch die erhabensten Gedanken der Religion begreifen. Diese Gewißheit erfüllte mich mit Freude."[46]

Mit diesen wenigen Sätzen halten wir den Schlüssel zum Verständnis der theologischen Existenz Albert Schweitzers in der Hand. ,,*Die Wahrheit der Grundgedanken des christlichen Glaubens*", nicht die Summe einer dogmatischen Theologie interessierte ihn. Und diese Wahrheit der Grundgedanken wollte er *denkend* erfassen, worunter er später auch das mystische Empfinden gegenüber dem außerweltlichen Gott rechnen wird: Denken und Mystik sind darum keine Gegensätze, weil bei Schweitzer das elementare Vernunftdenken, zu Ende geführt, in denkendes Erleben übergeht[47]. Schweitzers Mystik ist ,,Denkmystik"[48]. Er konnte sich nicht vorstellen, daß mit Glauben und Denken zwei gegensätzliche, von Hause aus feindliche Größen, angesprochen sind. Er konnte die Furcht nicht begreifen, mit der viele Pfarrer, viele Theologen, viele Gemeindeglieder ihren Glauben von allem Denken fernhielten. Als könne eine gedachte, vor allem eine historisch erforschte *Wahrheit* jemals in einen Widerspruch zur Wahrheit des Glaubens geraten! Als habe der Glaube nicht einen transempirischen Begründungszusammenhang! Als sei ,,die Religion ihrem Wesen nach" nicht ,,von jeglicher Geschichte unabhängig"[49]. Ein Leben in zwei Welten, der des Glaubens ohne Denken und der des Denkens ohne Glauben, hielt Schweitzer nicht nur für eine Fiktion, sondern auch für etwas Unwahrhaftiges und auch für etwas Un-

---

[46] Selbstzeugnisse 40/Werke 1, 286/KJ 34.

[47] Die Weltanschauung der indischen Denker 192 ff./Werke 2, 660 ff.

[48] R. Grabs, Denker aus Christentum 62; vgl. 9. 61; vgl. auch M. Strege, A. Schweitzers Religion u. Philosophie, passim.

[49] LJ 519/Werke 3, 732/GTB 519. Ulrich Browarzik, Glaube, Historie und Sittlichkeit. Eine systematische Untersuchung über die theologischen Prinzipien im Denken Albert Schweitzers, Theol. Diss. Erlangen 1959, 96, bes. 64 ff. gibt Schweitzers Behauptung, daß der Glaube von der Historie unabhängig sei, nur ,,bedingt" recht.

nötiges. Denn er war tief überzeugt, daß das gewissenhafte, ernsthafte Denken die Wahrheit des Glaubens nicht zum Verschwinden bringt, ja sie nicht einmal minimalisiert, sondern erst recht zum Leuchten bringt[50]. Mit dieser seiner Überzeugung, daß die Wahrheit der Grundgedanken des Christentums oder – wie er es noch konkreter ausdrücken konnte – „das Elementare des Evangeliums der Bergpredigt"[51] – sich gerade im Nachdenken zu bewähren hat, ja, *daß* sie sich darin bewährt, lernen wir den Theologen Albert Schweitzer in dem kennen, was er eigentlich wollte, mehr noch, was sein theologisches Lebensprogramm werden sollte: *Die Versöhnung von Denken und Glauben.* „Von Jugend an habe ich die Überzeugung gehabt, daß alle religiöse Wahrheit sich zuletzt auch als denknotwendige Wahrheit begreifen lassen müsse."[52] Aufklärung und Christentum arbeiten nicht weiter gegeneinander, sondern Hand in Hand. Denn sie verfolgen das gleiche Ideal: die sittliche Vervollkommnung des Menschengeschlechts. Wir kommen auf dieses Thema noch öfter zu sprechen.

Etwas anderes hat Schweitzer von dieser ersten denkerischen Rechenschaft über seinen Glauben während der Zeit seines Konfirmandenunterrichts zurückbehalten, und zwar lebenslang: die Verpflichtung zu einer *toleranten Gesinnung.* Und zwar gerade dort, wo einer in Glaubensdingen andere, nicht die offiziell vorgeschriebenen Bahnen des Denkens geht. Dazu hat vor allem das krasse psychologische, ja seelsorgerliche Versagen jenes Pfarrers Wennagel beigetragen. Schweitzer schreibt: „In den letzten Wochen des Unterrichts behielt Pfarrer Wennagel nach jeder Stunde einige von uns zurück, um mit jedem unter vier Augen über die Konfirmation zu reden. Als die Reihe an mich kam und er in liebevollem Fragen von mir erfahren wollte, mit welchen Gedanken und Entschlüssen ich der heiligen Stunde entgegenginge, fing ich an, zu stottern und ausweichend zu antworten. Es war mir unmöglich, so gern ich ihn hatte, ihn in mein Herz blicken zu lassen. Die Unterhaltung nahm ein trauriges Ende. Ich wurde kühl entlassen. Bekümmert sagte Pfarrer Wennagel nachher zu meiner

---

[50] LD 50/Werke 1, 68: „Unter allen Umständen ist die Wahrheit wertvoller als die Nichtwahrheit. Dies muß auch von der geschichtlichen Wahrheit gelten. Auch wenn sie der Frömmigkeit befremdlich vorkommt und ihr zunächst Schwierigkeiten schafft, kann das Endergebnis niemals Schädigung, sondern nur Vertiefung bedeuten. Die Religion hat also keinen Grund, der Auseinandersetzung mit der historischen Wahrheit aus dem Wege gehen zu wollen." – Zur Sache vgl. R. Scholl, „Durch Denken religiös werden." Über Frömmigkeit und Denken bei Albert Schweitzer, in: Zeitwende. Die neue Furche 38, 1967, 294–309.

[51] LD 89/Werke 1, 110.

[52] CW 8/Werke 2, 672.

Tante, daß ich als ein Gleichgültiger zur Konfirmation gehe. In Wirklichkeit aber war ich in jenen Wochen von der Heiligkeit der Zeit so bewegt, daß ich mich fast krank fühlte. Die Konfirmation war ein großes Erlebnis für mich. Als unsere Schar am Palmsonntag aus der Sakristei in die Kirche trat, spielte Eugen Münch auf der Orgel ‚Hoch tut euch auf‘ aus dem Messias von Händel. Wunderbar stimmte dies zu den Gedanken in meinem Herzen."[53] Die Lehre, die Schweitzer für seine eigene spätere Existenz als Pfarrer daraus zog, war diese: „Als Vikar von St. Nicolai in Straßburg habe ich an die zehn Jahre lang Knaben Konfirmandenunterricht erteilt. Wie oft habe ich da, wenn mir einer gleichgültig schien, an den lieben Pfarrer Wennagel und an mich denken müssen und mir dann immer gesagt, daß in einem Kinderherzen viel mehr vorgeht, als es ahnen läßt! Auch suchte ich in meinem Unterricht dafür Sorge zu tragen, daß die Knaben mit dem, was sie bewegte, an mich herankommen konnten. Zweimal im Monat war ein Teil der Stunde den Fragen gewidmet, die sie mir vorlegten."[54]

Zwei Grundmerkmale der theologischen Existenz Albert Schweitzers zeigen sich also schon bei dem vierzehnjährigen Knaben. Das ist die Entschlossenheit, auf das Denken gerade dort nicht zu verzichten, wo es um den Glauben geht. Und das ist die scheue Zurückhaltung gegenüber allem religiösen Empfinden, das Geltenlassen anderer Glaubensüberzeugungen. Den angefochtenen, den zweifelnden Glauben hat er nie als Gleichgültigkeit abqualifiziert, sondern gem. Mk 9,24: „Ich glaube, lieber Herr; hilf meinem Unglauben" immer ernst genommen.

Über das alles hinaus aber ist ein Wahrhaftigkeitspathos leitend, mit dem sich Schweitzer zuletzt auf die Bibel beruft: „Wir vermögen nichts wider die Wahrheit, sondern nur für die Wahrheit" (2Kor 13,8)[55].

Schweitzer schreibt in seinen Lebenserinnerungen nirgendwo, daß der Entschluß, Theologie zu studieren, etwas anderes gewesen sei, als die natürliche Folge seiner Entwicklung. Es gab da keine Seelenkämpfe, es gab kein Bekehrungserlebnis. Es ist da nirgendwo eine Trotzreaktion, aus der heraus er darum sich zum Theologiestudium entschließt, weil er Leuten wie dem Pfarrer Wennagel zeigen möchte, wie man Theologie richtig zu betreiben hat. Von dem allem ist nicht die Rede. Es heißt nur sehr nüchtern im Blick auf das 1893 mäßig bestandene Abitur (in Religion hatte er

---

[53] Selbstzeugnisse 40/Werke 1, 286f./KJ 35.
[54] AaO 40f./287/35. Vgl. dazu den schönen Bericht von F. WARTENWEILER, Eine wenig bekannte Seite in Schweitzers Wirken.
[55] LD 50/Werke 1, 68.

recht gut, in Deutsch genügend, in Latein genügend, in Mathematik genügend, in Geschichte ebenfalls recht gut): „Ich freute mich auf die Studentenzeit. Kühn nahm ich mir vor Theologie, Philosophie und Musik miteinander zu betreiben. Meine gute Gesundheit, die mir die erforderliche Nachtarbeit erlaubte, machte es mir möglich, diesen Vorsatz durchzuführen. Aber es war doch viel schwieriger, als ich gedacht hatte."[56] Es ist nicht ausgeschlossen, daß der Entschluß zum Theologiestudium dem verehrten Vater und Großvater zuliebe gefällt wurde, wobei man freilich berücksichtigen muß, daß Schweitzer von der Notwendigkeit, von der Wahrhaftigkeit, ja auch von der Schönheit der pfarramtlichen Tätigkeit, wie sie die beiden Männer ausübten, tief überzeugt war. Aber auf keinen Fall will er um der Theologie willen auf das Studium der eigentlichen Neigungsfächer verzichten. So studierte er einfach Philosophie und Musik zusätzlich. Der Entschluß, Medizin zu studieren, kam erst viel später hinzu. Er war eine Konsequenz jener im Alter von 21 Jahren gefällten Entscheidung, bis zum 30. Jahre dem Predigtamt, der Wissenschaft und der Musik zu leben, um dann „einen Weg des unmittelbaren Dienens als Mensch" zu betreten[57]. Genau dieser unpathetischen Formulierung entsprechend hat er später seine Ausfahrt zu den Schlafkranken und Aussätzigen Afrikas angesehen. Obwohl dazu ganz unmittelbar durch ein Heft der Pariser Missionsgesellschaft angestoßen und schließlich auch im Auftrag dieser Gesellschaft reisend, ging er doch nicht eigentlich als christlicher Missionar hinaus. Er sah hier keinen Widerspruch, weil ihm feststand, „daß die Mission an sich und für mich gar nicht in erster Linie eine ausschließliche Sache der Religion ist. Weit entfernt. Sie ist zuerst eine Aufgabe der Menschlichkeit . . ."[58] So fiel es Schweitzer leicht, die im Mißtrauen gegen seine Theologie begründete Auflage zu akzeptieren, nur ärztlich zu wirken[59]. Sein eigener Sinn ging auf ein „absolut persönliches und unabhängiges Handeln". Daß sich diese Sehnsucht schließlich erfüllte, hat Schweitzer „immer als eine große, stets aufs neue erlebte Gnade hingenommen"[60]. Der freie Geist sucht die freie Betätigung, auch und gerade dort, wo er sich als des Bruders Hüter berufen weiß.

Zunächst jedoch studiert Schweitzer Theologie. Und wieder ist es bezeichnend, wie sich der als wissenschaftlicher Theologe einzuschlagende

---

[56] Selbstzeugnisse 53/Werke 1, 301/KJ 48.
[57] AaO 52/300/47; vgl. LD 79/Werke 1, 99.
[58] SP 49.
[59] LD 89f./Werke 1, 111.
[60] AaO 81/101.

Weg schon bei dem Studenten im 2. Semester, also sehr früh, aber dann für
immer und endgültig, abzeichnet. Er stößt sofort auf den Gegenstand, der
ihn lebenslang nicht mehr loslassen und als Theologe weltberühmt machen sollte: auf die *Jesusforschung*. Dabei reicht die Vorherbestimmtheit
zur kritischen Leben-Jesu-Forschung bis ins 8. Lebensjahr zurück. Damals gab der Vater dem Knaben auf dessen Bitten ein Neues Testament,
das von nun an eifrig gelesen wurde. Ist schon diese Tatsache bei einem
Achtjährigen auffällig, so noch weit mehr die Art und Weise, wie
Schweitzer sich dieser Lektüre hingab. Er schreibt: „Zu den Geschichten,
die mich am meisten beschäftigten, gehörte die von den Weisen aus dem
Morgenland. Was haben die Eltern Jesu mit dem Gold und den Kostbar-
keiten gemacht, die sie von diesen Männern bekamen? fragte ich mich.
Wie konnten sie nachher wieder arm sein?

Ganz unbegreiflich war mir, daß die Weisen aus dem Morgenland sich
später um das Jesuskind gar nicht mehr bekümmerten. Auch daß von den
Hirten zu Bethlehem nicht erzählt wird, sie seien nachher Jünger Jesu geworden, gab mir schweren Anstoß."[61]

Der Achtjährige entdeckte also, was er sich noch nicht erklären kann:
daß die Evangelisten eine gewisse historisch-biographische Nachlässigkeit
walten lassen. Sich nicht zufriedenzugeben, bis er dafür eine plausible Erklärung gefunden hat, sollte der bestimmende Zug seiner späteren historischen Forschungen werden und bleiben.

Den Weg einer ihn befriedigenden Erklärung bahnte er sich schließlich
völlig selbständig und unter weitgehender Außerachtlassung der herrschenden exegetischen Meinungen. Zwar fügte es eine glückliche Konstel-
lation, daß der Achtzehnjährige gleich in seinem ersten Semester, 1893,
dasjenige Kolleg hören konnte, das für seine Laufbahn als wissenschaftlicher Theologe entscheidend werden sollte: Heinrich Julius Holtzmann
(1832–1910), angesehener Vertreter der historisch-kritischen Schule und
namhafter Neutestamentler unter den liberalen Theologen, las *Synoptiker*[62]. Aber die Umstände brachten es mit sich, daß Schweitzer die für
seine Lösung entscheidende Entdeckung an den Evangelien nicht nach
jahrelangen Studien auf der Universität machte, sondern gleich nach dem
zweiten Semester, während er sich – inzwischen als Einjähriger eingezo-
gen – in einer Manöverpause mit Hilfe eines griechischen Neuen Testa-

---

[61] Selbstzeugnisse 20/Werke 1, 265/KJ 14 f.
[62] Vier Jahre zuvor – 1889 – hatte HOLTZMANN in dem von ihm begründeten „Hand-
Commentar zum Neuen Testament" eine Erklärung der synoptischen Evangelien erscheinen lassen. – Zu Holtzmann vgl. W. BAUER, H. J. Holtzmann. Ein Lebensbild.

ments auf eine Fleißprüfung vorbereitete. ,,Dabei erging es mir merkwürdig. Holtzmann hatte die Markushypothese – das heißt, die Theorie, daß
dieses Evangelium das älteste sei und daß sein Plan den Evangelien des
Matthäus und Lukas zugrunde liege – in der Wissenschaft zur Anerkennung gebracht. Damit schien auch erwiesen, daß die Wirksamkeit Jesu aus
dem Markusevangelium allein zu verstehen sei. An diesem Schlusse wurde
ich zu meinem Erstaunen irre, als ich mich an einem Ruhetage im Dorfe
Guggenheim mit dem 10. und 11. Kapitel des Matthäus beschäftigte und
auf die Bedeutung des in ihnen enthaltenen, nur von Matthäus, nicht auch
von Markus gebotenen Stoffes aufmerksam wurde.''[63] Das Motiv für die
Beschäftigung mit den Evangelien also war ein relativ harmloses: Schweitzer wollte die finanziellen Mittel gewinnen, die für das weitere Studium
nötig waren. Aber die *Ergebnisse,* zu denen diese so motivierten Studien
führten, hätten erregender gar nicht sein können[64]. In Matthäus 10 wird
berichtet, daß Jesus seine zwölf Jünger zur Mission in die Städte Israels
aussendet. Er entläßt sie mit einer Rede, in der er ihnen ankündigt, daß sie
alsbald große Verfolgung erleiden werden und mit den Städten Israels
nicht fertigwerden würden, bis der Menschensohn erscheine. Das heißt
also, daß Jesus die Jünger in einer Situation gespannter Naherwartung
und mitten hinein in die apokalyptischen Endzeitwehen entläßt. Denn es
war jüdische Glaubensvorstellung, daß unmittelbar vor dem Kommen des
Menschensohnes vom Himmel her große Drangsale und Verfolgungen
durchzustehen seien. Unmittelbar danach breche dann das überirdische,
messianische Reich an. Jesus erwartet also seine Jünger gar nicht mehr zurück.

Aber das in Aussicht Gestellte erfüllt sich nicht. Die Jünger kehren zurück. Die apokalyptischen Endzeitwehen bleiben ebenso aus, wie das
Kommen des Menschensohnes und damit der Anbruch des messianischen
Reiches. ,,Wie kommt Jesus dazu'', so fragt sich Schweitzer, ,,den Jüngern hier Dinge in Aussicht zu stellen, die sich in dem Fortgang der Erzählung nicht erfüllen?''

Die Erklärung, die ihm Holtzmann in seinem Kommentar und in der
Vorlesung angeboten hatte, lautete, daß es sich in Mt 10 gar nicht um eine
historische Rede Jesu handele, sondern um eine nach Jesu Tod von der
Gemeinde vorgenommene Zusammenstellung von ,,Sprüchen Jesu''.
Aber diese Auskunft konnte Schweitzer ganz und gar nicht befriedigen.

---

[63] LD 13/Werke 1, 28.
[64] Zum folgenden vgl. aaO 13 ff./28 ff.

„Spätere wären doch nicht daraufgekommen, ihm (Jesus) Worte in den Mund zu legen, die sich nachher nicht erfüllten."

Schweitzer sah keine andere Möglichkeit, als den Text doch als einen historischen anzunehmen, d. h., er war überzeugt, „daß Jesus wirklich Verfolgungen für die Jünger und ein daran anschließendes alsbaldiges Erscheinen des überirdischen Menschensohnes in Aussicht gestellt hatte, ohne daß die nachfolgenden Ereignisse ihm darin recht gaben". Diese Annahme aber zog zwei weitere Fragen nach sich: 1. Wie kam Jesus zu dieser Naherwartung? 2. Welche Konsequenzen hatte er daraus gezogen, daß sich diese Naherwartung als Täuschung erwies?

Die Antwort auf die erste Frage las Schweitzer aus Kapitel 11 des Matthäus-Evangeliums heraus. Hier wird berichtet, daß der Täufer, der im Gefängnis liegt, seine Jünger zu Jesus schickt mit der Frage: „Bist du, der da kommen soll, oder sollen wir eines anderen warten?" (V. 3) Das Problem ist, wen der Täufer meint, wenn er Jesum fragt, ob er „der Kommen-Sollende" sei? Wieder ist es die bisher von allen angenommene Meinung, die Schweitzer meint in Frage stellen zu müssen: der „Kommen-Sollende" kann nicht der Messias sein. „Nach dem spätjüdischen messianischen Dogma sollte dem Erscheinen des Messias das Kommen des Vorläufers, des wiedererstandenen Elia, vorausgehen. Auf den zuvor erwarteten Elia wendet Jesus den Ausdruck ‚der Kommen-Sollende' an, wenn er den Jüngern (Matthäus 11,14) sagt, daß der Täufer selber der kommensollende Elia sei. Also, schloß ich, hat der Täufer in seiner Anfrage den Ausdruck in derselben Bedeutung gebraucht. Er sandte seine Jünger an Jesum nicht mit der Frage, ob er der Messias sei, sondern er wollte, so merkwürdig uns dies auch vorkommen mag, von ihm erfahren, ob er der erwartete Vorläufer des Messias, der Elia, sei."[65]

Jesus gibt in Mt 11 auf die Täuferfrage keine eindeutige Antwort, sondern sagt: „Geht hin und berichtet Johannes, was ihr hört und seht: Blinde sehen wieder und Lahme gehen; Aussätzige werden rein, und Taube hören; Tote werden auferweckt, und den Armen wird das Evangelium verkündet. Und wohl dem, der an mir keinen Anstoß nimmt" (Mt 11,4–6).

Diese Antwort ist eine Kontamination aus alttestamentlichen Zitaten, nämlich aus Jes 29,18f., 35,5f. und 61,1. D. h., sie beschreibt Jesu Auftreten und Wirken als die Erfüllung alttestamentlicher Weissagung. Das sieht so aus, als wolle die spätere Gemeinde an dieser Stelle zusammenfassend

---

[65] AaO 14/29.

Jesu Wirksamkeit mit Zitaten der Heiligen Schrift umschreiben. Schon
das hätte Schweitzer warnen sollen, hier nicht einfach eine historische
Antwort Jesu zu sehen. Aber dieser Gedanke kommt ihm nicht in den
Sinn. Vielmehr meint Schweitzer, Jesus habe darum eine ausweichende
Antwort gegeben, weil er vermeiden wollte, daß er jetzt bereits öffentlich
kund werde. Er möchte nicht, daß das Volk jetzt schon erfährt, für wen er
sich hält. ,,In jeder Hinsicht liefert die Geschichte von der Anfrage des
Täufers also den Beweis, daß zu jener Zeit keiner der Gläubigen Jesum für
den Messias hielt. Hätte er irgendwie als der Messias gegolten, so hätte der
Täufer seine Frage in diesem Sinne formuliert.''[66]

Die zweite Frage, welche Konsequenz Jesus aus der Parusieverzögerung zog – die Erwartung hinsichtlich der Jünger und des bald hereinbrechenden überirdischen Reiches blieb unerfüllt – wird Schweitzer später so
beantworten: Jesus stellt sein Programm um. Er *wartet* nicht mehr nur auf
das bald hereinbrechende messianische Reich, sondern er zieht nach Jerusalem, um dort mit seinem Märtyrertod das Kommen des Reiches zu *be-
schleunigen.*

Mit diesem Problem werden wir uns noch ausführlich zu beschäftigen
haben. Es steht im Mittelpunkt der späteren Jesusdeutung Schweitzers.
Im Augenblick genügt es, daß wir festhalten, was der neunzehnjährige
Manöversoldat an für ihn selber grundstürzender Erkenntnis durch Lektüre des 10. und 11. Kapitels des Matthäus-Evangeliums gewonnen hatte:
nichts weniger nämlich als den ,,goldenen Schlüssel'' der sogenannten
,,eschatologischen Deutung'', mit deren Hilfe Schweitzer im Laufe der
Jahre den Versuch der Entschlüsselung *aller* von der kritischen Forschung
ungelösten Rätsel in Jesu Leben wie in der Lehre des Paulus unmittelbar
oder mittelbar versuchen wird[67].

Gleich mit dem ersten Zupacken also bemächtigt sich Albert Schweitzer
des zentralen Problemkreises der liberalen Theologie. Und er findet mit
dem ersten selbständigen Schritt auf wissenschaftliches Gebiet das
,,Grundthema seines theologischen Lebenswerks''[68]. Die *Leben-Jesu-
Forschung* hat ihn dann nie wieder losgelassen.

---

[66] AaO.
[67] W. Picht 37.
[68] AaO 34 f.

4. Schweitzers Einsatz bei der Philosophie: das Kantbuch (1899)

Die Bedeutung Albert Schweitzers als Philosoph ist umstritten. Während es Bewunderer gibt, die ihn auch hier zu den „großen Selbstdenkern" rechnen[69], sind die Fachleute überzeugt, daß die Philosophie nicht eben Schweitzers Sache war. Oskar Kraus hat richtig erkannt, daß Schweitzers Lebens- und Weltanschauung nicht so sehr das Endergebnis einer strengen theoretischen Reflexion sei, sondern vielmehr „ein Produkt seelischer Bedrängnis", das von daher „nicht wissenschaftlichen, sondern religiösen Charakter" trage[70]. Jedenfalls ist Schweitzer „als Philosoph keine wissenschaftlich gerichtete, keine theoretische, keine Gelehrtennatur; er ist ein Mystiker der sittlichen Tat und seine Philosophie ist ein Werkzeug seines ethischen Willens"[71].

Schweitzer selbst war freilich der Meinung, es sei für seine Zukunft „entscheidend" gewesen, daß er die Philosophie, „ohne viel davon zu reden", als seine „Hauptaufgabe" betrachtet habe. „Schon als Student war ich im Untergrund meines Denkens mehr mit Philosophie als mit Theologie beschäftigt." Nietzsche habe ihn gezwungen, über theologischen Problemen „ein Suchender in Philosophie" zu werden[72]. Allerdings scheint Schweitzer um die Grenze seiner Absichten und seines Interesses gewußt zu haben. Im Gespräch soll er gelegentlich geäußert haben: „Ich kann das Spiritualistische nie verstehen", „und vollends, was transzendental ist, habe ich nie kapiert." „Es ist das Dümmste, was Kant erfunden hat – transzendental! –"[73]. Aus solchen Bemerkungen spricht nicht mangelnde Denkbegabung[74], sondern die instinktive, wesensmäßig bedingte Abneigung gegen die „Definitionsphilosophie", deren Bezug zur praktischen Tätigkeit nicht mehr sichtbar ist. Das zweckfreie Streben nach Erkenntnis war es, das Schweitzer sich nicht aneignen konnte, weil „die Anteilnahme seines die Abstraktion scheuenden Philosophierens . . . dem unmittelbar Erfahrbaren, dem Anwendbaren und ‚Zweckmäßigen'" gilt[75]. Für sein

---

[69] F. W. Kantzenbach, A. Schweitzer 25.

[70] O. Kraus, A. Schweitzer 40.

[71] AaO 60. Vgl. auch H. Steffahn, Du aber folge mir nach 85: um ein „Philosoph vom Fach" zu werden, „fehlte es zu sehr am neutralen Allinteresse".

[72] Die Briefzitate des 89jährigen Schweitzer teilt H. Steffahn mit (aaO 85).

[73] Zit. nach H. Groos 598f., vgl. KE 200/Werke 2, 334; ferner H. Steffahn, Du aber folge mir nach 85.

[74] Gegen H. Graf Keyserling, Buchbesprechung [Schweitzers Kulturphilosophie], in: Der Weg zur Vollendung. Mitteilungen der Schule der Weisheit, Darmstadt, H. 10, 1925, 58. Richtig H. Groos 599. 605.

[75] W. Picht 43.

eigenes Philosophieren bedeutete das freilich ein Hemmnis, das sich methodologisch vielfältig auswirkte: „Dehnbare und etwas schillernde Begriffe, ineinander übergehende oder gar widerspruchsvolle Positionen, ungesicherte und geradezu abwegige Thesen, daneben messerscharfe, ins Schwarze treffende Urteile und unübertreffliche Formulierungen, gelegentlich ziemlich flache Ansichten im Wechsel mit tiefgründigen Gedankengängen" – das alles ist „für einen Philosophen ganz atypisch"[76].

Trotzdem und unbeschadet aller methodischen Mängel ist der wissenschaftliche Ansatz bei der Philosophie als solcher für den Denker Albert Schweitzer gerade nicht atypisch, sondern außerordentlich typisch. Aus zwei Gründen. 1. Im Verhältnis der Theologie zur Philosophie und umgekehrt kann es nach Schweitzers Auffassung keine „Grenzgänge" (Wilhelm Weischedel) geben. Denn alles Denken, das philosophische wie das religiöse, ist darin *elementares* Denken, daß es der Klärung der uns bewegenden Lebensfragen dient. Der Konflikt zwischen Glauben und Wissen findet nicht statt[77]. Denn: „Als die tiefste Religion ist mir das Christentum zugleich die tiefste Philosophie."[78] Das hier bestehende Problem schiebt der Panethizismus einfach beiseite. Insofern konnte es von Schweitzer als ein glücklicher Umstand angesehen werden, daß sein philosophischer Lehrer und Doktorvater in Straßburg, *Theobald Ziegler*, ein Grenzgänger zwischen Theologie und Philosophie war. Ziegler, von der Theologie herkommend, behielt stets ein ausgeprägtes Interesse für Religionsphilosophie und für Ethik. Das unterm Regenschirm auf der Freitreppe der Straßburger Universität vorgeschlagene Dissertationsthema, nämlich die Religionsphilosophie Kants, zeigt, daß Ziegler Schweitzers geistigen Standort auf der Grenze der Fakultäten richtig einzuschätzen wußte. Das Angebot einer philosophischen Dissertation bot zugleich die Chance, die in Herz und Kopf bereits entwickelte Welt- und Lebensanschauung gedanklich zu fundieren. Aber wegen der im Wesen Schweitzers liegenden, eben genannten Grundvorbehalte gegen „das Spiritualistische" konnte der junge Doktorand diese Chance nur zum Teil wahrnehmen. Trotzdem: er hat keine Sekunde gezögert, das Angebot anzunehmen. Denn nicht nur versprach es bei einer kritischen Auseinanderset-

---

[76] H. GROOS 602f.

[77] Vgl. W. PICHT 77: „Die Geisteswelt Schweitzers beherbergt – ein höchst ungewöhnliches, ja einzigartiges Phänomen – die intensiv ausgeprägten Elemente des Widerstreits zwischen Glauben und Wissen in kampflosem Nebeneinander." Picht nennt gerade das die Position eines „Grenzgängers". – Zum Problem s. R. GRABS, Denker aus Christentum 39; H. GROOS 600.

[78] CW 55/Werke 2, 714.

zung mit dem Königsberger Philosophen eine Klärung und Bestätigung seiner eigenen religionsphilosophischen Anschauungen. Allzu deutlich stand ihm auch die Geistesverwandtschaft mit jenem „Allzermalmer, der allem Dogmatismus und aller dogmatischen Metaphysik . . . ein Ende bereitet hat"[79], vor Augen[80]. Hinter der in den drei Kritiken nachgewiesenen unauflöslichen Spannung zwischen kritischer und ethischer Religionsphilosophie verbirgt sich nichts anderes als der Widerstreit zwischen Wissen und Glauben, der Schweitzer damals beschäftigt hat und den er zu versöhnen trachtete[81]. Und auch darin ließ er sich von Kant gerne bestätigen: Religion ist auf Ethik gegründet[82]. Allerdings sagt er von sich selbst, daß er nicht auf Kant, sondern auf den Rationalismus zurückgehe[83]. Und an K. Barth schreibt er, vollständige Ethik verlange Gütigkeit gegen *alle* Kreatur, nicht nur gegen Menschen. „Ich kam darauf, als ich mich mit der Ethik Kants beschäftigte. Sie kam mir kalt vor."[84] Jedenfalls konnte Schweitzer während der Kantstudien in Theologie *und* Philosophie bleiben, der er war: ein „genuiner, elementarer Ethiker" (Bremi)[85].

2. Das führt unmittelbar zum zweiten Grund, warum Schweitzers Einsatz bei der Philosophie von ihm nicht als Allotrion angesehen wurde. Zu seinem Wesen gehörte es, alles Geistige zugleich auch von der handwerklichen Seite anzupacken[86]. Und wie er selbst aus der Reserve heraustrat, in der sich ein reiner Forscher gegenüber der realen Welt verhält, so erwartete – und fand er es auch bei Kant! Die kantische Religionsdefinition „der Erkenntnis aller Pflichten als göttlicher Gebote" mußte Schweitzer ganz unmittelbar ansprechen. In seiner Kulturphilosophie wird er eine Überzeugung erneuern, die Kant ausgesprochen hat: daß das Ziel der Humanität zwar „eine Naturabsicht" ist, oder besser: „die Anordnung eines wei-

---

[79] Th. Ziegler, zit. bei W. Picht 41.

[80] O. Kraus, A. Schweitzer 59, sagt, daß Schweitzer den Philosophen dort am meisten rühmt, worin dessen Religionsphilosophie der eigenen Überzeugung am meisten entspricht. Es sei jener Kant, der die Ethik auf sich selbst stellt, „der die Idee der Unsterblichkeit ausfallen läßt und die Idee Gottes zum Hilfsbegriff macht".

[81] Vgl. dazu H. J. Meyer, A. Schweitzers Doktorarbeit 68 f.

[82] Vgl. W. Picht 41; ferner dazu den schönen Aufsatz von W. Weischedel, Sind die Menschen besser geworden? Obwohl Schweitzer wie kaum einer in diese Diskussion hineingehört, wird er nicht erwähnt.

[83] Vgl. auch Schweitzers scharfe Kritik an Kant in KE Kap. IX.

[84] Brief vom 2. 4. 1965 (Kopie des Originals im Zentralarchiv in Günsbach).

[85] W. Bremi, Albert Schweitzer, in: Tendenzen der Theologie im 20. Jahrhundert. Eine Geschichte in Porträts, hrsg. v. H. J. Schultz, Stuttgart 1966, 148.

[86] Vgl. Hermann Keller, Das Bach-Buch Albert Schweitzers, in: H. W. Bähr (294–298) 296.

sen Schöpfers"[87], aber das Ziel ist noch nicht erreicht. Vielmehr: „die Annäherung zu dieser Idee ist uns . . . auferlegt"[88]. Sie wird nicht einfach durch technische Entwicklung erreicht, sondern setzt eine lebenslange ethische Anstrengung voraus[89].

Bisher war es immer sehr schwer, das Kant-Buch von Schweitzer gebührend zu würdigen, weil es – dem spröden Gegenstand entsprechend – sich selber sprachlich und gedanklich außerordentlich spröde und für den Nichtfachmann schwer verständlich präsentiert. Jetzt aber hat Helmut Groos in seinem Schweitzer-Buch das Werk ausführlich gewürdigt und in einen Zusammenhang mit Schweitzers sonstigem Denken gebracht. Er betont, daß Schweitzers Interesse hier bereits „fast ausschließlich dem Sittlichen" gilt[90]. Und zwar hebt der junge Doktorand hervor, wie Kant einerseits vor dem Rätsel des Ethischen kapituliert, das ihm unbedingte Pflicht ist, und wie er andererseits die Ethik als Möglichkeit zur Selbstvervollkommnung des Menschen begreift. „Aufklärung im besten Sinne und Überwindung der Aufklärung, die in dieser religiösen Ethisierung, in diesem Zug zum Unbedingten, Unableitbaren, schlechthin Gebieterischen enthalten ist, wurden gleichermaßen sichtbar."[91] Hinter diesem Interesse tritt alles andere zurück. Z. B. : „die Frage, ob und inwieweit Kant dem Anliegen der Religion gerecht wird oder doch nahekommt, rückt gar nicht in den Blickpunkt. Alles, was Schweitzer an der Entwicklung Kants anerkennend und rühmend hervorhebt, betrifft die Vertiefung seines ethischen Denkens"[92]. *Ein* Begriff Kants ist es vor allem, der sofort Schweitzers ungeteiltes Interesse findet: „moralische Menschheit". Die eigentliche religionsphilosophische Problematik, die Reflexion des Religiösen in seinem Bezug zum Sittlichen, also das Thema des kritischen Idealismus, tritt demgegenüber fast völlig zurück. Die Dominanz des ethischen Gesichtspunktes entsprach ganz einfach der Einstellung Schweitzers. Und da er in seinem langen Leben nichts unternahm, was seiner Einstellung widersprochen hätte, hat er sich auch in seiner wissenschaftlichen Erstlingsarbeit nicht um die Fachautoritäten und das, was sie von ihm erwarteten, gekümmert, sondern das in den Mittelpunkt gerückt, was ihm wichtig war. Nur in einem Punkte trifft das nicht zu: seinen Stil als Schriftsteller

---

[87] Zit. nach W. WEISCHEDEL, Sind die Menschen besser geworden? 65.

[88] AaO 85.

[89] Vgl. H. J. MEYER, A. Schweitzers Doktorarbeit 72.

[90] H. GROOS 633.

[91] M. SCHMIDT, A. Schweitzer als Theologe 199, mit Verweis auf H. STEPHAN, Kant und die Religion, Kant-Studien, 1924, 207–232, bes. 219f.

[92] H. GROOS 633.

sollte er bald ändern. Zum Glück! Denn in seiner Doktordissertation paßt er sich ganz dem kantischen Stil an, während er später in allen Büchern wie kaum ein Wissenschaftler seines Formates sonst sich einer einfachen, schlichten, und jedermann verständlichen Sprache bedient.

Was aber bedeutet nun der Einsatz bei der Philosophie für den Theologen Schweitzer? Als Sich-Einlassen auf die Fachphilosophie blieb er ganz sicher „Exkurs"[93], so kongenial auch immer die Analyse der drei Kritiken Kants vorgetragen und nachgewiesen wurde, daß die kantische Ethiktheologie zwei vollständig verschiedene Begriffe vom höchsten Gut enthält. Aber ganz sicher ist dieser Exkurs kein Zufall. Dafür ist der Zusammenhang mit dem späteren Lebenswerk Schweitzers zu offen am Tage[94]. Nein, für den Theologen Schweitzer hat dieser Einsatz eine ganz existentielle Bedeutung: Er feit ihn für immer gegen abstraktes Theoretisieren und verhaftet ihn um so fester dem eigentlich zentralen Anliegen, nämlich der Theologie[95]. Freilich meint er von nun an, dieser eine Zwillingsschwester beigesellt zu haben: das ethische Philosophieren. Schweitzer hat an die „Herrschaft" über die menschlichen „Gesinnungen" geglaubt und sah darin den wesentlichen Faktor für den Kulturfortschritt (neben dem der Herrschaft der Vernunft über die Naturkräfte)[96]. Genau an dieser Stelle greifen sein philosophisches und sein theologisches Interesse im Verhältnis von Diagnose und Therapie ineinander: was die (erst später ausgearbeitete) analytisch verfahrende Kulturkritik an notwendigem Denken und Tun erkennen läßt, das setzt die therapeutisch verfahrende Theologie ins Werk. Jesus ist der Gebieter, der so zur Herrschaft über die menschlichen Gesinnungen verhilft, das letztere dem Wohl und nicht dem Weh der Welt dienen. Philosophisches und theologisches Denken bilden bei allen Spannungen im einzelnen für Albert Schweitzer doch eine geschlossene Einheit, und zwar im Fundamentalen. Die drei Hauptrichtungen der Ethik, die Schweitzer später in Fortführung seines frühen Philosophierens untersuchen wird, nämlich die egoistisch-utilitaristische der Antike, die sozial-utilitaristische der Moderne und die idealistische von

---

[93] W. Picht 43.

[94] So richtig H. J. Meyer, A. Schweitzers Doktorarbeit 74. M. Schmidt, A. Schweitzer als Theologe 199, meint sogar: „Vielleicht ist es nicht zu viel behauptet, wenn man schon hier, in der Arbeit des Dreiundzwanzigjährigen den Ansatzpunkt für seine ethische Mystik findet, die mit dem gleichen Sinn für ursprünglich Gegebenes die Ehrfurcht vor dem Leben zum Gebot machte und ihn so für die indischen Denker ein tiefes Verständnis gewinnen ließ."

[95] Vgl. W. Picht 43; H. Groos 636.

[96] VW. Vgl. dazu Johan B. Hygen, Albert Schweitzers Kulturphilosophie und Kulturkritik, in: Universitas 15, 1960, 3–12, bes. 7.

Platon bis Fichte lassen seiner Meinung nach alle das sittliche Grundprinzip vermissen, das er selbst von der Ethik Jesu dargereicht und autorisiert sieht. Wenn Schweitzer nach dem berühmten Wort „Ich bin Leben, das leben will, inmitten von Leben, das leben will"[97] *Ethik* dahingehend bestimmt, „daß ich die Nötigung erlebe, allem Willen zum Leben die gleiche Ehrfurcht vor dem Leben entgegenzubringen wie dem eigenen"[98], so trifft das genau die positive Fassung der Goldenen Regel in der Bergpredigt (Mt 7,12). Als Philosoph begründet Schweitzer seine „Ehrfurcht vor dem Leben" zwar rein voluntaristisch als die im eigenen Willen zum Leben erlebte Lebensbejahung. Aber der übergreifende Begründungszusammenhang ist doch das Gebot des Schöpfers, wie der Begriff „ethische Mystik" beweist, der das durch sittliche Tat erfolgende Einswerden mit dem Unendlichen meint. Jedenfalls war ihm „der Unterschied zwischen religiöser und philosophischer Weltanschauung ein ganz fließender"[99]. Entschlossen, beides künftig promiscue zu handhaben, schlägt er das Angebot einer philosophischen Habilitation aus und wählt zuversichtlich den Weg in die Privatdozentur der Theologischen Fakultät.

---

[97] Das Problem der Ethik. Grundtexte 111/Werke 5, 158.
[98] KE 239/Werke 2, 378.
[99] Vgl. auch Das Problem der Ethik. Grundtexte 112/Werke 5, 159: „Durch die Ehrfurcht vor dem Leben werden wir in elementarer, tiefer und lebendiger Weise fromm."

III. Der Jesusforscher

„Es ist die Aufgabe der Wissenschaft, gefährliche Fragen in Angriff zu nehmen, ehe sie die öffentliche urteilslose Meinung in Unruhe bringen, den Zündstoff zu beseitigen und in der Stille segensreiche Arbeit zu tun." Dieser Satz aus der „Vorrede" zu Albert Schweitzers theologischem Erstlingswerk, der Untersuchung über „Das Abendmahl im Zusammenhang mit dem Leben Jesu und der Geschichte des Urchristentums"[1] zeigt, daß Schweitzer als Theologe erst recht nicht willens ist, mit seinem Denken nur einem akademisch-wissenschaftlichen Erkenntnisstreben zu dienen. Er verbindet vielmehr auch mit seiner theologischen Forschertätigkeit sofort das praktische Interesse, „gefährliche Fragen" zu entschärfen, damit sie dem ungeschulten Denken nicht zum Fallstrick gereichen. Konkret im Falle des Abendmahls heißt das: Ein mögliches Auseinanderfallen von historischer Wahrheit und kirchlich-dogmatischer Praxis ist so zu überwinden, daß die Gemeinde darüber nicht „in Unruhe" gerät. Vor allem: der Christ als aufgeklärter Zeitgenosse soll das Abendmahl feiern können, ohne daß das Denken aufhört[2]. Es ist dies eine Art seelsorgerlicher Verantwortung, die Schweitzer als wissenschaftlicher Theologe meint wahrnehmen zu müssen. Und zwar als eine primäre Funktion! Das fügt sich nahtlos in die Glaubens- und Lebensauffassung des Philosophen, Musikers und Mediziners Albert Schweitzer, dessen Anteilnahme stets „dem unmittelbar Erfahrbaren, dem Anwendbaren und ,Zweckmäßigen'" galt[3]. Alle wichtige, alle wahrhaftige Erkenntnis wirft für ihn sofort die Frage auf, was diese Erkenntnis wem nutzt. Sie ist immer und von Grund auf ethisch. Das theologische Erstlingswerk bildet keine Ausnahme von dieser Regel. Das theologische Hauptwerk, die Geschichte der Leben-Jesu-Forschung, dessen Fortsetzung, die Geschichte der paulinischen Forschung, vor allem aber sein theologisch bedeutendstes Werk, die „Mystik des Apostels Paulus", zeigen, daß es Schweitzer nicht so sehr um

---

[1] 1. Heft, Abendmahlsproblem IX.
[2] Das Denken hört für Schweitzer da auf, wo mit den Elementen in irgend einer Weise die Realpräsenz verknüpft ist (vgl. Abendmahlsproblem 21).
[3] W. PICHT 43.

ein Mehr an wissenschaftlicher Erkenntnis zu tun ist „als um ein Bewegen der Welt, ein Eingreifen in das Geistesleben"[4].

1. Das Abendmahlsproblem (1901)

Eine neue Auffassung des Lebens Jesu steht – wie wir bei dem Studenten Albert Schweitzer gesehen haben – unmittelbar am Anfang des theologisch-wissenschaftlichen Erkennens. Aber sie steht nur mittelbar auch am Anfang seiner literarisch-wissenschaftlichen Produktion. Diese beginnt mit einer Untersuchung über das Abendmahl, die freilich „im Zusammenhang mit dem Leben Jesu" (so der Untertitel) vorgenommen wird, was sich in zwei gleichzeitig (1901) erscheinenden Heften auch äußerlich ausdrückt: das zweite Heft trägt den zusätzlichen Titel: „Eine Skizze des Lebens Jesu." Und das von der liberalen Theologie übernommene grundsätzliche Ziel zeichnet sich schon hier ab: „Befreiung" Jesu und damit Befreiung des in der Moderne gelebten Glaubens aus den Banden der Kirchenlehre, und zwar im Namen der Wahrhaftigkeit. Denn was den Geist Jesu zur Wirkung bringt, das ist unmittelbar Dienst am Geist der Wahrheit[5].

Daß sich Schweitzer zunächst mit dem Abendmahl beschäftigt, hat einen simplen Grund. Im Jahre 1897 erhält er als Thema für die schriftliche Examensarbeit folgende Aufgabe gestellt: „Die Abendmahlslehre Schleiermachers soll dargestellt und mit den im Neuen Testament und in den Bekenntnisschriften niedergelegten Auffassungen verglichen werden." Schweitzer bemerkt dazu in der Vorrede des ersten Heftes: „Ich hatte mich bis dahin mit der Abendmahlsfrage gar nicht beschäftigt und war über die neuesten Forschungen in keiner Weise orientiert, hatte auch keine Zeit dies nachzuholen, weil die Arbeit innerhalb acht Wochen abgeliefert werden mußte. So war ich einzig auf die Texte und die bekenntnismäßigen Formulierungen der verschiedenen Konfessionen angewiesen."[6] Solche Beschränkung kam jedoch der Neigung Schweitzers nur entgegen, der „keine Gelehrtennatur" war und nie das Bedürfnis nach „Einordnung in Reih und Glied einer Forschergemeinschaft" verspürte, um „am Bau einer Fachgelehrsamkeit mitzuwirken"[7]. So betont er ausdrücklich, daß

---

[4] W. Picht 44.
[5] Vgl. W. Picht 50. 51. A. Schweitzer selbst schreibt am 19. 8. 1950: „Wahrheit im höchsten Sinne ist, was im Geiste Jesu ist" („Vorrede zur sechsten Auflage" der LJ 1951, XVIII/Werke 3, 36/GTB 41).
[6] Abendmahlsproblem V.
[7] W. Picht 44.

die in Umrissen sich abzeichnende neue Auffassung des Lebens Jesu ihm „schon im Herbst 1897, *unabhängig von der modernen Forschung, feststand*"[8]. In der Examensarbeit selbst deutete er sie verständlicherweise nur „in allgemeinen Strichen" an. Aber nach Abschluß der Examensarbeit ging er an eine genaue Ausarbeitung, womit sich die ohnehin bestehende Absicht, in der theologischen Fakultät zu promovieren und sich zu habilitieren, gut verbinden ließ[9].

Zunächst wird die Abendmahlsfrage in allen Epochen, der altchristlichen, der mittelalterlichen, der reformatorischen und der modernen, studiert. Denn Schweitzer war „fest entschlossen, nicht eher mit der neuen Auffassung an die Öffentlichkeit zu treten, als bis ich sie für alle Epochen durchgeführt hätte und so die Gewißheit besäße, daß sie die ganze Geschichte des Abendmahls von der historischen Feier bis in die neueste Zeit erklärt"[10]. Er hat für diese Arbeit vier Jahre gebraucht.

Die ausführliche Vorrede gibt einen interessanten Aufschluß über Methoden und Ziele des wissenschaftlichen theologischen Arbeitens von Albert Schweitzer überhaupt. Schleiermacher, so wird hier ausgeführt, hatte die Ansicht vertreten, daß unsere Abendmahlsfeiern in letzter Linie gar nicht auf einer ausdrücklichen Verordnung Jesu beruhen. Sie gründen vielmehr allein in der Praxis der ältesten Urgemeinde und sind allein durch

---

[8] Abendmahlsproblem VIII.

[9] Nach dem am 6. Mai 1898 bestandenen Ersten Theologischen Examen erhielt Schweitzer ein auf sechs Jahre befristetes Stipendium mit der Auflage, in dieser Zeit entweder den Lizentiaten der Theologie zu machen oder das Stipendium zurückzugeben (LD 20/Werke 1, 36). Mit Rücksicht auf einen nachfolgenden Stipendiaten (der dann freilich keinen Gebrauch von der Stiftung machen sollte) hat Schweitzer die Zeit nicht voll ausgeschöpft (vgl. LD 27 f./Werke 1, 45), aber gleichwohl die Auflage mehr als erfüllt: Im Juli 1899 promovierte er zum Dr. phil. in Straßburg, am 15. Juli 1900 machte er die Zweite Theologische Prüfung. Am 21. Juli desselben Jahres erwarb er den Grad eines Lizentiaten der Theologie. Das Thema der Arbeit lautete: „Kritische Darstellung unterschiedlicher neuerer historischer Abendmahlsauffassungen. Dissertation zur Erlangung des Grades eines Licentiaten der Theologie" (gedruckt in C. A. Wagners Universitäts Buchdruckerei, Freiburg i. Br. 1901, 39 S.). Im Frühjahr 1902 (die Antrittsvorlesung vor der Theologischen Fakultät zu Straßburg über die Logos-Lehre im Johannesevangelium fand am 1. März 1902 statt, vgl. LD 42/Werke 1, 59) habilitierte sich Schweitzer „mit seiner genialen, sprachlich faszinierend schönen Studie über ‚Das Messianitäts- und Leidensgeheimnis. Eine Skizze des Lebens Jesu'" (F. W. KANTZENBACH, A. Schweitzer 34). Das im Vorwort des 1. Heftes (Abendmahlsproblem XII; vgl. auch Deckblätter von Abendmahlsproblem [1901] u. ML [1901]) versprochene 3. Heft „Geschichte des Abendmahls von der historischen Feier bis auf Irenaeus" (für 1902 zum Druck vorgesehen) ist niemals erschienen. Aus verständlichen Gründen: Schweitzer hatte inzwischen seinem größten wissenschaftlichen Anliegen, der Suche nach dem historischen Jesus, nachgegeben (vgl. W. PICHT 9).

[10] Abendmahlsproblem VIII.

das kanonische Ansehen der Apostel theologisch legitimiert[11]. Vor Schleiermacher hatte das niemand so klar und so vollständig ausgesprochen. Aber es blieb auch jetzt wirkungslos, ja, fiel „ganz unter den Tisch", nach Schweitzers Meinung darum, weil diese Erkenntnis dazu angetan gewesen wäre, „einen im kantischen Sinn ,aus dem dogmatischen Schlummer zu wecken'"[12]. Die Schleiermachersche Auffassung „zeigt nämlich, daß nicht nur die kirchlichen, sondern gerade so gut die wissenschaftlichen Abendmahlsauffassungen dem wirklichen Thatbestand nicht gerecht werden. Die kirchlichen Auffassungen setzen voraus, daß Jesus die Feier zur Wiederholung bestimmt habe, können aber nicht nachweisen, daß er es wirklich angeordnet hat, da der betreffende Befehl bei den ältesten Zeugen fehlt. Eine Reihe wissenschaftlicher Auffassungen gehen (!) davon aus, daß die Feier nicht zur Wiederholung bestimmt war, können aber dann nicht erklären, warum sie doch schon in der allerältesten Gemeinde aufkamen – und das ist doch auch eine unbedingte feststehende Thatsache". Schweitzers klare Schlußfolgerung lautet: „Der Zusammenhang zwischen den beiden Feiern, der historischen und der Gemeindefeier, bleibt also gleich unbegreiflich, ob man sie durch den Wiederholungsbefehl direkt kausal miteinander verbindet oder ob man sich mit der Konstatierung der reinen zeitlichen Aufeinanderfolge begnügt und die Kausalität dahingestellt sein läßt. *Schleiermacher ist der Hume der Kausalitätsfrage im Abendmahlsproblem.*"[13]

Das Faktum der Wirkungslosigkeit der Schleiermacherschen Kritik wirft für Schweitzer ein bezeichnendes Licht auf das Verhältnis von Kirche und Wissenschaft: Es muß einer etwas nur fein geschliffen und dialektisch sagen, dann bleibt es unbeanstandet. Spricht es aber ein „ehrlicher Historiker in der Nachfolge anderer Historiker, von der Wucht der Tatsachen gedrängt", aus, so geht es dem ehrsamen Historiker „gar übel", obwohl er doch nichts anderes gesagt hat als der geschliffene Dialektiker. Und in einer nicht nur damalige Praxis schonungslos entlarvenden Kritik,

---

[11] AaO VI. X.

[12] AaO VII.

[13] AaO VII. Für den schottischen Philosophen und Historiker der Aufklärung David Hume (1711–1776) hat die Kausalität keine Basis in der Wahrnehmung. Verbindungen von Ideen können durch bloße Denktätigkeit zustandekommen, sie sind unabhängig von der Leistung des damit Gemeinten. Ursachen und Wirkungen dagegen, die sich auf Tatsachen beziehen, können nicht durch bloße Vernunft, sondern nur durch Erfahrung entdeckt werden. Vgl. A. SCHAEFER, David Hume. Philosophie und Politik. Meisenheim 1963; vgl. A. SCHWEITZER, Das Problem der Ethik. Grundtexte 105 f./Werke 5, 152 f.

die deutlich autobiographische Züge trägt, fährt er fort: „Es ist merkwürdig: In der Theologie darf heutzutage einer fast alles sagen, was er will, wenn er es nur vornehm und geistreich mit einem eleganten Skeptizismus thut. Für den ehrlichen Menschen, der redet weil sein Gewissen ihn zwingt, ist man aber unnachsichtlich."[14]

Schweitzer sieht den Konflikt für die eigene Person voraus. Und es deutet sich schon jetzt an, daß er ihm nicht mittels dialektisch-dogmatischer Verschleierungstaktik ausweichen wird. „*Wir müssen an die Geschichte glauben.*"[15] Diese grundsätzliche und unbeschränkte Anerkennung des Anspruches der historischen Wahrheit, die sich durchhalten wird[16], führt noch den 84jährigen Schweitzer in Tübingen an das Grab Ferdinand Christian Baurs und läßt ihn in einem Brief an die Evangelisch-Theologische Fakultät anläßlich der Verleihung der Würde eines Ehrendoktors schreiben, daß er „ein in der Fremde nachgeborener Tübinger sei"[17].

Was Schweitzers problemgeschichtliche Methode anbetrifft, so bedeutet der weite Exkurs in die Geschichte des Abendmahlsverständnisses von seinen Anfängen bis in die Gegenwart keinen Umweg, sondern er dient ihm dazu, die Aufstellung der eigenen, neuen historischen Abendmahlsauffassung zu begründen. Dieser Exkurs dient also unmittelbar der Absicht der Untersuchung selbst, die „den praktischen Zweck" verfolgt, „*die historische Grundlage unserer modernen Abendmahlsfeier abzugeben und das Bestehende geschichtlich zu rechtfertigen.* Es ist nämlich nicht zu leugnen, daß unsere Gemeindefeier, nach dem jetzigen Stand der Wissenschaft, in der Luft hängt. Wenn der Wiederholungsbefehl historisch nicht fundiert ist, was soll dann unsere Wiederholung bedeuten"[18]? Mit Schleiermachers Lösung (das „kanonische Ansehen der Apostel" sichert dennoch die Rechtmäßigkeit heutiger Abendmahlsfeiern[19]) kann sich Schweitzer nicht zufriedengeben. „Das Sprüchlein bannt das Gespenst nicht. Wir wollen den Aposteln die gebührende Ehrfurcht sicher gern erweisen, aber unsere Abendmahlsfeier auf ihr kanonisches Ansehen allein

---

14 Abendmahlsproblem VI. VII.
15 AaO XI.
16 Vgl. die „Vorrede" zur MP IX f./Werke 4, 22 f., wo freilich „die historische Wahrheit . . . in den Dienst der geistigen" gestellt wird. Und 1950 heißt es in der „Vorrede zur sechsten Auflage" der LJ: „Die Hauptfrage für die jetzige und die kommende Zeit ist, in welcher Weise und mit welchem Ergebnis sich der christliche Glaube mit der historischen Wahrheit über Jesus auseinandersetzt" (XVI/Werke 3, 33/GTB 40).
17 Vgl. K. Scholder, A. Schweitzer und F. Ch. Baur 184.
18 Abendmahlsproblem VIII.
19 AaO IX f.

gründen, das dürfen wir nicht."[20] Natürlich ist es auch für Schweitzer unumstritten, daß unsere heutigen Abendmahlsfeiern historisch auf die Mahlfeiern der Urgemeinde zurückgehen. Aber damit sind sie theologisch noch nicht gerechtfertigt. Es könnte ja sein, daß die Urgemeinde damit etwas tat, was keinerlei Anhalt am historischen Jesus hatte, daß sie mit den Mahlfeiern eine Praxis initiierte, die sie selber erfunden oder mit der sie an andere, aber nicht jesuanische Traditionen angeknüpft hat. Von daher lautet die entscheidende Frage für Albert Schweitzer – und er nimmt damit das die Diskussion um das Verhältnis von Urgemeinde und historischem Jesus bis heute bestimmende Kardinalproblem vorweg –: ,,Welches waren die Motive, durch welche die erste Gemeinde bestimmt wurde, eine derartige im Zusammenhang mit dem letzten Mahl Jesu stehende Feier zu begehen? War das Willkür oder Notwendigkeit?"[21] Denn nicht schon darum, weil die erste Gemeinde etwas getan hat, ist dasselbe auch für uns verpflichtend. Sondern die auch hier von Schweitzer präzis gestellte Frage muß lauten: ,,Besteht in der historischen Feier als solcher auch für uns eine direkte Notwendigkeit, daß wir daraus irgendwie eine Feier ableiten, oder handelt es sich nur um etwas Überkommenes?"[22]

Man sieht klar, was nach Schweitzers Meinung Aufgabe der historischen Forschung in der Theologie ist: Sie hat eine Antwort zu geben auf die Frage, ob etwas, was geglaubt wird, oder was kirchliche Praxis ist – in unserem Fall: Abendmahlspraxis – eine ,,*direkte Notwendigkeit*" ist, d.h. historisch in und bei Jesus selbst begründet ist und in seinem Geist sich entwickelt hat oder nicht. Erst wenn klar ist, daß sich unsere heutige Feier ,,nicht auf die geschichtliche Überlieferung oder auf die unkontrollierbare Autorität bestimmter Persönlichkeiten" gründet, ,,sondern direkt auf die historische Feier", erst dann ,,ist unser Abendmahl berechtigt, geboten und notwendig von sich selbst aus"[23].

Deutlich spricht aus diesen Sätzen Schweitzers Verhaftetsein an den (noch von keiner Krise getrübten) Historismus: Wahr ist, was historisch ist[24]. Oder vorsichtiger gesagt: Schweitzer hat ein ,,ungebrochenes Zu-

---

[20] AaO X.
[21] AaO.
[22] AaO.
[23] AaO (Hervorhebung von mir).
[24] Über die Problematik des Anspruchs der Geschichtswissenschaft auf Objektivität, über die geschichtlich-gesellschaftliche Bedingtheit jeder Geschichtsschreibung und deren Gebundenheit an Wertvorstellungen des Historikers hat Schweitzer kaum zureichend reflektiert. Schweitzer als Historiker wäre eine kritische Studie wert. – Zur heutigen Diskussion über ,,Historische Objektivität" vgl. den gleichnamigen Band hg. v. JÖRN RÜSEN (KuR 1416), Göttingen 1975.

trauen zur befreienden Macht der Geschichtsforschung", die uns einerseits zwar die zeitgeschichtlich bedingte Fremdheit, ja, Fragwürdigkeit
Jesu erkennen läßt, andererseits jedoch auch die zeitlose Unmittelbarkeit
seines Befehlswortes, die von seiner alles Menschliche übersteigenden Autorität getragen wird[25]. Wörtlich kann er sagen: „In der wahren historischen Erkenntis liegt eine befreiende und fördernde Macht. *Unser Glaube
baut sich auf der Persönlichkeit Jesu auf.*"[26] Schweitzer nennt das „die
wahre geschichtliche Erkenntnis"[27]. Fehlt die historische Grundlage, so
entfällt die Notwendigkeit der Annahme einer verbindlichen Wahrheit.
Überspitzt kann Schweitzer diese seine historische Methode zum *Programm* erheben: „wir müssen der Zuversicht sein, daß mit dem Fortschritt der geschichtlichen Erkenntnis zugleich die Vertiefung und Eini-
gung im Glauben notwendig verbunden ist, obwohl es manchmal vorerst
nicht den Anschein hat"[28]. Hier drückt sich seine tiefste Überzeugung
aus, daß die geschichtliche Erkenntnis nichts wider die Wahrheit des
Glaubens vermag, sondern ihr nur dienen kann[29]. Und zwar entscheidet
die „wahre geschichtliche Erkenntnis" mit der „Berechtigungsfrage" für
den Glauben oder für eine bestimmte kirchliche Praxis zugleich auch über
die *Bedeutungsfrage*[30].

Daß das Abendmahl in seinen konfessionellen Auffassungen für viele
Christen etwas Abseitiges ist, zu dem man kein rechtes Verhältnis finden
kann, ist bekannt. Man meidet es oder feiert es ohne viel Nachdenken,

---

[25] Vgl. W. G. KÜMMEL II 2. Zum Gegensatzpaar „zeitgeschichtlich bedingte Fragwürdigkeit Jesu und zeitlose Unmittelbarkeit seines Befehlswortes" vgl. FRITZ BURI, Der existentielle Charakter des konsequent-eschatologischen Jesusverständnisses A. Schweitzers
im Zusammenhang mit der heutigen Debatte zwischen Bultmann, Barth und Jaspers, in:
Ehrfurcht vor dem Leben (44–58) 49.

[26] ML 97/Werke 5, 325 (Sperrung von mir).

[27] Abendmahlsproblem XI.

[28] AaO XI; vgl. auch LJ, Vorrede zur sechsten Aufl. XVIII/Werke 3, 36/GTB 41.

[29] Die „Vorrede zur sechsten Auflage" der LJ schließt SCHWEITZER mit einem Hinweis
auf 2Kor 13,8: „Wir vermögen *nichts* wider die Wahrheit, sondern nur für die Wahrheit",
aaO XIX/37/42 – Der scheinbare Widerspruch, daß Schweitzer um der Wahrheit willen
kompromißlos nach dem historisch Erkennbaren fragt, ohne ihm bei negativem Ergebnis
Bedeutungslosigkeit zu testieren (etwas historisch Erledigtes kann in einem höheren Sinn
„wahr" bleiben, z. B. das Abendmahl oder Jesu apokalyptisch-spätjüdische Vorstellungswelt) erklärt sich so, daß er zwischen einfachem „Übernehmen" und einem „Sich-Aneig-
nen" vergangener Tatsachen oder Lehren unterscheidet (aaO XVIII/36/41). Das Sich-An-
eignen religiöser Phänomene der Vergangenheit aber ist für ihn keine Frage der Erkenntnis,
sondern eine solche des Willens (aaO 636. 639/878. 883/624 f., 627). Die Prävalenz des ethischen Impulses vor der historischen Tatsachenfeststellung ist evident. Vgl. K. SCHOLDER, A.
Schweitzer u. F. Chr. Baur 191.

[30] Abendmahlsproblem X.

weil der Sinn ohnehin dubios ist oder müht sich neuerdings um andere als die traditionellen Sinngebungen[31]. Das liegt – wie Schweitzer richtig sieht – entscheidend an den sogenannten „Einsetzungsworten". Schweitzer nennt sie „unglücklich", und zwar sowohl für die Reformierten als auch für die Lutheraner (von den Vermittlungsversuchen ganz zu schweigen: „Was dazwischen ist, ist vom Übel"[32]). Den Reformierten zwingen sie, eine rein symbolische Bedeutung anzunehmen, den Lutheraner, eine wörtliche, „kraß realistische"[33]. In beiden Fällen aber wird nach Schweitzer das „*Geheimnis*" der Feier verfehlt. Die *symbolische* Auffassung bleibt dahinter zurück, die *realistische* geht *darüber hinaus* und behauptet „das Unfaßbare". Das Geheimnis der Feier und damit ihr „Sinn" treten erst heraus, wenn man aufgrund „wahrer geschichtlicher Erkenntnis" sieht, daß die zentrale Stellung der Einsetzungsworte „geschichtlich falsch ist". „Die urchristliche Feier beruht nicht auf den ‚Einsetzungsworten' – dies ist mein Leib, dies ist mein Blut – obwohl diese Worte bei der historischen Feier gesprochen worden sind. Also ist auch unsere Auffassung unabhängig von diesen rätselhaften Gleichnisworten."[34]

2. Die Lösung des Abendmahlsproblems

Um die von den Einsetzungsworten unabhängige Auffassung des Abendmahls zu entwickeln, macht Schweitzer den für alle seine theologischen Arbeiten charakteristischen Doppelschritt: er entwickelt das Problem forschungsgeschichtlich (Einsatz bei Zwingli und Calvin) *und* versucht zugleich, „sein eigentliches Wesen dialektisch aufzudecken"[1]. Aus der Deutung der Erkenntnisse der Vergangenheit (Problemgeschichte) gewinnt er die Antwort auf die Fragen der Gegenwart (Problemlösung). Dies sollte die Methode *aller* seiner wissenschaftlichen Bücher bleiben[2].

---

[31] Aufschlußreich sind die großen Artikel „Abendmahl" und „Abendmahlsfeier" in TRE I 43–328. Die Stichworte für ein neues Verständnis sind z. B. „das Abendmahl als Mahl der Gemeinschaft" (160), „das Abendmahl als Tischgemeinschaft nach ethischen Gesichtspunkten" (212), „moderne soziale Abendmahlsauffassungen" (224), „die Abendmahlsfeier in ökumenischer Sicht" (324).

[32] Abendmahlsproblem XI.

[33] AaO. Das katholische Eucharistieverständnis läßt Schweitzer unberücksichtigt.

[34] AaO.

[1] LD 36/Werke 1, 53.

[2] Das Motiv hat H. SCHÄR, Albert Schweitzers konsequent-eschatologische Deutung des Neuen Testamentes als Element einer Seelengeschichte, in: Ehrfurcht vor dem Leben (59–70) 70 klar erkannt: „es geht ihm um das Verständnis des Menschen. Er erforscht die Geschichte, um die gegenwärtige geistige Lage zu verstehen. Und in der Gegenwart geht es um eine Wegweisung an den Menschen".

Unter dem Abendmahlsproblem, das die wissenschaftliche Theologie des 19. Jahrhunderts aufgrund falscher Voraussetzungen keineswegs gelöst, sondern vollends unlösbar gemacht hat, versteht Schweitzer die folgende historische Problematik:

Aus den ältesten Texten sei nicht zu ersehen, daß im Urchristentum das Herrenmahl eine auf Wiederholung angelegte sakramentale Vergegenwärtigung des Sühnetodes Jesu war; vielmehr handelte es sich um eine richtige Mahlzeit, für die der Begriff der eschatologischen „Wonne" (Apg 2,46) typisch war, wie denn überhaupt das gemeinsame Essen die Vorabbildung der eschatologischen Vollendung darstellte[3]. Darum hatten jubelnde Freude und Loblieder bei diesen urchristlichen Mahlfeiern ihren Platz[4]. Nicht die Spendeformeln, mit denen Jesus sich den Seinen gab, standen im Mittelpunkt, sondern *Danksagung* und eschatologischer Ausblick auf das nah geglaubte Gottesreich. Aus diesem Grunde auch wurde „Eucharistie" der seit Ausgang des 1. Jahrhunderts sich durchsetzende terminus technicus für die urchristliche Mahlfeier.

Sie wurde nicht alljährlich am Gründonnerstag gefeiert, sondern anfänglich in der Morgenfrühe eines jeden Tages, später eines jeden Sonntags als des Auferstehungstages Jesu, an dem man auf seine Wiederkunft beim Anbruch des Reiches Gottes ausblickte (Mt 28,1 par; Apg 20,7; Apk 1,10; Did 14,1; Bar 15,9)[5]. Diese urchristliche Eucharistie aber ist nicht ein eigener, vom letzten Mahle Jesu zu unterscheidender Mahltyp (Hans Lietzmann)[6], sondern die direkte Fortsetzung der historischen Feier am Abend vor Jesu Tod. Diese Feier war ein „messianisches Mahl", bei dem Jesus die Teilnehmer durch Austeilen von geweihter Speise als Genossen beim baldigen Mahle im Reiche Gottes anerkennt. *Diese* Feier wird nach Ostern fortgesetzt, nicht wegen des Wiederholungsbefehles – der ist unhistorisch und findet sich nur bei Lukas (Lk 22,19) und Paulus (1Kor 11,24f.) –, sondern wegen der andauernden Naherwartung. Das Neue

---

[3] Vgl. Lk 13,29: „Dann werden sie von Osten und Westen und von Norden und Süden kommen und im Reich Gottes zu Tische sitzen."

[4] Vgl. E. SCHWEIZER, Abendmahl 11; vgl. auch G. DELLING, Abendmahl 47ff.

[5] Vgl. LD 36f./Werke 1, 54; MP 241ff./Werke 4, 327ff. – Den Ausdruck „Abendmahl" darf man nach Schweitzers Auffassung gar nicht auf die „alte Gemeindefeier" anwenden. Sachgemäß ist die in der Didache (9,1), bei Ignatius (Sm 7,1; Phld 4,1) und Justin (I Apol 66) vorkommende Bezeichnung „Eucharistie", die „wohl aus ältesten Zeiten stammt" (MP 250/Werke 4, 338f.). Am ältesten aber ist die Sache, älter noch als das letzte Mahl Jesu selber: „Das Speisungswunder (Mk 6,32–44 parr) ist in Wirklichkeit die erste Eucharistie" (MP 236/Werke 4, 321).

[6] Vgl. *Schweitzers* diesbezügliche Kritik an H. LIETZMANNs „Messe und Herrenmahl" (1926) in MP 243ff./Werke 4, 329ff.

der wiederholten Feier ist allein, daß das Bitten und Danksagen nicht mehr nur auf das nahe Reich, sondern auch auf die Wiederkunft Jesu gehen[7].

Warum hat nun aber die moderne Theologie diesen „einfachen" Tatbestand nicht festgestellt, sondern mittels harmonistischer Exegese das urchristliche Freudenmahl sowohl mit dem historischen als auch mit dem neuprotestantisch verstandenen Sündenvergebungsmahl identifiziert? Schweitzer nennt als Ursachen[8]: „Bisher galt der Satz: Um das Abendmahl zu erklären, muß man von der Deutung der Gleichnisse *ausgehen,* denn diese konstituieren das Wesen der Feier." Dazu boten sich mehrere Möglichkeiten. Entweder deutete man die Gleichnisse aus dem Mahlcharakter, also aus einer richtigen Mahlzeit, oder aber daraus, daß Jesus mit diesem letzten Mahl eine symbolische Handlung vornimmt. Das Dilemma der Forschung ist nun aber, jeweils nur eine Türe mit dem Schlüssel öffnen zu können. Legt man den Ton darauf, daß Jesus mit der Handlung seinen Tod versinnbildlicht, so bleibt die urchristliche Feier, das „eschatologische Mahl" mit seinem „Jubel" (Apg 2,46) unerklärt. Legt man den Ton aber darauf, daß es sich bei diesem letzten Mahl um die Vorwegnahme des eschatologischen Freudenmahls im messianischen Reich handelt, so hat man zwar das urchristliche Gemeindemahl gedeutet, nicht aber die historische Mahlzeit, in der Jesus eben mit den Elementen Brot und Wein seinen Tod versinnbildlicht. Das bringt Schweitzer zu der Einsicht, daß man die bisherige Erklärung einfach auf den Kopf zu stellen habe: Die Abendmahlsfeier ist nicht durch die Gleichnisse bzw. Deuteworte zu erklären. Sondern umgekehrt sind die Gleichnisse bzw. Deuteworte aus der Feier zu erklären. „Man meinte bisher, daß Jesus die Jünger aufforderte, das dargereichte Brot und den herumgereichten Wein zu genießen, *weil er sie als seinen Leib und sein Blut bezeichnet hatte* (wobei freilich niemand sagen kann, in welchem Sinne sie mit Brot und Wein seinen Leib und sein Blut aßen und tranken).

Wir aber gehen jetzt davon aus, daß Jesus von dem Brot und dem Wein, die seine Jünger auf seine Darreichung hin genossen, sagt, sie wären sein Leib und sein Blut, *gerade im Hinblick darauf, daß sie es auf seine Darreichung hin genießen!* Sie essen also nicht seinen Leib und trinken nicht sein Blut, sondern, *weil sie jenes Brot essen und jenen Wein trinken,* sagt er, *es sei sein Leib und sein Blut!* Das Gleichnis konstituiert also die Feier nicht, sondern es erwächst aus ihr!

---

[7] Vgl. dazu auch MP 235 ff./Werke 4, 319 ff.
[8] Abendmahlsproblem 40 ff.

Die Feier ist selbständig! Sie besteht darin, daß Jesus unter Danksagung seinen Jüngern das Brot bricht und den Kelch herumreicht und sie davon genießen. Zum Wesen der Feier gehören die Gleichnisse nicht, sondern Jesus spricht in diesen geheimnisvollen Worten die Bedeutung aus, welche die Feier für *ihn* hat!"[9]

Die urchristlichen Gemeindemahlzeiten, die vom eschatologischen Jubel und nicht von den das Leiden Jesu deutenden Gleichnissen, also von den Deuteworten, bestimmt waren, sind Albert Schweitzer ein Indiz dafür, daß man wohl gewußt hat, daß diese Gleichnisse bei der historischen Feier gesprochen worden waren und daß die urchristliche Gemeindefeier sich von jener historischen Feier Jesu am Abend vor seinem Tode mit den Jüngern herleitete. Aber man habe kein Bedürfnis gefühlt, die historischen Deuteworte Jesu bei der eigenen Gemeindemahlzeit zu reproduzieren. Die historische Feier setzte sich in der Gemeindefeier fort, aber so, daß die Deuteworte unwiederholt blieben. Für Schweitzer hat das folgende Konsequenz: beim Abendmahlsproblem hat man es „gar nicht mehr mit den beiden unmöglichen Fragen zu thun, wieso Jesus seinen Jüngern seinen Leib zu essen und sein Blut zu trinken gegeben habe und wie sie diese Feier später in entsprechender Weise reproduzierten, sondern das Problem selbst ist ein ganz anderes. Es heißt nicht mehr: *Was bedeuten die Gleichnisse*, damit wir die Feier erklären können? sondern: *Was bedeutete die Feier*, damit wir die *Gleichnisse* erklären können. *In welchem Sinne war die Austeilung von Brot und Wein beim letzten Mahl ein so überaus feierlicher Akt, der sich auf Jesu Tod bezog?* – von dieser Frage hat die Untersuchung auszugehen, indem sie die Gleichnisse vorerst ganz bei Seite läßt. Es ist der einzige Weg zur Lösung des Problems."[10]

Die Antwort auf diese Frage ist verblüffend einfach: Das letzte Abendmahl ist Vorfeier des messianischen Mahles und als solche Ausdruck akuter Naherwartung. Die Gleichnisworte aber deuten den eschatologischen Charakter des Leidensgeheimnisses Jesu: „Mit dem Tod kommt das Reich."[11] Ihre wesentliche Bedeutung hat also die älteste Mahlfeier – bei Jesus und in der Urgemeinde – nicht in einer sakramental zu verstehenden Spendeformel, sondern in ihrem einheitlichen eschatologischen Ausblick.

---

[9] AaO 42f.

[10] AaO 44. Dieser Weg wird freilich von Schweitzer nicht erstmals beschritten. Vor ihm ist er schon eingeschlagen worden von LEOPOLD IMMANUEL RÜCKERT, Das Abendmahl. Sein Wesen und seine Geschichte in der alten Kirche, Leipzig 1856, bes. 109. Vgl. dazu K. G. GOETZ, Die heutige Abendmahlsfrage 106f.

[11] AaO 107.

Die Textgrundlage dazu sieht Schweitzer im Markusbericht (Mk 14,22–25), den er aufgrund eines (freilich nur flüchtig vorgenommenen) Vergleiches mit den übrigen Texten (1Kor 11,23–26; Lk 22,14–20; Mt 26,26–29; Justin, Apol I 66) für authentisch hält[12]. Mit diesem Bericht sieht Schweitzer die Voraussetzung aller bisherigen Abendmahlsdeutungen zusammenbrechen. Denn bisher hatte man als selbstverständlich angenommen, beim letzten Mahl habe Jesus den Jüngern Brot und Wein so dargereicht, daß sie die Elemente irgendwie als seinen Leib und sein Blut aßen und tranken. Aber bei Markus steht nicht „nehmet und *esset*". Bislang war die Annahme, die Aufforderung zum Essen fehle, weil es sich von selbst verstehe. Für Schweitzer wird nun aber dieses Fehlen zusammen damit, daß das Deutewort für den Becher erst nach dem Trinken angefügt und dann sogleich mit dem eschatologischen Ausblick auf das Wiedertrinken im Reiche Gottes verknüpft ist, zur Hauptsache seiner Interpretation. Er argumentiert, daß – wenn wir nur den Markusbericht hätten – niemand auf den Gedanken käme, daß Jesus seinen Jüngern Brot und Wein als seinen Leib und sein Blut ausgeteilt und sie zum Genuß in diesem Sinne aufgefordert habe. Sondern jeder würde verstehen, daß Jesus im Verlauf der Austeilung des Brotes das Gleichnis von seinem Leib und *nach* der Herumreichung des Bechers das Gleichnis von seinem Blut gesprochen habe.

Kurz: „Das Konstituierende der Feier waren also nicht die sogenannten Einsetzungsworte Jesu von Brot und Wein als seinem Leibe und Blute, sondern die Danksagungsgebete über Brot und Wein. Diese gaben sowohl dem Abendmahle Jesu mit seinen Jüngern als auch der Mahlfeier der urchristlichen Gemeinde eine Bedeutung auf das erwartete messianische Mahl hin."[13] „Also haben wir einen Bericht, bei dem das Wesen der Feier nicht auf den Gleichnissen, sondern auf dem feierlichen Vorgang beruht . . . *Also ist das Abendmahlsproblem für die historische Kritik lösbar*."[14]

Auf die Frage, „wie das Wesen des Abendmahls von den Gleichnissen

---

[12] Abendmahlsproblem 56ff., vgl. 50.
[13] LD 36/Werke 1, 53f.
[14] Abendmahlsproblem 60. – Falsch ist freilich die Behauptung, es sei „die Eigentümlichkeit *aller* (Sperrung von mir) modern-historischen Abendmahlsauffassungen, daß sie in der Feier *den eschatologischen Gedanken* nicht zur Geltung bringen" (61). Das trifft auf D. Fr. Strauß nicht zu, wie Schweitzer selbst bemerkt (11), und auch Fr. Spitta, dem Schweitzer das Prinzip seiner Erklärung verdankt (30), ist hier nicht blind (vgl. F. Spitta, Geschichte und Litteratur des Urchristentums I 205–337: Die urchristlichen Traditionen über Ursprung und Sinn des Abendmahls).

unabhängig sein kann", kommt Schweitzer in Heft 2 noch einmal zu sprechen[15]. Hier vertritt er die These, die als Speisung der 5000 in Mk 6 überlieferte Erzählung habe ursprünglich von einem „Abendmahl am See Genezareth" gehandelt. Darauf deute vor allem Mk 6,41 („Da nahm er die
fünf Brote und die zwei Fische, blickte zum Himmel auf, sprach den Segen, brach die Brote und gab sie den Jüngern, damit sie sie an die Leute
austeilten. Auch die zwei Fische ließ er unter alle verteilen."), ein Vers,
der die Parallelität der Handlung hier und beim letzten Mahle deutlich un-
terstreiche[16]. Daß Schweitzer dies für historisch nimmt und nicht sieht,
daß die Urgemeinde in der späteren Ausgestaltung der Geschichte damit
die Speisung der 5000 bewußt an das Sakrament des letzten Abendmahls
angleicht, ist charakteristisch für die Exegese Albert Schweitzers, die unter fast völliger Absehung von Literarkritik und Formgeschichte betrieben wird. Nur so kann er auch auf den Gedanken kommen, bei der Speisung der 5000 handele es sich um ein ursprüngliches *feierliches Kultmahl*,
bei dem Jesus unter die in Erwartung der unmittelbaren Nähe des Reiches
zusammengeströmte Menge „nach weihevollem Dankgebet . . . das von
ihm gebrochene Brot . . . verteilen" läßt[17]. Das Wesen dieser Mahlzeit
am Strand wie auch des letzten Mahles mit seinen Jüngern liegt nach
Schweitzer also in der „feierlichen Austeilungshandlung" begründet.
Beide Feiern, die im Saal am letzten Abend vor seinem Tode und die am
See Genezareth verdienen den Namen Eucharistie. Denn „die Feier . . .
war dieselbe"[18]. Erst spätere Überlieferung habe das zu einem Wunder-
bericht verzerrt, in dessen Mittelpunkt dann die *Sättigungsmahlzeit* stehe[19].

Die hochgespannte eschatologische Erwartung, die Mk 14,25 ausdrückt, muß Schweitzer freilich in Mk 6 hineinlesen. Nur so kann er beide
Mahlberichte, den vom See und den von Jerusalem, als „Vorfeier des messianischen Mahles" ansehen, in der Jesus feierlich das Anrecht auf Teil-

---

[15] ML 55–57/Werke 5, 273–276.

[16] AaO 55/Werke 5, 274. „Mit Ausnahme der beiden Gleichnisse haben wir absolut denselben feierlichen Vorgang wie beim Abendmahl. Er teilt persönlich Speise unter die Tisch-
genossenschaft aus" (ebd.). Um diese Parallelität zu Mk 14,22 zu erreichen, gibt Schweitzer,
aaO, Mk 6,41 nur verkürzt wieder: „Er nahm die Brote, segnete sie, zum Himmel aufblik-
kend, brach sie und gab sie den Jüngern, sie ihnen vorzusetzen." Daß es *„fünf"* Brote und
„zwei Fische" waren, unterschlägt er.

[17] AaO.

[18] AaO 56/Werke 5, 274.

[19] AaO/Werke 5, 274f. Das ermöglicht ihm das frappierende Urteil: „Historisch ist
daran alles, nur nicht die Schlußbemerkung, daß sie alle satt wurden" (zit. nach M. WERNER,
Albert Schweitzers Antwort auf die Frage nach dem historischen Jesus, in: Ehrfurcht vor
dem Leben [13–20] 18).

nahme an der zukünftigen Feier gibt. Der einzige Unterschied zwischen dem Abendmahl am See Genezareth und dem letzten Abendmahl Jesu mit seinen Jüngern ist angeblich der, daß sie dort noch nicht wissen, was ihnen Jesus bald danach, in den Leidensweissagungen Mk 8,31; 9,31 und 10,33 f. enthüllen wird: sein messianisches Geheimnis. Sonst aber ist der Sinn der Feier hier wie da derselbe: es geht um den „Hinweis auf die demnächstige Wiedervereinigung . . ., wo er mit ihnen den Wein neu trinken wird in seines Vaters Reich!"[20].

Eine wahrlich kühne exegetische Konstruktion! Aber sie kommt Schweitzers Intention insofern entgegen, als beim „Abendmahl am See Genezareth" die Deuteworte überhaupt keine Rolle spielen. Die tragende Mitte, ja der Sinn des Ganzen, ist der eschatologische Ausblick auf die baldige Wiedervereinigung mit den Seinen im Reich des Vaters. Das läßt den Schluß zu, daß Schweitzer die Deuteworte auch beim letzten Mahl Jesu mit seinen Jüngern für etwas Nebensächliches, grundsätzlich Entbehrliches hält. Auch dieses letzte Abendmahl wäre in sich bedeutungsvoll und aussagekräftig, wenn diese Worte fehlen würden. Denn daß sie dastehen, hat nur eine Bedeutung für Jesus selbst, der damit das Geheimnis seines Leidens interpretiert. Die Bedeutung dieses Leidens für die Jünger und damit für die christliche Gemeinschaft überhaupt liegt allein darin, *daß „mit dem Tod das Reich kommt"*. In diesem Bewußtsein erhebt sich Jesus „am Ende der letzten irdischen Mahlzeit und teilt den Jüngern feierlich Speise und Trank aus, indem er sie mit erhobener Stimme, nachdem der Becher zu ihm zurückgekehrt ist, darauf hinweist, daß dieses das letzte irdische Mahl gewesen ist, weil sie in Bälde zum Mahl in des Vaters Reich vereinigt sein werden. Zwei entsprechende Gleichnisworte deuten das Leidensgeheimnis an. Für ihn (sic!) sind Brot und Wein, die er ihnen bei der Vorfeier darreichte, sein Leib und sein Blut, weil er durch die

---

[20] ML 57/Werke 5, 276. – In neuerer Zeit hat E. LOHMEYER, Das Abendmahl in der Urgemeinde, passim, Mk 6,32–44 par.; Mk 8,1–10 par. in Verbindung mit dem messianischen Mahl gesehen. Daß die Erzählung jedoch in ihrer jetzigen Überlieferungsform nicht eucharistisch interpretiert werden will, zeigt das thaumaturgische Motiv in Mk 6,41 („blickte auf zum Himmel"): „der Wundertäter sammelt im Aufblick zum Himmel die Kraft zum Wunder (vgl. zu 7,34; Joh 11,41). Hingegen senkt der Hausvater nach jüdischem Brauch beim Brotsegen den Blick" (R. PESCH, Markusevangelium 1, 352 f.). PESCH, 355 f. gibt nur den derzeitigen kritischen Konsensus wieder, wenn er abschließend feststellt: „Der Erzähler greift nirgendwo erkennbar auf konkrete Überlieferung aus dem Leben Jesu zurück. Vielmehr: Daß Mk 6,32–44 eine an 2 Kön 4,42–44 orientierte, mit dem Motiv der Überbietung arbeitende und Jesus mittels Anspielungen an Ps 23 als eschatologischen Propheten und Hirten Israels profilierende, christologisch und ekklesiologisch motivierte Wundergeschichte ist, geht aus der Analyse deutlich hervor. Der Text ist ein Dokument der frühen judenchristlichen (beachte besonders die Semitismen VV 39 f.) Christologie, nicht Historie Jesu."

Hingabe in den Tod das messianische Mahl heraufführt. Das Gleichnis-
wort blieb den Jüngern dunkel. Es war auch nicht auf sie berechnet, es
sollte ihnen nichts verdeutlichen – *denn es war ein Geheimnisgleichnis*"[21].

Die Frage nach der Tragfähigkeit der exegetischen Begründung dieser
angeblichen Lösung des Abendmahlproblems sei einen Augenblick zu-
rückgestellt. Statt dessen achten wir zunächst darauf, daß diese Erstlingsarbeit Schweitzers sein späteres Jesus-Verständnis bereits in nuce enthält.
David Friedrich Strauß ist es gewesen, der erstmals die eschatologische
Perspektive, in der die Abendmahlsberichte zu lesen sind, energisch unterstrichen hat. In Mk 14,25 sah er das eigentlich Historische an der ganzen Überlieferung überhaupt[22]. Schweitzer macht es zur Hauptsache (so
freilich vor ihm schon Fr. Spitta)[23]. Er geht davon aus, daß die Deuteworte vom Leib und vom Blut irgendwie den Leidensgedanken enthalten.
Seiner Meinung nach hat Jesus mit diesen Deuteworten zum letztenmal
das Geheimnis seines Leidens ausgesprochen, etwas, was in den Umständen dieses letzten Zusammenseins vor seinem Tode gegeben ist. Und in
seiner scharfsichtigen Art folgert er: ,,Wenn wir also die Gleichnisse nicht
richtig zu verstehen vermögen, kann dies nur daran liegen, daß wir das
Geheimnis des Leidensgedankens falsch auffassen."[24] Wir fassen ihn aber
darum falsch auf, weil wir ihn mit der Sühnopfertheorie verbinden. Jesus
dagegen verbindet ihn mit dem Todes- und Wiederkunftsgedanken. Denn
für Schweitzer ist Mk 14,25 ,,das mit erhobener Stimme feierlich und ein-
dringlich gesprochene Schlußwort der Feier"[25]. Leiden und eschatologische Erwartung sind also verknüpft und nicht Leiden und Sühnung der
Sünden für viele. Nicht der Tod in seinem Opfercharakter ist betont, sondern der Tod als die Voraussetzung der baldigen Wiedervereinigung mit
den Seinen beim eschatologischen Mahle im Reiche Gottes. Das letzte
Mahl Jesu mit seinen Jüngern gibt primär der Naherwartung Jesu Ausdruck. *Es ist ein Moment innerhalb seiner konsequenten Eschatologie.*
Weil sie das unterschlagen, können die modernen historischen Abendmahlsauffassungen nur als unhistorisch bezeichnet werden. Denn sie rük-

---

[21] ML 107f./Werke 5, 338f.
[22] D. F. Strauss, LJ II (1836), Darmstadt 1969, 436–442. Der heutigen Forschung hat
sich aufgrund formaler und inhaltlicher Gesichtspunkte ergeben, daß der eschatologische
Ausblick alt ist. Vgl. dazu bes. Heinz Schürmann, Jesu ureigener Tod. Exegetische Besinnungen und Ausblick, Freiburg 1975, 66–96.
[23] Fr. Spitta, Geschichte und Litteratur des Urchristentums I 205–337: Die urchristlichen Traditionen über Ursprung und Sinn des Abendmahls.
[24] Abendmahlsproblem 61.
[25] AaO.

ken nun die Spendeformeln statt der Danksagung und eschatologischen Verheißung in den Mittelpunkt und machen aus dem messianischen Mahle ein Sündenvergebungsmahl. Damit haben sie das Verständnis des Abendmahls mit unnötigen Schwierigkeiten (reale oder zeichenhafte Präsenz Christi in den Elementen Brot und Wein?) belastet, weil sie den wesentlichen Grundzug der historischen Feier und der ältesten Gemeindefeier nicht zum Ausdruck gebracht haben. Und der war ein eschatologischer! Genauer gesagt: „Das Abendmahlsproblem ist das Problem des Lebens Jesu! Eine neue Abendmahlsauffassung kann nur aus einer neuen Auffassung des Lebens Jesu hervorwachsen, welche das Messianitäts- und Leidensgeheimnis so enthält, daß sein feierliches Handeln beim letzten Mahle begreiflich und verständlich wird. *Ein neues Leben Jesu:* das ist der einzige Weg zur Lösung des Abendmahlsproblems.“[26]

Mit der Bewahrheitung dieser Behauptung ließ Schweitzer nicht auf sich warten. Gleichzeitig mit seinem „Abendmahlsproblem" veröffentlichte er die „Skizze des Lebens Jesu".

3. Kritik an Schweitzers Lösungsversuch

Schweitzers Beschäftigung mit dem Abendmahlsproblem war ein durch Examensanforderungen bedingtes „Intermezzo"[1]. Es führt ihn aber nicht von dem Hauptgegenstand seines theologischen Interesses – dem Leben Jesu – ab, sondern schnurstracks auf diesen zu. Die Weichen sind gestellt. Die nächste, gleichzeitig mit dem Abendmahlsproblem erscheinende Untersuchung wird bereits die Skizze des Lebens Jesu liefern. Ehe wir uns ihr zuwenden, fragen wir jedoch nach dem Ertrag dieser historischen Abrechnung mit allen bisherigen Abendmahlsverständnissen, von denen ja keines im Urteil der Geschichte bestehen kann. Allein Schweitzers Lösung – jedenfalls glaubt er das selbst – ist die richtige, weil sie die historische ist! Aber das wirft zumindest drei Fragen auf: Ist die exegetische Begründung zureichend? Welche Konsequenz zieht Schweitzer aus der Problemlösung? Welche Rolle spielt letztere für die heutige Abendmahlsdiskussion?

4. Schweitzers Exegese

Wer der historischen Forschung den Wahrheitsentscheid in allen biblischen Streitfragen abverlangt, muß die methodisch ausgewiesene Exegese

---

[26] AaO 62.　　　　　[1] LD 35/Werke 1, 52.

seine stärkste Waffe sein lassen. Aber merkwürdigerweise ist Schweitzer
hier am allerwenigsten darauf bedacht, „die Flügel seiner vorgeschobenen
Stellung auf die in der Welt der Wissenschaft übliche Weise abzuschir-
men"[1]. Solche Sorglosigkeit wirkt in einer Promotionsschrift doppelt befremdlich. Exegetisch arbeitet Schweitzer so, als sei er noch immer nur mit
einem Nestle ausgestattet im Manöver. Ungebrochen ist sein Zutrauen in
die „Authentie des Markusberichts". Darin wenigstens wirken die Straßburger exegetischen Lehrjahre nach. Aber kaum irgendwo bei seinen
Textinterpretationen ist zu spüren, daß er in Heinrich Julius Holtzmann
zugleich einen Lehrer hatte, der anerkannte Meisterschaft in der historisch-kritischen Exegese entwickelt und für die weitere Jesusforschung
die sichere Quellengrundlage (Zwei-Quellen-Theorie) begründet hatte[2].
Später wird sich freilich zeigen, daß diese Sorglosigkeit Methode hat.
Schweitzer findet, daß alle Regeln zur Unterscheidung von echt und unecht innerhalb der beiden ältesten Synoptiker „im Grunde leere Worte"
sind[3]. Da ein zuverlässiges Kriterium fehlt, feiert lediglich die subjektive
Willkür auf diesem Felde Triumphe. In Schweitzers Bildersprache: Man
stellt „historische Rechnungen" aus, „bei denen die Probe auf Richtigkeit
unterlassen wird"[4].

Probe auf Richtigkeit aber meint: „die bei Jesus angenommenen Vorstellungen" sind „der Kontrolle zu unterstellen, die sich aus seinem, der
Jünger, des Volkes und der Gegner Verhalten und der Logik der Ereignisse ergibt"[5]. D. h., der sinnvolle Geschehensablauf, der „sämtliche Tatsachen des öffentlichen Auftretens Jesu" in Betracht zieht und erklärt[6],
wird zum eigentlichen Beurteilungsmaßstab der Textüberlieferung. Deren fragmentarischer Charakter verlangt nach einem „Geschichtlich-
keitskriterium", welches einzig ein *inhaltlich* bestimmtes Prinzip Richtli-
nie der Auslegung der Texte sein läßt[7]. Und es hat den Anschein, als habe
im unvermeidlichen Zirkelschluß von Text und Geschehenszusammen-
hang letzterer ein sachliches Übergewicht. Ist die „Logik der Ereignisse"

---

[1] W. Picht 8. Der Verzicht auf Flankensicherung ist für Schweitzers Denken charakteristisch. – Zum Methodischen überhaupt in Schweitzers Werken vgl. H. Groos 132 ff.

[2] Vgl. W. Bauer, H. J. Holtzmann. Ein Lebensbild; J. Héring, De H. J. Holtzmann à
A. Schweitzer; W. G. Kümmel, NT 185 ff., 239 ff.

[3] LJ 553/Werke 3, 775/GTB 550. – Das hindert ihn freilich nicht, in dieser Hinsicht dennoch zu urteilen. So hält er z. B. Mt 16,17 für echt, Mt 9,27–31 als mt Sondergut für unecht.
Weiteres dazu bei H. Weinel, Rezension 244.

[4] LJ 590/Werke 3, 821/GTB 583.

[5] AaO.

[6] AaO/Werke 3, 820.

[7] M. Werner, A. Schweitzers Beitrag zur Frage nach dem historischen Jesus 139.

erst einmal erkannt, werden ihr die traditionskritischen Erwägungen leicht geopfert, z. B. auch die Zwei-Quellen-Theorie. Wo der „Zusammenhang der Ereignisse des Lebens Jesu" den Ausgangspunkt der Beweisführung darstellt, scheidet die Spruchquelle als Basis aus, da sie eine *zusammenhanglose* Aneinanderreihung von einzelnen Sprüchen darstellt. Schweitzer kann sie darum für die eigene Lösung nicht gebrauchen[8]. Hinzu kommt, daß Schweitzer zum Mißtrauen in die älteste Tradition, also besonders das Markusevangelium, gar keinen Anlaß sieht. Denn der urchristliche Glaube sei aufgrund seines Indifferentismus gegenüber dem Leben Jesu in der Erfindung von „Tatsachen" keineswegs produktiv gewesen. Er habe die Grundzüge der Wirksamkeit Jesu unangetastet gelassen[9].

Die neutestamentliche Wissenschaft hat die positive Bewertung der beiden ältesten Synoptiker als derjenigen Traditionssammlung, aus der sich das „Leben Jesu" gewinnen lasse[10], nicht bestätigt. Im Gegenteil! Gleichzeitig mit Schweitzers Abendmahlsproblem, also 1901, erschien „Das Messiasgeheimnis in den Evangelien" von William Wrede. Durch seine gut begründete Kritik des Markusevangeliums wurde das naive Vertrauen auf dieses Evangelium ein für allemal erschüttert. Aber selbst wenn Schweitzer mit der gegenteiligen Auffassung im Recht wäre, so muß man dennoch die exegetischen Grundlagen seiner Lösung des Abendmahlsproblems als völlig unzureichend bezeichnen. Obwohl er eine historische Analyse vorlegen will, ist tatsächlich die systematische Rekonstruktion des ursprünglichen Abendmahls die Dominante. Den wichtigsten literarkritischen Forschungsergebnissen schenkt er keine Beachtung. Schweitzer ist schon jetzt überzeugt: „Literarische Prioritätsfragen, literarische Fragen überhaupt, haben zuletzt . . . mit der Gewinnung der Vorstellung vom Gang der Ereignisse gar nichts zu tun, da eine solche den Evangelisten in klarer Weise jedenfalls nicht vorschwebt, sondern nur durch experimentelles Rekonstruieren nach inneren Notwendigkeiten hypothetisch gewonnen werden kann."[11] Anders gesagt: dem Forscher obliegt es, den Zusammenhang mittels des „historischen Experimentierens" und der „historischen Phantasie" auf Grund eines „nachschaffenden historischen Verständnisses" herzustellen[12]. Damit hat der Schüler den methodischen

---

[8] Sie bedeutet für die Quellenfrage also deutlich einen Rückschritt. Vgl. J. M. ROBINSON, Einführung 12.
[9] ML VIII/Werke 5, 203; RW 337f./LJ 379/Werke 3, 547f./GTB 391f.
[10] AaO 391f./441/629f./448.
[11] AaO 392/441/630/448.
[12] AaO 7.9/7.9/51.55/50.53.

Grundsatz seines Lehrers Holtzmann in den Wind geschlagen: „. . . die
‚Kärrner' müssen ihre Arbeit gethan haben, sonst bauen die ‚Könige'
Luftschlösser"[13].

Heinrich Weinel, einer der Rezensenten Schweitzers, respektiert den
Phantasiereichtum hinsichtlich der systematisierenden Logik, wirft der
historischen Rekonstruktion jedoch vor, daß in ihr „fast alles falsch oder
schief oder überspannt ist". Das feierliche Kultmahl am See erweckt in
ihm „nur Lächeln". „Quellenkritik gibt es fast gar nicht. Alles ist echt,
was paßt, mit einigen Umstellungen wird weiteres, so gut es geht,
zurechtgerückt. Oberflächliche und direkt falsche Angaben treffen wir
auch . . . Auch eine Skizze darf nicht so oberflächlich gemacht sein. Und
wer so heftig gegen alles Moderne kämpft, darf die Speisungsgeschichte
und das Meerwandeln nicht mit so leichten rationalistischen ‚Deutungen'
retten." Die Widmung („Seinem Lehrer Herrn Prof. D. Dr. H. J.
Holtzmann gewidmet in aufrichtiger Verehrung und treuer Anhänglich-
keit von seinem dankbaren Schüler Albert Schweitzer") hält Weinel nur
menschlich, nicht aber sachlich für berechtigt: „Man darf dem begabten
Schüler wünschen, daß er noch recht viel von der Besonnenheit und
Gründlichkeit seines verehrten Lehrers lernen möge"[14].

Tatsächlich stand Schweitzer mit seiner eschatologischen Hypothese
nicht nur gegen seinen Lehrer, der ihn in seinem „Lehrbuch der Neutestamentlichen Theologie" in die Diskussion mit einbezieht, selbst aber einen differenzierteren Standpunkt vertritt[15]. Sondern die Mehrzahl der
maßgebenden Theologen von damals, besonders auch innerhalb der religionsgeschichtlichen Schule (J. Weiß, G. Hollmann, J. Wellhausen, W.
Heitmüller, C. Clemen), widersprach dem „Geheimnisgleichnis", ohne
jedoch eine einheitliche Auffassung vom ältesten Abendmahl zu haben[16].

---

[13] H. J. HOLTZMANN, Synoptiker 2.

[14] H. WEINEL, Rezension 244 f. Anders HANS JÜRGEN EBELING, Das Messiasgeheimnis
und die Botschaft des Marcus-Evangelisten, Berlin 1939, 25, für den die Widmung auch
sachlich zu Recht besteht. – Zum Ausfall der historisch-kritischen Methode bei Schweitzer
vgl. auch W. PICHT 51 und bes. H. GROOS 132 ff. Verteidigt wird er von M. WERNER, A.
Schweitzers Beitrag zur Frage nach dem historischen Jesus 137 ff.

[15] H. J. HOLTZMANN, Theologie I 364 ff. HOLTZMANN 378 unterscheidet „dreierlei sich
gegenseitig bedingende und haltende Momente": Todesgedanke, Bundesmahl und Aussicht
auf die Herrlichkeitsoffenbarung der Zukunft. „Die Geschichte des Abendmahls zeigt, wie
zuerst dieser sein Zukunftsglanz erloschen ist, wie dann weiterhin gerade das Bundesmahl
durch Import der Sakramentsidee Entstellung erlitt, so daß zuletzt nur das Gedächtnismahl
als Erinnerung an einen unvergeßlichen Moment der Passionsgeschichte den bleibenden
Ausgangspunkt für die erbauliche wie für die wissenschaftliche Betrachtung bildet."

[16] Vgl. K. G. GOETZ, Die heutige Abendmahlsfrage; H. WEINEL, Biblische Theologie
des Neuen Testaments (GThW III 2), Tübingen ³1921, 69 ff.; P. FEINE, Theologie des NT,

Zumindest den Bezug auf die Herstellung der Gemeinschaft mit Gott mittels der Dahingabe des Lebens Jesu als „Lösegabe für (die) Viele(n)" (Mk 10,45 par.) sah man durch Schweitzers einseitige eschatologische Sicht ungebührlich hintangesetzt.

Vor allem: daß Jesus *für sich* zwei Gleichnisse gesprochen haben sollte, er, der das Geheimnis *wußte,* darin sah G. Hollmann m.R. den ausreichenden Beweis für „die Unmöglichkeit der vorgetragenen Auffassung"[17]. Tatsächlich will das Doppelgleichnis die *Jüngergemeinschaft* deuten, die durch Jesu Tod nicht als Täuschung widerlegt, sondern als Antizipation des eschatologischen Mahles im nahen Gottesreich bleibend realisiert wird[18].

Dennoch fordert nicht eigentlich das Ergebnis, sondern die Methode Schweitzers zur Kritik heraus. Es war (und blieb auch künftig) ein gravierender Fehler, daß sich Schweitzer die Kriterien für seine historische Rekonstruktion nach seinem systematischen Konstrukt zurechtlegte. „Der Systematiker übertrifft den Historiker."[19] Ganz charakteristisch dafür ist, daß die Analyse der Abendmahlstexte (Cod. D, Mk, Mt, Paulus, Lk, Justin) knappe 12 Seiten umfaßt. Danach wird zuversichtlich die Authentie des Markusberichtes behauptet. Doch ist diese bis heute völlig strittig. Die Möglichkeit muß offengelassen werden, daß in den drei für die Gewinnung der ältesten Form wichtigen Texten – Mk 14,22–25; Lk 22,19f.; 1Kor 11,23–25 – ältere Elemente eingeschlossen waren[20]. Die kritische Exegese weiß heute, daß die allen Texten gemeinsamen drei Elemente – Verkündigung des Todes Jesu, Bekräftigung des Bundes, eschatologischer Ausblick[21] – zumindest nicht vollständig schon für das historische Mahl in Anschlag zu bringen sind, sondern nach und nach in der Urge-

Leipzig ³1919, 149ff.; W. HEITMÜLLER, Art. „Abendmahl", RGG¹ I 20ff. – Nahe kommt dem Verständnis Schweitzers allerdings wieder KARL LUDWIG SCHMIDT, Abendmahl im NT (Urchristentum), RGG² I 6–16. – Für die ältere Abendmahlsdiskussion vgl. bes. K. G. GOETZ, Die heutige Abendmahlsfrage (die Diskussion mit Schweitzer siehe 103–110).

[17] G. HOLLMANN, Rezension 468.

[18] Vgl. J. ROLOFF, NT 219; ferner W. G. KÜMMEL, Die Theologie des Neuen Testaments nach seinen Hauptzeugen Jesus, Paulus, Johannes (GNT 3), Göttingen ³1976, 80ff.; H. PATSCH, Abendmahl; ROLOFF 219 paraphrasiert die ursprünglichen Gleichnisworte wie folgt: „Dies bin ich in meiner Personalität!" – „Dies ist mein zum Sterben für die große Schar der Vielen bestimmtes Leben!" Man kann also – *gegen* Schweitzer – die sog. Einsetzungsworte als für die Feier konstitutiv festhalten, ohne darin – *mit* Schweitzer – eine sakramentale Wiederholung oder symbolische Vergegenwärtigung des Sühnetodes Jesu zu sehen. Zum Ganzen vgl. bes. auch L. GOPPELT, Theologie des NT. 1. Jesu Wirken in seiner theologischen Bedeutung (hg. v. J. ROLOFF), Göttingen 1976, 261–270.

[19] G. HOLLMANN, Rezension 467.

[20] G. DELLING, Abendmahl 48.

[21] E. SCHWEIZER, Abendmahl 10f.; vgl. auch G. DELLING, Abendmahl 47–58 (Lit.!).

meinde als Momente der liturgischen Ausdeutung der Heilsbedeutung des Todes Jesu hinzugewachsen sind. Am Anfang steht „das Abschiedsmahl als Verheißung" der baldigen Vollendung der Jüngergemeinschaft in der nahen Gottesherrschaft (L. Goppelt). Daß es danach jemals eine Form des Abendmahlsberichtes gegeben habe, der keinen Kurzbericht über das letzte Mahl Jesu mit seinen Jüngern samt seinen Worten wiederholt habe, ist daher sehr unwahrscheinlich[22].

Trotzdem hat Schweitzers aus einer Examensarbeit herausgewachsene Abendmahlsstudie den heutigen exegetischen Einsichten in folgenden entscheidenden Punkten vorgearbeitet:

a) Das eschatologische Wort Mk 14,25 par. Mt 26,29; Lk 22,16–18 ist das sicherste Überlieferungselement der Tradition, das sich mühelos aus dem Grundzug der Verkündigung Jesu verstehen läßt.

b) Jesu Handeln beim letzten Mahl knüpft nicht an die Eigentümlichkeiten des Passahmahls an, sondern an die Grundelemente jeder jüdischen Mahlzeit, also Brotbrechen und Segensbecher.

c) Der Bruch in der Entwicklung liegt nicht zwischen dem historischen Mahle Jesu und der urchristlichen Feier, sondern zwischen dem (bei Jesus und der Urgemeinde gleichen) „messianischen Mahle" und der „späteren Austeilungsfeier", die zum kirchlichen Sakrament des Abendmahls wurde[23]. Damit war die Frage erneut, aber verschärft, gestellt, wieweit historisches Mahl, urchristliches Herrenmahl und römische Messe theologisch zu trennende, verschiedene Mahltypen darstellen, von denen das protestantische Abendmahl des 19. Jahrhunderts noch einmal zu unterscheiden ist[24]. „Keine dieser Gestalten ist völlig ohne Anhalt an Jesus – wenn dieser Anhalt auch nur durch eine – sehr verwickelte – Traditionsgeschichte gezeigt werden kann."[25] Die Einsetzung *unserer* kirchlichen Abendmahlsfeier durch Jesus steht jedenfalls nicht am Anfang, sondern am Ende einer christologischen Entwicklung.

Schweitzers Destruktion dieser Entwicklung vom Boden der geschichtlichen Tatsachen aus ist richtig. Die an ihre Stelle getretene „historische" Konstruktion des letzten Mahles Jesu ist falsch. Sie löst die Abendmahlsfrage nicht, weist ihr aber die Richtung.

---

[22] Vgl. E. SCHWEIZER, Abendmahl, in: Theologie für Nichttheologen. ABC protestantischen Denkens (hg. v. H. J. Schultz), Stuttgart 1966, 11.

[23] Vgl. MP 250f. / Werke 4, 339.

[24] Vgl. HANS LIETZMANN, Messe und Herrenmahl. Eine Studie zur Geschichte der Liturgie (AKG 8), Bonn (1926) [4]1967; R. BULTMANN, Theologie 146ff. – Zur Diskussion vgl. E. SCHWEIZER, Das Herrenmahl im NT. Ein Forschungsbericht; J. ROLOFF, NT 213f.

[25] W. MARXSEN, Das Abendmahl als christologisches Problem, Gütersloh [2]1965, 28.

5. *Schweitzers Konsequenz*

Ein negatives Ergebnis aus der von Schweitzer vorgetragenen historischen Lösung des Abendmahlsproblems scheint unausweichlich: Wenn
man die Auffassung des Abendmahles mit der Auffassung des Lebens Jesu
in der Weise verknüpft, wie oben dargelegt, bleibt „das *Geheimnis des
Leidensgedankens*"[1] – von der Gleichnishandlung zeichenhaft gedeutet –
historisch gesehen wirkungslos. Der Tod Jesu hat das Reich *nicht* gebracht[2]. Und da bei der eschatologischen Deutung die „Drangsalssühne",
also die Dahingabe seines Lebens, nur als einmaliger Akt einen Sinn hat –
danach kommt die Gottesherrschaft –, können unsere gegenwärtigen
Abendmahlsfeiern von daher in keinem Falle mit Sinn gefüllt werden.
Denn was einst mit jenem stellvertretenden Sühneleiden gemeint war, das
ist mit Jesu eschatologischer Erwartung in seinem Tod versunken. Alles,
was damit verbunden war, ist durch die Ereignisse „vollständig unlösbar"
gemacht[3]. Der Preis für die Entfernung des sacrificium intellectus – kein
Abendmahlsbesucher sei genötigt, die Deuteworte realistisch zu verstehen, da sie ursprünglich allein den Sinn des messianischen Leidensgeheimnisses für Jesus selbst entschlüsseln – scheint also zu hoch zu sein: die
geschichtliche Lösung des Abendmahlsproblems macht die historische
Feier verständlich, entscheidet aber *gegen* die dogmatische Wahrheit der
gegenwärtigen Feier. Als Gedächtnismahl sakramentalen Charakters ist
sie nicht Stiftung Jesu, sondern Resultat der späteren Entwicklung auf
Grund der Parusieverzögerung. Wäre also die Abendmahlsfeier aufzugeben?

---

[1] Abendmahlsproblem 61.

[2] AaO 61.

[3] AaO 43. Später zieht Schweitzer, MP 244 f./Werke 4, 331, die Entwicklungslinie aus:
die erste Gemeinde beginnt „von sich aus" (also ohne Wiederholungsbefehl, der ja nicht ursprünglich ist) ein Mahl zu feiern, das auf das letzte Mahl Jesu und das Kommen des Reiches
Bezug nimmt. Die eschatologische Naherwartung also bildet die sachliche Klammer, und
zwar in ihrer akutesten Form: „Jesu Wort vom Wiedersehen beim Mahle verstehen die Jünger sogar dahin, daß er in dem Gemache, wo er das letzte Mahl mit ihnen hielt, das neue mit
ihnen feiern werde. Darum halten sie sich miteinander dort auf" (aaO 241/327). Das „*Neue*
an der wiederholten Feier" ist nur, daß „das Bitten und Danksagen nun auch auf die *Wiederkunft* Jesu" geht (aaO 245/332; Hervorhebung von mir). „Mit der Zeit", d.h. mit dem
Schwinden der Naherwartung, wird dann das täglich gefeierte messianische Mahl „untun-
lich" (aaO 248/336) und entwickelt sich nun zur „Austeilungsfeier", „bei der die Einsetzungsworte Jesu von Brot und Wein als seinem Leib und seinem Blut das Wesen einer Zere-
monie konstituieren, die logischerweise nur einmal im Jahr, am Gründonnerstag Abend, ab-
gehalten werden sollte" (aaO 250/339). – Zur Parusieverzögerung als Motiv des neuen
Abendmahlsverständnisses vgl. auch bes. aaO 264 ff./356 ff. Die Entwicklung der urchristlichen Mahlfeier über Paulus hinaus zu Ignatius, Justin und dem Johannes-Evangelium hin
beschreibt SCHWEITZER, aaO 270 ff./363 ff.

Jahre später, nämlich in der „Mystik des Apostels Paulus" (1930), greift Schweitzer diese Frage expressis verbis auf[4]. Zwar stellt er kritisch fest: „Seit dem Hinfälligwerden des eschatologischen Sakramentsbegriffes sind nur noch Behauptungen über die Sakramente möglich, aber keine in sich geschlossene Lehre über sie. Dies ist nur ein Ausdruck der Tatsache, daß die Sakramente über die Zeit hinaus, in der sie ihren ursprünglichen Sinn hatten und in der sie eigentlich gelten sollten, weiter bestehen, und nun eine Bedeutung beigelegt bekommen, die mit der alten nicht mehr vollständig in Einklang gebracht werden kann und auch an sich nicht widerspruchslos ausdenkbar ist. Dies ist die Lage der Glaubenslehre von Ignatius und Justin an bis auf den heutigen Tag."[5] Jedoch bedeutet solche Einsicht für Schweitzer nicht, die Akten über die Sakramente zu schließen, sondern „in möglichster Anlehnung an die ursprüngliche und urchristliche Lehre *eigene* Gedanken (zu) denken"[6]. Weil die Weltzeit eine andere geworden ist, muß das Überlieferte „durch eine schöpferische Tat des Geistes" neu gestaltet werden[7]. Und zwar meint Schweitzer aus der „absolut klaren und widerspruchslosen Logik" des *Paulus*[8] gelernt zu haben, wie man „durch das tiefste Ausdenken des zeitlich Bedingten zu einer Idee (!) von überzeitlicher Geltung" gelangt[9]. Schon Paulus verleiht mit seiner Lehre vom Sein in Christo den Sakramenten eine größere Tragweite[10] und bereitet damit den Übergang der ursprünglich mit dem messianischen Mahl verknüpften eschatologischen Vorstellungen von der Erlösung in eine *allgemeine* vor[11]. Vor allem: „Durch die eschatologische Mystik", von der bei Paulus auch die Sakramente Taufe und Abendmahl umfaßt sind, „gibt Paulus der Ethik eine Beziehung auf die Persönlichkeit Christi und macht die Vorstellung vom Geiste zu einer ethischen. Aus seinem eschatologischen Denken heraus erfaßt er Ethik als Leben im Geiste Christi und schafft damit die für alle kommenden Zeiten geltende christliche Ethik"[12].

Albert Schweitzer sah sich also zu der Konsequenz, das Abendmahl überhaupt aufzugeben, nicht genötigt. Im Gegenteil! Er ließ als Vikar von

---

[4] AaO 278/374f.
[5] AaO 283/380.
[6] AaO 283f./380 (Hervorhebung von mir).
[7] AaO 284/381.
[8] AaO.
[9] AaO 323/430.
[10] AaO 276/370.
[11] AaO 279/375.
[12] AaO 323/430.

St. Nicolai in Straßburg die Abendmahlspraxis unangetastet. Dieser auch sonst zu bemerkende Widerspruch[13] hat im wesentlichen zwei Gründe. a) An George Seaver schrieb Schweitzer: „Sowohl die Theologen von links wie von rechts überblickten die Schwierigkeiten, die sich aus der Annahme des eschatologischen Standpunktes ergaben. Ich habe immer volles Verständnis dafür gehabt, und ich habe mich nie in einen Streit eingelassen. Ich habe niemals mit meinen Kritikern über die Frage debattiert. Ich habe einfach das Problem dargelegt."[14] Tatsächlich hat er sich damit *nicht* beschieden, wie schon die o. g. Zielsetzung zeigt, Probleme zu entschärfen, ehe sie Unruhe bereiten. Und so ist der zweite Grund der wichtigere. b) Nach Schweitzers Verständnis wohnt der Eschatologie „von Natur aus" ein „Trieb nach unmittelbarer und absoluter Ethik" direkt inne[15]. Das ist, wie Werner Picht völlig zu Recht betont, „die persönliche Komponente der eschatologischen Lösung"[16], die mit Sicherheit schon für Schweitzers theologisches Erstlingswerk vorauszusetzen ist. Er kann darum mit seiner historischen Lösung des Abendmahlsproblems in einer Aporie enden, weil er überzeugt ist, daß Jesus mit der Naherwartung der Gottesherrschaft und damit auch mit dem Abendmahl „Vorstellungsmaterial" seiner Zeit benutzte, um „dem Hoffen und Wollen einer ethischen Weltvollendung" Ausdruck zu verleihen[17]. Mit dem Wandel im Vorstellungsmaterial aber ist gegeben, daß wir die sich übernatürlich realisierende Endvollendung „nur als Resultat der sittlichen Arbeit begreifen können"[18]. Schweitzer hat solche Gedanken nie ausdrücklich, in der „Mystik des Apostels Paulus" aber implizit auf sein Abendmahlsverständnis ausgedehnt[19]. Wir dürfen daher als sicher annehmen, daß er an der Feier gerade deshalb festhielt, *weil* die Danksagungsgebete über Brot und Wein dem historischen Mahle eine Bedeutung auf das erwartete messianische Mahl hin gaben. Denn die Erkenntnis der ursprünglichen eschatologischen Bestimmtheit des christlichen Glaubens hat grundsätzlich für Schweitzer nicht einengende, sondern „wahrhaft befreiende Bedeutung. Sie zwingt uns dazu, uns einzugestehen, daß wir nicht anders können, als

---

[13] Wir werden ihm beim Leben Jesu gleich vierfach begegnen. S. u. und dazu F. Buri, Der existentielle Charakter, in: Ehrfurcht vor dem Leben 49.

[14] G. Seaver 228 Anm. 1.

[15] MP 187/Werke 4, 258.

[16] W. Picht 62.

[17] LJ 635/Werke 3, 878/GTB 624.

[18] AaO 639/883/627.

[19] Bes. ebd. 278 ff./Werke 4, 374 ff. und in dem Kap. XII „Mystik und Ethik" 285 ff./382 ff., bes. 322 f./429 ff.

auf die Überlieferung und den Geist zugleich bauen"[20]. Auf den Geist
bauen aber heißt im konkreten Fall des Abendmahls: die das Mahl fei-
ernde Gemeinde bekennt damit, daß das Reich Gottes „allein durch die
Kraft des Geistes Jesu in unseren Herzen und in der Welt entsteht"[21]. Die
Spitze ist darauf gerichtet, daß Menschen vom Liebeswillen Gottes ergriffen werden. „Schon in dieser unvollkommenen Welt frohe Werkzeuge
der Liebe Gottes zu sein, ist ihr Beruf und die Vorstufe zur Seligkeit, die
ihnen in der vollendeten Welt des Reiches Gottes beschieden ist."[22]

6. *Schweitzers Lösung und das heutige Abendmahlsgespräch*

Schweitzers theologisches Erstlingswerk hat in der zeitgeschichtlichen
Forschung kein Aufsehen erregt, weder in der liberalen, noch in der konservativen[1]. Tatsächlich nahm sich das Buch vor dem Meinungspluralis-
mus bezüglich der Uneinheitlichkeit und Vielgestaltigkeit des neutestamentlichen Abendmahlsverständnisses eher harmlos als revolutionär aus.
Die Priorität (freilich nicht Authentizität!) des Markusberichtes vertraten
viele, und bis heute ist dieses Problem nicht ausdiskutiert[2]. Offen war und
ist vor allem auch die historische Frage nach dem letzten Mahl Jesu insgesamt und speziell nach den dabei gesprochenen Worten, zumindest aber
nach dem sog. Wiederholungsbefehl[3]. Im Blick auf den heutigen Forschungsstand ausgesprochen defizitär ist Schweitzers Abendmahlsverständnis allein darin, daß das stellvertretende Sterben und das Anteilgeben
daran unter Brot und Wein nicht als Herstellung einer neuen Gemeinschaft mit Gott gedeutet wird, sondern als Gleichnis für das Leidensge-

---

[20] AaO 284/381.

[21] LD 52/Werke 1, 71.

[22] CW 15/Werke 2, 678. Zu vergl. ist auch die Passionspredigt über den Sinn des Todes
Jesu vom 23. 2. 1902, deren Thema ist: „Ich will eine Kraft ausüben auf ihr Herz" (SP 9–13,
hier 11).

[1] Neben den schon genannten Rezensionen von H. Weinel und G. Hollmann ist noch
hinzuweisen auf die milde Besprechung von F. Barth (dem Vater von Karl Barth) TLB 25,
1902, 368–369 und auf P. Feine, ThLBl 24, 1903, 440. Bezeichnend ist, daß die „Christliche
Welt" (Heinrich Beckmann) überhaupt nur Heft 2, also die Skizze des Lebens Jesu, be-
spricht (16, 1902, 1155. 1157f.).

[2] Vgl. Hans-Herbert Stoldt, Geschichte und Kritik der Markushypothese, Göttingen
1977; Hans Conzelmann, Literaturbericht zu den Synoptischen Evangelien, ThR NF 37,
1972, 220–272, bes. 237ff. und die Forts. des Berichtes in ThR NF 43, 1978, 3–51. 321–327,
bes. 12f., 320.

[3] Die heutige Forschung ist sich darum darüber im klaren, daß eine dogmatische Lehre
vom Abendmahl nicht ohne weiteres vom historischen Befund (Einsetzung), sondern von
der Feier der Urgemeinde ausgehen muß. Vgl. U. Kühn, Abendmahl 151f., 153, 199ff.

heimnis des Messias Jesus – obwohl „die geheimnisvolle causale Verbindung, die nach dem Verf. zwischen Eschatologie und Leidensgedanken
besteht, in den Texten nicht angedeutet" ist[4]. Damit verschiebt sich aber
die Auslegung Schweitzers von einer Interpretation des Abendmahls auf
eine solche des Lebens Jesu. Als solche aber ist sie – von heute aus gesehen
– sofort ein Ereignis in der Erforschung des Jesusproblems[5], und zwar bis
zum heutigen Tage[6]. Dagegen spielt Schweitzers Position in der heutigen
Abendmahlsdiskussion gar keine Rolle mehr. Während K. L. Schmidt im
Artikel „Abendmahl" in RGG[2] I (1927) Schweitzer noch unter der Literatur aufführt, geschieht das im gleichnamigen Artikel von E. Schweizer
in der dritten Auflage (1957) und auch in anderen Lexika nicht mehr[7]. Die
Akzente der Diskussion um das Abendmahlsverständnis und um die
Abendmahls*praxis* haben sich im ökumenischen Horizont verlagert auf
eine ekklesiologische und soziale Fragestellung[8]. Sehr zu Unrecht aber ist
Schweitzer *hier* völlig vergessen. Zumindest die heutige Tendenz, Tat-
sächlichkeit und Notwendigkeit des Abendmahles nicht mehr allein in
den Einsetzungs- und Deuteworten begründet zu sehen, sondern im
eschatologischen Handeln Jesu überhaupt, kommt der Position Schweitzers nahe. Die Überwindung der isolierten Betrachtung der Einsetzungsworte war auch sein Ziel (über das er dann freilich durch ihre Eliminierung
hinausschoß). Annäherung geschieht aber vor allem dadurch, daß jetzt
stärker die für das Abendmahlsverständnis konstitutive Bedeutung von
Ethik und Eschatologie herausgearbeitet wird, und zwar unter ausdrück-
licher Berücksichtigung des Mahlvorganges im ganzen, der johanneischen
Fußwaschung, des paulinischen Abendmahlszeugnisses und auch der
Verkündigung Jesu „einschließlich seiner ethischen Anweisungen"[9]. Das
Stichwort vom „weltoffenen Abendmahl"[10] hat zwar kein Analogon in
Schweitzers Denken. Aber die ethizistische Intention desselben kann in

---

[4] G. HOLLMANN, Rezension 467 f.

[5] Vgl. W. G. KÜMMEL I 330 f.; W. G. KÜMMEL II 1 ff.

[6] Vgl. J. M. ROBINSON, Einführung; T. KOCH, A. Schweitzers Kritik des christologischen Denkens.

[7] Z. B. TBLNT II/1 (1967) 667 ff. (B. KLAPPERT, L. COENEN); auch auf den 30 (!) eng be-
druckten Seiten Literatur zum Art. Abendmahl in TRE findet sich Schweitzers Name nicht
mehr. Die älteren Neutestamentlichen Theologien (H. J. HOLTZMANN; H. WEINEL [4]1928;
P. FEINE [6]1934) erwähnen ihn, die neueren (E. STAUFFER [3]1947; R. BULTMANN 1953; J. JE-
REMIAS 1973 usw.) nicht mehr. Keinerlei besondere Rolle spielt Schweitzer in der Bonner ev.
theol. Dissertation von H. LESSIG, Die Abendmahlsprobleme im Lichte der neutestamentlichen Forschung seit 1900, Bonn 1953.

[8] Vgl. U. KÜHN, Abendmahl.

[9] AaO 161.

[10] AaO 163.

der Vision eines unbegrenzt offenen, eschatologischen Abendmahles wiedererkannt werden. So. z. B., wenn Jürgen Moltmann das Abendmahl ein
„öffentliches und offenes Gemeinschaftsmahl für den Frieden und die
Gerechtigkeit Gottes in der Welt" nennt[11]. Oder wenn J. C. Hoekendijk
formuliert: „Abendmahl als eschatologisches Sakrament ist die Vergegenwärtigung des Reiches in der *Welt*. Das Reich kann nicht in die Kirche
eingeschlossen werden, und das Sakrament des Reiches kann nicht ein eitel kirchliches Ereignis sein. Offene Abendmahlsgemeinschaft ist eben
nicht Interkommunion der Denominationen, sondern der ‚Nationen'; sie
ist nicht eine Gemeinschaft zwischen Christen verschiedener Konfessionen, sondern zwischen Menschen allen Schlages. Diese Gemeinschaft ist
eine proleptische Erfüllung des Festmahles, das der Herr allen Völkern
bereiten wird."[12] Man kann fragen, ob das individualistische Denken Albert Schweitzers für solche sozietären Strukturen des Abendmahles offen
gewesen wäre. Ob er ihren ethischen Impuls bejaht hätte, kann man nicht
fragen.

7. Die Skizze des Lebens Jesu (1901)

Das Ergebnis der Abendmahlsstudie, mit der sich Schweitzer am 21.
Juli 1900 den Grad eines Lizentiaten der Theologie erwarb, stellte sogleich
die Weichen für die weitere Arbeit: „*Ein neues Leben Jesu:* das ist der einzige Weg zur Lösung des Abendmahlsproblems."[1] Dieses neue Leben
Jesu konnte Schweitzer vorerst (wie sich später zeigen sollte: für immer)
nur in Aussicht nehmen, jedoch nicht schreiben. Aber wenigstens eine
„Skizze" entwarf er, die ihm 1902 dazu diente, sich als Privatdozent an
der Universität Straßburg zu habilitieren[2].

---

[11] Jürgen Moltmann, Kirche in der Kraft des Geistes. Ein Beitrag zur messianischen
Ekklesiologie, München 1975, 270.

[12] Johannes Christiaan Hoekendijk, Die Zukunft der Kirche und die Kirche der Zukunft, Stuttgart 1964, 58–81.

[1] Abendmahlsproblem 62 (letzter Satz der Studie).

[2] Über Schweitzers Dozententätigkeit ist wenig bekannt, über den Inhalt seiner Vorlesungen gar nichts. In den Vorlesungsverzeichnissen der Universität Straßburg von
1893–1912 sind folgende Vorlesungen angezeigt: SS 1902 „Pastoralbriefe"; WS 1902/03
„Erklärung der kath. Briefe"; WS 1903/04 „Taufe und Abendmahl im Neuen Testament
und dem 1.–4. Jahrhundert"; SS 1905 „Die wissenschaftliche Forschung über das Leben
Jesu seit D. F. Strauss"; SS 1906 „Galaterbrief"; WS 1907/08 „Erklärung der kath. Briefe,
Zweiter Teil (2. Petr., Jud., 1.2.3. Joh.)"; WS 1908/09 „Erklärung der Apokalypse Johannis"; WS 1909/10 wird die Vorlesung über Taufe und Abendmahl wiederholt; WS 1911/12
„Die Ergebnisse der historisch-kritischen Theologie und der Naturwissenschaft für die
Wertung der Religion" (Für Hörer aller Fakultäten). – Bis jetzt ist nicht ein Vorlesungsmanuskript im Nachlaß Schweitzers aufgetaucht.

8. Der Inhalt der Skizze

Die bisherigen Leben-Jesu hatten zwei Schwierigkeiten, mit denen sie nach Schweitzers Meinung nicht fertiggeworden sind. Entweder sie hielten Jesus für den Messias, dann wußten sie dem Tod desselben kein angemessenes Verständnis abzugewinnen. Oder aber sie sahen in Tod und Auferstehung Jesu das kirchengründende Datum, dann mußte man sein messianisches Bewußtsein eliminieren und ihn für einen bloßen Propheten nach der Weise des Täufers verstehen[1]. Wirklich *geschichtlich* ist für Schweitzer nur eine Auffassung, die beide Momente, das messianische Selbstbewußtsein und das Leidensbewußtsein, in einen sinnvollen Zusammenhang zu bringen vermag. Diese Konstruktion sieht bei Schweitzer so aus:

Jesu öffentliche Wirksamkeit umfaßt nur wenige Wochen. Er lebt in der Gewißheit des nahen Hereinbruchs der Gottesherrschaft als der Christus futurus. D. h., er selbst ist dazu bestimmt, der auf den Wolken des Himmels kommende Messias-Menschensohn zu werden. Jesus ist Messias designatus. Diese Bestimmung wird ihm bei seiner Taufe offenbart. Er hält sie vor allem Volk geheim. Lediglich den drei vertrauten Jüngern Petrus, Jakobus und Johannes vertraut er sich auf dem Verklärungsberge an.

Schließlich wird durch das Petrusbekenntnis vor Caesarea Philippi sein Messiasgeheimnis allen Jüngern offenbar (diese Abfolge macht eine Umstellung von Mk 9 vor Mk 8 nötig, die Schweitzer bedenkenlos vornimmt). Diese Offenbarung war nötig, weil er die Jünger jetzt zur Israel-Mission aussendet, und zwar gedrängt durch eine intensive Naherwartung: sie werden nicht einmal mit den Städten Israels fertigwerden, bis daß der Menschensohn kommt (Mt 10). Bis dahin ist die Naherwartung Jesu ungebrochen. Als aber die Jünger zu ihm zurückkehren, ohne daß die Enddrangsale eingetroffen sind, zieht sich Jesus in die Einsamkeit zurück und meditiert über dieses erste Datum der Parusieverzögerung. Die Erkenntnis, die ihm dabei kommt, ist die: Etwas Entscheidendes fehlt, ohne das die Gottesherrschaft nicht kommen kann. Dieses Entscheidende klärt sich ihm durch das Studium des Alten Testamentes. Er findet in den Gottesknechts-Liedern, besonders in Jes 53, seinen neuen Auftrag: *Er selbst*

---

[1] Bei dieser Problemstellung bleibt freilich ein tertium außer Betracht, dem damals (und heute!) nicht wenige zuneigten: zu Jesu Messianität sprach man ein „bedingtes Ja, nämlich Messias, aber im Sinne des Menschensohnes" (H. J. HOLTZMANN, Das messianische Bewußtsein Jesu, V). Heute verhandelt man das bedingte Ja unter dem Stichwort der „impliziten Christologie". Vgl. dazu bes. H. CONZELMANN, Zur Methode der Leben-Jesu-Forschung.

muß mit seinem Leiden die Enddrangsale auf sich nehmen. *Er* leidet für
die vielen! Dadurch zwingt er das Gottesreich schließlich in die Geschichte herab! So bildet sich sein Leidensbewußtsein: Als das Verständnis eines Sühneleidens für die Vielen fügt es sich nahtlos in sein Messiani-
tätsbewußtsein ein. Damit wird das bisher unlösbare Problem der Unver-
bundenheit von Messias- und Leidensbewußtsein in den evangelischen
Texten auf verblüffend einfache Weise gelöst. Der Leidensgedanke Jesu
ist in der ersten Periode seines Lebens ein *anderer* als in der zweiten. In der
ersten Periode denkt Jesus daran, zusammen mit all seinen Zuhörern
durch die Enddrangsale hindurch dem Reich Gottes entgegenzugehen.
Sein Leiden verläuft also in der *allgemeinen Enddrangsal*. In der zweiten
Periode denkt er das Leid allein auf sich beschränkt, während seine Gläubigen verschont bleiben. Nun zieht er nach Jerusalem mit der einzigen
Absicht, dort zu sterben. Das Volk weiß immer noch nichts von Jesu
doppeltem Geheimnis, dem Messianitäts- und Leidensgeheimnis. Sein
,,Hosianna" gilt nicht Jesus als dem Messias, sondern als dem erwarteten
Vorläufer Elias[2]. ,,Der Einzug in Jerusalem ist also für Jesus messianisch,
für das Volk unmessianisch." Denn dieses Volk ,,dachte sich weiter nichts
dabei", wenn kurz vorher der Blinde vor Jericho den ,,Sohn Davids" an-
und ausgerufen hat[3]. Nur die Jünger sind eingeweiht. Mk 8,31, Mk 9,31
und Mk 10,34 sind nicht unechte, sondern authentische Texte. Die Jünger
werden aufgeklärt über das Sühneleiden, das Jesus anstelle des Volkes auf
sich nimmt, um so das Reich Gottes herbeizuzwingen. Zur Verurteilung
in Jerusalem kommt es schließlich, weil zwei Jünger das Geheimnis nicht
gehütet haben: Petrus hat vor Caesarea Philippi das Messianitätsgeheimnis preisgegeben. Judas schließlich gibt vor dem Hohen Rat das Messiani-
täts- und Leidensgeheimnis preis. Jesus stirbt in dem Bewußtsein, daß die
Bitte des Vaterunsers: ,,Und führe uns nicht in Versuchung" (nämlich in
die eschatologische Enddrangsal) erfüllt sei[4]. Die Tatsache, daß er sich
auch mit dieser Erwartung getäuscht hat, das Reich auch nach seinem

---

[2] ML 50. 106/Werke 5, 267. 336f.

[3] RW 391. 393/vgl. LJ 440/Werke 3, 629/GTB 447. Dazu bemerkt H. J. Holtzmann,
Das messianische Bewußtsein Jesu 25 Anm. 2, spitz: ,,Andere, die solche in keinem Text zu
lesende Offenbarungen mitteilen, pflegt der Verf. zu fragen: ,Woher weiß man das?'"

[4] ML 85f. 101/Werke 5, 311f. 330; vgl. RW 384. 386f. 389. 394/LJ 432. 435f. 439.
442/Werke 3, 619. 622f. 627. 631/GTB 440. 442f. 446. 449. Auch das ein ganz schwacher
Punkt der Konstruktion: War die ,,Versuchung" Vorbedingung für das Kommen des Reiches, hätte die Bitte gerade umgekehrt lauten müssen. Vgl. schon H. Vollmer, PrJ 126,
1906, 134 und H. J. Holtzmann, Das messianische Bewußtsein Jesu 80, Anm. 4: ,,Führt
schlechterdings nur ein finstrer Hohlweg auf zur lichten Höhe der Vollendung, so ist die
Bitte sinnlos: führe uns nicht in den Hohlweg hinein."

Tode ausblieb, gehört nicht mehr in das Leben Jesu hinein, sondern in das der Urgemeinde, die mit diesem Problem schwer zu kämpfen hatte.

9. Die Methode der Skizze

1. Der für einen Schüler Heinrich Julius Holtzmanns unverzeihliche methodische Hauptfehler der Skizze ist zweifellos ihr ungebrochenes Zutrauen in die Evangelientexte als Geschichtsquelle. In seiner berühmten Schwarz-Weiß-Technik stellt Schweitzer fest: „Entweder ist der Markustext als solcher historisch, und dann zu retten, oder er ist es nicht, und dann aufzugeben. Unhistorisch aber ist sicher jede Milderung des Wortlauts und was daraus gewonnen wird."[1] Die Wertschätzung des Markusevangeliums hatte Schweitzer bei H. J. Holtzmann gelernt. Nur war sie dort literarkritisch abgesichert, während Schweitzer sie allein durch den sachlichen Zusammenhang der konsequenten Eschatologie begründet sein läßt[2]. Er entnimmt den Ablauf des Lebens Jesu als Ganzen dem Markusbericht. Für die Handlungsabläufe wird aber vor allem auch auf das Matthäusevangelium zurückgegriffen. Denn: „Den Schlüssel zum Verständnis liefert Matthäus mit dem Material, das er über Markus hinaus liefert."[3] „Vornehmlich sind dies die Bergpredigt (Mt 5–7), die große Rede bei der Aussendung der Jünger (Mt 10), die Anfrage des Täufers und die

---

[1] RW 333 mit der leichten Variation „... und dann als Ganzes aufzugeben."/LJ 374/Werke 3, 541/GTB 357.

[2] SCHWEITZER sieht den „Unzusammenhang": „Die Markusdarstellung ist voll von Unerklärlichkeiten und Widersprüchen." Aber gerade in diesem Unzusammenhang „besteht der Zusammenhang bei Markus". Auf die Frage: „Läßt sich System in die Unordnung bringen?" antwortet Schweitzer mit einem schlichten „Ja", welches dann wieder in der Schwarz-Weiß-Technik erläutert wird: „Es gibt entweder die eschatologische Lösung, die dann mit einem Schlag die unabgeschwächte, unzusammenhängende und widerspruchsvolle Markusdarstellung als solche zur Geschichte erhebt, oder die literarische, die jenes Dogmatisch-Fremdartige als Eintrag des Urevangelisten in die Überlieferung von Jesus betrachtet (Wredes Hypothese) und damit zugleich die Messianität aus dem historischen Leben-Jesu tilgt. Tertium non datur." AaO 331. 333. 334/372. 374. 375/537. 541. 542/385. 388. Im übrigen hat Schweitzer die Markushypothese (literarische Priorität) nicht übernommen, sondern glaubte, daß er in diesem Punkte Holtzmanns „Lebenswerk zunichte" gemacht habe. Für beide war das ein schmerzlicher Vorgang. Am 19. 7. 1955 schrieb Schweitzer an M. Werner: „Es bleibt für mich das Tragische meines wissenschaftlichen Schaffens. Vom Untreuwerden kann einen niemand freisprechen, auch wenn es schicksalhaft geschah." Und in einem anderen Brief vom 15. 12. 1963 an E. Brock heißt es: „Holtzmann hat sehr darunter gelitten, daß ich von ihm abgefallen war ... Als ich einmal in Baden-Baden war und ihn besuchen wollte, bat er mich, es zu unterlassen. Ihm Schmerz bereitet zu haben, quält mich noch heute ..." (Abschriften der Briefe im Zentralarchiv in Günsbach).

[3] LJ (Vorrede zur sechsten Auflage) XII/Werke 3, 27/GTB 36. J. M. ROBINSON gibt in seiner Einführung (GTB 12) als Fundort des Zitates irrtümlich die Seite 38 an.

durch sie veranlaßten Äußerungen Jesu (Mt 11), die Rede vom Kommen
des Menschensohnes und des von ihm abzuhaltenden Gerichts (Mt 25)."[4]

Bemerkenswert an der jede Quellenkritik außer acht lassenden Einstellung gegenüber den evangelischen Berichten ist, daß Schweitzer sein Zutrauen in die Historizität der Texte nicht durch eine detaillierte Textana-
lyse gewinnt, sondern umgekehrt: Vom Verständnis des Lebens Jesu als
das der geheimen Messianität und des Leidens profitiert die synoptische
Frage. Sie wird „viel einfacher und klarer. Die künstliche Redaktion, mit
der man bisher zu operieren gezwungen war, wird sehr reduziert. Die
Bergpredigt, die Aussendungsrede und die Würdigungsrede über den
Täufer sind keine ‚Redekompositionen‘, sondern sie sind in der Hauptsache so gehalten, wie sie uns überliefert sind. Auch die Form der Leidens-
und Auferstehungsweissagungen kommt nicht auf das urchristliche Kon-
to, sondern Jesus hat in diesen Worten zu seinen Jüngern von seiner Zukunft geredet. Gerade diese Vereinfachung der litterarischen Frage und
die damit verbundene Steigerung der historischen Glaubwürdigkeit der
evangelischen Geschichtserzählung ist von großem Gewicht für die neue
Auffassung des Lebens Jesu"[5].

Deutlich waltet bei dieser Hinsicht ein bestimmter hermeneutischer
Zirkel: Von der Einsicht in den Ablauf (s.u.S.109 Anm.9) des Lebens
Jesu schließt Schweitzer zurück auf den Charakter der Texte und umgekehrt. Er wehrt sich darum auch ausdrücklich gegen den Vorwurf, er
nehme eine *naive* Stellungnahme den Berichten gegenüber ein. Daß er die
Texte so liest, wie sie dastehen, begründet er vielmehr mit dem Hinweis
auf die Überlieferungsgesetze der späteren Urgemeinde: „*Einerseits* ist
zwar gewiß, daß das Urchristentum auf die Darstellung der öffentlichen
Wirksamkeit Jesu *von bedeutendem Einfluß* gewesen. *Andererseits* sind
aber gerade wieder in dem Wesen des urchristlichen Glaubens alle Voraussetzungen gegeben, daß er die *Grundzüge der öffentlichen Wirksamkeit
Jesu nicht angetastet und vor allem keine ‚Thatsachen‘ im Leben* Jesu
‚produziert‘ hat. Denn das Urchristentum stand ja dem Leben-Jesu als
solchem indifferent gegenüber! Der urchristliche Glaube hatte an diesem
Leben nicht das geringste Interesse, weil Jesu Messianität sich ja auf seine
Auferstehung, nicht auf seine irdische Thätigkeit gründete und man dem

---

[4] AaO VI/19/30. Sonderbar, daß Schweitzer daran festhält zu einem Zeitpunkt (1950), als
die großen formgeschichtlichen Arbeiten von K. L. SCHMIDT (1919), M. DIBELIUS (1919)
und R. BULTMANN (1921) keinen Zweifel mehr daran erlaubten, daß gerade diese matthäischen Redestoffe Kompilationen aus sehr unterschiedlich zu bewertendem Material sind.

[5] ML VII f./Werke 5, 202.

kommenden Messias in Glorie *entgegenblickte und dabei an dem Leben Jesu von Nazareth nur soweit Interesse nahm, als es mit den Herrenworten zusammenhing. Eine urchristliche Auffassung des Lebens Jesu gab es überhaupt nicht,* und die Synoptiker enthalten auch nichts derartiges. Sie reihen die Erzählungen aus seiner öffentlichen Wirksamkeit aneinander, ohne den Versuch zu machen, sie in ihrer Aufeinanderfolge und in ihrem Zusammenhang begreiflich zu machen und uns die ‚Entwicklung' Jesu erkennen zu lassen." Erst das Johannes-Evangelium bietet „ein Geschichtsbild des Lebens Jesu". Es erzählt in der Tat „ein ‚Leben Jesu' . . ., während die Synoptiker von seiner *öffentlichen Wirksamkeit* berichten"[6]. Entgegen einer weit verbreiteten Meinung also nimmt Schweitzer an, daß die Produktion von sogenannten Gemeindebildungen keineswegs groß war, daß die synoptischen Evangelien vielmehr das authentische Material über die öffentliche Wirksamkeit Jesu bieten[7].

2. Der andere methodische Mangel der Skizze ist der, daß sich der Quellenbefund dem feststehenden Geschichtsbild fügen muß und nicht umgekehrt – eine vom Lehrer sofort heftig gerügte methodische Unmöglichkeit[8]. Das ist der Grund für den merkwürdig zwiespältigen Eindruck,

---

[6] AaO VIII/202.

[7] Dieses vor-formgeschichtlich gefällte Urteil (J. WELLHAUSENs Arbeiten zu den Synoptikern erscheinen erst 1903/04 [Kommentare zu Mk, Mt und Lk] bzw. 1905 [Einleitung in die drei ersten Evangelien]) ist bemerkenswert treffsicher. Es sollte – was die Auferstehung als originäres christologisches Datum und die Indifferenz der Urchristenheit gegenüber dem Leben-Jesu anbetrifft – von der kritischen Theologie bald vollauf bestätigt werden: „Jesu Geschichte beginnt mit ihrem Ende" (G. BORNKAMM, Bibel. Das Neue Testament. Eine Einführung in seine Schriften im Rahmen der Geschichte des Urchristentums [TT9], Stuttgart 1971, 33; vgl. J. SCHNIEWIND, ThR N.F. 2, 1930, 134–161; R. BULTMANN, Die Gesch. d. syn. Tradition [FRLANT 29], Göttingen ²1931, 370ff., bes. 395ff., DERS., Die Erforschung der synoptischen Evangelien, in: GV IV, 1–41). Was das Maß der Produktion von Gemeindebildungen anbetrifft, so ist nach anfänglichen Hochrechnungen (Bultmann) die Tendenz heute wieder rückläufig (vgl. A. VÖGTLE, Der Jesus der Geschichte. Ein Markuskommentar – Aufbruch zu einem Mehr an ursprünglicher Jesusüberlieferung, in: Christ in der Gegenwart 28, 1976, 237f. Dazu der Kommentator selbst: R. PESCH, Markusevangelium 2, 560–567; ferner J. ROLOFF, NT 18.

[8] HEINRICH JULIUS HOLTZMANN, Die Marcus-Kontroverse in ihrer heutigen Gestalt, in: ARW 10, 1907, 191: „Das summarische Verfahren, mit welchem Schweitzer sich über das durch gemeinsame Arbeit vieler errungene Ergebnis der heutigen Evangelienkritik hinwegsetzt, besteht darin, daß er die matthäischen Reden unbesehen nicht bloß als in vorliegendem Umfang treu überliefert, sondern auch als gerade zu der von der Ordnung des Matthäus an die Hand gegebenen Zeit gehalten und insofern inhaltlich und chronologisch über alle Zweifel erhaben behandelt. Daraus greift er dann jeweils gerade diejenigen Stellen heraus, welche von der Kritik als vorwegnehmende Einschaltungen aus späteren Zusammenhängen erkannt sind." Dazu schreibt H. GROOS 192: „Dieser Zusammenstoß des in der Wissenschaft hochangesehenen und führenden Forschers mit seinem genialen einstigen Schüler allein schon in diesem einen Punkt ist ungemein aufschlußreich. Es prallen hier nicht etwa eine alte, mehr

den sie macht: In ihrer Grundthese – die konsequente eschatologische
Einstellung Jesu betreffend – ist sie zwingend und von eindrucksvoller
Geschlossenheit. Ihre Details aber sind fast überall exegetisch in die Luft
gebaut[9]. Einer der tragenden Pfeiler der Konstruktion, die Umkehrung
des Verhältnisses von glücklicher Anfangsphase in Galiläa und enttäu-
schender Schlußphase in Jerusalem, kann überhaupt nur errichtet werden
dadurch, daß Schweitzer dem Markusbericht je und dann Matthäus zu
Hilfe kommen läßt[10]. Nun hat die gegenwärtige Forschung Schweitzers
Ansicht zwar zum Teil rechtfertigen können[11], insgesamt aber die Voraussetzung, daß es möglich sei, trotz des Unzusammenhangs der synoptischen Erzählungen den tatsächlichen Ereignisablauf zu rekonstruieren,

---

oder weniger überholte und eine neue, wissenschaftlich überlegene Einstellung, der die Zukunft gehört, aufeinander, sondern es stehen die in kontinuierlicher Arbeit Schritt vor
Schritt setzende methodisch gesicherte Forschung einerseits und eine großartige, originelle
Extravaganz andererseits, die anerkannte Grundsätze in den Wind schlägt und die bisherigen
Ergebnisse der Vorgänger und Mitarbeitenden über den Haufen wirft, einander gegenüber."
[9] Die Willkür des Verfahrens in einzelnen Punkten hat H. GROOS 184 ff. an vielen Beispielen vorgeführt, wobei er freilich gleich die Geschichte der Leben-Jesu-Forschung mit
einbezieht.
[10] ML 3–6/Werke 5, 207–212. Nach damals weit verbreiteter Ansicht soll die galiläische
Periode Jesu glücklich gewesen sein, während von der Zeit der Aussendung an eine Periode
der Mißerfolge begonnen haben soll. Die Zäsur sah man in Mk 7,24 ff., der sogenannten
„Flucht" nach dem Norden. Abgesehen davon, daß dieser Text von einer Flucht tatsächlich
nichts verlauten läßt, macht SCHWEITZER für dieses Geschichtsbild einen *ästhetischen* Faktor
und ein *historisches* Postulat verantwortlich. Den ästhetischen Faktor beschreibt er so: „Eine
Reihe der Natur entnommener Gleichnisse, sowie die wundervolle Rede gegen weltliche
Sorge Mt 6,25–34 scheinen nicht anders begreiflich, als daß hoffnungsvoller Frohsinn in der
Natur sich selbst wiederfindet." Das historische Postulat ist folgendes: „In der ersten Pe-
riode findet sich keine Spur vom Leidensgedanken; die zweite wird durch ihn beherrscht.
Also war die erste erfolgreich, die zweite unglücklich, da anders der Umschwung psycholo-
gisch und historisch nicht begreiflich ist" (aaO 6/211). Schweitzer dagegen verweist darauf,
daß es schon Mk 3,6 zu einem Todesanschlag gekommen ist, daß die eigene Familie an Jesu
Zurechnungsfähigkeit zweifle (Mk 3,20–22. 31–35), daß Jesus in Nazareth verworfen wird
(Mk 6,1–6). Vor allem rücken die in Mt 10 und 11 genannten Drangsalereignisse diese erste
Periode in einen tiefen Schatten. Sie ist nicht glücklich, sie ist pessimistisch (aaO 4/209). Dagegen die Reise nach dem Norden sei ein einziger Erfolgszug. Die Ovationen der Festkara-
wane schließlich beweisen das: „Wenn diese jubelnden galiläischen Volksmassen es ihm jetzt
ermöglichen, in der Hauptstadt die Behörde mehrere Tage zu terrorisieren – denn etwas anderes ist die Tempelreinigung nicht gewesen – und die Schriftgelehrten mit herber Ironie
bloßzustellen, haben sie es für den Mann gethan, der einige Wochen vorher diesen Theologen im eigenen Land weichen mußte? Will man also von einer Periode der Erfolge reden, so
muß man die *zweite* als eine solche bezeichnen. Denn überall, wo Jesus nach der Rückkehr
der Jünger in der Oeffentlichkeit erscheint, ist er von einer ihm ergebenen Menge begleitet:
in Galiläa, vom Jordan nach Jerusalem und in der Hauptstadt selbst. Das murrende Juden-
volk ist eine Erfindung des vierten Evangelisten" (aaO 5 f./210 f.).
[11] Vgl. G. BORNKAMM, Jesus 141.

gründlich erschüttert. Historische Postulate müssen hier ersetzen, was exegetisch nicht zu haben ist.

Ein anderes Beispiel, wie das feststehende Geschichtsbild die Textexegese präjudiziert, ist die Annahme einer doppelten Leidenserwartung bei Jesus. Mühelos kombiniert Schweitzers historische Phantasie zu ihrem Erweis die Fakten – Jes 53, Tod des Täufers, Meditation in der Wüste aufgrund der unvermuteten Parusieverzögerung –, so daß ein psychologisch zwar einsichtiges, aber exegetisch kaum begründbares Bild entsteht: Jesus *besinnt* sich mittels Schrift und Erfahrung – und kommt zu einer anderen Einsicht. Mehr von den Texten *nicht* angestoßene Psychologisierung haben auch die abgelehnten Leben-Jesu nicht getrieben! Vor allem der (aus Deuterojesaja hergeleitete) *Grundgedanke* der Skizze, nämlich daß der Tod Jesu lediglich im Dienste des Herbeizwingens der Gottesherrschaft stehe[12], verdankt sich der psychologischen, nicht der historisch-kritischen Exegese. Dieser Grundgedanke – und mit ihm die Skizze – scheitert daran, daß die „geheimnisvolle kausale Verbindung" zwischen Eschatologie und Leidensgedanken einerseits, erfülltem Bußquantum und Eschatologie andererseits in den Texten nicht angedeutet ist[13]. Dieser Tatbestand aber ist es, der das Thema „Jesus und sein Tod" zu einem bis zum heutigen Tage unabgeschlossenen Diskussionspunkt macht. Nur wo man an der Katastrophentheorie festhält, daß Jesus von seinem Tod überrascht wurde (z. B. R. Bultmann)[14], hat man Schweitzer endgültig hinter sich gelassen. Wo man dagegen die besser begründete Gegenthese aufstellt, daß Jesus um seinen Tod gewußt habe[15], spielen Schweitzers Argumente in mehr oder weniger modifizierter Weise eine Rolle (z. B. Jes 53, das Geschick des Täufers, die Erwartung, daß der Tod das Endgericht bringt usw.)[16], übrigens auch in der Weise, daß man sie *gegen* seine konsequente

---

[12] ML 33/Werke 5, 245.

[13] So richtig G. HOLLMANN, Rezension 468.

[14] R. BULTMANN, Exegetica 453: „Schwerlich kann diese Hinrichtung als die innerlich notwendige Konsequenz seines Wirkens verstanden werden; sie geschah vielmehr auf Grund eines Mißverständnisses seines Wirkens als eines politischen. Sie wäre dann – historisch gesprochen – ein sinnloses Schicksal. Ob oder wie Jesus in ihm einen Sinn gefunden hat, können wir nicht wissen. Die Möglichkeit, daß er zusammengebrochen ist, darf man sich nicht verschleiern."

[15] So die Mehrzahl der Exegeten, in neuerer Zeit aber besonders HEINZ SCHÜRMANN, Wie hat Jesus seinen Tod bestanden und verstanden? Eine methodenkritische Besinnung, in: Orientierung an Jesus (FS J. Schmid), Freiburg 1973, 325–363; H. Patsch, Abendmahl.

[16] Z. B. kann J. ROLOFF, NT 185 ausdrücklich feststellen: das ‚es muß' „von Mk 8,31 ist apokalyptische Sprache, die auf ein endzeitliches Geschehen verweist. Es gehört zu den Drangsalen der Endzeit, daß dem Handeln der Gegner Gottes freier Raum gegeben scheint".

Eschatologie verwendet: setzt Jesus seinen Tod bewußt in Rechnung,
dehnt er die Zeit in Richtung auf ein nicht näher terminiertes Zwischenreich zwischen Tod und Parusie[17]. So oder so ist deutlich: Man kann
Schweitzers *Lösung* des Problems hinter sich lassen. Mit seiner *Fragestellung* ist er mitten unter uns. Er hatte ein ingeniöses Problembewußtsein.
Nur: es war Schweitzers Art ganz und gar nicht, einen Fortschritt in Sachen des Lebens Jesu durch eine Verfeinerung der kritischen Methoden
herbeizuführen. Das ist im Blick auf den von ihm erhobenen Anspruch
schlimm. Noch schlimmer aber ist es, daß er den Ausweg in einer souve-
ränen Verneinung bewährter Methoden meinte sehen zu können[18]. Gegen
den Vorwurf, daß seine These ,,weniger der sorgfältigen kritischen Beobachtung als einer einseitigen Auswahl und Interpretation der Berichte ent-
sprungen ist, wie er sie für seine Zwecke brauchte"[19], kann Schweitzer
dann nicht mehr in Schutz genommen werden.

10. Die antiliberale Tendenz der Skizze

Nur unter zwei Voraussetzungen ist eine sinnvolle Auffassung des Lebens Jesu, die der Größe und dem Anspruch seiner Persönlichkeit gerecht
wird, nach Schweitzer möglich: einmal, Jesus war von einem Bewußtsein
getragen, wonach er künftig als der vom Himmel kommende Menschensohn in seiner geheimen Messianität öffentlich bestätigt würde. Zum andern, Jesu Tod war nicht die unvorhergesehene Katastrophe, sondern das
eine große Thema seines Lebens: ,,die eschatologische Realisierung des
Reiches!" Das ist der ,,Grundzug des Leidensgeheimnisses", der mit dem
Messianitätsgeheimnis aufs engste zusammengehört. Diese ,,neue Auffassung" formuliert Schweitzer so: ,,Der Leidensgedanke ist *nur* von dem
eschatologischen Reichsbegriff beherrscht. In der Aussendungsrede handelt es sich *nur* um die eschatologische, nicht um die ethische Reichsnähe.
Daraus folgt einmal, daß Jesu Thätigkeit *nur* mit der eschatologischen
Realisierung des Reiches rechnet."[1] Seine ethische Verkündigung kann
darum nicht – wie es die liberale Theologie getan hat – von seiner Reichserwartung abgelöst und verselbständigt werden zu einem Programm der
ethisch-sittlichen Vervollkommnung des Menschengeschlechtes. Anders
gesagt: Seine Reichspredigt ist nicht nach seiner ethischen Verkündigung

---

[17] So neben W. G. Kümmel, Verheißung und Erfüllung 58 ff. jetzt besonders H. Patsch,
Abendmahl. – Zur Diskussion und Kritik vgl. E. Grässer, Naherwartung 84 ff.

[18] A. Jülicher, Neue Linien 3 ff.

[19] H. Groos 192.

[1] ML 13.17/Werke 5, 221. 226.

zu bemessen, sondern umgekehrt: „seine ethische Verkündigung (ist) ihrem Wesen nach durch die eschatologische Weltanschauung bedingt"[2]. Das zeigen die Seligpreisungen der Bergpredigt (Mt 5,3–12). Das zeigen die Gleichnisse vom Geheimnis des Reiches Gottes. Das zeigen schließlich Jesu Stellung zum Gesetz und zum Staat. Letzterem gibt man gerade noch, was ihm gehört (Mk 12,17). Im übrigen erledigen sich diese Angelegenheiten durch das bald hereinbrechende Reich Gottes in seiner übernatürlichen Gestalt.

Mit dieser Auffassung stand Schweitzer in diametralem Gegensatz zu seinen Fachkollegen, für die die Umdeutung der apokalyptischen Vorstellungen des Reiches Gottes in eine solche der ethisch-sittlichen Idee eine Selbstverständlichkeit war. Heinrich Julius Holtzmann, um bei dem Lehrer und maßgeblichen Vertreter der damals unter den kritischen Theologen herrschenden liberalen Jesusforschung[3] zu bleiben, sah in Jesus einen ethischen Lehrer mit einer sich allmählich offenbarenden geistigen Messiaswürde, der ein unvorhersehbar tragisches Ende fand[4]. Holtzmann war überzeugt, daß „der allgemeine und dauernde Ertrag aller bibl.-theol. Studien für Wissenschaft und Leben nur darin bestehen kann, daß man sich der Unabhängigkeit dessen, was Jesus als reines Feuer auf den Altar gebracht hat, das auch seither nicht erloschen ist, sondern unter denkbar größtem Wechsel der es nährenden Stoffe fortgeglüht hat und auf solche Weise zum nachhaltig wirksamen Prinzip eines neuen religiösen Lebens der Völker werden konnte, von den national, örtlich, zeitlich bedingten Momenten der jüd. Theologie, der messianischen Legende und der eschatologischen Perspektive bewußt werde"[5]. Albert Schweitzer stellte diese Überzeugung genau auf den Kopf: Jesus kann nur in dem Maße verstanden werden, als man ihn mit der eschatologischen Perspektive identifiziert[6]. Entsprechend geht Schweitzer davon aus, daß Jesus die unter dem jüdischen Volk verbreitete naiv-realistische messianische Erwartung eines Kommens des Reiches Gottes auf übernatürliche Weise teilte, sich für den kommenden überweltlichen Messias hielt und durch sein Leiden das

---

[2] AaO 18/226.

[3] Vgl. W. G. KÜMMEL II 1.

[4] Zustimmend kann H. J. HOLTZMANN, Theologie I 417 Anm. 2 ADOLF HARNACK, Lehrbuch der Dogmengeschichte, Bd. I, Tübingen ⁴1909 (Darmstadt 1964), 67 zitieren: „Jesus hat statt der Hoffnung ‚das Reich zu ererben', auch einfach von ‚dem Bewahren (Gewinnen) der Seele (des Lebens)' gesprochen. In dieser *einen* Vertauschung liegt bereits der weltgeschichtliche Umschwung der politischen Religion in die individuelle."

[5] Theologie I 409.

[6] Vgl. J. HÉRING, De H. J. Holtzmann à A. Schweitzer.

Reich herbeinötigen wollte. Anders gesagt: Jesus war – was die weltanschauliche Bedingtheit seiner Verkündigung und seines Verhaltens anbetrifft – *Apokalyptiker*. Die Vergeistigung seiner messianischen Erwartungen in der Theologie des 19. Jahrhunderts hält Schweitzer für einen „Irrtum"[7]. Ihn gilt es rückgängig zu machen, um das Leben Jesu zu verstehen.
Und wieder wendet er die Schwarz-Weiß-Technik an: Jesus hat „eschatologisch oder uneschatologisch" gedacht. Tertium non datur[8].

Obwohl der Streit darüber, ob und in welchem Sinne Jesus Apokalyptiker war, noch immer nicht ausgefochten ist[9], kann die neutestamentliche
Wissenschaft hinter Albert Schweitzers Ergebnis nicht mehr zurück: Jesus ist von der Eschatologie her oder gar nicht zu verstehen[10]. Im Unterschied zu den Zeitgenossen seiner Privatdozentenzeit wird das von der
heutigen neutestamentlichen Forschung ganz anders bejaht[11]. Das Problem ist allein die einseitige Verabsolutierung des konsequent-eschatologischen Jesus-Bildes bei Schweitzer. Und zwar weniger darum, weil – wie
Heinrich Julius Holtzmann argwöhnte – ein „wie von einem eschatologischen Dämonium" getriebener Jesus Wasser auf die Mühlen jener leitet,
die in ihm den psychiatrischen Fall einer „überhirnten Selbsteinschätzung" sehen[12], sondern vor allem darum, weil sich die weiterschreitende
Forschung nicht hat davon überzeugen können, „daß bei Berücksichtigung aller Quellenbestandteile für Jesus *nur* die Erwartung des in seiner
Generation bevorstehenden Kommens der Gottesherrschaft als geschichtlich bezeugt gelten darf", sondern auf das eigentümliche Span-
nungsverhältnis von *Gegenwart und Zukunft* des Reiches in der Person
Jesu aufmerksam wurde[13].

---

[7] LD 38/Werke 1, 55.

[8] RW 235/LJ 232/Werke 3, 356/GTB 254; vgl. 334/375/542/388; dazu W. Picht 58.

[9] Vgl. E. Grässer, Einleitung zur 3. Auflage, in: DERS., Parusieverzögerung IX–XXXII.

[10] K. Barth, Römerbrief 298, weitete das noch aus: „Christentum, das nicht ganz und
gar und restlos Eschatologie ist, hat mit *Christus* ganz und gar und restlos nichts zu tun." Allerdings hatte Barth seinen eigenen Eschatologiebegriff!

[11] Vgl. W. G. Kümmel I 338 einerseits, J. A. Robinson, Einführung 7 ff. andererseits.

[12] H. J. Holtzmann, Das messianische Bewußtsein Jesu 81.

[13] W. G. Kümmel I 338. Den Nachweis führt Kümmel in seinem Buch „Verheißung und
Erfüllung". Vgl. noch bes. Oscar Cullmann, Christus und die Zeit. Die urchristliche Zeit-
und Geschichtsauffassung, Zürich (1946) ³1962; Horst Robert Balz, Methodische Probleme der neutestamentlichen Christologie (WMANT 25), Neukirchen-Vluyn 1967, 204 ff.
235 ff.

11. Das liberale Jesusverständnis der Skizze

Obwohl Schweitzer also mit seiner Skizze gegen das liberale Jesusverständnis ankämpft, verfällt er ihm zuletzt selbst. Das läßt sich in zweifacher Hinsicht leicht zeigen.

a) Alle liberalen Leben-Jesu haben bei ihrem Bemühen, den Jesus der Geschichte als mächtigsten Helfer im Befreiungskampf gegen das kirchliche Dogma aufzubieten, in einem verhängnisvollen Dilemma geendet, das Werner Picht klar sieht: „Als Historiker wollte man Vergangenheit entdecken. Als liberaler Theologe wünschte man sich einen Jesus, der in die moderne Zeit paßt."[1] An diesem inneren Widerspruch ist die Leben-Jesu-Forschung des 19. Jahrhunderts schließlich gescheitert – auch noch Schweitzers Lehrer Heinrich Julius Holtzmann[2]. Denn sie war gezwungen, das durch die historische Erforschung der „objektiven" Tatsachen bedingte immer größere Irrewerden an dem geschichtlichen Jesus durch Psychologisierung und Rationalisierung wieder wettzumachen, da man doch dem modernen Menschen einen glaubwürdigen Jesus präsentieren wollte. Das heißt, man ließ unbewußt die theologische Tendenz den Ausschlag geben. Und diese theologische Tendenz war mit dem Geist der Moderne getränkt, hatte also keinen Rückhalt an der Geschichtswissenschaft. So suchte man zwar den Jesus der Historie und fand jeweils den Jesus, den man für die eigene Geschichte brauchte. Anders gesagt: Die modern-historische Auffassung nimmt Jesus durch Modernisierung in die Gegenwart herein, indem sie ihn Geist vom Geiste der Moderne ausstrahlen läßt. Dieser Geist aber hat keinen Sinn für den apokalyptischen Enthusiasmus, das „Heroische" und „Überweltliche" der Person Jesu. Darum – so schreibt Schweitzer im schon genannten Nachwort seiner Skizze – „hat man ihn vermenschlicht und erniedrigt. Renan hat ihn zur sentimentalen Figur entweiht, feige Geister wie Schopenhauer wagten es, sich auf ihn zu berufen für ihre entnervende Weltanschauung, und unsere Zeit hat ihn modernisiert, indem sie sein Werden und seine Entwicklung psychologisch zu begreifen gedachte"[3].

Schweitzer geht in seiner Skizze des Lebens Jesu, die er fünf Jahre später noch einmal ausführlich wiederholen wird[4], den genau umgekehrten

---

[1] W. Picht 49.
[2] Vgl. dazu W. G. Kümmel, NT 185 ff.
[3] ML 109/Werke 5, 340.
[4] RW 327 ff. bes. 347–395/LJ 368 ff. 390–443/Werke 3, 532 ff. 563–633/GTB 382 ff. 402–450. Dieses vorletzte Kapitel des berühmten Buches steht unter der Überschrift „Der konsequente Skeptizismus und die konsequente Eschatologie". Schweitzer benennt dazu

Weg: Nicht dadurch, daß Jesus nahtlos in die Moderne integriert wird, sondern dadurch, daß er weltenweit von ihr entfernt ihr gegenübergestellt wird, zeigt er die wahre Größe Jesu auf. Schweitzer nennt das die „realistische Darstellung des Lebens Jesu"[5], womit allen anderen, nicht konsequent-eschatologischen das Urteil gesprochen ist: sie sind unrealistisch. Aber nur zur *einen* Hälfte verfährt dieser „eschatologisch-historische Lösungsversuch" genau umgekehrt als der „modern-historische"[6]: das Wesentliche des Lebens Jesu wird nicht an der apokalyptischen Grundeinstellung vorbei oder hinter derselben gesucht, sondern *in* ihr[7]. Zur *anderen* Hälfte, bei der systematischen Konstruktion des Bildes, ist Schweitzers Verfahren nicht weniger psychologisierend romanhaft wie das seinen Gegnern vorgeworfene, was auch sofort bemerkt wurde[8]. Das „Kultmahl am See" (s. o.) oder die Wendung in der eschatologischen Erwartung durch das neu sich bildende Leidensgeheimnis sind Beispiele unkritischer Phantasie, nicht aber Ergebnisse kritischer Exegese. Und der auf Grund seines Wirkens und Sterbens „eine sittliche Welt" schaffende Jesus[9] als

---

jeweils nur einen Titel: Wredes „Messiasgeheimnis in den Evangelien" (1901) für den konsequenten Skeptizismus, das eigene ML (ebenfalls 1901) für die konsequente Eschatologie (aaO 327/368/532/382). Das hat P. WERNLE, Rezension 502 zu dem richtigen Einwand veranlaßt, der Titel des Buches müsse richtig lauten: „Von Reimarus zu Albert Schweitzer, denn auch Wrede gehört in das ungeheure Leichenfeld der großen Leben-Jesu-Schlacht, als deren einzig Überlebender Schweitzer dasteht." Von der zweiten Auflage an erhält „Die Lösung der konsequenten Eschatologie" ein eigenes, leicht variiertes Kapitel, das aber das Jesusbild der „Skizze" (ML) unverändert tradiert.

[5] ML 109/Werke 5, 340.

[6] AaO 13/221.

[7] Freilich hat es auch schon vor Schweitzer eine Leben-Jesu-Forschung gegeben, die die Eschatologie weder ausscheidet noch umdeutet. Insofern kritisiert H. WINDISCH, Rezension RW 147 f. mit Recht: „Man kann nicht Wrede und Schweitzer für den Abschluss aufsparen (Kap. XIX) und behaupten, dass sie beide die Konsequenten seien gegenüber dem vorausgehenden Haufen der Halben und Blinden. Gewiss ist die Eschatologie seit Baldensperger ein Hauptproblem geworden. Aber die verschiedenen Auswege, die man gefunden hat, sind durchaus als gleichwertige Parallelen zu verstehen. Zur Eschatologie kann man sich entweder so stellen, dass man sie in ihrer ganzen massiven Realistik annimmt und Jesus zuschreibt, oder so, dass man sie unter der gleichen Voraussetzung ihm radikal abspricht, oder so, dass man sie in gewisser Beschränktheit oder Unbestimmtheit in dem Bewusstsein Jesu gelten lässt. Die letztere Position ist durchaus nicht so haltlos, wie SCHW. behauptet."

[8] Vgl. die Rezensionen von H. STEPHAN, G. HOLLMANN, P. WERNLE, Rezension 504, A. JÜLICHER, Neue Linien 5, HEINRICH JULIUS HOLTZMANN, Der gegenwärtige Stand der Leben-Jesu-Forschung, in: DLZ 27, 1906, 2358 ff.; DERS., Das messianische Bewußtsein Jesu 45 und H. WINDISCH, Rezension RW 148: „Aber ich muss betonen, dass diese Auffassung ein Konstruktionsversuch ist genau wie die andern, mit ähnlichen Mitteln, literarischen Operationen und psychologischen Eindeutungen ausgebaut." Zur Sache auch W. G. KÜMMEL I 333.

[9] ML 109/Werke 5, 340.

Brücke zur Gegenwart ist tatsächlich der Punkt, wo wir statt mit sorgfältiger Dogmatik „mit einem Geniestreich überrascht werden"[10]. Grundsätzlich blieb Schweitzer überdies allen abgelehnten Leben-Jesu darin verschwistert, daß er hoffte, nun seinerseits die historische Wirklichkeit zeigen zu können – deutlichstes Indiz dafür, daß er das Problem noch nicht als *Grundlagenproblem* erkannt hatte[11].

b) Einig ist sich Schweitzer mit der liberalen Theologie auch darin, daß kompromißlose historische Forschung und die Anwendung radikaler Kritik auf das Leben Jesu keine Verarmung des religiösen Glaubensgutes mit sich bringt, sondern im Gegenteil eine sehr viel größere Verlebendigung, getragen aus dem Geist der Wahrhaftigkeit. Denn an der *Voraussetzung,* daß Jesus als Schöpfer der Menschheitsreligion *unantastbar* ist, macht man keine Abstriche. Das gibt der historischen Forschung Mut zur Konsequenz – wie bei David Fr. Strauß so bei Schweitzer[12]. Die unantastbare *heroische* Größe Jesu gibt Schweitzer die Freiheit zu radikaler Kritik. Alles darumherum kann in Trümmer gehen, wenn nur diese Größe unangetastet bleibt. Ja, das Trümmerwerk wird geradezu gesucht, um die heroische Größe um so strahlender und überzeugender erscheinen zu lassen. In einem „Nachwort" zu seiner Skizze bezeichnet es Schweitzer als den *Zweck* seiner „realistischen Darstellung des Lebens Jesu", dieses „vornehmste Merkmal des historischen Jesus", nämlich seine heroische Größe, „der modernen Zeit und der modernen Dogmatik vor die Seele zu führen"[13]. Alles andere an seinem Werk mag man je nach der verschiedenen dogmatischen, historischen oder literarischen Position kritisieren. Nur dies will er unangetastet lassen: daß Jesus wirklich eine „überirdische Persönlichkeit" ist[14]. Werner Picht hat darauf hingewiesen, daß ein solch

---

[10] H. J. HOLTZMANN, Das messianische Bewußtsein Jesu 45. Besonders deutlich wird das in dem Abschnitt „Das Moderne in der Eschatologie Jesu" (ML 31f./Werke 5, 243ff.). Durch ausdrücklichen Rückgriff auf Kants Kritik der praktischen Vernunft wird hier *„jede sittlich-religiöse Bethätigung"* als *„Arbeit am Kommen des Reiches Gottes"* ausgegeben und festgestellt: „Die ethische Eschatologie Jesu ist die heroische Form, in der die modern-christliche Weltanschauung in die Geschichte eintrat!" (aaO 32/245) Das posthum erschienene Buch „Reich Gottes und Christentum" zeigt in seinen Schlußsätzen, daß Schweitzer an dieser Überlegung lebenslang und unberührt von allen theologischen Diskussionen um die Eschatologie festhielt.

[11] H. CONZELMANN, Zur Methode der Leben-Jesu-Forschung 19.

[12] Vgl. W. PICHT 47f.

[13] ML 109/Werke 5, 340; W. PICHT, 54.

[14] ML 97/Werke 5, 326: „Die wahre geschichtliche Erkenntnis aber gibt der Dogmatik ihre volle Bewegungsfreiheit wieder! Sie bietet ihr die Persönlichkeit Jesu dar in einer eschatologischen *und doch ihrem Wesen nach durch und durch modernen Weltanschauung,* weil er sie mit seinem gewaltigen Geiste durchdrungen hat. Dieser Jesus ist viel größer als der modern gedachte: *er ist wirklich eine überirdische Persönlichkeit."*

konfessorisches Urteil im Rahmen einer wissenschaftlichen Untersuchung ungewöhnlich ist. ,,Aber hier weiß Schweitzer sich im Besitz eines Wissens, das durch keine wissenschaftlichen Einwendungen zu entkräften ist. Es entstammt in letzter Instanz der Erfahrung in persönlicher Begegnung."[15] Was wie ein in einer wissenschaftlichen Untersuchung deplaziertes persönliches Bekenntnis aussieht, ist nichtsdestoweniger für Schweitzer eine eminente Sachfrage, die vorher entschieden sein muß, wenn die Kritik den Spielraum haben will, den sie braucht: nämlich daß die historische Forschung in diesem einzigen Falle, also im Falle Jesu, einem Unbegreiflichen gegenübersteht, dessen Wesen verstehen zu wollen sie nicht wagen darf[16].

Unter dieser Voraussetzung der unantastbaren und einzigartigen Größe und Würde Jesu kann und soll die moderne Dogmatik sich aufgrund der wahren geschichtlichen Erkenntnis frei bewegen, ohne – wie Schweitzer schreibt – ,,die immerwährende kleinliche geschichtliche Rücksichtnahme, welche heutzutage oft zum Schaden der geschichtlichen Wahrhaftigkeit beobachtet wird. *Die Dogmatik soll nicht um einen Pflock grasen. Sie ist frei, denn sie hat unsere christliche Weltanschauung allein auf die Persönlichkeit Jesu Christi zu gründen, ohne Rücksicht zu nehmen auf die Form, in welcher sie sich in ihrer Zeit auswirkte*"[17]. Schweitzer wiederholt an dieser Stelle das Urteil des *römischen Hauptmanns:* ,,Wahrlich, dieser Mensch ist Gottes Sohn gewesen" (Mk 15,39) und sieht darin das *Ergebnis* seiner Jesusforschung, das er mit den Worten kommentiert: ,,So wird seine Würde mit dem Augenblick seines Todes frei für alle Zungen, für alle Nationen und für alle Weltanschauungen."[18] Das heißt, mit dieser Erkenntnis der einzigartigen und unantastbaren Größe und Würde Jesu, des Menschen Jesus, gewinnt man die Freiheit, ohne Rücksicht auf Dogmen irgendwelcher Art seine persönliche Nachfolge zu gestalten – in welcher Weltanschauung auch immer. Schweitzer hat von dieser Freiheit in seinem theologischen Denken und Leben Gebrauch gemacht. Und es liegt in der

---

[15] W. Picht 54.

[16] Im ,,Nachwort" zum ML heißt es: ,,Wir müssen dazu zurückkehren, das *Heroische* in Jesu wieder zu empfinden, wir müssen vor dieser geheimnisvollen Persönlichkeit, die in der Form ihrer Zeit weiss, dass sie auf Grund ihres Wirkens und Sterbens eine sittliche Welt schafft, *welche ihren Namen trägt*, in den Staub gezwungen werden, ohne es auch nur zu wagen, ihr Wesen verstehen zu wollen: *dann erst kann das Heroische in unserem Christentum und in unserer Weltanschauung (!) wieder lebendig werden*" (ebd. 109/Werke 5, 340). Vgl. W. Picht 57.

[17] ML 98/Werke 5, 326.

[18] AaO 98/327: vgl. auch W. Picht, 56.

Linie dieser Freiheit, wenn er sich selbst dem „freisinnigen Protestantismus" zurechnete[19], ohne sich von ihm oder von irgendeiner Denomination binden zu lassen.

12. *Das von der Skizze aufgeworfene hermeneutische Problem*

Schweitzers historische Rekonstruktion, die ohne Rücksicht auf mögliche Konsequenzen den geschichtlichen Tatsachen ihr Recht lassen will, ist von keinerlei destruktivem Zug geleitet. Im Gegenteil! Die weltanschauliche Fremdheit Jesu wird scharf herausgestellt, um sie endgültig hinter sich zu lassen und zu dem bleibend Gültigen der Person Jesu zu gelangen. Aber den garstig breiten Graben, der zwischen unserer Weltanschauung und derjenigen liegt, in welcher Jesus lebte und wirkte, will Schweitzer gerade nicht durch Modernisierung der Person Jesu überbrücken. Er nennt ihn eine „unüberbrückbare Kluft"[1]. Sie kann nicht so geschlossen werden, daß man der Persönlichkeit Jesu „einen Strich ins Moderne" gibt[2], sondern nur so, daß man sie sich in ihrer Fremdheit bewußt macht, um der „überirdischen Persönlichkeit" Jesu ansichtig zu werden, deren Geist aus der zeitbedingten Weltanschauung herausgeschält werden kann, weil er der Geist ist, der jede Weltanschauung durchdringt.

Schweitzer trifft sich also in seiner eigentlichen Absicht durchaus mit der der liberalen Theologen. Er will Jesu Bedeutung für die Gegenwart erheben. Aber er will es nicht so, daß Jesu Weltanschauung gleichsam als Schale vom eigentlichen Kern getrennt wird[3], sondern so – um weiter im Bild zu bleiben –, daß er die *Schale* auf ihren Kern hin untersucht. Genauer: „In Wahrheit kann es sich nicht um eine Scheidung zwischen Vergänglichem und Bleibendem, sondern nur um eine Übertragung des Urgedankens jener Weltanschauung in unsere Begriffe handeln."[4] Das ist nicht weniger eine Demontage des kirchlichen Dogmas als bei den liberalen Le-

---

[19] Vgl. LD 89/Werke 1, 110. Siehe auch oben S. 9 Anm. 30.

[1] ML 97/Werke 5, 325.

[2] AaO.

[3] Dieses Mißverständnis setzt sich auch in der Schweitzer-Schule fort, besonders kraß bei FRITZ BURI, Die Bedeutung der neutestamentlichen Eschatologie für die neuere protestantische Theologie. Ein Versuch zur Klärung des Problems der Eschatologie und zu einem neuen Verständnis ihres eigentlichen Anliegens, Zürich 1935.

[4] LJ 635/Werke 3, 878/GTB 623. R. Bultmanns Unterscheidung zwischen Eliminierung und Interpretation in seinem berühmten Entmythologisierungsprogramm meint dasselbe, und J. M. ROBINSON, Einführung 21 verdient Zustimmung, daß Schweitzers Hermeneutik hier „zu ihrem eigentlichen Ziel geführt" wird: „Als existentiale Interpretation versucht sie, das in der mythologischen Form zur Sprache kommende Existenzverständnis zu begreifen".

ben-Jesu auch, freilich mit negativem Vorzeichen: alles weltbildlich und
zeitgeschichtlich Bedingte in der Verkündigung Jesu wird in den Feuerbrand historisch-rationaler Kritik gehalten. Aber ist in dem Feuerbrand
nicht zu vieles verbrannt? Behalten wir möglicherweise nur Asche zurück? Nämlich einen Jesus, dessen Fremdartigkeit so groß ist, daß kein
Moderner je wieder in ein Verhältnis zu ihm treten kann? Die konservative Forschung war es, die den Finger sofort auf dieses Problem legte: die
Eschatologie liefere nicht den Schlüssel zum Verständnis Jesu, weil dabei
nicht verständlich werde, „wie ein solcher Apokalyptiker der Stifter der
urchristlichen Kirche und der geworden ist, von dem noch heute die Kraft
der Erlösung von Sünde und Tod ausgeht"[5]. Damit ist das *hermeneutische
Problem* aufgeworfen, dem Schweitzer große Aufmerksamkeit schenkt.
Das ist nicht selbstverständlich, wenn man bedenkt, daß die Hermeneutik
damals ihren Tiefstand in der theologischen Wissenschaft erreicht hatte[6].
So lohnt ein genaues Achtgeben auf seine Argumentation.

Jesus und seine „reichsgläubige Gemeinschaft", wie Schweitzer sie
gerne nennt[7], rechnen nicht mit Dauer in dieser Welt. Sie haben geschichtlich gesehen keine Zukunft. Für sie hebt „der Hammer . . . schon zum
Stundenschlag aus" bzw. steht „der Zeiger der Weltuhr . . . nahe an der
großen Stunde"[8]. Beide, Jesus und seine reichsgläubige Gemeinschaft,
werden entweder durch das baldige Kommen des Reiches in ihrem Selbstverständnis bestätigt – oder durch dessen Ausbleiben zur apokalyptischen
Sekte abgestempelt, die aussterben wird. Historisch gesehen ist weder das
eine noch das andere eingetreten. Das Reich blieb aus und eine mächtige
Kirche ist gekommen. Hat Schweitzer gar nicht Ausschau gehalten nach
Spuren im Denken Jesu und seiner reichsgläubigen Gemeinschaft, die eine
mögliche geschichtliche Fortexistenz in der Zeit nicht nur als metabasis eis
allo genos, sondern auch als Anknüpfung an ein schon Vorhandenes verständlich macht?

In der Tat findet man gegen Ende der Skizze eine solche Ausschau, und
sie ist bezeichnend genug für Schweitzer, weil sich mit ihr bereits bei dem
26jährigen Lehrling das Christentumsverständnis des späteren Meisters
abzuzeichnen beginnt.

---

[5] P. Feine, ThLBl 24, 1903, 440.

[6] Vgl. Ernst v. Dobschütz, Vom Auslegen insonderheit des Neuen Testaments (Rektoratsrede 1922), in: ders., Vom Auslegen des Neuen Testaments. Drei Reden, Göttingen
1927, bes. 5. Siehe dazu auch J. M. Robinson, Einführung 21, Anm. 27.

[7] Z.B. ML 86/Werke 5, 312.

[8] AaO 47. 82/264. 307.

Wir erinnern uns noch einmal: Jesus ändert im Verlaufe seines Lebens die Form seines Leidensgedankens von Kollektivität (alle müssen leiden) in Sakramentalität (einer leidet für alle). Aber er verändert nicht deren innersten Grundzug. Für Jesus bleibt Leiden in beiden Formen „die sittliche Bewährung der Würde, die ihm bestimmt ist"[9]. In diesem Zusammenhang schiebt Schweitzer einen Gedanken ein, der verständlich macht, wie spätere geschichtliche Generationen, mit denen Jesus ja gar nicht gerechnet hat, dennoch als seine Nachfolger werden leben können, und zwar unter ausdrücklichem Bezug auf Jesus von Nazareth: durch die Umwandlung des Leidensgedankens von Kollektivität in Sakramentalität bekommt die Endzeitdrangsal jetzt zeitlos-universale Bedeutung. „*Aus dem messianischen Enddrama zieht er sie gleichsam in die menschliche Geschichte herunter.* Darin liegt etwas Prophetisches auf die Zukunft des Christentums: nach seinem Tode löst sich das ganze messianische Enddrama in menschliche Geschichte auf. Diese Entwicklung hat mit dem ‚Leidensgeheimnis‘ begonnen"[10]. Hier tut sich eine Türe auf, die Jesus von Nazareth und seine Botschaft geschichtsfähig werden läßt, obwohl das Urteil der Historie lauten wird, daß er als ein apokalyptischer Schwärmer gescheitert ist. Und zwar insistiert Schweitzer dabei auf die „menschlicheren Züge", die der Leidensgedanke der zweiten Periode, verglichen mit dem der ersten, trägt. „Es liegt etwas von mitfühlender Nachsicht in dem Gedanken, daß er für die Reichsgenossen die Sühne im Leiden leistet, damit ihnen die Bewährung, in welcher sie vielleicht schwach werden könnten, erspart bleibt. ‚Und führe uns nicht in Versuchung, sondern erlöse uns von dem Bösen‘: diese Bitte ist nun in seinem Leiden erfüllt."

„Dieses tief Menschliche tritt besonders in Gethsemane zu Tage . . . Während er zu Gott fleht, daß der Leidenskelch an ihm vorübergehe, erfaßt ihn eine bangende Angst um die Intimen. Wenn Gott sie nun wirklich mit ihm durch das Leiden sendet, werden sie bestehen, wie sie es sich zutrauten? Darum sorgt er sich um sie in der schweren Stunde. Zweimal rafft er sich auf, weckt sie aus dem Schlaf, daß sie wach bleiben und zu Gott beten, daß er *sie* nicht in die Versuchung führt, wenn er auch *ihm* den Kelch nicht erspart; denn der Geist ist willig, aber das Fleisch ist schwach. *Das ist vielleicht der ergreifendste Zug in Jesu Leben.* Man hat gewagt, Gethsemane die schwache Stunde Jesu zu nennen: in Wirklichkeit ist es aber ge-

---

[9] AaO 91/319.
[10] AaO 91 f./319.

rade die Stunde, wo seine überweltliche Größe in seinem tiefmenschlichen
Mitfühlen offenbar wird."[11]

An dieser Stelle wird erstmals klar ausgesprochen, was das Bleibend-
Gültige an Jesu Messianitäts- und Leidensgeheimnis ist: *tief menschliches
Mitfühlen!* Darin ist Jesus von überweltlicher Größe! Das macht das
Heroische und die Würde seiner Persönlichkeit aus! Dieser Geist tiefmenschlichen Mitfühlens ist es, den er unverlierbar allen späteren Weltanschauungen eingepflanzt hat. Darin ist der, den das Rad der Geschichte
zermalmt hat[12], unsterblich. Und zwar ist es keineswegs die moderne Kritik, die zum Liquidator der weltanschaulich und zeitgeschichtlich bedingten Ausdrucksform der Verkündigung Jesu wird. Jesus ist dieser Liquidator selbst mit seinem Tod! Denn mit dem Tod, ,,gerade durch denselben",
wird die apokalyptische Eschatologie, obwohl die urchristliche Gemeinde
noch ganz darin lebte, ,,thatsächlich abgethan"[13]. Sie war von vornherein

---

[11] AaO 92/319 f.; vgl. auch RW 389/LJ 438/Werke 3, 626/GTB 445.

[12] RW 367: ,,Stille ringsum. Da erscheint der Täufer und ruft: Tuet Buße! das Reich Gottes ist nahe herbeigekommen! Kurz darauf greift Jesus, als der, welcher sich als den kommenden Menschensohn weiß, in die Speichen des Weltrades, daß es in Bewegung komme,
die letzte Drehung mache und die natürliche Geschichte der Welt zu Ende bringe. Da es
nicht geht, hängt er sich dran. Es dreht sich und zermalmt ihn. Statt die Eschatologie zu bringen, hat er sie vernichtet. Das Weltrad dreht sich weiter und die Fetzen des Leichnams des
einzig unermeßlich großen Menschen, der gewaltig genug war, um sich als den geistigen
Herrscher der Menschheit zu erfassen und die Geschichte zu vergewaltigen, hängen noch
immer daran. Das ist sein Siegen und Herrschen." – In allen späteren Auflagen ist dieses Bild
getilgt worden. Vgl. dazu J. MOLTMANN, Theologie der Hoffnung 32 f., der findet, ,,das Er-
schreckende an Schweitzers Werk" sei, ,,daß ihm jeder Sinn für Eschatologie – sowohl theologisch wie philosophisch – abging". Begründung: Er lasse das ,,Rad der Geschichte", ,,die
Sinnfigur der ewigen Wiederkehr des Gleichen . . . an die Stelle der eschatologischen Pfeil-
richtung der Geschichte" treten. Aber diese Kritik ist verfehlt. Mit dem Bild vom ,,Weltrad"
denkt Schweitzer keineswegs an die Wiederkehr des gleichen, sondern an den Fortgang der
Weltgeschichte *entgegen* Jesu Erwartung. Die Erfahrung von zweitausend Jahren ausgeblie-
bener Parusie macht nicht – wie Moltmann unterstellt (33) – ,,heute Eschatologie unmöglich", sondern macht heute *apokalyptische* Eschatologie unmöglich. Die Konsequenz, die
Schweitzer daraus zieht, ist jedoch nicht die Eliminierung der Apokalyptik, sondern ihre Interpretation. Und er weist mit seinem Verfahren ziemlich genau in die Richtung, die später
Rudolf Bultmann einschlagen sollte, wenn er Eschatologie auf ihren Existenzsinn hin befragt
(vgl. RUDOLF BULTMANN, Geschichte und Eschatologie, Tübingen ²1964, bes. 164 ff. S. u.
249 ff.). Schweitzer würde diese existentiale Interpretation gerade nicht als Modernisierung zurückgewiesen haben, wie OSCAR CULLMANN, Unzeitgemäße Bemerkungen zum ,,histori-
schen Jesus" der Bultmannschule, in: DERS., Vorträge und Aufsätze 1925–1962, (hg. v. K.
FRÖHLICH), Tübingen 1966, 141–158 vermutet. Vielmehr ist es gerade Schweitzer – worauf
J. M. ROBINSON, Einführung 23 m. R. aufmerksam macht –, der in seiner ,,Schlußbetrach-
tung" den Historismus überwindet und mit dem Hinweis auf den vor allem Verstehen liegenden ,,Lebenszusammenhang" die Notwendigkeit einer neuen Hermeneutik aufweist.

[13] ML 95/Werke 5, 323. ,,Jesu Tod das Ende der Eschatologie! Der Messias, der es auf
Erden nicht war, das Ende der messianischen Erwartung! Die Weltauffassung, in der er lebte

dazu bestimmt, „aus der christlichen Weltanschauung hinausgedrängt zu werden". „Mit dem Leidensgeheimnis ging auch das Geheimnis des Reiches Gottes unter."[14] Für die „christliche Weltanschauung" bedeutet das, daß sie „ ‚entchristlicht' " wird, „weil sie mit dem Geheimnis des Reiches Gottes und des Leidensgedankens das innere ethische Leben eingebüßt hatte, welches ihr durch Jesus eingehaucht worden war"[15]. Dieses *innere ethische Leben* gewinnt man aber nicht so zurück, daß man die Eschatologie zurückschneidet, sondern daß man sie eingesteht. Denn gerade darin besteht „das Ewige der Worte Jesu", „daß sie aus einer eschatologischen Weltanschauung heraus gesprochen und von einem Geiste aufgestellt sind, für den die damalige irdische Welt, ihre geschichtlichen und gesellschaftlichen Zustände schon nicht mehr existierten. Sie passen daher (!), wie sie sind, in jede Welt, denn in jeder Welt heben sie den, der ihnen ins Auge zu sehen wagt und nicht daran deutelt und dreht, aus seiner Zeit und seiner Welt heraus und machen ihn innerlich frei, daß er geschickt wird in seiner Welt und seiner Zeit schlichte Kraft Jesu zu sein"[16].

Anders als die „moderne Theologie" seiner Zeit versucht Schweitzer das moderne Christentumsverständnis nicht mit Hilfe des historischen Jesus und seiner Anschauung zu rechtfertigen. Das ist historisch unmöglich,

---

und predigte, war eschatologisch; die ‚christliche Weltauffassung', die er durch seinen Tod begründet, führt die Menschheit für immer über die Eschatologie hinaus! Das ist das grosse Geheimnis in der christlichen Heilsökonomie" (aaO 95 f./324). Man muß dabei immer beachten, daß Schweitzer meint: Über die Eschatologie *als Apokalyptik* hat Jesu Tod die Menschheit für immer hinausgeführt. Dadurch wird aber allererst die Möglichkeit eröffnet, das wirkliche *Wesen* des kommenden Reiches Gottes zu erfassen. Das hat „der Denker Paulus" erkannt: das Wesen des Reiches Gottes besteht in der Herrschaft des Geistes, der in unsern Herzen zur Macht kommt und durch uns in der Welt. „Im Denken Pauli beginnt das übernatürliche Reich zum ethischen zu werden und sich damit aus etwas zu Erwartendem in etwas zu Verwirklichendes zu verwandeln. Den Weg, der sich damit auftut, haben wir zu begehen" (RG 204/Werke 4, 731). Daß damit das Reich Gottes gründlich mißverstanden wird, ist keine Frage. Aber das Bemühen um Interpretation statt Elimination ist anzuerkennen.

[14] ML 95. 94/Werke 5, 323. 322. – Vgl. dazu G. SAUTER, Zukunft und Verheißung. Das Problem der Zukunft in der gegenwärtigen theologischen und philosophischen Diskussion, Zürich/Stuttgart 1965, 88, wo der Tod Jesu sachgemäß nicht als Ende, sondern als „*Wendepunkt*" der Eschatologie bezeichnet wird: die „konsequente Eschatologie" wird zur „Eschatologie der Konsequenzen einer aktuellen Selbstbesinnung".

[15] ML 95/Werke 5, 323.

[16] RW 400; vgl. LJ 634 ff./Werke 3, 876 ff./GTB 623 ff. Die eschatologisch begründete Predigt, die den Glaubenden aus seiner Zeit und Welt heraushebt und ihn „innerlich" freimacht, läßt an Bultmanns Begriff der „Entweltlichung" denken. Vgl. BERNHARD DIECKMANN, „Welt" und „Entweltlichung" in der Theologie Rudolf Bultmanns. Zum Zusammenhang von Welt- und Heilsverständnis (BÖT 17), München 1977. Vor allem „Bultmanns Zeitkritik" (133 ff.) erinnert unmittelbar an Schweitzer.

weil der Jesus, der „lebendig als ein Mensch unserer Menschheit" in *unsere* Zeit hineintreten könnte, „so nie existiert hat". „Noch mehr: Wir
müssen uns darein finden, daß die historische Erkenntnis des Wesens und
Lebens Jesu der Welt nicht eine Förderung, sondern vielleicht ein Ärgernis zur Religion sein wird."[17] Darum versucht Schweitzer deutlich zu machen, wie verschiedene Stufen – genaugenommen sind es drei – sich selbständig entwickeln, obwohl sie natürlich in einem inneren Zusammenhang mit der jeweils vorangehenden Stufe stehen. Die erste Stufe ist die
Anhängerschaft Jesu. Sie glaubte an das Kommen des Reiches in allernächster Bälde, weil Jesu machtvolle Persönlichkeit diese Künde bekräf-
tigte. Die zweite Stufe ist die Gemeinde nach Jesu Tod. Sie glaubte an
seine Messianität und erwartete das Kommen des Reiches. Die dritte Stufe
ist das moderne Christentum. „Wir glauben, daß in seiner (sc. Jesu)
ethisch-religiösen Persönlichkeit, wie sie sich in seinem Wirken und Leiden offenbart, der Messias und das Reich gekommen sind."[18] Das ist
keine kontinuierliche Entwicklung, wie die liberalen Leben-Jesu annah-
men, die das jeweilige moderne Verständnis direkt von Jesus selbst sank-
tioniert sein ließen. Sondern das sind *Brüche*, die sich geschichtlich gebildet haben, freilich nicht ohne inneren Zusammenhang untereinander.

Eine wahrhaft kühne Konstruktion: Mit seinem Tode vernichtet Jesus
die Form seiner Weltanschauung, indem *seine* Eschatologie unmöglich
wird. Damit gibt er allen Geschlechtern und allen Zeiten das Recht, ihn in
ihren Gedanken und Vorstellungen zu erfassen, „daß sein Geist ihre
Weltanschauung durchdringe, wie er die jüdische Eschatologie belebte
und verklärte"[19]. Es kann sich künftig und in keiner Form des Christentums mehr darum handeln, Jesu *Gedanken* zu reproduzieren. Es kann
sich nur noch darum handeln, die eigene Weltanschauung, die nach andern Gesetzmäßigkeiten erstellt wird, von seinem *Geist* durchdrungen

---

[17] RW 397. 399/LJ 632. – /Werke 3, 874. – /GTB 621. – In anderer Terminologie wirft
Schweitzer damit die Frage nach dem *absoluten* Heilsgeschehen auf, die vor ihm schon Martin Kähler (1892) und nach ihm besonders klar Rudolf Bultmann gestellt hat. Zu letzterem
läßt sich die Linie direkt ausziehen: „Auch der historische Jesus ist eine Erscheinung unter
anderen, keine absolute Größe." Und: „Die Geschichtswissenschaft kann überhaupt nicht
zu irgendeinem Ergebnis führen, das für den Glauben als Fundament dienen könnte, man
alle *ihre Ergebnisse haben nur relative Geltung.* Wie verschieden sind die Jesusbilder der liberalen Theologie, wie unsicher das Bild des historischen Jesus: Ist er überhaupt noch für
uns erkennbar? Mit einer großen Frage endigt hier die Forschung – und *soll* sie endigen!"
(Rudolf Bultmann, GV I 4.3.). Nur dem letzten Satz hätte Schweitzer die Zustimmung
verweigert.
[18] ML 96/Werke 5, 324.
[19] AaO 97/326.

sein zu lassen, und zwar mit solcher Konsequenz durchdrungen sein zu lassen, wie er, Jesus, mit seinem Geist die weltanschaulichen Vorstellungen seiner Zeit belebte und verklärte[20]. Und den in der Begegnung des einzelnen mit diesem „Gebieter und Herrscher" über unsern Geist[21] *unvermeidlichen* Subjektivismus hat Schweitzer nicht nur hingenommen, sondern ausdrücklich verlangt: „Gerade die Fremdheit und Absolutheit, mit der er (sc. Jesus) uns gegenübergestellt wird, erleichtern es dem Einzelnen, den eigenen, persönlichen Standpunkt ihm gegenüber zu finden"[22].

Es ist kräftiges Erbe der Aufklärung, das Schweitzer mit seinem Denken wahrt. Bei aller Kritik an seinen liberalen Kollegen reicht er zuletzt mit seinem Jesusbild nirgends über sie hinaus. Sie alle sehen das Problem, das Einmal des historischen Jesus als das eschatologische Ein-für-allemal zu begreifen, lösen es aber nicht eigentlich hermeneutisch-theologisch, sondern mittels einer geistesgeschichtlichen Synthese. Dabei hatte Schweitzer die richtige hermeneutische Klinke bereits in der Hand, als er die historische Begründbarkeit der religiösen Bedeutung Jesu und damit die Relevanz des geschichtlich erkannten Jesus *für den Glauben* bestritt[23].

---

[20] Daß und warum die Forderung der Legitimierung *gegenwärtigen* Christentumsverständnisses nach Schweitzers Auffassung nicht auf die vergangene Gestalt Jesu abgewälzt werden kann, zeigt der Aufsatz von T. KOCH, A. Schweitzers Kritik des christologischen Denkens, bes. 237: „Die Bedeutung Jesu kann konstitutiv, aber nie kausativ sein. Eine differenzlose Identität von gegenwärtig christlicher Wahrheitsüberzeugung und den Überzeugungen Jesu ist folglich nicht länger vorstellbar, weil nicht länger in der Geschichte Jesu einfach antreffbar."

[21] RW 401/LJ 642/Werke 3, 887/GTB 630.

[22] RW 399f.

[23] Vgl. W. G. KÜMMEL II 4f. Wieder springt die Parallele der Schweitzerschen Hermeneutik zu der Bultmanns in die Augen: dem in den Kategorien gegenständlichen Denkens gar nicht mehr faßbaren Verstehen von Wille zu Wille bei Schweitzer korrespondiert hier das existentielle Verstehen. Allerdings entfällt bei Bultmann ganz der fragwürdige Begriff der *Weltanschauung*, was F. BURI, Der existentielle Charakter 52 das Recht zu der folgenden Feststellung gibt: „So wird denn für Bultmann Jesus nicht, wie für Schweitzer, zur Verkörperung einer zeitlos gültigen Idee einer ethischen Weltanschauung, die ihre Gültigkeit in sich selber trägt und ohne Berufung auf die geschichtliche Erscheinung möglich ist. Die Wahrheit des Glaubensentscheides gegenüber der Botschaft von dem erlösenden Christus-Geschehen läßt sich nach Bultmann nicht allgemein nachweisen und garantieren, sondern bleibt in der Anerkennung der ‚Geschichtlichkeit' des Glaubens ein Wagnis. Aber das kann uns nicht hindern, in dem Bultmannschen Christus-Geschehen als existential interpretiertem Mythos von der Möglickeit des Verfallens oder Eigentlichwerden (!) von Existenz doch eine Parallele zu sehen zu Schweitzers Verbindung seines ethischen Prinzips mit der historischen Gestalt Jesu. Der Jesus der Ethik der Ehrfurcht vor dem Leben ist bei Bultmann zu dem in die Entscheidung stellenden Kerygma von der Möglichkeit des Eigentlichwerdens des Daseins geworden."

Aber ein elementares Defizit an wirklich *theologischer* Hermeneutik hinderte ihn in der Skizze und auch später am entscheidenden Durchbruch[24]. Kaum etwas ist signifikanter für dieses theologische Defizit als das Verschweigen Martin Kählers[25]. So ist von epochaler Bedeutung der Skizze und ihrem „genialen Wurf"[26] eigentlich nur in bezug auf ihren energischen Verweis auf die historischen Grundfragen zu sprechen. Aber darin ist sie nicht originell, sondern hat in Johannes Weiß einen (nicht genannten!) Vorläufer[27]. Trotzdem liegt hier ihre eigentliche Bedeutung, die sich im *Protest* der zeitgenössischen Theologie deutlich spiegelt. Konservative wie liberale Forscher waren sich nämlich darin einig, daß man das Moment der Naherwartung bei Jesus und seine religionsgeschichtliche Verwurzelung in der Apokalyptik nicht betonen dürfe. Selbst das ungekrönte Haupt unter den Religionsgeschichtlern, Hermann Gunkel, wollte den Eindruck nicht wahrhaben, „als ob die Eschatologie die Predigt Jesu ausfülle"[28]. Wilhelm Bousset vertrat in seiner 1892 erschienenen Schrift „Jesu Predigt in ihrem Gegensatz zum Judentum" die Auffassung, daß Jesu eschatologische Predigt zwar in der Form der Frömmigkeit des Spätjudentums verwandt sei, daß aber „die Gesamtgestalt auch hiermit nicht im Bannkreis des Judentums" stehe[29]. Und besonders übel vermerkte man, daß Schweitzer im Blick auf Jesu hohe Ethik von einer „*Interimsethik*" gesprochen hat, die nur im Angesicht des nah hereinbrechenden Gottesreiches ihre Geltung und ihre Bedeutung habe[30]. Erbost darüber

---

[24] Klar gesehen von W. PICHT 71: „In Schweitzers theologischem Denken ist, wie in dem der freisinnigen Theologie, die Überzeugung von der Einmaligkeit Jesu von Nazareth, nicht als eines historischen Jesus, sondern als Träger des Heilsgeschehens, dessen Verkündigung den Inhalt der Evangelien bildet, nicht verankert. So kann es geschehen, daß das Bewußtsein des geschichtlichen Ereignischarakters der Offenbarung Gottes in Jesus diesem Denken entgleitet. Als Schweitzer vor Missionaren Vorträge über das Christentum und die Weltreligionen hält, die diesen bei ihrem Wirken unter Andersgläubigen zu Hilfe kommen wollen, weist er nicht mit einem Wort darauf hin, daß es dabei heute nicht anders als zur Zeit des Paulus darum geht, den Glauben an Jesus Christus zu verbreiten, sondern er sucht die ethische Überlegenheit des Christentums darzutun."

[25] In ML fällt das noch nicht so sehr auf, wohl aber in LJ. Für J. M. ROBINSON, Einführung 8 Anm. 2 ist das „nur ein Schönheitsfehler". OTTO MICHEL, A. Schweitzer u. d. LJ-Forschung heute 125 sieht hier jedoch klarer: Weil Kähler die historischen Grundfragen „ganz einfach zurückgeschoben" habe, fehle auch ein Hinweis auf die Bedeutung Martin Kählers für unsere Fragestellung.

[26] F.-W. KANTZENBACH, A. Schweitzer 38 ff., hier 40.

[27] Vgl. W. G. KÜMMEL I 331. Selbst die stellvertretende Sühne ist hier schon wie bei Schweitzer gedeutet (J. WEISS, Die Predigt Jesu, bes. 200).

[28] Rezension (J. WEISS, Die Predigt Jesu), in: ThLZ 18, 1893, 43.

[29] Ebd. 69f.

[30] ML 10–20/Werke 5, 217–230.

konnte Julius Wellhausen, der damals bedeutendste Kritiker der Evangelien, schreiben, daß „Ignoranten zu behaupten sich erdreistet haben", Jesus habe die Moral „für eine provisorische Ascese (gegolten), die nur in
Erwartung des nahen Endes zu ertragen war und nur bis dahin ertragen
werden mußte"[31]. Alle diese Proteste zeigen jedoch nur, daß Schweitzer
einen besonders neuralgischen Punkt im Christentumsverständnis ange-
rührt hatte. Der *falsche* Punkt war es nicht. Im Gegenteil! Der Fortgang
der eschatologischen Diskussion bis zum heutigen Tage hat Schweitzer
recht gegeben: Ein besseres Verständnis ist nur durch diesen Punkt hindurch möglich und niemals an ihm vorbei[32].

Bemerkenswert im Blick auf die Skizze ist zuletzt folgendes: Schweitzer
hat an dem konsequent-eschatologischen Jesusbild ein Leben lang festgehalten – mit einem einzigen Abstrich, der erwähnenswert ist, weil es der
einzige Fall ist, in dem Schweitzer eine früher vertretene Anschauung kor-
rigiert, und zwar an einem außerordentlich wichtigen Punkt. Nach
Schweitzer hat Jesus ursprünglich geglaubt, daß die Drangsal als die auf
der Welt lastende und das Kommen des Reiches noch aufhaltende Sünden-
schuld von den Gläubigen abgebüßt werden müsse, um sich schließlich zu
der Erkenntnis durchzuringen, daß sein stellvertretendes Sterben diese
Auflage entbehrlich mache, daß also sein stellvertretendes Sterben „eine
Sühne für die Schuld der andern" sei[33]. In seinem letzten Werk, dem posthum erschienenen Buch „Reich Gottes und Christentum" (1967), hat
Schweitzer diese Auffassung nicht aufrechterhalten. Es „kann Jesus seinen Tod doch nicht als ein für Sündenvergebung erfordertes Opfer anse-

---

[31] J. WELLHAUSEN, Einleitung 107. – Seit Wellhausen schleppt sich das Mißverständnis
durch die Literatur, und zwar bis in die Gegenwart, als sei der Begriff „Interimsethik" von
der Vorstellung einer zeitlichen Begrenzung her bestimmt. Richtig endlich G. STRECKER,
Strukturen einer neutestamentlichen Ethik, ZThK 75, 1978, 117–146, hier 133 Anm. 39, der
darauf hinweist, daß die „Interimsethik" bei Schweitzer trotz ihres zeitlich und geogra-
phisch partikularen Bereiches das unversale Element in der Verkündigung Jesu nicht aus-
schließe (Verweis auf ML 32/Werke 5, 244 f.). „Jesu Ethik ist danach nicht eine eschatologische Ethik, die wie in der vorgegebenen Apokalyptik auf die Erwartung des Gottesreiches
gründet, sondern eine ethische Eschatologie, insofern Jesus das erwartete Endereignis durch
die sittliche Erneuerung herbeiführen wollte."
[32] Schade, daß R. BULTMANN (Geleitwort, in: J. Weiß, Die Predigt Jesu V f.) nicht auch
A. Schweitzer nennt, wenn er daran erinnert, „daß die Arbeit, die einst von Johannes Weiß,
von Hermann Gunkel, Wilhelm Bousset, Wilhelm Heitmüller und ihren Genossen geleistet
worden ist, gerade indem sie die Gedanken des NT in die Ferne rückte, indem sie gegenüber
einem verbürgerlichten Verständnis des Christentums die Fremdheit der neutestamentlichen
Verkündigung erschreckend zum Bewußtsein brachte, – daß diese Arbeit ein neues und ech-
tes Verständnis der neutestamentlichen Verkündigung heraufführen half, das sich in der Gegenwart auf allen Gebieten der Theologie auswirkt".
[33] ML 91/Werke 5, 318.

hen. Seine Vorstellung von dem ohne weiteres aus Gottes Barmherzigkeit kommenden Verzeihen läßt es nicht zu"[34]. Mit dieser Selbstkorrektur bricht freilich seine Skizze des Lebens Jesu in sich zusammen. Was früher „Sühne" hieß, wird jetzt „ein Dienen und ein Entrichten eines Lösegeldes" genannt, „eine Leistung, aufgrund deren die vormessianische Drangsal ausfallen soll"[35].

Es ist diese Leichtigkeit in den exegetischen Schlußfolgerungen, die schon bei der „Skizze" bewirkte, daß sie kaum beachtet wurde[36].

13. Von Reimarus zu Wrede (1906)

„Niemand ist mehr in der Lage, ein Leben Jesu zu schreiben. Dies ist das heute kaum noch bestrittene, überraschende Ergebnis einer Forschung, die fast 200 Jahre lang eine außerordentliche und keineswegs fruchtlose Mühe darauf verwandte, das Leben des historischen Jesus, befreit von aller ,Übermalung' durch Dogma und Lehre, wiederzugewinnen und darzustellen. Am Ende dieser Leben-Jesu-Forschung steht die Erkenntnis ihres eigenen Scheiterns. Albert Schweitzer hat ihr in seinem klassischen Werk ,Die Geschichte der Leben-Jesu-Forschung' (6. Aufl. 1951) ein Denkmal gesetzt, aber zugleich die Grabrede gehalten."[1]

Solche Sätze, mit denen Günter Bornkamm rund 50 Jahre nach der Erstauflage von Schweitzers berühmtestem theologischen Werk sein bekanntes Jesus-Buch eröffnet, repräsentieren geradezu klassisch *die* Schweitzerrezeption bis zum heutigen Tage, obwohl sie dem *eigenen* Selbstverständnis Schweitzers ganz offenkundig widerstreiten. Denn Schweitzer war zweifelsfrei der Meinung, daß sein „konsequent-eschatologischer" Jesus der historische *ist,* der „das gesamte Recht historischer Methodik für sich hat"[2]. Im wesentlichen glaubte dieses freilich nur Schweitzer selbst. Läßt sich die Betrachtung des Lebens Jesu im Liberalismus des 19. Jahrhunderts mit dem immer wieder zitierten berühmten Satz aus der Schlußbetrachtung der Geschichte der Leben-Jesu-Forschung so zusammenfassen: „Der Jesus von Nazareth, der als Messias auftrat, die Sittlichkeit des Gottesreiches verkündete, das Himmelreich

---

[34] RG 142/Werke 4, 663.
[35] AaO 142/662 f.
[36] Vgl. W. G. Kümmel I 331.
[1] G. Bornkamm, Jesus 11.
[2] T. Koch, Schweitzers Kritik des christologischen Denkens 208.

auf Erden gründete und starb, um seinem Werke die Weihe zu geben, hat nie existiert. Es ist eine Gestalt, die vom Rationalismus entworfen, vom Liberalismus belebt und von der modernen Theologie in ein geschichtliches Gewand gekleidet wurde"[3], so kann Schweitzers *eigene* Auffassung analog dazu umschrieben werden: Der Jesus von Nazareth, der nicht öffentlich als Messias auftrat, sondern bei seiner Taufe zum kommenden Messias-Menschensohn bestimmt wurde, diese seine Bestimmung als sein Geheimnis hütete und das Gottesreich als supranaturale, *bald* vom Himmel her in diese Welt einbrechende Größe ganz realistisch erwartete und verkündete, welcher starb, um den Vielen die Enddrangsale zu erlassen und der hoffte, daß durch sein Sterben das Gottesreich in die Geschichte herab*gezwungen* würde, *dieser* Jesus hat existiert. Nur: Er ist eine Gestalt, die vom Dogmatismus Schweitzers entworfen, von seiner Phantasie belebt und von seiner historischen Dichtung in ein geschichtliches Gewand gekleidet wurde.

Es waren weniger Enttäuschungen darüber, daß die Skizze kaum Beachtung in Fachkreisen fand, als vielmehr äußere Umstände, die Schweitzer bewogen, das Thema noch einmal in einem größeren Zusammenhang aufzugreifen. Einmal war ihm die Skizzenhaftigkeit des Dargelegten durchaus bewußt. Das Thema war ja sozusagen ein Nebenprodukt seiner Examensarbeit! Zum anderen brachte die mit der Habilitation übernommene Verpflichtung, Vorlesungen zu halten, eine weitere Beschäftigung mit dem Gegenstand mit sich. Schweitzer schreibt: „Im Sommersemester 1902 begann ich meine Vorlesungen mit einem Kolleg über die Pastoralbriefe. Anlaß mich mit der Geschichte der Leben-Jesu-Forschung zu beschäftigen, gab mir ein Gespräch mit Studenten, die bei Professor Spitta[4] ein Kolleg über Leben Jesu gehört und in diesem sozusagen nichts von der früheren Leben-Jesu-Forschung erfahren hatten. So entschloß ich mich, im Einvernehmen mit Professor Holtzmann, im Sommersemester 1905 zwei Stunden wöchentlich über Geschichte der Leben-Jesu-Forschung zu lesen. Mit Eifer ging ich an die Arbeit. Der Stoff packte mich so, daß ich mich, nachdem ich mit dem Kolleg fertig war, erst recht in ihn versenkte. Aus dem Nachlasse von Eduard Reuß und anderer Straßburger Theologen besaß die Straßburger Universitätsbibliothek die Leben-Jesu-Literatur sozusagen vollständig und dazu noch fast alle polemischen Schriften, die

---

[3] LJ 631/Werke 3, 872/GTB 620. So fast wörtlich auch RW 396.
[4] FRIEDRICH SPITTA (1852–1924), zuerst Pfarrer in Oberkassel bei Bonn, zugleich Privatdozent in Bonn, 1887–1919 o. Prof. für NT und Prakt. Theologie in Straßburg, seit 1919 in Göttingen.

gegen die Leben-Jesu von Strauß und Renan erschienen waren. Wohl kaum irgendwo auf der Welt wären die Verhältnisse für eine Studie über die Geschichte der Leben-Jesu-Forschung so günstig gewesen."[5]

Wieder ist das Arbeitstempo atemberaubend. Im Sommersemester 1905 begann er die Arbeit mit einem zweistündigen Kolleg. Bereits 1906 erschien das Buch in der ersten Auflage bei Mohr in Tübingen, ein stattlicher Band von 418 Seiten[6]. Er trägt im Untertitel denjenigen Titel, der ab der zweiten Auflage 1913 der endgültige Titel werden sollte: Eine Geschichte der Leben-Jesu-Forschung. Gewidmet ist das Buch „Meinem Vater Pfarrer Ludwig Schweitzer zu Günsbach, dem feinsinnigen Kenner der Leben-Jesu-Forschung". Im Vorwort heißt es, daß die Untersuchung eine Lücke in der theologischen Literatur ausfüllen möchte, „eine Lücke, die den theologisch interessierten Laien (!) und, unter den Theologen, meinen Altersgenossen, der jüngeren und jüngsten Theologengeneration, besonders fühlbar ist"[7]. Mit der Lücke meint Schweitzer jenes Defizit der damals modernen Leben-Jesu-Darstellungen, das die *Problemgeschichte* betrifft. Von den Vätern und Großvätern hatte die damalige Forschergeneration lediglich die Ergebnisse übernommen, um sie entweder neu zu bekräftigen oder zu widerlegen. Erstere hatten aber nie zur Darstellung gebracht, wie es zu diesen Ergebnissen gekommen ist. Eben das nimmt sich Schweitzer vor. Er schreibt: „Ich möchte, daß es mir gelungen sei, unserer Zeit die Männer, auf deren Schultern wir stehen, an der Arbeit zeigen, daß wir ihnen zusehen, wie sie mit dem Zentralproblem der ganzen historischen Theologie, der Theologie überhaupt, ringen und kämpfen, und wir sie so, als solche, die den Werdegang des Problems miterleben, in ihrem Wissen und Irren verstehen und durch die Betrachtung des Großen in der Vergangenheit wahre Maßstäbe und klare Augen für das, was wir in unserer Zeit erleben, gewinnen, vielleicht auch durch die großen Geister der Vergangenheit uns niedergedrückt fühlen und bescheiden werden."[8]

---

[5] LD 42f./Werke 1, 59f.

[6] Die Eile hatte freilich auch ihren Preis bestehend aus Verwechslung (z.B. Christian Gottlieb Wilke, dem eigentlichen Entdecker der Markuspriorität, mit Wilhelm Ferdinand Wilke, der damit gar nichts zu tun hat, RW 110 Anm. 4 vgl. mit LJ 114 Anm. 4/Werke 3, 198 Anm. 26/GTB 147 Anm. 26), Nichterwähnung (z.B. Kähler, Overbeck; Schlatter wird LJ 591/Werke 3, 822/GTB 584 nur in einer Fußnote erwähnt) und problematischer Gruppierung von Namen (z.B. werden Schenkel, Weizsäcker, Holtzmann, Beyschlag und B. Weiß zu *einem* Kapitel „Die liberalen Leben-Jesu" zusammengefaßt). Die Kritik hat dies sofort moniert: J. WELLHAUSEN, Einleitung (²1911), 34 Anm. 1; H. WINDISCH, Rezension RW 147f.

[7] RW VII/LJ XXI/Werke 3, 40/GTB 26.

[8] AaO VII/XXIf./41/26.

Das vorweggenommene *Ergebnis* wirkt ernüchternd: „Dieses Buch kann zuletzt nicht anders, als dem Irrewerden an dem historischen Jesus, wie ihn die moderne Theologie zeichnet, Ausdruck zu geben, weil dieses Irrewerden ein Resultat des Einblicks in den gesamten Verlauf der Leben-Jesu-Forschung ist. Vielleicht bereitet diese Beanstandung historischer Anschauungen, die man zu den gesichertsten zählte, manchen einen Anstoß. Möge es ein Anstoß nicht zum Ärgernis, sondern zu neuem, selbständigem Denken und Forschen sein."[9]

Fraglos ist das Buch beides geworden, Anstoß zu selbständigem Denken und Forschen *und* Ärgernis. Doch fragen wir zunächst nach seinem Titel: „Von Reimarus zu Wrede", mit dem mehr abgesteckt ist als nur eine chronologische Strecke. Nach seinem eigenen Zeugnis läßt Schweitzer seine Darstellung darum mit Johann Samuel Reimarus (1694–1768) beginnen, weil dieser „als erster eine Erklärung des Lebens Jesu von der Annahme aus, daß er (sc. Jesus) die eschatologisch-messianischen Erwartungen seiner Zeitgenossen geteilt habe", versucht hat[10]. William Wrede (1859–1907) dagegen machte in seinem Werke „Das Messiasgeheimnis in den Evangelien" (1901) „den ersten großzügig durchgeführten Versuch, Jesu alle eschatologischen Vorstellungen abzusprechen, wobei er sich konsequenterweise genötigt sah zur Behauptung fortzuschreiten, daß er sich auch nicht für den Messias gehalten habe, sondern erst nach seinem Tode von den Jüngern dazu gemacht worden sei". Und Schweitzer fügt hinzu: „Da diese beiden Namen also die beiden Pole bezeichnen, zwischen denen sich die Leben-Jesu-Forschung bewegt, bildete ich aus ihnen den Titel meines Buches."[11]

Es sind jedoch nicht nur diese beiden extremen Möglichkeiten, das Leben-Jesu entweder eschatologisch (Reimarus) oder uneschatologisch (Wrede) zu verstehen, die Schweitzer bewogen, sein Unternehmen mit diesen beiden Namen zu betiteln. Sondern bei Reimarus sieht Schweitzer mit einem gewissen Recht die historisch-kritische Jesusforschung beginnen[12], mit Wrede erreicht sie die eigene Gegenwart[13]. Das wird vollends

---

[9] AaO VIII/XXII/41 f./27.

[10] LD 43/Werke 1, 61.

[11] AaO 43 f./61. Anders Anm. 13!

[12] Die Einschränkung bezieht sich auf SCHWEITZERS Meinung, daß „die Welt durch nichts auf das gewaltige Werk des Reimarus vorbereitet" war (RW 14/LJ 14/Werke 3, 61/GTB 57). Dabei ist der Einfluß der englischen Deisten auf Reimarus verkannt. Vgl. dazu jetzt: Hermann Samuel Reimarus (1694–1768) ein „bekannter Unbekannter" der Aufklärung in Hamburg. Vorträge gehalten auf der Tagung der Joachim Jungius-Gesellschaft der Wissenschaften Hamburg am 12. und 13. Oktober 1972, Göttingen 1973. Wichtig darin vor allem der Beitrag von HENNING GRAF REVENTLOW, Das Arsenal der Bibelkritik des Reima-

deutlich, wenn wir uns dem sachlichen Gewicht des gezielten Einsatzes der Darstellung bei Hermann Samuel Reimarus zuwenden.

14. Der Einsatz bei Hermann Samuel Reimarus

Um Schweitzers Unternehmen, eine Geschichte der Leben-Jesu-Forschung zu schreiben, besser zu verstehen, lohnt es sich, bei diesem Einsatz etwas länger zu verweilen, da er tatsächlich sachlich weitaus mehr darstellt als nur ein chronologisches Datum. Warum?

Im ersten Kapitel (Das Problem) wendet sich Schweitzer dieser Frage zu. Seine Darstellung beginnt mit den viel zitierten und bisher unwidersprochen gebliebenen Sätzen: ,,Wenn einst unsere Kultur als etwas Abgeschlossenes vor der Zukunft liegt, steht die deutsche Theologie als ein größtes und einzigartiges Ereignis in dem Geistesleben unserer Zeit da. Das lebendige Nebeneinander und Ineinander von philosophischem Denken, kritischem Empfinden, historischer Anschauung und religiösem Fühlen, ohne welches keine tiefe Theologie möglich ist, findet sich so nur in dem deutschen Gemüt.

Und die größte Tat der deutschen Theologie ist die Erforschung des Lebens Jesu. Was sie hier geschaffen, ist für das religiöse Denken der Zukunft grundlegend und verbindlich.``[1]

Das Christentum hatte Gegner von Anfang an. Man hat heftig gegen es polemisiert. Vom Judentum wurde es als Häresie abgestoßen, der Hellenismus hat es als Aberglauben verspottet. Aber niemand ist auf die Idee gekommen, das Christentum dadurch aus den Angeln zu heben, daß man seinen geschichtlichen Grund anzweifelte.

Seit der *alten Kirche* und bis ins späte *Mittelalter* hinein haben heftige Streitigkeiten, ja förmliche Kämpfe und Knüppelsynoden um das, was als wahres und was als falsches Christentum zu gelten hat, was Wahrheit und

---

rus: Die Auslegung der Bibel, insbesondere des Alten Testaments, bei den englischen Deisten 44–65.

[13] In einem Brief vom 14. 11. 1964 (an H. Pribnow) schreibt Schweitzer: ,,Mit Wrede war ich befreundet, obwohl wir uns nicht gekannt haben. Es bewegte mich tief, als er zum Tode krank war und ich arbeiten durfte. (Wrede starb 1906 im Alter von nur 47 Jahren. Anm. d. Vf.) Ich schrieb ihm liebe Briefe. Theologisch waren wir derselben Meinung. Darum gab ich meinem Buch den Titel ,Von Reimarus zu Wrede`.`` Worin mag der fast 90jährige Schweitzer rückblickend die theologische Einigkeit gesehen haben? Tatsächlich waren beide theologisch nicht einig. ,,Das Zwillingspaar Wrede-Schweitzer existiert nur in den Visionen des historisierenden Dichters`` (A. Jülicher, Neue Linien 8). Die Wahl steht aber nicht zwischen Wrede und Schweitzer. ,,Beide haben recht`` (C. K. Barrett, Albert Schweitzer and the New Testament, in: ET 87, 1975/76, 9).

[1] RW 1/LJ 1/Werke 3, 43/GTB 45.

was Lüge sei, die Geschichte der Kirche begleitet. Aber niemand ist auf den Gedanken gekommen, diese Frage anhand einer kritischen Betrachtung des Lebens und der Lehre Jesu selbst zu entscheiden. Als wäre es gar nicht wichtig, wie und was *Jesus selbst* gelehrt hat, ging der Streit nur *über* ihn. Alle Streitigkeiten der alten Kirche bis weit über die Reformation im 16. Jahrhundert hinaus waren *christologische* Streitigkeiten (Doketismus; Pelagianismus; Rechtfertigungslehre)[2]. Und wo sich einzelne Gruppen auf ein wortwörtliches Verständnis der eschatologischen Lehre Jesu beriefen, hat sie die Großkirche immer sehr schnell als Sekten abgestoßen. Das gilt von den Montanisten des zweiten Jahrhunderts bis zu den Adventisten des 20. Jahrhunderts. Man stritt, aber nicht um den historischen Jesus, sondern um das Dogma, um die Zweinaturenlehre usw.

Im Abendland baute man Dome. Jesusforschung betrieb man nicht. Jedoch: Die Frage nach dem historischen Jesus konnte lange vernachlässigt werden; verlorengehen konnte sie nicht. Vom 17. Jahrhundert an hat sie sich Schritt für Schritt in das Bewußtsein der kritischen Theologie geschoben. Aber sie hatte nun beträchtliche Widerstände zu brechen. Albert Schweitzer schreibt dazu: ,,Das Dogma mußte erst erschüttert werden, ehe man den historischen Jesus wieder suchen, ehe man überhaupt den Gedanken seiner Existenz fassen konnte. Daß er etwas anderes ist als der Jesus-Christus der Zweinaturenlehre, scheint uns heute etwas Selbstverständliches. Wir können es kaum mehr begreifen, in welch langen Wehen die historische Anschauung des Lebens Jesu geboren wurde. Als er schon zum Leben wiedererweckt war, trug er noch die Binden des Todes wie weiland Lazarus – die Binden des Zweinaturendogmas.''[3]

Es ist jetzt nicht im einzelnen darzustellen, wie die Geschichte der Leben-Jesu-Forschung in Gang gekommen ist. Die entscheidenden Anstöße dazu kamen von Textkritikern, nämlich von Richard Simon (1690), von Johann Albrecht Bengel (1742) und von Johann Jakob Wettstein (1751/52). Vor allem aber war es der *englische Deismus,* der als Folge seiner Religionskritik erkannt hatte, daß man das Neue Testament ohne Rücksicht auf dogmatische Bindungen als ein vergangenes Zeugnis der ge-

---

[2] Luther hatte mit seiner Evangelienauslegung kein historisches und textkritisches Interesse verbunden, wie seine ,,Vorreden" zeigen. SCHWEITZER weist gleich zu Beginn seines Reimarus-Kapitels darauf hin und zitiert LUTHER: ,,Die Evangelien halten in den Mirakeln und Taten Jesu keine Ordnung, liegt auch nicht viel daran. Wenn ein Streit über die heilige Schrift entsteht, und man kann's nicht vergleichen, so lasse man's fahren." (AaO 13/13/60/56). – Zu Luthers Vorreden vgl. MAURICE E. SCHILD, Abendländische Bibelvorreden bis zur Lutherbibel (QFRG XXXIX), Gütersloh 1970, 166 ff.

[3] AaO 3/3/46 f./47.

schichtlichen Entwicklung anzusehen und auszulegen habe. Bei der Suche nach der Vernünftigkeit des in den Heiligen Schriften überlieferten Christentums stieß John Locke (1695) auf die Notwendigkeit, *innerhalb* des Neuen Testaments zu unterscheiden: Das vernünftige Christentum steht nur in den Evangelien und in der Apostelgeschichte, „während die Briefe mit ihren bei Gelegenheit entstandenen Lehren diese Wahrheit mit fremden Gedanken vermengen und das schlichte Evangelium verfälschen"[4].

Damit war der entscheidende Anfang für eine umfassende geschichtliche Betrachtung des Neuen Testaments getan. Es war jetzt nur noch eine Frage der Zeit, wann der historische Jesus als Problem erkannt würde. Denn immer deutlicher schälte sich bei aller wissenschaftlichen Arbeit an den Texten und ihrer Entstehung die Absicht heraus, „durch die Aufdeckung der *älteren* Evangelienüberlieferung der ältesten urchristlichen Gedankenwelt auf die Spur zu kommen. Und so ist denn die Frage nach der Geschichte des Urchristentums zuerst an dem Problem des geschichtlichen Jesus zum Druchbruch gekommen"[5].

Den Durchbruch schaffte dann erstmals Hermann Samuel Reimarus (1694–1768), der „bekannte Unbekannte" der Aufklärung in Hamburg. Reimarus war Lehrer der orientalischen Sprachen am Hamburger Gymnasium. In seinem Innern verbarg sich eine Feindschaft gegen die in seiner Heimatstadt herrschende Orthodoxie, die sich vor allem auf Paulus als Kronzeugen für ihre Lehren berief. „Um seinem Gewissen Ruhe zu schaffen"[6], verfaßte er eine umfangreiche Kritik des Christentums, und zwar vom Standpunkt des englischen Deismus aus. Freilich hielt er die 2054 Manuskriptseiten starke Untersuchung streng geheim[7]. Lessing hatte in Hamburg von dieser Schrift gehört. Eine erste Fassung nahm er mit nach Wolfenbüttel, wo er daraus stückweise sieben Fragmente veröffentlichte, die sogenannten „Fragmente eines Ungenannten". Das letzte dieser Fragmente, „Vom Zwecke Jesu und seiner Jünger" (1778), enthält die Rekonstruktion der urchristlichen Geschichte, ist also für unser Thema von besonderem Interesse. Schweitzer urteilt darüber: „Von der Großartigkeit der Darstellung in dem Fragment . . . kann man nicht genug sagen. Diese Schrift ist nicht nur eines der größten Ereignisse in der

---

[4] W. G. Kümmel, NT 55.

[5] AaO 105.

[6] Zit. nach W. G. Kümmel, aaO.

[7] Schweitzer läßt das Manuskript des Reimarus 4000 Seiten stark sein (RW 14/LJ 14/Werke 3, 62/GTB 57). K. Erbes, Rezension, ZKG 28, 1907, 85, bemerkte den Fehler.

Geschichte des kritischen Geistes, sondern zugleich ein Meisterwerk der Weltliteratur. Die Sprache ist für gewöhnlich knapp und trocken, epigrammatisch scharf, wie die eines Mannes, der nicht schreibt, sondern auf Tatsachen ausgeht. Zuzeiten aber erhebt sie sich zu wahrhaft pathetischer Höhe. Es ist, als ob das Feuer eines Vulkans gespenstische Bilder auf dunkeln Wolken malte. Selten war ein Haß so beredt, selten ein Hohn so großartig; selten aber auch ein Werk in dem berechtigten Bewußtsein einer so absoluten Superiorität über die zeitgenössischen Anschauungen geschrieben. Und in allem dennoch Ernst und Würde. Des Reimarus Werk ist kein Pamphlet."[8]

Lessing hat den Namen des Verfassers der Fragmente, gegen den sich sofort ein ungeheurer Sturm erhob (von dem auch Lessing mit betroffen war, obwohl er sich nie mit den Anschauungen des Reimarus identifiziert hat) nie preisgegeben. Erst 1813 wurde er durch eine Äußerung des Sohnes von Reimarus unzweifelhaft.

Worin besteht nun die Kritik des Reimarus am Christentum, die eine so ungeheure Empörung ausgelöst hat?

Auf ein Schlagwort gebracht könnte sie lauten: Jesus, ja – Christus, nein! Reimarus unternimmt erstmals den Versuch, diese These wissenschaftlich zu begründen. Und er argumentiert: Jesu eigentliche Absicht war, ein Messias der Juden in dem von ihnen erwarteten Sinne – also als politischer Befreier aus davidischem Geschlecht, der das Großreich des Königs David wieder herstellt – zu werden. Damit ist er gescheitert. Um über den Tod Jesu hinwegzukommen, haben die Apostel „das Systema von einem geistlichen leidenden Erlöser des ganzen menschlichen Geschlechts gefasset"[9]. Und um eine Grundlage für die Verkündigung von der Auferstehung Jesu zu haben, stehlen sie den Leichnam. Das leere Grab wird so zum Demonstrationsobjekt für die Richtigkeit ihrer Lehre, die in Wahrheit nichts anderes ist, als eine einzige Erfindung der Apostel, um ihre „Absicht auf weltliche Hoheit und Vorteil" festhalten zu können[10]. „Zwar unmittelbar nach dem Tode lagen ihnen diese Gedanken alle fern", notiert Albert Schweitzer. „Sie hatten nur Angst und tagten bei verschlossenen Türen. ‚Es wagt aber bald einer oder der andere auszuschlüpfen. Sie hören, daß weiter keine gerichtliche Nachfrage nach ihnen geschieht.' Nun überlegen sie miteinander, was geschehen solle. Zur alten Hantierung zurückzukehren, war ihnen zu sauer; die Freunde des Messias

---

[8] RW 15/LJ 15/Werke 3, 62f./GTB 57f.
[9] Zit. nach W. G. Kümmel, NT 105.
[10] AaO.

hatten auf ihren Reisen das Arbeiten verlernt. Sie hatten gesehen, daß die
Predigt des Gottesreichs ihren Mann wohl nährt; auch als er sie ohne Ta-
sche und Geld aussandte, hatten sie nicht gedarbt. Die Weiber, von denen
Lk 8,2.3 berichtet, hatten es sich angelegen sein lassen, den Messias und
seine zukünftigen Minister gut zu beköstigen. Warum diese Existenz
nicht fortsetzen? Es würden sich sicher Gläubige genug finden, sich mit
ihnen zusammenzutun, um mit ihnen der zweiten Ankunft des Messias zu
harren und in Erwartung der kommenden Herrlichkeit ihre Habe mit ihnen zu teilen. So stahlen sie den Leichnam Jesu, verbargen ihn und verkündigten aller Welt, er sei auferstanden und werde bald wiederkommen.
Vorsichtigerweise warteten sie aber mit dieser Botschaft fünfzig Tage, daß
der Leichnam, wenn man ihn finden sollte, durch Verwesung unkenntlich
wäre.

Zu statten kam ihnen dabei die gänzliche Zerrüttung des jüdischen Staa-
tes. Wäre eine richtige Polizeibehörde dagewesen, so hätten sie den Trug
nicht organisieren und die kommunistische Gemeinschaft nicht gründen
können. So aber wurde die neue Gesellschaft nicht einmal ob des merk-
würdigen Todes eines Ehepaars behelligt, das von der Wohnung der Apostel weg begraben wurde, und durfte noch ihr Vermögen für sich einzie-
hen.''[11]

Für Reimarus ergab sich aus diesem vermeintlichen Tatbestand nur eine
Konsequenz: die Lehre Jesu ist von der der Apostel vollständig zu trennen. Aus der ersteren bleiben nur die allgemeinen, moralischen Wahrheiten gültig. Auf die letztere muß man wegen ihrer metaphysischen Spitz-
findigkeiten vollkommen verzichten.

Schweitzer hat dem Buch von Reimarus *als Kampfschrift* eine große geschichtliche Leistung testiert, *nicht aber als Rekonstruktion der Geschichte des Urchristentums.* Als solche ist es viel mehr – wie Schweitzer
sagt – eine ,,Phantasterei''[12]. Und dort, wo es den Nerv der Sache Jesu
trifft, in der Eschatologie, trifft es ihn falsch: Reimarus erkennt nicht den
supranaturalen Charakter des s. M. nach rein politisch aufzufassenden
Reiches – sicher geblendet durch seinen aufklärerischen Geist. Tatsächlich
lag die Leistung des Reimarus nicht in der Rekonstruktion eines gültigen
Geschichtsbildes der Urchristenheit, sondern darin, daß er die geschichtliche Bibelwissenschaft vor Aufgaben gestellt hat, an deren Lösung sie unausweichlich arbeiten mußte[13]. Die erste Aufgabe war die Verhältnisbe-

---

[11] RW 20f./LJ 21f./Werke 3, 71f./GTB 63.
[12] AaO 9/9/55/53.
[13] W. G. KÜMMEL, NT 106.

stimmung von Jesulogie und Christologie, von Verkündigung Jesu und Kerygma der Gemeinde, von Geschichte und Offenbarung. Die zweite, sich daraus ergebende Aufgabe war die Verhältnisbestimmung von Altem und Neuem Testament, schärfer gesagt: Ob das vom Alten Testament herkommende Jüdische im Neuen Testament nicht abgelehnt werden müsse, und welche Rolle Jesus, der für Reimarus ganz Jude war und blieb, bei der Loslösung des Christentums vom Judentum zukomme[14].

Es ist gar keine Frage: Reimarus hat den Jesus-Christus der Zwei-Naturen-Lehre, des Chalcedonense also, mit dem das Abendland einst das Morgenland überwand, erstmals nachhaltig in Frage gestellt und damit den geschichtlichen Grund der Kirche erschüttert[15]. Das Problem „historischer Jesus" war geboren. Bedauerlicherweise hat es Reimarus mit einer Mitgift versehen, die dieses Problem und seine sachliche Erörterung nachhaltig belasten sollte, auch wenn sie nur zu den *Erfindungen* des Reimarus gehört: nämlich, daß Jesus seine Aufgabe *politisch* gesehen haben soll[16]. Diese Perspektive hat sich seither unauslöschlich in die Fragestellung der Jesusbücher eingegraben. Sie gab und sie gibt den Leitfaden vieler Untersuchungen bis zum heutigen Tage. Was Schweitzer 1906 im Blick auf die von Reimarus wieder in den Mittelpunkt der Gedanken Jesu gestellte *Eschatologie* sagen konnte: „Wenn der alte Reimarus wiederkehrte, könnte er sich getrost als den Modernsten aufspielen"[17], das könnte heute, 70 Jahre später, im Blick auf die sogenannte politische Theologie und ihre Jesusbücher ebenso geltend gemacht werden. Denn daß Jesus Politisches gewollt habe, verkaufen die Bestseller unter den neuesten Jesusbüchern unserer Tage als größte Neuigkeit[18].

---

[14] AaO. – Was die erste Aufgabe anbetrifft, wurde später die Beziehung zwischen Jesus von Nazareth und der Urchristenheit m. R. als das eigentliche Rätsel des NT bezeichnet (EDWYN HOSKYNS/NOEL DAVEY, Das Rätsel des Neuen Testaments [TB 7] [engl. Original 1931], München 1957). Es hält die gegenwärtige Forschung wie kaum ein anderes Thema in Atem. Vgl. nur die Sammelbesprechung von G. SAUTER, Fragestellungen der Christologie, in: VF 11, 1966, 37–68; 23, 1978, 21–41; 24, 1979, Heft 1.

[15] RW 3/LJ 3/Werke 3, 46/GTB 47.

[16] Ein wichtiges Argument findet Reimarus in Mk 15,34 (Mein Gott, mein Gott, warum hast du mich verlassen?). Dazu REIMARUS: „Dieses Eingeständnis läßt sich ohne Zwang nicht anders denken, als daß ihm Gott zu seinem Zweck und Vorhaben nicht geholfen, wie er gehofft hatte. Es war demnach (!) sein Zweck gewesen, daß er leiden und sterben wollte, sondern daß er ein weltlich Reich aufrichtete und die Juden aus ihrer Gefangenschaft erlöse . . . und darin hatte ihn Gott verlassen" (zit. bei SCHWEITZER, aaO 19/19f./69/62).

[17] AaO 9/9/55/52.

[18] Z. B. JOEL CARMICHAEL, Leben und Tod des Jesus von Nazareth, München 1965; JOHANNES LEHMANN, Jesus-Report. Protokoll einer Verfälschung, Düsseldorf 1970. Zum Ganzen vgl. E. GRÄSSER, Jesus-Literatur.

Schweitzer hat Reimarus bescheinigt, daß seine Lösung falsch sei, daß die Beobachtungen aber, von denen er ausgeht, ,,unfehlbar richtig" seien[19]. Sie sind – darin trifft sich Schweitzer völlig mit Reimarus – richtig darum, weil die ,,Grundbeobachtung" eine *historische* ist: Jesus ging aus von ,,zwei messianischen Erwartungskreisen", die ,,im Spätjudentum ineinandergriffen", einem ,,altprophetischen" und einem ,,danielisch-apokalyptischen". Seine Botschaft war getragen von dieser Eschatologie. Und das bedeutet: Jesus ist *ganz* von dieser Eschatologie her zu verstehen oder *gar nicht*. Schweitzer schreibt: ,,Reimarus war der erste, der nach achtzehn Jahrhunderten wieder ahnte, was Eschatologie sei; dann verlor die Theologie sie aus den Augen, um sie erst mehr denn hundert Jahre nachher in ihrer wahren Form, soweit sie historisch bestimmbar ist, zu erkennen, und dies erst, nachdem sie den einzigen Fehler des Reimarus, die Annahme der politisch-irdischen Bedingtheit der Eschatologie, bis fast zuletzt in allen ihren historischen Operationen mitgeschleppt hatte."[20] Derjenige, der sie hundert Jahre nach Reimarus in der wahren Form wiedererkannte, war Johannes Weiß. Aber solange hat es eben gedauert, bis die Tat des Reimarus wirklich in der Theologie Früchte zeigte. ,,Sein Werk gehört zu jenen einzig großen Werken", schreibt Schweitzer, ,,die spurlos vorübergehen, weil sie zu früh gekommen, deren die späteren Generationen nur in bewundernder, nicht in dankbarer Gerechtigkeit gedenken. . . . Mit dem Ende der siebziger Jahre lenkt der Hallenser immer

---

[19] RW 23/LJ 24/Werke 3, 75/GTB 66.

[20] AaO/GTB 65 f. – Bemerkenswert ist, daß SCHWEITZER seine These von der Parusieverzögerung als dem eigentlichen Gründungsdatum des ,,Christentums" (aaO 356/407/586/417) schon bei Reimarus vorgebildet sieht. Dieser hatte die merkwürdige Tatsache, daß trotz des Scheiterns Jesu sich eine Urgemeinde gebildet hat, damit erklärt, daß die Jüngerschaft die ursprüngliche politische Erlösung zu einer geistigen transponierte. Daraus folgert SCHWEITZER völlig zu Recht: ,,Die Parusie ist also die Grundhoffnung des Urchristentums, das ein Produkt dieser Erwartung, nicht so sehr der Lehre Jesu ist. Dann ist aber das Grundproblem der alten Dogmatik die Verzögerung der Parusie. Schon Paulus mußte sich da an die Arbeit machen und im II. Thessalonicherbrief alle möglichen und unmöglichen Gründe finden, warum die Wiederkunft sich hinauszog. Reimarus beleuchtet mitleidslos die Lage des Apostels, der die Leute hinhalten muß" (aaO 21/21 f./72/63 f.). Von Reimarus zu Schweitzer (nicht zu Wrede!) nimmt also die Entwicklung ihren sachlichen Verlauf. Vielleicht meint SCHWEITZER das, wenn er im Blick auf Reimarus schreibt: ,,Es gibt eben Historiker von Gottes Gnaden, die von Mutterleib an den Sinn für die Erfassung des Wirklichen haben und wie ein Bach, der sich in seinem Lauf durch keine Felsblöcke und Talwindungen beirren läßt, den wirklichen Weg durch das Labyrinth der berichteten Tatsachen finden. Kein Wissen kann diese geschichtliche Intuition ersetzen, nur daß es die Besitzer im schönen Glauben erhält, sie seien Historiker, und sie so für die Geschichte in Dienst nimmt. In Wirklichkeit aber bereiten sie nur Geschichte vor, indem sie für einen kommenden Historiker (Schweitzer?) Beobachtungen ansammeln, aus denen er dann durch seine natürliche Gabe Vergangenheit zum Leben erweckt" (aaO 24 f./25/77/67).

mehr in rückschrittliche Bahnen ein . . . hielten ihn seine Freunde für kindisch. So bricht die großartige Ouvertüre, in welcher alle Motive der kommenden Leben-Jesu-Forschung anklingen, mit einer jähen Dissonanz ab, bleibt für sich, unvollendet, leitet zu nichts über.‘‘[21]

Man merkt an der Art der Darstellung des Reimarus-Kapitels, wie sehr Schweitzer sich diesem Kritiker innerlich verwandt fühlte. Hier begegnete er Geist von seinem Geiste, einem Historiker, der allen Modernisierungen zum Trotz die Fakten als die wirklichen Begebenheiten betonte. Diesem führte nicht dogmatische Befangenheit die Feder, sondern wissenschaftliche Redlichkeit, Tugenden, die Schweitzer selbst ein Leben lang geübt hat, weil sie ihm selbstverständlich waren.

15. David Friedrich Strauß

Was schon bei Reimarus die Ursache für den ungeheuren Sturm, den seine kritischen Untersuchungen in einer breiten Öffentlichkeit auslösten, gewesen ist, nämlich die Tatsache, daß er die *Person* Jesu und seine Geschichte in die Kritik mit einbezog, das wurde bei dem Manne, der die konsequent geschichtliche Betrachtung des Neuen Testaments endgültig verwirklichte, zum Programm schlechthin. Gemeint ist David Friedrich Strauß (1808–1874), der zusammen mit Ferdinand Christian Baur eine Zäsur in der Forschungsgeschichte setzte, hinter die hinfort niemand mehr zurück kann. Niemanden sonst hat Schweitzer mit größerer Liebe und ausführlicher (drei lange Kapitel!) gezeichnet, niemandem sonst größere Ehrerbietung gezeigt als diesem jungen Stiftsrepetenten aus Tübingen, der mit seinem ersten Leben-Jesu aus dem Jahre 1835/36 einen wahren Feuerbrand in der wissenschaftlichen Theologie entfachte, der ihn selbst, Strauß, schließlich verbrennen sollte.

Schweitzer hat recht, wenn er die ältere Erforschung des Lebens Jesu in zwei Perioden einteilt: *Vor* Strauß und *nach* Strauß. ,,Die erste wird beherrscht von dem Problem des Wunders. Wie kann sich die historische Darstellung mit übernatürlichen Ereignissen abfinden? Mit Strauß ist das Problem gelöst: sie gehören nicht in die historische Darstellung, sondern sind mythische Bestandteile der Quellen. Damit ist die Bahn frei gemacht.‘‘[1] Die zweite Periode wird beherrscht von der Frage nach der Be-

---

[21] AaO 26/26/78 f./68. Vgl. auch WOLFGANG TRILLING, Geschichte und Ergebnisse der historisch-kritischen Jesusforschung, in: F.-J. Schierse (Hg.), Jesus von Nazareth (Grünewald-Materialbücher 3), Mainz ³1976, 187–213, bes. 191 ff.

[1] RW 9 f./LJ 10/Werke 3, 56/GTB 53.

deutung der Eschatologie für die Vorstellungswelt Jesu. Sie wird zur Lösung gebracht einerseits literarisch durch Johannes Weiß, andererseits
historisch durch Schweitzer selber. Es ist schwer zu sagen, welches von
beiden Problemen der dickere Brocken gewesen ist. Die Wegräumung der
Wunder durch Mythenkritik bei Strauß war jedenfalls eine einzigartige
Anstrengung, die wir uns Heutige gar nicht mehr klarzumachen vermögen. Strauß hat die Wundererklärung der Rationalisten für unredlich gehalten. Tatsächlich war sie nicht nur unredlich, sondern vielmehr noch lä-
cherlich. Aber man muß sich klarmachen, in welch schwieriger Situation
die Exegeten damals gewesen sind. Da Mythenkritik nach geltender Kirchenlehre und allgemeiner Auffassung sofort als Kritik an den Grundlagen des Glaubens aufgefaßt worden wäre, blieb eigentlich nur die Wahl
zwischen völligem Verzicht auf jede Erklärung (= blindes Fürwahrhalten
der neutestamentlichen Wunderwelt) oder aber der Versuch, die neutestamentlichen Wunder auch für die aufgeklärten Zeitgenossen dadurch
glaubwürdig zu machen, daß man sie ihres eigentlichen Wundercharak-
ters entkleidete. Den letztgenannten Weg wählten die rationalistischen
Erklärer des Neuen Testamentes. Strauß wählte den einzig richtigen Weg:
den der *Erklärung der Wunder als Mittel der Darstellung*. Sie sind in erster
Linie Veranschaulichungsmaterial für eine christologische Jesusdarstellung und nicht historische Tatsachenberichte. Man mag heute, da die kritische Interpretation der neutestamentlichen Mythen ein leichtes ist, mit
der man nichts riskiert, über jene Theologen mitleidig lächeln: die Kraft,
einen inneren Wahrhaftigkeitskampf von heute kaum noch vorstellbaren
Schmerzen durchzufechten, ist eben nicht jedermann gegeben, zumal
wenn eine festgefügte Tradition ihn von vornherein in eine andere Richtung weist, nämlich in die Richtung, das allgemein Geglaubte einfach hin-
zunehmen.

Strauß hat sich rücksichtslos auf diesen Wahrhaftigkeitskampf eingelassen. Daß er für ihn tragisch endete, zeigt, wieviel Mut, wieviel persönliche
Entsagung, wieviel Kampf und wieviel innere Anfechtung nötig waren,
um an dieser Front zu stehen.

In Berlin hatte er 1831/32 eine Kollegnachschrift von Schleiermachers
Vorlesung über das Leben Jesu kennengelernt. Ihn verdroß, daß Schleiermacher die Person Christi aus dem christlichen Bewußtsein heraus kon-
struierte, das Johannes-Evangelium bevorzugte und außerdem auch noch
manches Ereignis aus dem Leben Jesu rationalistisch, also als natürlichen
Vorgang, erklärte. So faßte er den Entschluß, durch eine kritische Untersuchung der Grundlagen jeder Jesus-Darstellung, also der vier Evange-

lien, die Unzulänglichkeit aller damals geltenden theologischen Schulrichtungen nachzuweisen: nämlich die des Rationalismus, die des Supranaturalismus und die der Vermittlungstheologie.

In kürzester Zeit schrieb Strauß sein „Leben Jesu kritisch betrachtet", zwei Bände, 1835/36, 1480 Seiten! Es ist bis zum heutigen Tage von keinem Jesusbuch überflüssig gemacht oder übertroffen worden. Schweitzer notiert: „Als literarisches Werk gehört Straußens erstes Leben-Jesu zum vollendetsten, was die wissenschaftliche Weltliteratur kennt. Über vierzehnhundert Seiten, und kein Satz zuviel; ein Zerlegen bis in die geringsten Details und kein Sichverlieren in Kleinigkeiten; der Stil einfach, reich an Bildern, zuweilen ironisch, aber immer vornehm und würdig."[2]

Das glänzend geschriebene Buch machte den bis dahin unbekannten siebenundzwanzigjährigen Repetenten aus dem Tübinger Stift zu einem berühmten Mann – und vernichtete seine Zukunft[3]. Denn die hintergründige Absicht des Buches, *für* die Wahrheit des Glaubens einzutreten, wurde völlig überlagert von der vordergründigen Polemik gegen den unwahrhaftigen Glauben. So sah beinahe die gesamte Welt in dem Buch nur ein großes Zerstörungswerk – und reagierte entsprechend. Doch ist davon hier nicht zu handeln[4].

---

[2] AaO 76/79/150/115.

[3] Fünfundzwanzig Jahre später schreibt STRAUSS in der Vorrede zu den Gesprächen von ULRICH VON HUTTEN (übersetzt und erläutert, Leipzig 1860): „Ich selbst sogar könnte meinem Buche grollen, denn es hat mir (von Rechts wegen! rufen die Frommen) viel Böses gethan. Es hat mich von der öffentlichen Lehrthätigkeit ausgeschlossen, zu der ich Lust, vielleicht auch Talent besaß; es hat mich aus natürlichen Verhältnissen herausgerissen und in unnatürliche hineingetrieben; es hat meinen Lebensgang einsam gemacht. Und doch, bedenke ich, was aus mir geworden wäre, wenn ich das Wort, das mir auf die Seele gelegt war, verschwiegen, wenn ich die Zweifel, die in mir arbeiteten, unterdrückt hätte: dann segne ich das Buch, das mich zwar äußerlich schwer geschädigt, aber die innere Gesundheit des Geistes und Gemüthes mir, und ich darf mich dessen getrösten, auch manchem Anderen noch, erhalten hat."

[4] SCHWEITZER beschreibt das anschaulich in Kap. VII (David Friedrich Strauß. Sein Leben und sein Los, RW 67–75/LJ 69–78/Werke 3, 137–149/GTB 106–114) und IX (Des Buches Freunde und Widersacher, aaO 95–119/98–123/177–209/132–154). Dazu ist jetzt noch zu vergleichen H. GEISSER, David Friedrich Strauß als verhinderter (Zürcher) Dogmatiker, in: ZThK 69, 1972, 214–258; DERS., Versuch. Hier wird in Anm. 1 die bemerkenswerte Tatsache mitgeteilt, daß im Tübinger Stift erst am 100. Todestag von Strauß, also am 8. 2. 1974, eine Bronzetafel zum Gedenken auch dieses einstigen Stipendiaten und Repetenten angebracht wurde, auf der es heißt: VERFASSER DES „LEBEN-JESU" / ÄRGERNIS UND ANSTOSS FÜR THEOLOGIE UND KIRCHE. – An weiterer Literatur ist noch nachzutragen THEOBALD ZIEGLER, David Friedrich Strauß. Erster Teil: 1818–1839, Straßburg 1908; G. MÜLLER, Identität und Immanenz; ERNST WOLF, Die Verlegenheit der Theologie. David Friedrich Strauß und die Bibelkritik, in: Libertas Christiana, F. Delekat zum 65. Geburtstag (BEvTh 26), München 1957, 219–239.

Schweitzer eröffnet das Kapitel über David Friedrich Strauß mit den Worten: „Man muß Strauß lieben, um ihn zu verstehen. Er war nicht der größte und nicht der tiefste unter den Theologen, aber der wahrhaftigste."[5] Haben das die Zeitgenossen, die in ihm nur den großen Zerstörer des Glaubens sahen, nicht erkannt?

Strauß selber hat es vielen schwer gemacht, das zu erkennen. Daß er die ganze Geschichte Jesu in einen Mythos auflöse, hat er ausdrücklich bestritten. Mit Recht! Er will ja gerade die ewigen Wahrheiten des christlichen Glaubens unantastbar machen, indem er die mythische Vorstellungsform in den Evangelien als zeitbedingte Schale erweist, die wegfallen kann. „Den inneren Kern des christlichen Glaubens" weiß Strauß von seinen kritischen Untersuchungen „völlig unabhängig. Christi übernatürliche Geburt, seine Wunder, seine Auferstehung und Himmelfahrt, bleiben ewige Wahrheiten, so sehr ihre Wirklichkeit als historischer Faktor angezweifelt werden mag. Nur die Gewißheit davon kann unserer Kritik Ruhe und Würde geben, und sie von der naturalistischen voriger Jahrhunderte unterscheiden, welche mit dem geschichtlichen Faktum auch die religiöse Wahrheit umzustürzen meinte, und daher nothwendig frivol sich verhalten mußte."[6]

Es ist dies dieselbe Haltung, die wir auch in Schweitzers Skizze des Lebens Jesu gefunden haben: Weil man gewiß ist, daß die „ewige Wahrheit" historisch unzerstörbar ist, hat man den Rücken frei zu sonstiger schonungsloser Kritik der Überlieferungs*form*. Nicht im entferntesten denkt man daran, die Wahrheit Jesu zu verkleinern. Im Gegenteil, man ist überzeugt, sie erst recht ins Licht zu setzen.

Dabei hat Strauß sein geistiges Rüstzeug – anders als Schweitzer – durch die Philosophie Hegels bekommen. Diesem stimmte er grundsätzlich darin zu, daß Vorstellung und Begriff in der Religion zu unterscheiden seien. Auf Jesus von Nazareth angewandt weckte das die Frage, ob „die geschichtlichen Bestandtheile der Bibel namentlich der Evangelien", *auch* zum Begriff der Religion gehörten, darum festzuhalten seien, oder als bloße Form wegfallen könnten[7]. Denn die geschichtlichen Bestandteile, der größte Teil des evangelischen Stoffes, erweist sich Strauß als „*my-*

---

⁵ RW 67/LJ 69/Werke 3, 137/GTB 107.

⁶ D. F. STRAUSS, LJ I, VII. Noch in neuester Zeit wurde behauptet, Strauß stelle die Frage nach einem glaubwürdigen Kern in den Evangelien überhaupt nicht (GUNTHER BACKHAUS, Kerygma und Mythos bei David Friedrich Strauß und Rudolf Bultmann [ThF 12], Hamburg 1956, 13; G. MÜLLER, Identität und Immanenz 10). W. G. KÜMMEL, NT 538 Anm. 158 hat das m. R. als nicht zutreffend zurückgewiesen.

⁷ Zit. nach W. G. KÜMMEL, NT 147.

thisch". Diesen Begriff hat er übernommen, aber er präzisiert ihn und grenzt ihn gegen die heidnische Mythologie ab, durch die er etwas Zweideutiges bekommen hatte[8]. Unter „neutestamentlichen Mythen" versteht er „nichts Andres, als geschichtartige Einkleidungen urchristlicher Ideen, gebildet in der absichtslos dichtenden Sage . . ."[9]. „Den reichsten Stoff" für diese Sage, „zu dieser mythischen Verzierung", wie Strauß auch sagen kann, „lieferte das alte Testament, in welchem die erste, vornehmlich aus dem Judenthum gesammelte Christengemeinde lebte und webte."[10]

Strauß nimmt also einen zunehmenden Prozeß von Mythifizierung des Lebens Jesu an: Von Stufe zu Stufe unterliegt es „andächtiger, aber ungeschichtlicher, Verschönerung"[11]. Das „historische Gerüst" dieses Lebens ist „einfach": Jesus ist in Nazareth aufgewachsen, hat sich von Johannes taufen lassen, sammelte Jünger, zog lehrend im Lande umher, stellte sich überall dem Pharisäismus entgegen, lud zum Messiasreiche ein, erlag am Ende dem Haß und Neid der pharisäischen Partei und starb am Kreuz. Aber dieses Gerüst wurde umgeben von mannigfaltigen Reflexionen und Phantasien, „indem alle Ideen, welche die erste Christenheit über ihren entrissenen Meister hatte, in Thatsachen verwandelt, seinem Lebenslaufe eingewoben wurden"[12].

Denkt man an die seit den fünfziger Jahren unseres Jahrhunderts intensiv geführte hermeneutische Debatte, so weiß man, wie weit Strauß mit dieser scharfsinnigen, einfach bestechenden Argumentation seiner Zeit vorausgewesen ist. Kein Zweifel: „Strauß ist nicht nur ein Zerstörer unhaltbarer Lösungen, sondern auch der Prophet einer kommenden Wissenschaft."[13] Aber nur wenige haben zu seiner Zeit erkannt, daß die mythische Geschichtserklärung keineswegs destruktiv, sondern konstruktiv gemeint war, weil sie die Mythen des Neuen Testamentes nicht mehr bloß für wahr zu halten, sondern zu *interpretieren* verlangte. Schweitzer hat das richtig gesehen: „Die wenigsten begriffen, was Strauß damit wollte; die allgemeine Meinung war, er löse das Leben Jesu ganz in Mythen auf." In Wahrheit hat er es davor gerettet[14].

---

[8] Zur Genese dieses Begriffs in der sog. „Mythischen Schule" (Eichhorn, Gabler, Bauer, de Wette) und Straußens Kritik daran im Sinne des rein spekulativen Mythosbegriffes bei Schelling und F. C. Baur vgl. CHRISTIAN HARTLICH/WALTER SACHS, Der Ursprung des Mythosbegriffes in der modernen Bibelwissenschaft, Tübingen 1952.

[9] D. F. STRAUSS, LJ I 75.

[10] AaO 72.

[11] D. F. STRAUSS, LJ II 472.

[12] D. F. STRAUSS, LJ I 72.

[13] RW 94/LJ 97/Werke 3, 176/GTB 131.

[14] AaO 110/113/197/146. In seiner kräftigen und bilderreichen Sprache formuliert

Zusammengefaßt waren es drei Probleme, an deren Lösung zu arbeiten Strauß als unausweichliche Aufgabe sah und womit er eine entscheidende Wirkung auf die wissenschaftliche Erforschung des Neuen Testamentes ausgeübt hat.

Das erste Problem betrifft Wunder und Mythologie. Mit Hilfe der allgemeinen, phänomenologischen Einsicht in das Wesen des Mythos und seine traditionsbildende Produktivität gelingt es Strauß, sowohl den Rationalismus als auch den Supranaturalismus und die damals hoch im Kurs stehende Vermittlungstheologie schachmatt zu setzen. Denn: Nicht die *quaestio facti* ist bei Wundererzählungen die eigentlich zu stellende Frage, sondern die *quaestio significationis,* die Frage, welche „ideale Wahrheit" sich darin ausspricht.

Das zweite von Strauß zur Diskussion gestellte Problem ist die Beziehung von Jesus und Christus. Er selbst löst es ganz in der Fluchtlinie der Hegelschen Spekulation: Erst nach Jesu Tode, also nach dem Aufhören seiner sinnlichen Gegenwart (mit Worten Hegels ausgedrückt), tritt der Glaube an Jesus als *deus incarnatus* ein. – Auch hier ist eine spätere Lösung vorweggenommen: zweifellos wirkte und redete Jesus in einer ausgezeichneten Vollmacht (Strauß: Messiasbewußtsein[15]; diese Überzeugung rückt Strauß an die Seite Schweitzers) und impliziert damit eine Christologie, die nach Tod und Auferstehung Jesu expliziert wird als Glaube an den göttlichen Erlöser.

Das dritte von Strauß aufgeworfene Problem ist das Verhältnis von Johannes-Evangelium und Synoptiker. Und zwar war er der erste, welcher

---

SCHWEITZER, Strauß habe das Wunderproblem nicht gelöst („Historisch ist es überhaupt nicht zu lösen"). „Nur so viel ist erreicht, daß das (LJ: „an sich selbstverständliche") Prinzip der wunderlosen Geschichtsauffassung in der kritischen Wissenschaft allgemein anerkannt ist, und daß das Wunder die historische Darstellung weder positiv noch negativ beschäftigt. Die wissenschaftlichen Theologen von heute, die ihr ‚Gemüt' zeigen wollen, verlangen höchstens, daß man ihnen ein oder zwei Wünderchen beläßt, etwa in der Vorgeschichte oder in den Auferstehungsberichten, die zudem noch insofern wissenschaftlich sind, als sie so, in diesem Sinne, gar nicht im Texte stehen, zahme, magere, von rationalistischen Flöhen geplagte Schoßhündlein (LJ: „zahme, magere Schoßhündlein") der Kritik (LJ: „‚Kritik'"), die der Wissenschaft kein Leids tun, zumal ihre Besitzer die Steuer redlich für sie entrichten durch die Art, wie sie über Strauß reden, schreiben und . . . schweigen. Das ist noch immer besser (LJ „immer noch besser") als die prätentiöse Art, mit der man es heutzutage fertig bringt, etwa über die Auferstehungsberichte rein als ‚Historiker' zu schreiben, ohne sich mit einem Worte merken (LJ „anmerken") zu lassen, ob man die Sache selbst für möglich oder unmöglich hält. Das alles darf sich die moderne Theologie aber ungefährdet erlauben, da das Fundament, welches Strauß geschaffen hat, nicht zu erschüttern ist" (aaO 109f./113/196f./145f.).

[15] „Dass Jesus die Überzeugung, der Messias zu sein, gehabt und ausgesprochen habe, steht als unbestreitbare Thatsache fest" (D. F. STRAUSS, LJ I 469).

der Jesus-Forschung dieses Problem als *Alternative* stellte: ,,entweder synoptisch oder johanneisch". Straußens Antwort war eindeutig: Im Johannes-Evangelium hat die absichtslos dichtende Sage einen solchen Dichtigkeitsgrad erreicht, daß Jesus hinter der christologischen Idee völlig verschwindet. Johannes scheidet als Quelle für die Rekonstruktion des historischen Jesus also aus. Dieses von Strauß aufgestellte Problem ist dann von der Tübinger Schule und von Heinrich Julius Holtzmann, dem Lehrer Schweitzers, als das zweite große Entweder-Oder der Leben-Jesu-Forschung durchgekämpft worden. Das erste große Entweder-Oder hatte Strauß selber gestellt: ,,entweder rein geschichtlich oder rein übernatürlich". Das dritte große Entweder-Oder sollte Johannes Weiß 1892 und nach ihm Schweitzer stellen: ,,entweder eschatologisch oder uneschatologisch"[16].

Die Liebe, mit der Schweitzer Strauß zeichnet, hat ihn nicht blind gemacht für dessen Schwächen. Er sieht einmal das Unvermögen von Strauß, zuletzt durch die mythische Übermalung vollends zum historischen Jesus, jenem ,,fremdartigen Wesen", durchzustoßen und zum andern seine Mitschuld an jener ,,gewalttätigen Vergeistigung" mit seinem ,,Das Leben Jesu für das deutsche Volk bearbeitet" (1864), mit welchem er sich an einem ungeschichtlichen, harmlos bürgerlich-liberalen Charakterbild des reinen Menschen Jesus beteiligte[17]. Sondern Schweitzer meint damit auch die ,,rein kritisch zerlegende Tendenz" schon des 1. Entwurfes aus dem Jahre 1835. Hier werde ,,auf jede pragmatische Ergänzung mit Ostentation verzichtet, und nicht minder die Beurteilung der Synoptiker als bloßer Erzählungs- und Redebündel, machen es schwierig, ja eigentlich unmöglich, die eigentliche straußische Auffassung des Lebens Jesu festzustellen und zu sehen, was sich denn eigentlich hinter dem mythischen Vorhang bewegt. Je nachdem man es interpretiert, kommt ein positives oder ein negatives Leben-Jesu heraus"[18]. Trotzdem, Schweitzer besonders anziehend, stößt der Historiker Strauß auf die eschatologische Fremdheit Jesu von Nazareth. Vor allem aus dem Dilemma zwischen politischen und geistigen Messiasplänen weiß er herauszukommen und die eschatologische Erwartung als eine rein jenseitig gegründete darzustellen. ,,Dies ist einer der bedeutsamsten Ansätze zur wirklichen Erfassung des eschatologischen Problems. Man meint zuweilen Johannes Weiß zu le-

---

[16] RW 235/LJ 232/Werke 3, 356/GTB 254.
[17] AaO 192 ff./193 ff./304 ff./219 ff. Vgl. auch H. GEISSER, Versuch 355 f.
[18] RW 88/LJ 92/Werke 3, 168/GTB 126 f.

sen.``[19] Aber diese positiven Erkenntnisse blieben zunächst wirkungslos, weil der Anstoß, den das Negative erregte, alles andere überlagerte. Insofern trifft für das Leben Jesu von Strauß zu, was Schweitzer mit einer gewissen Verbitterung im Vorwort zu dem ersten Heft seiner Untersuchung über das Abendmahl über den ,,eleganten Skeptizismus`` geschrieben hat[20]. Er war Strauß nicht gegeben. Sein Skeptizismus war *redlich*. Daß Schweitzer für ihn, für Strauß, und nicht für Schleiermacher, die höchste Bewunderung hegte, ist selbstverständlich bei einem Mann, der in seinem ganzen Denken und Forschen selber dem leidenschaftlichsten Wahrhaftigkeitsstreben verpflichtet war. Daß er ,,ein in der Fremde nachgeborener Tübinger sei``[21] gilt auch hinsichtlich seiner Geistesverwandtschaft mit Strauß und nicht allein mit Baur. Und es ist alles andere als ein bloßes Kompliment an die Tübinger Fakultät. Es ist schlicht die Wahrheit.

16. Die Entwicklung nach David Friedrich Strauß

Überblickt man die weitere Entwicklung der Leben-Jesu-Forschung nach Strauß bis zum Jahre 1906, also dem Jahre, in dem Schweitzer seine Bilanz veröffentlichte, so schälen sich vier Diskussionsthemen besonders deutlich heraus:

1. Das erste betrifft die *Quellen*. Das Stichwort dieser Diskussionsrunde heißt ,,Markushypothese``. Strauß war merkwürdig blind für dieses Problem, daß der Markusaufriß der älteste sein könnte, von dem Matthäus und Lukas abhängig sind. Ihm war das Matthäus-Evangelium das älteste. Daß Markus der Urevangelist sei, begründete erstmals Christian Hermann Weiße (1801–66), Professor in Leipzig, mit seinem Buch ,,Die evangelische Geschichte kritisch und philosophisch bearbeitet``, 2 Bände, 1838, 1257 Seiten. Hinfort galt Markus als primäre Geschichtsquelle, was die Forschung des Lebens Jesu anbetraf. Die Annahme der Matthäus-Priorität ist ganz selten geworden.

2. Das Stichwort der zweiten Diskussionsrunde hieß: ,,*Die liberalen Leben-Jesu*``[1]. Sie sind darum so wichtig, weil sie sozusagen den Standard-Jesus für die predigenden Kirchen und die gebildete Bürgerschicht abgaben, also Vorstellung und Bewußtsein breiter Bevölkerungsschichten

---

[19] AaO 91/94/171/128 f.

[20] S. o. S. 41.

[21] Zitat bei K. Scholder, A. Schweitzer u. F. Chr. Baur 184.

[1] So die Überschrift von Kap. XIV (RW 192–220/LJ 193–221/Werke 3, 304–341/GTB 219–244) bei Schweitzer.

im Hinblick auf Jesus von Nazareth prägten. Dem Urteil Schweitzers ist unbedingt zu trauen: ,,Treibende Kräfte waren nicht da. Im Grunde sind die Werke von Renan, Strauß, Schenkel, Weizsäcker und Keim nur verschiedene Ausführungen eines in den Grundzügen feststehenden Schemas. Wenn man sie nacheinander liest, ist man durch die Gleichförmigkeit der Gedankenwelt geradezu erschreckt. Man hat alles, fast mit denselben Wendungen, schon beim andern gelesen . . . Sie zeichnen alle den liberalen Jesus, nur daß der eine in der Farbengebung gewissenhafter ist als der andere, vielleicht auch etwas mehr Geschmack hat und weniger auf den Erfolg spekuliert.''[2]

Zwei Grundzüge sind für die liberalen Leben-Jesu charakteristisch:

a) Jesus wird als Charakter, als Persönlichkeit betrachtet und weniger historisch als psychologisch erklärt. Das zu gewinnende Bild Jesu steht für alle von vorneherein fest, ,,sofern es durch die geistige Atmosphäre und die religiösen Horizonte der sechziger Jahre bestimmt war''[3].

b) Die Eschatologie wird umgedeutet zum Ideal der Sittlichkeit. Das angekündigte Reich Gottes fällt nicht mit dem apokalyptischen Ende aller Welten zusammen, sondern es ist ,,ein innerliches Reich der Sinnesänderung''[4]. Die Textgrundlage dazu sieht man in den Abschiedsreden Jesu Joh 14–17 gegeben!

Von allen gezeichneten Jesusbildern war das liberale zweifellos von der nachhaltigsten Wirkung, weil sich hier eine ganze Epoche in ihrer Geistigkeit, in ihrem sittlichen Streben und Wollen wiedererkennen konnte. Der Forschergeneration, die das Bild erstellt hatte, wurde Anerkennung in einem Maße zuteil, ,,wie sonst keiner andern. In den Kreisen der Gebildeten war man überzeugt, ihr den authentischen Jesus zu verdanken, und freute sich, daß er in den Hauptpunkten als moderner Mensch und Verkündiger der freisinnigen Religiosität erkannt worden war. Die Zuversicht ging so weit, daß auch die Profanhistoriker keinen Augenblick Bedenken trugen, die Resultate der liberalen Theologie zu übernehmen. So bekam der Jesus der Schenkel, Keim, Hase und Holtzmann einen Ehrenplatz in Leopold von Rankes Weltgeschichte (1883. B. III. Teil I., S. 160–170) und wurde dort als Vergeistiger der Messianität, tiefsinniger Denker und Stifter eines gegenwärtigen Gottesreiches gepriesen. ,Das fleckenloseste', so schließt der ihm gewidmete Abschnitt, ,tiefsinnigste, menschenfreundlichste Wesen, das je auf Erden erschienen war, fand kei-

---

[2] RW 199/LJ 200/Werke 3, 314/GTB 225f.
[3] AaO/GTB 226.
[4] AaO 204/205/320/230.

nen Platz in der damaligen Welt. Jesus hat seinen Tod mit voller Bestimmtheit kommen sehen, aber er wußte, daß damit seine Lehre bekräftigt und gerettet würde'"[5].

3. Die dritte Diskussionsrunde, die zugleich der liberalen Jesus-Idylle
den Garaus machen sollte, war die *eschatologische Frage*[6]. T. Colani, G.
Volkmar, W. Weiffenbach, W. Baldensperger und J. Weiß sind die im
Vorspann genannten Namen. Ihnen wird die Verwurzelung Jesu im zeitgenössischen Judentum zur Gewißheit und damit auch das apokalyptische Erbe. Das jetzt gezeichnete Jesusbild assimiliert seine Gestalt nicht
der gegenwärtigen Geistigkeit, sondern verfremdet sie auf schockierende
Weise. Jesus erscheint jetzt in erschreckender Abständigkeit, nämlich als
der apokalyptische Bußprediger vor dem Wetterleuchten des Jüngsten
Tages – schwer faßbar für den Kulturprotestantismus und seinen Optimismus im Blick auf eine stetige Höherentwicklung des sittlichen Ideals.
Johannes Weiß (1863–1914) vor allem ist es, der mit seiner kleinen Schrift
„Die Predigt Jesu vom Reiche Gottes" (1892) ein kleines Erdbeben im
deutschen Protestantismus auslöste. Seine These: „Das Reich Gottes nach
Auffassung Jesu (ist) eine schlechthin überweltliche Größe . . ., die zu
dieser Welt in ausschließendem Gegensatze steht. Damit ist aber gesagt,
daß von einer *innerweltlichen* Entwicklung des Reiches Gottes im Gedan-
kenkreise Jesu die Rede nicht sein *kann*."[7]

Der exegetische Beweis für diese These schien lückenlos und unwider-
legbar. Daß das Buch dieselbe Bedeutung wie das erste Leben-Jesu von
Strauß hat, ist keine Übertreibung von Schweitzer. Es ist, so schreibt er,
wie wenn man nach mühseliger Wanderung durch wogendes Riedgras
endlich den Wald betritt, statt Sumpf festen Boden unter sich, statt bieg-
samen Schilfes unverrückbare Bäume um sich hat: „Zu Ende die Theologie der Einschränkungen, der ‚trotzdem', der ‚andererseits', der ‚nichtsdestoweniger'! Den anderen mußte man Schritt für Schritt nachgehen, die
Stege und Brückchen betreten, die sie schlugen, die Umwege mitmachen,
die sie für gut fanden, und durfte ihre Hand nicht loslassen, wenn man
glücklich durch das Ineinander von geistigen und eschatologischen Ideen,
welches sie bei Jesus statuierten, hindurchkommen wollte. Bei Weiß gibt
es keinen ausgeklügelten Weg: siehe, das Land liegt vor dir."[8]

Wieder war eine *Entscheidung* fällig, die Schweitzer selbst mit seiner

---

5 LJ 221/Werke 3, 341/GTB 244. In RW 220 fehlen dem Kap. XIV diese Schlußsätze.
6 Kap. XV (aaO 221–238/222–235/342–359/245–256).
7 Ebd. 49f. (= ³236).
8 RW 235/LJ 232/Werke 3, 355f./GTB 254.

Skizze von 1901 getroffen hat: Jesus versteht man über seine realistisch
gemeinte Eschatologie – oder gar nicht[9]. Weiß selbst blieb in dieser Hinsicht halbherzig. Historisch hat er zwar den Ritschlschen Reich-Gottes-
Begriff aus der neutestamentlichen Theologie ausgemerzt, ohne ihn auch
in den eigenen systematischen Konsequenzen zu überwinden. Denn für
das gegenwärtige Christentum erhebt er nicht das eschatologische Jesusbild zur normativen Bedeutung, sondern das liberale des sittlichen Weis-
heitslehrers[10]. Und vollends in der 1900 vorgelegten zweiten, völlig neu-
bearbeiteten Auflage strebt Weiß zurück und schwächt ab, indem er zwar
an der eschatologischen Erklärung des Gottesreiches festhält, aber doch
stärker die Inadäquatheit der übernommenen jüdischen Vorstellungen betont, den Gedanken der vollendeten Gottesgemeinschaft einführt und die
ursprüngliche Klammer zwischen Eschatologie und Ethik wieder lok-
kert[11]. ,,So kehrt Johannes Weiß aus seinem Vorstoß in das Niemands-
land der Eschatologie alsbald zum liberalen Jesusbild zurück"[12], darin
Schweitzer wiederum sehr ähnlich. Dieser hat übrigens die von Wilhelm
Bousset, Adolf Jülicher und anderen vorgebrachten, literarkritisch gut
begründeten Argumente gegen die konsequent-eschatologische Auffassung Jesu mit erstaunlich leichter Hand zurückgewiesen. So schreibt er
beispielsweise: ,,Als blicke des Reimarus böses Auge auf ihn, beeilt sich
Bousset, in einer Anmerkung, den ganzen Bericht von der Aussendung
[gemeint ist Mt 10] als ,undeutliche und undurchsichtige Ueberlieferung'
unter den Tisch zu werfen. Nicht genug damit: ,Vielleicht', fügt er hinzu,
,dürfte in der ganzen Erzählung nur eine geschichtliche Entwicklung der

---

[9] Warum SCHWEITZER in seinem ML das damals schon 9 Jahre alte Büchlein von JOHAN-
NES WEISS nicht berücksichtigt hat, stellt ein Problem in der Schweitzer-Forschung dar. H.
GROOS kommt in seinem Buch ausführlich auf dieses Thema zu sprechen (121 f.) und äußert
eine Vermutung, die dem tatsächlichen Grund sehr nahe kommt. Inzwischen hat nämlich ein
Heidelberger Student dem Sperrmüll einen Brief von Schweitzer an Johannes Weiß entris-
sen, den mir der Verlag Vandenhoeck & Ruprecht freundlicherweise in Ablichtung zusand-
te. Schweitzer schreibt am 26. 4. 1906 aus Lugano: ,,Ich habe eine Dankesschuld an Sie abzu-
tragen. Ihre ,Predigt vom Reiche Gottes' war eines der wichtigsten Ereignisse in meiner wissenschaftlichen Theologischen Entwicklung. Ich war zwar fast selbständig zur Erkenntnis
der Bedeutung der Eschatologie gekommen, und zwar merkwürdigerweise nicht von der
Würdigung der Predigt Jesu aus, sondern weil ich Ereignisse seines Lebens, die Aussendung,
den Einzug, den Process, als Probleme empfand und nun immer mehr auf eine eschatologische Construktion der Zusammenhänge der Ereignisse gedrängt wurde. Aber gerade in jenem Augenblick las ich Ihr Buch und kam über viele Dinge zur Klarheit."
[10] Vgl. A. SCHWEITZER, RW 347 f./LJ 390/Werke 3, 563 f./GTB 402. Zu diesem Problem
vgl. auch F. OLMSTRÖM, Das eschatologische Denken der Gegenwart, 1936, 61 ff., bes. 71.
[11] Vgl. dazu bes. F. HAHNs Vorwort zur 3. Aufl. v. J. WEISS, Die Predigt Jesu VIII f.
[12] J. MOLTMANN, Theologie der Hoffnung 32.

von Jesus seinen Jüngern für eine spätere Zeit mitgegebenen Missions-
worte zu sehen sein.' Also früher war nur die Aussendungsrede, jetzt die
ganze Aussendung unhistorisch, wenn anders die Wahrnehmung richtig
ist, daß die Theologen aller Zeiten ihre eigentliche Meinung gewöhnlich in
Fußnoten bringen und ihre eigentlichste mit ‚vielleicht' einleiten. Was
bleibt aber zuletzt der modernen Theologie noch Historisches von den
Evangelien, wenn sie sich zwingt, Hand und Fuß und Auge ob des Aer-
gernisses der reinen Eschatologie dran zu geben? Die gelegentlichen Aus-
sprüche der Vertreter der Markushypothese würden, zusammengestellt,
ein Buch ergeben, das für die Glaubwürdigkeit der Evangelien noch viel
gefährlicher wäre, als das Werk Wredes, das ihnen wie ein Fels in ein Gurkenfeld rollte."[13] Aber was Schweitzer seinen liberalen Kollegen wie einen Fels ins Gurkenfeld rollte, stellte die Frage nach der Glaubwürdigkeit
der Evangelien nicht weniger dringlich: Was ist, wenn wir es bei dem historischen Jesus mit einem *apokalyptischen Schwärmer* zu tun haben[14]?

Die Diskussion dieser und ähnlicher Fragen blieb das unerledigte Dis-
kussionsthema der Jesusforschung bis zum heutigen Tage. Man könnte
tatsächlich die Leben-Jesu-Forschung der letzten 50 Jahre „als fortgesetzten Versuch betrachten, den apokalyptischen Perspektiven zu entkommen, die von Schweitzer gesetzt wurden"[15]. Das geschah und geschieht
auf zwei Arten: 1. Man sagt, Jesus habe nicht nur in die Zukunft geblickt,
sondern seine eigene Gegenwart als eschatologisches Ereignis gewertet
(realisierte Eschatologie). 2. Man verweist darauf, daß die Predigt Jesu ja
auch grundlegende ethische Aussagen enthalte, die zeitlos gültig seien[16].

Aber die Frage ist, ob den apokalyptischen Perspektiven *überhaupt* zu
entkommen ist, ohne daß man mit ihnen auch Jesus selber verliert, sowohl
den der „präsentischen Eschatologie" als auch den der zeitlosen Ethik.

17. *Albert Schweitzer und William Wrede*

Neben Reimarus bildet William Wrede (1859–1906) den andern Pol in
der Darstellung Schweitzers. Er ist Abschluß und Höhepunkt des ganzen
Buches[1]. Großartig in der Bildersprache und scharfsinnig in der Kritik

---

[13] RW 262/LJ 256/Werke 3, 387 f./GTB 275.
[14] Der Vorwurf steht noch heute (z. B. bei J. MOLTMANN, Theologie der Hoffnung 32 gegen J. Weiß).
[15] H. J. CADBURY, Dunkelheit um den historischen Jesus 167.
[16] Der neueste Versuch einer Überwindung des konsequent-eschatologischen Jesusverständnisses von der *Ethik* her bei H. MERKLEIN, Gottesherrschaft als Handlungsprinzip.
[1] Vgl. bes. H. GROOS 105 ff.

kann Schweitzer Wrede als Bundesgenossen begrüßen und zugleich doch seine Theorie vom Messiasgeheimnis ad absurdum führen. Schweitzers Skizze des Lebens Jesu und Wredes bedeutendes Buch „Das Messiasgeheimnis in den Evangelien" sind gleichzeitig 1901 erschienen[2]. Schweitzer nennt das Zusammentreffen der beiden Bücher „zeitlich und sachlich gleich überraschend. Sie erschienen auf denselben Tag, lauten dem Titel nach fast gleich und stimmen in der Kritik der modern-historischen Auffassung des Lebens Jesu manchmal bis aufs Wort überein. Dabei sind sie doch von ganz verschiedenen Standpunkten aus geschrieben: das eine vom literarisch-kritischen, das andere vom eschatologisch-historischen"[3]. Diese verschiedenen Standpunkte markieren dann sehr genau die Grenze der Bundesgenossenschaft. Sie reicht lediglich „bis zur vollständigen Konstruktion des Systems der Unzusammenhänge" im Markusevangelium „und zur Zurückführung des Dogmatischen auf das Messianitätsgeheimnis"[4]. Bei der „Erklärung des Systems der Unzusammenhänge" hört sie auf[5]. Für Wrede ist diese Erklärung das als *literarische Fiktion,* für Schweitzer das als *historische Wahrheit* gedeutete *Messianitätsgeheimnis.*

Während Wrede also die Unzusammenhänge auf die Redaktion des namens einer „Gemeindetheologie" „*auf dem Papier*" tätigen Evangelisten zurückführt, sieht Schweitzer hier „die vulkanische Natur eines unermeßlichen Selbstbewußtseins" *in der Geschichte* am Werk[6]. Für Wrede ist das Messiasgeheimnis *Theorie,* für Schweitzer *Wirklichkeit.* Für jenen steht die Messianität Jesu „wie eine geschlossene Blendlaterne" in dessen Leben darin, „die aber doch nicht ganz geschlossen ist – da man sonst nicht merken würde, daß sie da ist" und die nur „einige grelle Strahlen entweichen läßt"[7] (das Wissen der Dämonischen, die Verklärung usw.). Für Schweitzer ist die Messianität Jesu „das natürliche messianische Licht"[8], „das von außen durch die Spalten der Fensterläden hereinfällt"[9]

---

[2] In der ersten Auflage faßt SCHWEITZER beide im XIX. Kap. unter der Überschrift zusammen: „Der konsequente Skeptizismus und die konsequente Eschatologie" (RW 327). Daraus wurden ab der 2. Auflage drei Kapitel: „XIX. Die Kritik der modern-historischen Anschauung durch Wrede und die konsequente Eschatologie"; „XX. Darstellung und Kritik der Konstruktion Wredes" und „XXI. Die Lösung der konsequenten Eschatologie" (LJ 368 ff./Werke 3, 532 ff./GTB 382 ff.). Das markiert den Unterschied in der Methode.
[3] RW 327/LJ 368/Werke 3, 532/GTB 382.
[4] AaO 334/375/542/388.
[5] AaO; RW: „Erklärung der Provenienz des Systems der Unzusammenhänge."
[6] AaO 347 f./391/564/403.
[7] AaO 336/377/545/390.
[8] AaO 339/381/550/393.
[9] AaO 338/379/548/392.

und die unzusammenhängende Darstellungsweise des Markus erklärt.
Zwischen diesen beiden Möglichkeiten muß die ,,modern-historische"
Theologie wählen. ,,Es gibt entweder die eschatologische Lösung, die
dann mit einem Schlag die unabgeschwächte, unzusammenhängende und
widerspruchsvolle Markusdarstellung als solche zur Geschichte erhebt,
oder die literarische, die jenes Dogmatisch-Fremdartige als Eintrag des
Urevangelisten in die Überlieferung von Jesus betrachtet und damit zugleich die Messianität aus dem historischen Leben-Jesu tilgt."[10] Schweitzer oder Wrede! ,,Tertium non datur."[11]

Der Nachweis, daß die angenommene lichtdurchlässige Blendlaterne
mehr Probleme schafft als löst, daß Wredes Messiasgeheimnistheorie un-
durchführbar ist, gehört zweifellos zu den kritischen Höhepunkten von
Schweitzers ,,Geschichte der Leben-Jesu-Forschung"[12]. Glänzend wird
herausgearbeitet, welche Hauptschwierigkeiten Wredes Konstruktion
belasten. Wäre das Messiasgeheimnis wirklich eine Theorie des Evangelisten, die dieser von der ihm zugrundeliegenden Tradition übernommen
und dann in das Evangelium eingearbeitet hat, müßte er das konsequenter
und einheitlicher getan haben, als es jetzt tatsächlich der Fall ist. Denn
mindestens drei ,,messianische Tatsachen" schlagen der Hypothese ins
Gesicht: das ist die Szene von Caesarea Philippi, in der ja nicht eigentlich
Jesus dem Petrus die Messianität offenbart, sondern umgekehrt Petrus
diese seinem Herrn bekennt. Es ist zweitens der Bericht vom Einzug Jesu
in Jerusalem, den Markus ganz deutlich als eine messianische Ovation gestaltet. Und das ist drittens das Verhör Jesu vor dem Hohen Rat, in dessen
Verlauf Jesus sich offen als Messias bekennt, was dann auch prompt zu
seiner Verurteilung führt. Diese drei messianischen Tatsachen kommen –
wie Schweitzer schreibt – ,,außerhalb der eigentlichen Bauflucht der Wrede'schen literarischen Geheimnistheorie zu liegen"[13]. Der auf Jesu Mes-
siasbekenntnis gestützte Todesbeschluß des Synhedriums läßt sich in keiner Weise mit der Geheimnistheorie Wredes in Einklang bringen[14].

---

[10] AaO 334/375/542/388. W. Picht 54 hat also ganz recht mit seinem Hinweis, daß
Schweitzers Vereinfachung der literarischen Frage alles andere als naiv sei. ,,Sie ist veranlaßt
durch eine auf synoptischem Detailstudium beruhende Einsicht in die Gesetze, nach welchen die urchristliche Auffassung und Würdigung der Persönlichkeit Jesu die Darstellung
seines Lebens und Wirkens bedingte."

[11] RW 334/LJ 375/Werke 3, 542/GTB 388.

[12] So richtig H. Groos 105.

[13] RW 338/LJ 380/Werke 3, 549/GTB 392.

[14] ,,Welches Interesse", so kann Schweitzer fragen, ,,hatte aber der Kreis, der die literarische Geheimnistheorie aufstellte (LJ: ,,literarische Fiktion aufbrachte"), Jesum öffentlich
als Messias, und wegen seiner Messianität (LJ: ,,wegen seines Anspruches") sterben zu las-

„Wenn aber Jesus nicht als Messias verurteilt worden ist, warum wurde er dann zu Tode gebracht?"[15] *Kein* durchschlagendes Argument ist freilich die Frage: „Welches Interesse konnte die Gemeindetheologie haben, die Messianität Jesu in seine irdische Wirksamkeit zurückzudatieren? Keines. Paulus zeigt uns, mit welcher Gleichgültigkeit man im Urchristentum dem Leben Jesu gegenüberstehen konnte."[16] Denn das um Kreuz und Auferstehung zentrierte Missionskerygma des Paulus konnte aussparen, was die als „Absage an den Mythos"[17] gemeinte Evangelienbildung thematisieren mußte: das Leben Jesu und seine Messianität. Dagegen trifft es Wredes Theorie an der Wurzel, wenn Schweitzer fragt, „wie die erste Generation zum Glauben an die Messianität Jesu gelangte, wenn er zeitlebens für alle, auch für die Jünger nur der ‚Lehrer' war"[18]. Für Wrede ist ausgemacht, daß die Auferstehungserscheinungen das Ursprungsdatum des Glaubens an die Messianität Jesu sind[19]. Dagegen wendet Schweitzer einleuchtend ein, daß „die ‚Auferstehungserlebnisse', man mag sie fassen wie man will, am natürlichsten aus Auferstehungserwartungen und diese ihrerseits am besten aus Auferstehungshinweisen Jesu verständlich sind"[20]. In der Tat ist es schwierig anzunehmen, daß – gesetzt den Fall, Jesus hat Zeit seines Lebens nie Anlaß gegeben, ihn für den Messias zu halten – die Gemeinde bei den doch überraschend kommenden Erscheinungen des Auferstandenen diese sofort so gedeutet haben sollte: Jesus ist der Messias! Nämlich von jetzt an, von diesem Augenblick an, da er als der Auferstandene geglaubt wird. Auf diese Weise wird von Wrede mehr aus den Visionen herausgeholt, als in ihnen liegt. „Die messianisch-eschatologische Wertung des ‚Auferstehungserlebnisses' von seiten der Jünger setzt irgendwie messianisch-eschatologische Hinweise von seiten des historischen ‚Lehrers' voraus, die dann der Auferstehung ihre messianisch--eschatologische Bedeutung gaben. Ohne es einzugestehen, postuliert Wrede messianische Hinweise Jesu."[21]

---

sen? Gar keines. Im Gegenteil. Denn damit widerspricht sich die Geheimnistheorie selbst und handelt wie jemand, der mühsam eine photographische Platte entwickelt und fast damit zu Ende, die Läden aufreißt. So scheint wieder das natürliche messianische Licht in den Raum, der nur von den Strahlen der Blendlaterne erhellt sein soll" (aaO 339/381/549 f./393).

[15] AaO 340/381/551/394.
[16] AaO 340/382/551/394.
[17] G. Bornkamm, Jesus 20.
[18] RW 341/LJ 383/Werke 3, 553/GTB 395.
[19] W. Wrede, Das Messiasgeheimnis in den Evangelien. Zugleich ein Beitrag zum Verständnis des Markusevangeliums, Göttingen 1901, 214 ff.
[20] RW 342/LJ 383/Werke 3, 553/GTB 395 f.
[21] AaO 342/384/554/396 (zitiert wurde nach LJ 384). – Zur Unabgeschlossenheit der

Tatsächlich hat sich die Theorie Wredes vom Messiasgeheimnis im Markusevangelium nicht durchgesetzt. Genauer gesagt: Die *Deutung* des von ihm richtig beobachteten Befundes. Sie wird so nur noch von Rudolf Bultmann vertreten[22], während die übrige Forschung annimmt, daß diese Theorie ganz und gar das Werk des Evangelisten Markus ist, der damit aber nicht eine unmessianische Jesustradition (die es gar nicht gegeben hat) mit dem Auferstehungsglauben ausgleichen will, sondern die Theorie besagt, daß Jesu Bedeutung sich nur dem Glauben erschließt, der von Kreuz und Auferstehung her die Demonstrationen der jesuanischen Vollmacht *richtig* sieht[23]. Der Ausgleich der messianischen Jesustradition mit dem Osterglauben war also das Problem. Schweitzer hat mit seinen außerordentlich scharfsinnigen kritischen Einwänden gegen Wrede dieser Erkenntnis den Weg bahnen helfen.

18. Die grundsätzliche These

Seine unumstrittene Bedeutung hat die ,,Geschichte der Leben-Jesu-Forschung" darin, daß sie die neutestamentliche Wissenschaft mit unerbittlicher Strenge auf die historischen Grundfragen, also auf das Quellenproblem und die religionsgeschichtliche Verwurzelung Jesu, verweist. Es lag in der Sache, nicht in Schweitzers Absicht begründet, daß ein *negatives* Ergebnis die Summe des Buches darstellt: *Vita Jesu scribi nequit* (A. v. Harnack). Obwohl er diese Auffassung nicht teilte, vielmehr mit der konsequenten Eschatologie den Schlüssel zum Leben Jesu in der Hand zu haben überzeugt war, hat Schweitzer diese These Harnacks wissenschaftlich unanfechtbar gemacht[1]. Er hat gezeigt, daß das ,,historische Fundament des Christentums, wie es die rationalistische, die liberale und die moderne

---

Diskussion bis zum heutigen Tage vgl. FERDINAND HAHN, Christologische Hoheitstitel. Ihre Geschichte im frühen Christentum (FRLANT 83), Göttingen ²1964, 179ff. einerseits, der den Messiastitel von der Parusieerwartung her deutet und davon ausgeht, daß das ursprünglich apokalyptisch geprägte Messiasprädikat zunächst auf den gegenwärtig erhöhten Herrn und dann auch auf den irdischen angewandt worden ist, und WERNER KRAMER, Christos Kyrios Gottessohn (AThANT 44), Zürich 1963, 15ff. andererseits, der annimmt, der Messiastitel sei bereits in frühesten vorpaulinischen und vormarkinischen Traditionsgut in auffälliger Weise mit Aussagen über Tod und Auferstehung Jesu verbunden gewesen. Zu dieser Diskussion vgl. JOSEF ERNST, Anfänge der Christologie (SBS 57), Stuttgart 1972, 34f.

[22] R. BULTMANN, Theologie 33f.

[23] Vgl. H. CONZELMANN/A. LINDEMANN, Arbeitsbuch z. NT (UTB 52), Tübingen ³1977, 249. Zur Literatur s. O. MERKS Nachträge bei R. Bultmann, Theologie ⁷1977, 632f.

[1] Es handelt sich um eine Disputationsthese HARNACKs für seine Habilitation (1874). Vgl. A. VON ZAHN-HARNACK, Adolf von Harnack, Berlin 1936, 69; ferner W. G. KÜMMEL I 417–428; O. MICHEL, A. Schweitzer u. d. LJ-Forschung heute.

Theologie aufgeführt haben", nicht mehr existiert[2]. Und zwar ist es nicht *von außen* zerstört worden, "sondern in sich selbst zusammengefallen, erschüttert und gespalten durch die tatsächlichen historischen Probleme, die eines nach dem andern auftauchten und sich trotz aller darauf verwandten List, Kunst, Künstlichkeit und Gewalt in die Gesamtanschauung, die den Jesus der Theologie der letzten hundertundfünfzig Jahre hervorgebracht hatte, nicht einebnen lassen wollten und jedesmal kaum begraben in neuer Form auferstanden"[3]. Die Methode der historischen Forschung versagte an der "Kompliziertheit dieser Verhältnisse", die derart sind, daß das Problem des Lebens Jesu "ohne Analogon in der Geschichtswissenschaft" ist[4]. Wer das Biographische im Leben Jesu sucht, findet es nicht, sondern muß es *er*finden bzw. psychologisierend ergänzen. Das so entstehende Bild sagt jeweils sehr viel über die Subjektivität des Autors oder den Geist einer Epoche, aber fast gar nichts über den Jesus der Geschichte. Dieser ist so fest in der eschatologischen Gedankenwelt des Frühjudentums verwurzelt, daß er sich nicht daraus herauslösen läßt. Man versteht ihn *auf Grund* seiner konsequenten Eschatologie – oder gar nicht. Denn "mit der Eschatologie wird es eben unmöglich, moderne Ideen in Jesus hineinzulegen und sie von ihm durch die neutestamentliche Theologie wieder als Lehen zurückzuempfangen"[5]. Damit hat Schweitzer der modernen Theologie einen Weg abgeschnitten, auf dem sie durch den immer wieder angestellten Versuch einer "Scheidung zwischen Vergänglichem und Bleibendem" Jesus unmittelbar in die eigene Zeit stellte[6]. Als könne der apokalyptische Endzeitprediger unserer Gegenwart als ein ihr Gleichzeitiger begegnen! Bei solcher Hermeneutik werden allemal die historischen Grundfragen ganz einfach zurückgeschoben. Der Zugang zu Jesus wird im Überspringen der Historie und nicht durch sie hindurch gesucht[7]. Vielleicht ist das der Grund für die Nichterwähnung von Martin Kähler in Schweitzers Geschichte der Leben-Jesu-Forschung. Kähler hat mit seiner These vom "gepredigten Christus" als dem "wirklichen", d. h. wirksamen Christus die *historische* Problematik der Jesusforschung letztlich als irrelevant für die Theologie suspendiert[8]. Der Einfluß

---

[2] RW 397/LJ 632/Werke 3, 873/GTB 621.

[3] AaO 396/631/872/620; RW: "der letzten hundertunddreißig Jahre".

[4] AaO 5f./6/50/49.

[5] AaO 248/244/371/264; LJ: ". . . wird es unmöglich . . . als Lehen zurückzufordern."

[6] LJ 635/Werke 3, 878/GTB 623.

[7] Vgl. Paul Althaus, Das sogenannte Kerygma und der historische Jesus. Zur Kritik der heutigen Kerygma-Theologie (BFChTh 48), Gütersloh 1963.

[8] Martin Kähler, Der sogenannte historische Jesus und der geschichtliche, biblische

war beträchtlich (Karl Barth!). Er wurde durch die formgeschichtliche Methode (Rudolf Bultmann) noch verstärkt, sofern auch sie mehr an der Verkündigung als an der Geschichte interessiert war[9]. Erst die mit Ernst Käsemann einsetzende *neue* Frage nach dem historischen Jesus hat der geschichtlichen Arbeit das ihr gebührende Recht zurückgegeben – freilich mit allen „impedimenta", die Schweitzer aufgewiesen hatte und die tatsächlich „seit Strauß" niemand mehr der Theologie „abgejagt" hat (s. u.)[10].

19. Die unerledigten Probleme

Generell sind es drei Probleme, vor die Schweitzers Buch die moderne Forschung gestellt hat und noch stellt[1].

a) Welche Stellung und welchen Sinn hat die Ansage der nahen Gottesherrschaft in der Verkündigung Jesu? Wenn sie *zentral* war und meinte, was sie sagte – Ende der Weltzeit, Anbruch der Basileia –, wie löst sich dann die Spannung zwischen historischem Befund und theologischer Relevanz?

Schweitzer hat die Frage nach der zentralen Stellung der Reichgottespredigt in ihrem apokalyptischen, also zeitlinearen Sinn, ohne Abstriche bejaht. Die moderne Theologie ist ihm darin weitgehend gefolgt, und zwar zusätzlich gestützt durch die Qumranfunde, die uns eine bessere Kenntnis der Apokalyptik zur Zeit Jesu (Johannes der Täufer!) ermöglichen[2]. Dagegen hat die diametral entgegengesetzte Darstellung der Reichsgottesvorstellung Jesu als einer rein *gegenwärtigen* Größe durch C. H. Dodd in den englischsprachigen Ländern wenig und auf dem europäischen Kontinent so gut wie kein Echo gefunden. Der historische Befund

---

Christus (1892), neu hg. v. E. Wolf (TB 2), München [4]1969, 44. – Die Nichtberücksichtigung von Kähler und der Systematiker überhaupt (Ritschl, W. Herrmann), einst von Stephan, Rezension 1545 f. und Wernle, Rezension 502 sofort kritisch vermerkt, spielt in der Schweitzer-Diskussion bis zum heutigen Tag eine Rolle. Vgl. R. Slenczka, Geschichtlichkeit 20. 259; Jürgen Roloff, Das Kerygma und der irdische Jesus. Historische Motive in den Jesus-Erzählungen der Evangelien, Göttingen 1970, 16; H. Groos 85 f.

[9] So richtig O. Michel, A. Schweitzer u. d. LJ-Forschung heute 125 Anm. 3.

[10] RW 330/LJ 371/Werke 3, 536/GTB 385. Vgl. Walter Schmithals, Jesus und die Apokalyptik, in: Jesus Christus in Historie und Theologie (FS H. Conzelmann), Tübingen 1975 (59–85) 64.

[1] Zum folgenden vgl. bes. H. Groos 170 ff. und E. Grässer, Einleitung zur 3. Aufl., in: ders., Parusieverzögerung.

[2] Vgl. dazu sowohl O. Michel, A. Schweitzer u. d. LJ-Forschung heute, als auch Otto Betz, Albert Schweitzers Jesusdeutung im Lichte der Qumrantexte, in: H. W. Bähr 159–171.

spricht für Schweitzer. Nur insofern ist das Bild zu korrigieren, als wir
heute zwischen Prophetie und Apokalyptik nicht mehr einen Schnitt von
grundsätzlicher Bedeutung machen können. Vor allem bleibt in Jesu Wort
und Verhalten ein Überschuß, der religionsgeschichtlich nicht einfach
verrechenbar ist. Schweitzer hat vollkommen recht: Jesus hat die apokalyptische „Weltanschauung" nicht gemildert und schon gar nicht aufge-
hoben[3]. Aber – und davon läßt Schweitzers konsequent-eschatologisches
Jesusverständnis kaum etwas erkennen – er hat sie sachlich überstiegen
dadurch, daß er die Zeichen der kommenden Gottesherrschaft in seiner
Person und Aktion bereits in die Gegenwart hineinreichen ließ. Die daraus gezogene Konsequenz – uneingeschränkte Heilsmöglichkeit für *Alle* –
setzt hinsichtlich seines Gottes- und Heilsverständnisses einen Akzent,
der nicht einfach „apokalyptisch" ist[4]. Insofern ist es besser, nicht von Jesus als dem Apokalyptiker zu reden, sondern man sollte sagen, daß die
Eschatologie im apokalyptischen Sinne der umfassende Horizont seiner
Verkündigung war. Freilich, daß „die spätjüdische Eschatologie . . .
keine einheitliche Gedankenwelt" ist, hat auch Schweitzer gewußt und
mit Bousset für erwiesen gehalten[5]. Jesus tritt in diese „unschöpferische
Zeit" als etwas durchaus „Neues, Schöpferisches" ein. Er ist der Messias
designatus. Seine „Persönlichkeit" läßt sich „nicht in zeitgenössische
Vorstellungen auflösen"[6]. Schweitzer hat gesehen, daß ohne die Annahme eines klar entwickelten Vollmachtsbewußtseins bei Jesus dessen
historische Gestalt ein Rätsel bleibt. Es war ihm daher gewiß, daß Jesus
sich für den Messias-Menschensohn gehalten hat, auch das eine Erkenntnis, die sich in der modernen Theologie durchgesetzt hat, obwohl sich die
kritische Forschung auf keinen bestimmten Titel festlegen will[7]. Allein
Schweitzers idealistischer Persönlichkeitsbegriff erweist sich als Hemm-
schuh, den zutreffenden historischen Befund nun auch theologisch richtig
zu deuten. Er vermag das Schöpferische an Jesus nur in der Entbindung
„sittlich religiöser Kräfte" zu sehen, womit er in der Frage nach der bleibenden Bedeutung Jesu letztendlich nicht über die Antwort der liberalen

---

[3] LJ 249/Werke 3, 378/GTB 269; vgl. RW 254.
[4] Vgl. E. Grässer, Einleitung zur 3. Aufl., in: ders., Parusieverzögerung XIII und bes.
Oscar Cullmann, Heil als Geschichte. Heilsgeschichtliche Existenz im Neuen Testament,
Tübingen 1965, passim; ders., A. Schweitzers Auffassung der urchristlichen Reichsgotteshoffnung, passim.
[5] RW 240f./LJ 237/Werke 3, 362/GTB 258.
[6] AaO 253/248/377/268.
[7] Vgl. die Diskussion dieser Frage bei H. Groos 147ff.

Theologie hinausgekommen ist (siehe unten unter c)[8]. Unerledigt jedenfalls ist bis zum heutigen Tage das von Schweitzer aufgeworfene Problem,
wie die historisch als Fehlrechnung einzustufende Naherwartung hermeneutisch-theologisch festgehalten werden kann[9].

   b) Jesus war als Prediger der Endzeit zugleich Weisheitslehrer und
Ethiker. Die Frage lautet also: Wie sind *Ethik und Eschaton* aufeinander
bezogen? Genauer gesagt: Wenn die Aussage der *nahen* Gottesherrschaft
die „zentrale Aussage der Botschaft Jesu insgesamt darstellt und als deren
sachgerechte Zusammenfassung gewertet werden kann, dann muß das
Nebeneinander eschatologischer und nicht-eschatologischer Formen und
Themen innerhalb der Jesusüberlieferung als ein sachliches Zueinander
erklärt werden, und zwar in der Art, daß die Basileia-Verkündigung (Mk
1,15) den Rahmen abgibt, innerhalb dessen die gesamte Verkündigung
Jesu – also eschatologische und nicht-eschatologische Aussagen – darzustellen und zu verstehen ist"[10].

   Im Grunde wollte Schweitzer mit seiner „Interimsethik" dies und
nichts sonst ausdrücken[11]. Nur, ob er damit den der Sache adäquaten *Begriff* gewählt hat, kann man mit guten Gründen bezweifeln. Denn eine in-
terimistische Ethik wird nur zu leicht für eine „provisorische" gehalten
(J. Wellhausen), die nicht allgemeine Gültigkeit hat, sondern nur für diese
letzte kurze Spanne Zeit gilt, die dem Ende noch vorausgeht[12]. Umge-

---

[8] RW 253/LJ 249/Werke 3, 377/GTB 268. Vgl. auch aaO –/XVIII/36/41: „Wahrheit im
höchsten Sinne ist, was im Geiste Jesu ist." O. KRAUS, A. Schweitzer 51 hat in diesem Zusammenhang nicht zu Unrecht festgestellt: „Die Charakteristik, die Schweitzer von Jesus
entwirft, ergänzt das Charakterbild Schweitzers selbst": das stellvertretende Opfer Jesu im
Blick auf die Drangsale der Endzeit wiederholt Schweitzer, wenn er sein Werk in Afrika als
Abtragung einer großen Kulturschuld versteht (53 f.).

[9] Neben ERICH GRÄSSER, Naherwartung und DERS., Einleitung zur 3. Aufl., in: DERS.,
Parusieverzögerung vgl. vor allem GISBERT GRESHAKE/GERHARD LOHFINK, Naherwartung
– Auferstehung – Unsterblichkeit. Untersuchungen zur christlichen Eschatologie (QD 71),
Freiburg ³1978 (darin bes. der Aufsatz von LOHFINK, Zur Möglichkeit christlicher Naher-
wartung, 38 ff. 131 ff.); PETER FIEDLER/DIETER ZELLER (Hg.), Gegenwart und kommendes
Reich. Schülergabe Anton Vögtle zum 65. Geburtstag (SBB), Stuttgart 1975.

[10] H. MERKLEIN, Gottesherrschaft als Handlungsprinzip 37.

[11] Vgl. ML 10.17f.19 („Als Busse auf das Reich Gottes hin ist auch die Ethik der Bergpredigt Interimsethik"). 21–23/Werke 5, 216. 226. 229. 230–234. Wichtig scheint mir die
Feststellung: „Darin (sc. in der eschatologischen Bedingtheit) zeigt sich ihre jüdische Provenienz und der unmittelbare Zusammenhang mit der prophetischen Ethik, wo das sittliche
Verhalten des Volks durch seine Zukunftserwartungen bedingt war" (aaO 21/231).

[12] J. WELLHAUSEN, Einleitung 107; vgl. dazu W. G. KÜMMEL I 333, Anm. 25. – Mit demselben Argument lehnt z. B. auch R. BULTMANN, Die Erforschung der synoptischen Evangelien, in: GV IV (1–41) 9, vgl. 37 f. den Begriff ab. Ähnlich H. MERKLEIN, Gottesherrschaft
als Handlungsprinzip 296 f., der den interimistischen Charakter der Ethik Jesu damit bestreitet, daß er das zeitlineare Futurum in der Naherwartungspredigt zurücktreten läßt hin-

kehrt soll aber doch gerade der Bezug auf das Eschaton den absoluten Charakter der Forderung Gottes unterstreichen. Insofern gehen die kritischen Einwände gegen Schweitzer in diesem Punkte ins Leere[13]. Die seither um das Thema „Eschatologie und Ethik" geführte Diskussion hat gezeigt, daß man dem Sachverhalt nur im größeren Zusammenhang des Gesetzesverständnisses Jesu beizukommen vermag[14]. Wobei man dann am Ende eines langen Interpretationsweges doch wieder zu Schweitzers Einsicht zurückgelangt, daß Jesu Ethik keine „unbedingte" Sittlichkeit ist, die sich aus sich selbst vollendet. Sondern Jesu Ethik ist „bedingt" in dem Sinne, „daß sie in unlösbarem Zusammenhang mit der Erwartung eines übernatürlich eintretenden Zustandes der Vollendung steht"[15]. So beispielsweise in der neuesten, sehr gründlichen Untersuchung von Helmut Merklein, die das Ergebnis in 5 Punkten zusammenfaßt: (1.) „Die von Jesus verkündete Gottesherrschaft stellt das entscheidende Prinzip für das menschliche Handeln dar." Das gilt auch für jene Einzelforderungen Jesu, die nicht ausdrücklich mit der Basileia als Motiv verknüpft sind, im Gesamtzusammenhang seiner Verkündigung jedoch zweifellos „eine Implikation der eschatologischen Botschaft Jesu" darstellen. (2.) „Die eschatologische Begründung der Ethik Jesu bestimmt ihren *radikalen Anspruch* und ihren *radikalen Inhalt.* Der Wert menschlichen Handelns ergibt sich ausschließlich und allein aus seinem Ausgerichtetsein auf die Ba-

---

ter das qualifizierte Präsens: *jetzt* geschieht die „Proklamation des bereits . . . gefallenen eschatologischen Heilsentschlusses Gottes". Die nachösterliche Christologie schließt daran nahtlos an. D. h., die Ethik ist eschatologisch und als solche durativ.

[13] So z. B. G. Bornkamm, Jesus 204, der es mit vielen anderen ablehnt, in der Bergpredigt „das Gesetz des Ausnahmezustandes" zu sehen, aber doch nicht bestreiten kann, daß sie „die Botschaft von der kommenden Gottesherrschaft ist und zu der Gerechtigkeit ruft, ohne die keiner in das Reich eingehen wird" (Die Gegenwartsbedeutung der Bergpredigt, in: Universitas 9, 1954, 1287). Es ist durchaus inkonsequente Eschatologie, die Ansage der Gottesherrschaft als umfassenden Horizont des Tuns und Redens Jesu zu nehmen, nicht aber *sie* das Motiv seiner ethischen Forderungen sein zu lassen, sondern den Willen Gottes zur Nächsten- und Feindesliebe (ebd.). Als sei das ein Unterschied! Er ist es nur dort, wo nicht gesehen wird, daß es Jesus gar nicht um eine zweckbedingte *Ethik*, sondern um ein unbedingtes *Ethos* geht, nämlich um ein neues Sein im Angesicht des Reiches (Martin Dibelius, Evangelium und Welt, Göttingen 1929, 45; vgl. 58 f. 60 ff.). Die Bezeichnung „Interimsethik" ist dann völlig sachgemäß, wenn sie nicht im Sinne einer relativen Forderung mißverstanden wird. Das Gegenteil wollte Schweitzer damit betonen, und es ist völlig abwegig, zu meinen, das passe schlecht „zu seinen eigenen Voraussetzungen" (H. Groos 179). – Zur Diskussion vgl. E. Grässer, Parusieverzögerung 68 ff.; H. Groos 176 ff.; H. Merklein, Gottesherrschaft als Handlungsprinzip 36 ff.

[14] Diese Diskussion referiert Klaus Berger, Die Gesetzesauslegung Jesu. Ihr historischer Hintergrund im Judentum und im Alten Testament. Teil I: Markus und Parallelen (WMANT 40), Neukirchen-Vluyn 1972, 3–11.

[15] ML 21/Werke 5, 230 f.

sileia (formales Handlungsprinzip)." (3.) „Weil eschatologische Ethik, ist die Ethik Jesu radikale Ethik; weil eschatologische Ethik, zugleich aber auch ermöglichte Ethik." Das heißt, Jesu Ethik ist evangelische Ethik, sofern das von ihr geforderte radikale Handeln „immer ein zuvor ermöglichtes Handeln" ist. (4.) „Die eschatologische Qualifikation der Ethik Jesu verhindert ihr Verständnis im Sinne einer ‚Gesetzesethik'." Gnade steht vor Leistung. Jesu Forderungen sind nicht als Verschärfungen der Tora zu verstehen, „selbst dann, wenn sie ihrem Inhalt nach als solche zu verstehen sind . . . denn ihr Impetus kommt auch dann nicht aus der Tora, sondern aus der als Handlungsprinzip verstandenen Basileia. Nicht mehr die Tora, sondern die Gottesherrschaft ist das letztlich entscheidende Handlungsprinzip, ohne daß deswegen beide als Gegensätze auszuspielen sind". (5.) Jesu Ethik als eschatologische Ethik impliziert ein *Handeln auf Zukunft* hin[16]. Schweitzer hätte im Blick auf diese Thesen keinen Widerspruch anzumelden.

c) *Das hermeneutische Problem.* „Es ist der Leben-Jesu-Forschung merkwürdig ergangen. Sie zog aus, um den historischen Jesus zu finden, und meinte, sie könnte ihn dann, wie er ist als Lehrer und Heiland in unsere Zeit hineinstellen. Sie löste die Bande, mit denen er seit Jahrhunderten an den Felsen der Kirchenlehre gefesselt war, und freute sich, als wieder Leben und Bewegung in die Gestalt kam und sie den historischen Menschen Jesus auf sich zukommen sah. Aber er blieb nicht stehen, sondern ging an unserer Zeit vorüber und kehrte in die seinige zurück. Das eben befremdete und erschreckte die Theologie der letzten 40 Jahre, daß sie ihn mit allem Deuten und aller Gewalttat in unserer Zeit nicht festhalten konnte, sondern ihn mußte ziehen lassen. Er kehrte dahin zurück, nicht durch historische Geistreichigkeit, sondern mit derselben Notwendigkeit, mit der das befreite Pendel in seine ursprüngliche Lage zurückkehrt."[17] Dieses berühmte Fazit, das Schweitzer aus der Geschichte der Leben-Jesu-Forschung gezogen hat, stellt eine weitere, bis heute unerledigte Anfrage an die moderne Theologie dar. Wenn Jesus aus seiner historischen Vergangenheit nicht herauslösbar und eine Trennung von „(historischem) Kern und Schale" nicht möglich ist[18], worin liegt dann die uns unmittelbar angehene Bedeutung Jesu und wie wird sie aussagbar? Wir stoßen damit auf das hermeneutische Problem der Vergegenwärtigung vergangener Geschichte, das sich der Theologie insofern verschärft stellt,

---

[16] H. MERKLEIN, Gottesherrschaft als Handlungsprinzip 295–299.
[17] RW 397/LJ 631 f. (leicht veränderter Text)/Werke 3, 873/GTB 620 f.
[18] AaO 329 f./370 f./536/384.

als ihre zeitgeschichtlich bedingte Botschaft den Anspruch unbedingter Gültigkeit für *jede* Zeit erhebt. Das Problem schürzt sich vollends zu einem schier unlösbaren Knoten, wo der *historische Jesus* zum Thema der neutestamentlichen Theologie gemacht wird, was freilich heftig umstritten ist (ablehend z. B. M. Kähler, R. Bultmann, K. Barth, H. Conzelmann, W. Schmithals; bejahend z. B. E. Käsemann, J. Jeremias, W. G. Kümmel, E. Fuchs, L. Goppelt, G. Ebeling)[19]. Hier erst recht bleibt die hermeneutische Aufgabe gestellt, wie von Jesus und seiner historischen Vergangenheit als dem uns gegenwärtig betreffenden Heilsgeschehen die Rede sein kann. Schweitzer hat mit seiner Lösung der heutigen hermeneutischen Fragestellung vorgearbeitet. Eine theologisch zureichende Antwort hat er nicht gegeben. Die hermeneutische Vorarbeit besteht darin, daß Schweitzer zwischen der geschichtlichen Jesusforschung und der Bedeutung der Geschichtlichkeit Jesu für den Glauben unterschied. Erstere hat er selbstverständlich bejaht, letztere hat er verneint, weil für ihn „die Religion ihrem Wesen nach von jeglicher Geschichte unabhängig ist". „Damit ist gegeben, daß es eine ‚geschichtliche' Lösung der Frage nach der Bedeutung Jesu für die heutige Religiosität nicht geben kann . . ."[20] Eine solche Lösung gibt es nur als existentielle Begegnung mit dem „Geist Jesu", durch die heutige Menschen zu seinen Nachfolgern werden. „Jesus ist unserer Welt etwas, weil eine gewaltige geistige Strömung von ihm ausgegangen ist und auch unsere Zeit durchflutet. Diese Tatsache wird durch eine historische Erkenntnis weder erschüttert noch gefestigt. Sie ist der Realgrund des Christentums."[21] Von daher verbot sich für Schweitzer – im Gegensatz zu den Leben-Jesu seiner Zeit – die Aktualisierung Jesu

---

[19] Den gegenwärtigen Forschungsstand repräsentiert gut KARL KERTELGE (Hg.), Rückfrage nach Jesus. Zur Methodik und Bedeutung der Frage nach dem historischen Jesus (QD 63), Freiburg 1974 (mit Beiträgen von F. Hahn, K. Kertelge, F. Lentzen-Deis, F. Mußner, R. Pesch, R. Schnackenburg).

[20] LJ 518f./Werke 3, 731f./GTB 519. W. PICHT 247 betont in diesem Punkt die Berührung Schweitzers mit Arthur Drews, dem radikalen Bestreiter der Geschichtlichkeit Jesu.

[21] RW 397/LJ 632/Werke 3, 874/GTB 621 (in LJ fehlt: ‚Sie ist der Realgrund . . .'). Großartig ist folgendes Bild: „Die deutsche Leben-Jesu-Forschung ist ein Stück deutscher Religion. Wie weiland Jakob mit dem Engel, so ringt die deutsche Theologie mit Jesus von Nazareth und will nicht von ihm lassen, bis er sie segne, bis er ihr dienstbar wird und sich vom germanischen Geist bezwingen läßt, mit ihm mitten in unsere Kultur und in unsere Zeit hineinzutreten. Wenn aber der Morgen kommt, muß sie von ihm lassen. Er geht nicht mit über die Furt. Jesus von Nazareth läßt sich nicht modernisieren. Als historische Erscheinung bleibt er in seine Zeit gebannt. Er antwortet nicht auf die Frage: Sage doch, wie heißest Du in unserer Zeit, in unserer Sprache! Aber segnen tut er die, welche mit ihm gerungen haben, daß sie, ohne ihn mitnehmen zu können wie er ist, als die so Gott von Angesicht gesehen haben und deren Seele genesen ist, ihre Straße ziehen und mit den Mächten der Welt kämpfen" (aaO 309/342/498f./358 (Zitat in LJ leicht verändert).

durch gewaltsame Modernisierung. Vielmehr ging er höchst paradox den umgekehrten Weg und suchte die Bedeutung Jesu in seiner *Fremdheit*. Das natürliche Zurückfallen des befreiten Pendels in seine ursprüngliche Lage soll man nicht nur nicht aufhalten, sondern im Gegenteil gerade noch unterstützen! Schweitzer vermag in einem dem modernen Denken und Empfinden angepaßten Jesus immer nur einen *verkleinerten* Jesus zu sehen[22]. Dessen wahrhafte und wirkliche Größe liegt in seiner Fremdheit! „Der historische Jesus wird unserer Zeit ein Fremdling oder ein Rätsel sein."[23] Als der apokalyptische Prediger des Reiches Gottes, der den gesammelten Willen und die gesammelte Tat des Menschen fordert, ist er eine Persönlichkeit von unermeßlicher Würde. Diese Persönlichkeit ist das wahre unerschütterliche historische Fundament des Christentums, das von jeder geschichtlichen Erkenntnis und Rechtfertigung unabhängig ist. Ja, die geschichtliche Erkenntnis und Rechtfertigung stößt immer nur auf die weltanschaulich bedingte „Backsteinumkleidung" des wahren unerschütterlichen historischen Fundaments[24]. Wo Jesus nicht in seiner Fremdheit gesehen wird, besteht Gefahr, daß er verniedlicht wird, daß er „in Menschenmaß und Menschenpsychologie hineingezwängt" wird[25]. „Man lese die Leben-Jesu seit den sechziger Jahren durch (gemeint sind die des vorigen Jahrhunderts) und schaue was sie aus den Imperatorenworten unseres Herrn gemacht haben, wie sie seine gebieterischen, weltverneinenden Forderungen an den Einzelnen heruntergeschraubt haben, damit er nicht wider unsere Kulturideale stritte und mit seiner Weltverneinung in unsere Weltbejahung eingine. Manche der größten Worte findet man in einem Winkel liegend, ein Haufen entladener Sprenggeschosse. Gar viele elementare religiöse Kraft mußte man aus seinen Sprüchen entweichen lassen, damit diese unser System religiöser Weltbejahung nicht störten. Wir ließen Jesus eine andere Sprache mit unserer Zeit reden,

---

[22] AaO 309f./343/499/359. „Dabei werden beide klein und schwach. Jesus, weil er mit dem kleinen Maß des modernen, uneinheitlichen Menschen, zuletzt mit dem des modernen schiffbrüchigen Kandidaten der Theologie gemessen wird; die modernen Theologen, weil sie, statt für sich und die andern den Weg zu suchen, auf dem sie den Geist Jesu lebendig in unsere Welt bringen können, immer neue gefälschte Porträts von dem historischen Jesus entwerfen und meinen etwas erreicht zu haben, wenn sie der Menge ein ‚Ah!' entlocken, wie es dem Haufen der Großstadt entfährt, der einen Augenblick vor einem neuen Reklamelichtbild stehen bleibt" (aaO).

[23] AaO 397/631/873/620 (in LJ: „In der besonderen Bestimmtheit seiner Vorstellungen und seines Handelns erkannt, wird er für unsere Zeit immer etwas Fremdes und Rätselhaftes behalten.").

[24] AaO 397/632/873/621. – Zum Begriff der „Persönlichkeit" in der Theologie des 19. Jahrhunderts vgl. R. SLENCZKA, Geschichtlichkeit 246ff.

[25] RW 398/LJ 633/Werke 3, 875/GTB 622.

als er sie redete."[26] Und noch deutlicher kann es heißen: „Wir erleben, was Paulus erlebte. In dem Augenblick, wo wir so nah an den geschichtlichen Jesus herankommen, wie man es nie war, und schon die Hand nach ihm ausstrecken, um ihn in unsere Zeit hineinzuziehen, müssen wir es aufgeben, und uns in jenes paradoxe Wort ergeben: Und ob wir auch Christum erkannt haben nach dem Fleisch, so kennen wir ihn jetzt doch nicht mehr. Noch mehr: Wir müssen uns darein finden, daß die historische Erkenntnis des Wesens und des Lebens Jesu der Welt nicht eine Förderung, sondern vielleicht ein Aergernis zur Religion sein wird.

Nicht der historisch erkannte, sondern nur der in den Menschen geistig auferstandene Jesus kann unserer Zeit etwas sein und ihr helfen. Nicht der historische Jesus, sondern der Geist, der von ihm ausgeht und in Menschengeistern nach neuem Wirken und Herrschen ringt, ist der Weltenüberwinder."[27]

Das ist eine hermeneutische Besinnung, die in ihrer ganzen Andersartigkeit dennoch an Rudolf Bultmann erinnert: „Der historische Jesus ist eine Erscheinung unter anderen, keine absolute Größe."[28] „Der Χριστὸς κατὰ σάρκα geht uns nichts an."[29] „Weder als menschliche Persönlichkeit kommt Jesus in Frage – das wäre der Χριστὸς κατὰ σάρκα, der vergangen ist (2Kor 5,16) –, noch als himmlisches Gottwesen. Wohl hängt alles an der Person Jesu, aber so, daß Person und Schicksal in eins geschaut werden, m. a. W. Christus kommt in Frage *als geschichtliches Ereignis,* als das Ereignis, das geschah, als die Zeit erfüllt war (Gal 4,4)."[30] Nicht schon beim *historischen* Jesus, sondern erst beim *verkündigten Christus* haben wir es mit der einmaligen Heilstat Gottes zu tun.

Auch wenn diese Sätze von ganz anderen theologischen Voraussetzungen herkommen, so erinnern sie doch an die von Schweitzer aufgestellte Antithese von „historischem Jesus" und „ewigem Jesus"[31] und treffen sich jedenfalls mit dem *Ziel* der „Schlußbetrachtung" in der Geschichte der Leben-Jesu-Forschung: Überwindung des Historismus durch Hinweis auf den vor allem Verstehen liegenden „Lebenszusammenhang". Nur der Weg dorthin ist verschieden. Schweitzer sieht ihn in der „Jesusmystik", Bultmann in der kerygmatischen Theologie. Für Bultmann ist

---

[26] AaO (LJ: „. . . ein Haufen entladener Sprenggeschosse. Wir ließen Jesus eine andere Sprache mit unserer Zeit reden, als sie ihm über die Lippen kam").

[27] RW 399.

[28] R. BULTMANN, GV I 4.

[29] Ebd. 101.

[30] R. BULTMANN, Die Christologie des Neuen Testaments, in: GV I (245–267) 259.

[31] RW 318/LJ 352/Werke 3, 511/GTB 367.

nicht der historische Jesus, sondern der verkündigte Christus das Fundament christlichen Glaubens. Nicht die historisch gesicherten Tatsachen
beweisen die Glaubwürdigkeit von Glaubenssätzen, sondern die in der
Kraft des Geistes getriebene Verkündigung bringt zur Evidenz, daß Jesus
als der Christus der Weg, die Wahrheit und das Leben ist[32]. Die Begegnung „von Wille zu Wille" (Schweitzer) ist für Bultmann die Begegnung
mit „Jesus", sofern er der *Träger einer Botschaft* ist, die zur Entscheidung
ruft, hinter der Jesus selbst aber als „Verkünder" völlig zurücktritt. Für
Schweitzer handelt es sich um eine Begegnung mit der *Person* Jesu[33]. Hat
Bultmann das Dilemma des Ausgeliefertseins an die Quellenforschung
dadurch überwunden, daß er die Theologie entschlossen auf das Zeugnis
der Urgemeinde gründet, so überwindet es Schweitzer mit seiner „Jesusmystik", die aber die historische Jesusforschung darum in Kraft läßt und
der Person Jesu von Nazareth deshalb ihre zentrale Stellung wahrt, weil
Glaube sich immer „auf der Persönlichkeit Jesu" aufbaut[34]. „Das Ewige
und Bleibende an Jesus ist von geschichtlicher Erkenntnis durchaus unabhängig und kann nur aus seinem jetzt in der Welt wirkenden Geist heraus
begriffen werden. Soviel Geist Jesu, soviel wahre Erkenntnis Jesu."[35] In
der Sache ist das keine auch nur entfernt kerygmatisch und christologisch
ansetzende Hermeneutik. Der im Wort der Verkündigung gegenwärtige
Christus ist kein Thema des Theologen Albert Schweitzer, sondern allein
Jesus als Willensautorität, mit dem wir durch Willensentsprechung eins
werden („Jesusmystik")[36]. Nur innerliche „Gleichgestimmtheit des
Wollens, Hoffens und Sehnens" machen „eine wirkliche Erkenntnis des
historischen Jesus und eine umfassende religiöse Beziehung auf ihn" möglich[37]. „Das wahre Verstehen Jesu ist das von Wille zu Wille."[38] Als Ethiker ist Schweitzer Theologe. Und es ist nicht wahr, daß das ethische Philosophieren einsetzt, wo diese (die Theologie) im Stich läßt[39] – oder besser:

---

[32] Vgl. W. SCHMITHALS, Die Theologie R. Bultmanns 200ff. R. Bultmann steht in diesem
Punkte jedenfalls näher bei Schweitzer als bei K. Barth, der die Frage der Aufklärung im
Blick auf Erkenntnis und Geschichte als eine theologische Herausforderung einfach durch
Nichtbehandlung abgewiesen hat. Vgl. dazu bes. HERMANN DEMBOWSKI, Karl Barth, Ru-
dolf Bultmann, Dietrich Bonhoeffer. Eine Einführung in ihr Lebenswerk und ihre Bedeu-
tung für die gegenwärtige Theologie, Neukirchen-Vluyn 1976, bes. 60ff.

[33] Zu diesem Unterschied vgl. W. PICHT 258f.

[34] ML 97/Werke 5, 325; vgl. W. PICHT 259. R. BULTMANN, Jesus 11, dagegen schaltet das
Interesse an der Persönlichkeit Jesu ganz aus.

[35] RW 399.

[36] LJ 641/Werke 3, 886f./GTB 629.

[37] AaO 637/880/625.

[38] LD 54/Werke 1, 73; vgl. LJ 639/Werke 3, 883f./GTB 627.

[39] W. PICHT 43. Vgl. auch die Bemerkung bei PICHT 258, daß Schweitzers Exegese „we-

wo Schweitzer mit der Theologie nicht weiter kann. Aber er hat mit seinem ethischen Philosophieren ein fundamentales hermeneutisches Problem wachgehalten: Wie kann das historische Einmal des Wortes und
Werks Jesu als geschichtliches Ein-für-alle-mal verstehbar gemacht werden? Die konsequent-eschatologische Deutung Jesu erweist sich auch hier
als Wegweiser in die richtige Richtung: Das von Jesus angesagte Reich ist
keine innerweltliche, sondern eine transzendente und damit auch übersitt-
liche Größe. Und Jesu Ethik gewinnt gerade dadurch, daß sie die Ethik
jenes Reiches ist, die Qualität des Absoluten. ,,Sie ist unbedingt, denn nur
eine unbedingte sittliche Erneuerung kann das Reich Gottes nötigen, in
die Erscheinung zu treten. Als Ethik der Endzeit, also gerade kraft ihrer
Verwurzelung in einer an Volk und Zeit Jesu gebundenen Weltanschauung, ist sie von jeder Bindung an die Einmaligkeit eines Jetzt und Hier
frei.‘‘[40] Es wäre nicht schwer, von hier aus die Linien auszuziehen bis hin
zum Verständnis der Eschatologie innerhalb der mit und um Rudolf
Bultmann geführten hermeneutischen Diskussion[41]. Denn wo Eschatologie Geschichte als Entscheidungszeit qualifiziert und den Menschen in die
Verantwortung stellt, mit deren Wahrnehmung hier und jetzt der Sinn der
Geschichte erfaßt wird[42], da besteht eine auffallende Übereinstimmung
mit Schweitzers absoluter Ethik, die gleichwohl als überethischer Idealismus von Bultmanns Verständnis unterschieden bleibt. Man kann sagen,
daß Schweitzer mit seiner Geschichte der Leben-Jesu-Forschung der
Theologie geholfen hat, sich auf die Grundlagen ihres Glaubens zu besin-
nen. Der historische Jesus ist daraus nicht wegzudenken, auch wenn er als
solcher nicht unmittelbar der Grund gegenwärtigen Glaubens sein kann.
Theologie wäre eine leere Hülse, wenn sie am *Jesus der Geschichte* vorbei
getrieben würde. In ihm hat sich Gott definitiv zu erkennen gegeben. Und
so gilt ihm zuletzt und mit Recht das Bekenntnis: Kyrios Jesus (1Kor
12,3). ,,Darum ist es gut‘‘, so schließt Schweitzer die erste Auflage seines
Buches, ,,daß der historische Jesus den modernen stürzt, sich wider den
modernen Geist erhebt und auch uns nicht den Frieden sendet, sondern
das Schwert. Er ist nicht ein Lehrer und Grübler, sondern ein Gebieter
und Herrscher. Darum, weil er dies seinem innersten Wesen nach ist,

---

der theologisch noch hermeneutisch beeinflußt ist‘‘. Jedoch: bei der Hermeneutik ist Vorsicht geboten; Schweitzer hat keine reflektiert, aber er hat eine praktiziert.

[40] W. Picht 243.
[41] Vgl. die Andeutungen in J. A. Robinsons ,Einführung‘ 13 f. 19 ff.
[42] R. Bultmann, Das Verständnis der Geschichte im Griechentum und im Christentum,
in: GV IV (91–103) 103.

konnte er sich selbst als den Menschensohn erfassen. Das war nur der zeitlich bedingte Ausdruck dafür, daß er ein Gebieter und Herrscher ist. Die
Namen, mit denen man ihn als solchen bezeichnete, Messias, Menschensohn, Gottessohn, sind für uns zu historischen Gleichnissen geworden.
Wir finden keine Bezeichnung, die sein Wesen für uns ausdrücke.''[43] Aber
wir finden den Gehorsam, der uns seinem Willen gefügig macht und die
Aufgaben in Angriff nehmen läßt, die in seinem Namen zu tun sind.

Das nennt Schweitzer die ,,freie Religiosität'', von der er wünscht, daß
sie mit der ,,gebundenen'' eine Einheit bilde.

20. Schweitzers theologischer Ort
in der Geschichte der Jesusforschung

Einer der überzeugtesten Anhänger Albert Schweitzers, Martin Werner, hat in seinem Hauptwerk ,,Die Entstehung des christlichen Dogmas''
geurteilt: ,,Die Konstruktion der konsequenten Eschatologie ist geschichtswissenschaftlich in Wahrheit derart glänzend ausgewiesen und gerechtfertigt, daß sie als die endgültige geschichtliche Lösung des Problems
des historischen Jesus und des Urchristentums anerkannt werden muß.''[1]
Dies ist ein eklatantes Fehlurteil. ,,Genau das Gegenteil ist der Fall'', bemerkt Helmut Groos. ,,Schweitzers Lösung, ausgezeichnet durch ‚mu-
sterhaften Scharfsinn‘ und ‚geradezu geniale Kombinationsgabe‘, wird
gewiß immer als einer der interessantesten und großartigsten Lösungsver-
suche dastehen, hat aber zugleich, geschichtswissenschaftlich betrachtet,
ohne Zweifel als gescheitert zu gelten.''[2] Tatsächlich gibt es keinen einzigen Neutestamentler von Rang, der Schweitzers Konstruktion *als ganze*
übernommen hätte[3]. Schuld daran ist die *exegetische* Undurchführbarkeit
der Schweitzerschen konsequent-eschatologischen Konstruktion, die er
bereits in der Skizze 1901 entworfen und dann bis in das posthum erschienene Werk ,,Reich Gottes und Christentum'' 1967 durchgehalten hat.
Das im einzelnen nachzuweisen, ist hier nicht der Ort. Groos hat zuletzt
gezeigt, daß die *vier Grundpfeiler* des Jesusbildes von Schweitzer dem
Textbefund nicht entsprechen und also durch und durch brüchig sind.

---

[43] RW 401; (2. Teil des Zitats leicht verändert auch) LJ 642/Werke 3, 887/GTB 630.
[1] Ebd., Bern/Leipzig 1941, 77.
[2] H. Groos 247.
[3] Immerhin gab es in England eine positive Aufnahme des Buches (vgl. G. Seaver 228 ff.).
Für die konsequente Eschatologie traten ein W. Sanday, The Life of Christ in recent re-
search, 1907; F. C. Burkitt, The Eschatological Idea in the Gospel, 1909; George Tyrell,
Das Christentum am Scheideweg (zuerst engl. 1909), München/Basel 1959.

Der *erste* Grundpfeiler betrifft die Herabzwingbarkeit des Reiches Gottes auf diese Erde durch Menschen. Hauptbelegstelle ist Mt 11,12: ,,Von den Tagen Johannes des Täufers an bis jetzt geschieht dem Himmelreich Gewalt und Gewalttätige reißen es an sich." Nach Schweitzers Deutung besagt der Vers, daß eine Gesamtheit von Büßenden Gott das Reich abringt. Entsprechend werden von Schweitzer die sogenannten Kontrastgleichnisse vom Sämann, Senfkorn und Sauerteig gedeutet: Der kleine Anfang ist die Bußbewegung des Täufers, das herrliche Ende die notwendig auf die Aussaat folgende große Ernte. Aber die Kontrastgleichnisse reden nicht davon, daß sich das große Ende aus dem kleinen Anfang entwickelt. Sie pointieren die Größe des göttlichen Wunders. Und was Mt 11,12 anbetrifft, so hängt Schweitzer hier alles an *einen* dünnen Faden: das entscheidende Verb βιάζεσθαι läßt sich exegetisch nicht eindeutig in dem genannten Sinne interpretieren[4]. Vor allem aber bleibt ein Haupteinwand gegen Schweitzers Auslegung: der Reich-Gottes-Gedanke in der Verkündigung Jesu verträgt keinerlei menschlichen Aktivismus.

Gottes Reich ist ausschließlich Gottes Gabe und nicht des Menschen Aufgabe. Der Aktivismus ruht nicht in den Texten, wohl aber in Schweitzers Brust: Der das Reich herbeizwingende heroische Jesus, dieser ,,Moralist und Rationalist", der für die sittliche Vollendung der Welt eintritt, trägt Züge, die in der Biographie Schweitzers wiederzufinden sind. Und die aller vorgängigen Leben-Jesu-Forschung, dieser ,,vornehmen, modern-religiösen Heimatkunst im weiteren Sinne"[5], vorgeworfene Dependenz von Geschichtsvorstellung und jeweils gegenwärtigem Wahrheitsbewußtsein (,,jeder einzelne schuf ihn nach seiner eigenen Persönlichkeit"[6]) trifft mutatis mutandis auch Schweitzer selbst[7].

Der *zweite* Grundpfeiler betrifft die Aussendung der Jünger zur Mission. Der entscheidende Text ist Mt 10,23: ,,Denn Amen, ich sage Euch:

---

[4] Vgl. zuletzt W. G. KÜMMEL, ,,Das Gesetz und die Propheten gehen bis Johannes" – Lukas 16,16 im Zusammenhang der heilsgeschichtlichen Theologie der Lukasschriften, in: W. G. KÜMMEL II 75–86.

[5] RW 309/LJ 342/Werke 3, 498/GTB 358.

[6] AaO 4/4/47/48.

[7] T. KOCH, A. Schweitzers Kritik des christologischen Denkens 210f. meint, es ,,dürfte schwerlich gelingen", die konsequent-eschatologische Jesusdarstellung als ,,Projektion" dessen zu erweisen, ,,was Schweitzer in seiner Gegenwart für wahr und christlich hielt". Das ist richtig und falsch zugleich. Richtig, sofern Schweitzer die Eschatologie so realistisch nimmt, wie sie im 1. Jh. gemeint war; falsch, sofern er Jesus als eschatologischen Ethiker nimmt, den Schweitzer mit der eigenen Sittlichkeit des 20. Jahrhunderts belebt. Diese Konvergenz der Charakteristik Jesu und Schweitzers bemerkte schon O. Kraus 51ff. Sie bleibt auch T. Koch 216, Anm. 26, nicht verborgen.

Ihr werdet nicht vollständig durch die Städte Israels hindurchkommen,
bis der Menschensohn kommt." Für Schweitzer ist dieser Vers das erste
Datum der Parusieverzögerung. Denn die Jünger kehren von der Mission
zu Jesus zurück, ohne daß das Reich gekommen ist, während nach Aussage des Verses selbst dies nicht vorgesehen gewesen sei (s. o. S. 29ff.). Solche Auslegung muß völlig davon abstrahieren, daß das Logion in eine Re-
dekomposition des Matthäus eingesprengt ist, in der alle möglichen Sprüche zusammengefaßt werden, die die Missionssituationen der *Urgemeinde* betreffen und die erst nachträglich in das Leben Jesu zurückge-
spiegelt werden. Zum andern sagt der fragliche Vers selbst nichts darüber,
daß Jesus seine Jünger nicht mehr zurückerwartet habe, sondern er
spricht ganz allgemein vom Missionsauftrag der Jünger, der so, wie er
jetzt formuliert ist, nicht nur mit wenigen Tagen oder Wochen rechnet,
sondern auch eine sich über Jahre hin streckende Gesamtarbeit meinen
kann. Im übrigen beruht die Annahme, daß Mt 10,23 das erste Datum der
Parusieverzögerung darstelle, auf einer künstlichen Kombination von
ganz disparaten Texten. Und tatsächlich liest Schweitzer die Rückkehr der
Jünger zu Jesus nicht aus dem Matthäus-Text, sondern aus dem Mar-
kus-Evangelium (Mk 6,30). Also ist das erste Datum der Parusieverzögerung nicht exegesiert, sondern erdichtet.

Es entspricht Schweitzers Methode, einen Text literarkritisch unge-
schoren zu lassen, solange er seine Theorie stützt. Die Problematik solcher Verfahrensweise wird besonders deutlich beim Gleichnis vom Sämann. Für Schweitzer entscheidet es in ganz realistischer Weise die Ter-
minfrage. Er läßt dieses Gleichnis gesprochen sein kurz nach der Aussaat,
im Frühling also. ,,*Die Natur war Gottes Uhr. Mit der letzten Aussaat
hatte er sie zum letztenmal gestellt.*"[8] Nur weil Schweitzer die Chronolo-
gie und den Aufriß des Markus-Evangeliums als den historisch zutreffenden Sachverhalt annimmt, kommen die Saatgleichnisse an den Anfang des
Wirkens Jesu zu stehen (Mk 4). In Wahrheit wissen wir nichts darüber, zu
welcher Gelegenheit und in welchem Zusammenhang seines Wirkens Jesus diese Gleichnisse gesprochen hat.

Der *dritte* Pfeiler meint die durch die Parusieverzögerung vorgenommene Umorientierung im Denken Jesu: nicht mehr *alle* müssen die Enddrangsale als Sühneleistung erleiden, sondern *einer leidet für viele*. Aber
nirgendwo in den Texten ist das Messianitäts- und Leidensgeheimnis miteinander verknüpft. Die Parusieankündigungen Jesu sprechen nicht von

---

[8] ML 100/Werke 5, 329.

seinem Leiden, seine Leidensweissagungen nicht von der Parusie. Die innere Wandlung Jesu aufgrund des Erlebnisses der Parusieverzögerung ist also Dichtung und nicht Wahrheit.

Der *vierte* Grundpfeiler betrifft den Zweck der Jerusalemreise: Jesus zieht dort hin allein um zu sterben und um so das Reich herbeizuzwingen. Schweitzer nimmt als selbstverständlich an, daß der von ihm postulierte dogmatische Leidensgedanke auch der geschichtliche sei. Tatsächlich aber wissen wir darüber, wie Jesus seinen Tod verstanden hat, wenig oder gar nichts. Sicher ist nur, daß die von Schweitzer hergestellte Kausalität zwischen dem Leiden Jesu und dem Kommen der Gottesherrschaft in die Texte eingelesen ist.

„Dogmatisch, darum historisch, weil eschatologisch zu erklären, sagt die konsequente Eschatologie."[9] Die Konstruktion der genannten vier Grundpfeiler ist darum folgerichtig nicht Ergebnis der Exegese, sondern umgekehrt: Was Ergebnis der Exegese ist, sagt die Konstruktion. Ein solches Verfahren ist methodisch unannehmbar.

Hinzu kommt – läßt man viele kritische Einzelfragen beiseite[10] – ein nicht weniger schwerwiegendes *theologisches* Defizit des Jesusbildes von Schweitzer. Es betrifft den *Gottesgedanken.* Das am zeitgenössischen Judentum gemessen *unterscheidend Jesuanische,* das Gnadenmotiv, wird offenbar von Schweitzer gar nicht wahrgenommen bzw. es hat in seiner Konstruktion keinen Platz. Ein Vergleich beispielsweise zwischen Johannes dem Täufer und Jesus wird erst in „Reich Gottes und Christentum" ausführlich angestellt mit dem Ergebnis, daß Jesus als Elia redivivus nur *größer* ist als sein Vorläufer[11]. Sonst gibt es kaum Unterschiede. Beider Bußruf gilt als derselbe, während er doch in Wahrheit bei dem einen von der Vorstellung des *Gerichtes* Gottes, bei dem andern vom *Vergeben* Gottes getragen ist[12].

An die Stelle der den Sünder suchenden Liebe Gottes in der Verkündigung Jesu tritt bei Schweitzer der strenge Prädestinationsgedanke: Viele sind berufen, wenige aber auserwählt (Mt 22,14). Ihn läßt Schweitzer noch unterstrichen sein durch die radikale Verstockungstheorie aus Mk 4,11 f., die seiner Meinung nach auf Jesus zurückgeht. An dieser Über-

---

[9] RW 384/LJ 432/Werke 3, 619/GTB 440.

[10] H. GROOS 184 ff. 233 ff. 242 ff. behandelt deren eine Fülle.

[11] RG 74 ff./Werke 4, 590 ff.

[12] Vgl. JÜRGEN BECKER, Johannes der Täufer und Jesus von Nazareth (BSt 63), Neukirchen-Vluyn 1972; OTTO BÖCHER, Johannes der Täufer in der neutestamentlichen Überlieferung, in: Rechtfertigung. Realismus. Universalismus in biblischer Sicht. FS A. Köberle (hg. v. Gotthold Müller), Darmstadt 1978, 45–68.

zeugung ist jedoch zweierlei falsch. a) Das Wort Jesu: ,,Euch ist das Geheimnis des Gottesreiches gegeben – doch denen draußen wird alles in
Gleichnissen gesagt, damit sie sehen und sehen und doch nichts erkennen,
und hören und hören, und doch nichts verstehen und daher auch nicht
umkehren und Vergebung empfangen können" (Mk 4,11f. in der Über-
setzung von Ulrich Wilckens) ist in dieser Form nicht ein Jesuswort, sondern markinische Theorie, mit der er sein Motiv vom Messiasgeheimnis
unterstreicht. b) Das entscheidende griechische Wort μήποτε kann nicht
nur heißen ,,auf daß nicht" (oder wie Wilckens übersetzt: ,,Und daher
auch nicht . . ."), sondern es kann auch heißen: ,,es sei denn, daß"[13].
Also ist gemeint: ,,Denen draußen wird alles in Gleichnissen gesagt, damit
sie sehen und sehen und doch nichts erkennen . . . es sei denn, daß sie
umkehren und Vergebung empfangen können." Mk 4,11f. redet also gerade nicht der radikalen Verstockung das Wort, sondern der Möglichkeit,
daß die Verstockung endet!

Auch hier regiert die Konstruktion die Exegese. Schweitzers Interpretation dient allein der weiteren Absicherung seines vorher schon fixierten
Jesusbildes. Die Stelle kommt ihm entgegen, darum nimmt er kritische
Auslegungen gar nicht zur Kenntnis. Mehr noch: Er bedient sich auf einmal selbst der sonst so gescholtenen Psychologisierung: hätte Jesus sein
Messianitätsgeheimnis herausgelassen samt das ihn bestimmende Bewußtsein der großen Nähe des Reiches Gottes, so hätten sich vielleicht viele
seiner Zuhörer noch bekehrt, auch solche, denen es nicht vorherbestimmt
war. Da es aber gewahrt bleibt, wird das Geheimnis vielen zum Fallstrick.
Zu diesem prekären Punkt bemerkt Groos: ,,Aber anstatt nach irgendeiner Jesus entlastenden Möglichkeit Ausschau zu halten, kommt Schweitzer diese ,grauenhafte' Theorie wie gerufen, um zu erklären, warum Jesus
seine Messianität geheimzuhalten suchte. Vielleicht lag Jesus die Erwä-
gung nahe, meint Schweitzer, ,daß er sich nicht offenbaren dürfe, weil er
dadurch die Nähe des Reiches allzu gewiß und sichtbarlich bezeugt hätte,
so daß auch solche, denen es nicht bestimmt war, sich bekehrt hätten und
durch den Glauben an ihn gerettet worden wären'."[14] Es wundert nicht,
daß angesichts einer solchen Interpretation die Frage aufgeworfen werden
konnte, ob ,,damit nicht das Jesusbild in seinem innersten Wesen so verändert" ist, ,,daß er aufhört, der Herr unseres Glaubens zu sein"[15]. Je-

---

[13] JOACHIM JEREMIAS, Die Gleichnisse Jesu, Göttingen ⁶1962, 13; R. PESCH, Markusevangelium I 236–241.

[14] H. GROOS 183 (das Zitat aus LJ 396/Werke 3, 571/GTB 407).

[15] AaO (die Frage hatte H. Schuster, Die konsequente Eschatologie in der Interpretation
des NT, in: ZNW 47, 1956, 22 gestellt).

denfalls vermag eine unvoreingenommene Exegese in diesem Bild weder den Jesus der Geschichte noch den Christus des Glaubens zu erkennen, für den gerade die Inanspruchnahme der Barmherzigkeit Gottes charakteristisch war. Eine Erklärung für diese verhängnisvolle Fehleinschätzung Jesu bei Schweitzer liegt nahe: Der Ausfall der historisch-kritischen Exegese und der „einseitige Aktivismus" Schweitzers arbeiten hier Hand in Hand. Er zeigt sich nirgends deutlicher als in der Grundentscheidung, den Markus-Aufriß ohne weiteres mit dem historischen Ablauf der Geschehnisse übereinstimmen zu lassen. Nach H. Windischs Meinung hat Schweitzer damit ein „Dilemma" aufgestellt: „entweder ist Jesus ganz unhistorisch oder ganz historisch, d. h. die synoptische Ueberlieferung bei Mark. und Matth. ist namentlich in ihren messianisch-eschatologischen Stücken zu nehmen wie sie ist. So entpuppt sich Schw. als ein im Grunde überaus konservativer Gelehrter; verliert aber in seinem eschatologischen Enthusiasmus alle Besonnenheit; die sichtlichen Resultate der synoptischen Kritik wie die Künstlichkeit der Komposition des Mark. und der großen Reden existieren für ihn nicht"[16]. Völlig zu Recht schreibt Groos im Blick auf diesen einen Fehlgriff: „Damit aber ist das Urteil über Schweitzer gesprochen. Sein kühner Versuch, der aus der Not eine Tugend macht – von allen seinen Gedanken wohl der originellste und gewagteste –, die dogmatischen Elemente der Berichte, in deren Eliminierung einer der wichtigsten methodischen Grundsätze der historisch-kritischen Forschung besteht, im Gegenteil als historisch zu nehmen und geradezu als Leitfaden für die Ermittlung des Geschehens zu benutzen, war eben doch von Grund auf verfehlt. Seine Durchführung hat die Reihe der Jesusbilder um ein höchst eigenartiges bereichert, aber er hat zugleich vom Wege der methodisch gesicherten Forschung abgeführt. In der Lösung der konsequenten Eschatologie werden . . . ‚auf Schritt und Tritt' ‚entscheidende Dinge für historisch erklärt, deren Historizität heute nicht einmal mehr die gemäßigte Kritik behaupten möchte'."[17] Auch die leidenschaftlichste Verehrung für Schweitzer kann doch den Blick dafür nicht trüben, daß seine „Jesustheorie" heute nicht mehr diskutabel ist. Selbst die scharfe Kritik, daß sie geradezu „abenteuerlich" anmute, ist noch verständlich. „Abenteuerlich ist ihr Gehalt, ihr Gegenstand: dieser extrava-

---

[16] H. WINDISCH, Rezension LJ 340f. M. RADE, ChrW 21, 1907, 337 Anm. dagegen bekannte freimütig: „Ich habe das Buch mit Vergnügen und Gewinn gelesen, aber mich immer wieder nicht entschließen können es den Lesern vorzustellen: es kann den, der es nicht zu kontrollieren vermag, nur verwirren."
[17] H. GROOS 254f.

gante dem Rad der Geschichte in die Speichen fallende Jesus. Abenteuerlich ist aber auch die Methode, mit der diese Theorie erarbeitet wurde: das Aufpfropfen eines radikal-revolutionären Reises auf einen konservativen Baum. So hat Schweitzer mit seinem Unternehmen nicht nur Jesus zum Abenteurer gemacht, er ist dabei auch selbst ein wissenschaftlicher Abenteurer geworden."[18]

Aber wie alle Medaillen hat auch diese ihre Kehrseite. Warum ist der „Abenteurer" noch immer ein diskussionswürdiger Theologe? Warum ist seine Konstruktion nicht längst der Vergessenheit anheim gefallen? Offenbar genügt die o. g. Kritik nicht, um Schweitzer von der theologischen Tagesordnung abzusetzen, weil sie ihm nicht ganz gerecht wird. Denn alle berechtigte Kritik an den einzelnen Bausteinen und an der Konstruktion im ganzen vermag doch die merkwürdige Tatsache nicht aus der Welt zu schaffen, daß sich die konsequent-eschatologische Lösung religionsgeschichtlich und hermeneutisch als äußerst fruchtbar erwies für das Verständnis Jesu und der urchristlichen Geschichte. Daß die Entwicklung der Leben-Jesu-Forschung uns noch einmal dazu führen würde, die Fragestellungen und Probleme Schweitzers zu memorieren, hätte vor 50 Jahren niemand für möglich gehalten. Es sind *unerledigt* gebliebene Fragen, die Schweitzer aufgeworfen hat und die die ungebrochene Aktualität seines Buches bis zum heutigen Tage ausmachen.

Überblickt man die Entwicklung seit Schweitzer, so muß man sagen: Es hat sich gerächt, daß Schweitzers *Destruktion* der Leben-Jesu zwar vorbehaltlos übernommen, seine *Konstruktion* aber diskussionslos ad acta gelegt wurde. Für Schweitzer selbst jedoch – und das läßt ihn trotz seines problematischen Verhältnisses zur Literarkritik der Entwicklung nach ihm turmhoch überlegen sein – ist das eine vom andern nicht zu trennen. Und das aus sachlich-theologischer Notwendigkeit: Die Liquidation des Historismus innerhalb der Theologie kann und darf nicht identisch sein mit der Liquidation der Frage nach Person und Schicksal Jesu. Darin hätte Schweitzer nur das Ende der Theologie überhaupt sehen können.

Tatsächlich ist die Forschung nach Schweitzer zunächst diesen Weg gegangen. Wrede siegte über Schweitzer, die Literarkritik über die geschichtliche Lösung[19]. Die sich mit glänzenden Ergebnissen präsentierende Formgeschichte (Karl Ludwig Schmidt und Martin Dibelius 1919, Rudolf Bultmann 1921) beschleunigte den Siegeszug des Antihistorismus in der Theologie – mit dem Ergebnis, daß bei ihrem „fortgesetzten Expe-

---

[18] H. GROOS 256.
[19] Vgl. das großartige Resümee bei W. PICHT 211 ff. 248 ff.

rimentieren" (Schweitzer) die Leben-Jesu-Forschung zuletzt bei der totalen Negierung ihrer selbst anlangte. In dem Maße, in dem die Formgeschichte mit einem zunehmend verfeinerten literargeschichtlichen Instrumentarium nachzuweisen vermochte, daß die Evangelien tendenziöse Darstellungen des Glaubens der Urgemeinde sind, wurde mit der Zeit nur noch dieser Glaube interessant. Signifikant für diese Entwicklung ist das 1926 erschienene Jesusbuch von Rudolf Bultmann, in dem „Jesus" nur noch als Träger einer Botschaft erscheint. Die *Person* tritt völlig hinter die Sache zurück. Es kann nicht nur nicht, „es darf (!) nicht mehr gefragt werden, ob das und das möglich oder wirklich gewesen ist, sondern wie, seit wann, zu welchem Zweck und in welcher Form es überliefert ist"[20].

Die verhängnisvollen Folgen dieser weiteren Entwicklung hat Werner Picht eindrucksvoll beschrieben[21]:

1. Die historische Problematik wurde bei der Frage nach der Heilstat Gottes in Jesus Christus prinzipiell ad acta gelegt. „Der Χριστὸς κατὰ σάρκα geht uns nichts an; wie es in Jesu Herzen ausgesehen hat, weiß ich nicht und will ich nicht wissen."[22]

2. Es kommt zur unbegrenzten Legitimierung des Streichungsverfahrens. Obwohl es keine allgemein anerkannten Kriterien für echt und unecht gibt, wird viel synoptisches Material als „sekundär" ausgeschieden.

3. Bedeutendstes Merkmal der Entwicklung ist das Auseinanderklaffen von Person und Sache. Die Begründung dafür lautet bei Bultmann: „Das innere Verhältnis von Wort und Träger des Wortes ist für den Anspruch des Wortes gleichgültig."[23] Die Frage nach der *Vollmacht Jesu* wird damit prinzipiell suspendiert. Wer immer will, kann „Jesus" beim Lesen der Synoptiker in Anführungszeichen setzen[24].

Die Bedenklichkeit dieser Entwicklung kommt in dem untendenziösen Urteil des Nichttheologen Werner Picht besonders eindrucksvoll zur Geltung. Er ist überzeugt, „daß die Christenheit auf das Bild Jesu von Naza-

---

[20] W. PICHT 250. Dieses Urteil ist keine Übertreibung. Nach Bultmann und der „dialektischen" Theologie hat man das Interesse am historischen Jesus für *theologisch* verboten anzusehen. Vgl. W. SCHMITHALS, Die Theologie Bultmanns 200 ff., bes. 206 f.; DERS., Das Evangelium nach Markus. ÖTK 2/1 (GTB 503), Gütersloh und Würzburg 1979, 61–70 („Die Problematik der Frage nach dem historischen Jesus"); K. BARTH, How my mind has changed, EvTh 20, 1960, 104.
[21] W. PICHT 253 ff.
[22] R. BULTMANN, GV I 101.
[23] AaO 100.
[24] R. BULTMANN, Jesus 16.

reth und darüber hinaus auf die Kunde von seinem Denken, Tun und Reden nicht verzichten wird und nicht verzichten kann. Der Wunsch ,etlicher Griechen': ,Herr, wir wollten Jesum gerne sehen' (Joh 12,21) wird ein brennendes Verlangen bleiben, solange es Christen gibt. Daß es unerfüllbar sei, ist durch die sich in ihren Ergebnissen widersprechende kritische Evangelienforschung keineswegs erwiesen. Das Christentum hat seinen Ursprung weder in einer Mythologie noch in einer Ideenlehre, sondern in einer geschichtlichen Person und verwirklicht sich in ,Nachfolge' *(imitatio)*. Das kirchliche Dogma von der Menschwerdung Gottes hat dieses Wesenselement christlicher Religion durch die Jahrhunderte vor seiner Absorbierung durch die Christologie bewahrt. Das Bekenntnis zu Jesus als dem Herrn ist der Einheitsnenner der christlichen Konfessionen, den auch der protestantische Liberalismus nicht preisgegeben hat. Eine Theologie, die auf das urchristliche Kerygma vom irdischen Jesus verzichtet; die den Blick von der Gestalt abwendet, in der sich, wie immer man dieses personhafte Auftreten göttlichen Wesens auf Erden theologisch deuten mag, das Ur- und Vorbild christlichen Seins darstellt; ja die nicht mehr den Zugang zu dem Herzen sucht, ,das die Menschen so sehr geliebt hat' (Sainte Marguerite-Marie Alacoque), hat keine Aussicht, anerkannte christliche Lehre zu werden. Sie mag ihre Mission haben, aber sie wird Episode bleiben"[25].

Die Phase der Ablehnung des Historismus in der Theologie war lang. Zu ihrer Forcierung trug nicht nur die Dialektische Theologie Karl Barths bei, sondern auch die Entmythologisierungsdebatte Rudolf Bultmanns, die in logischer Konsequenz aus der Leben-Jesu-Bewegung erwachsen ist. Das zeigt etwa die hier zentral geführte Diskussion um die Bewältigung des Wunderproblems und die Flucht vor dem Historischen als dem Vergangenen[26]. Dennoch war in dieser langen Phase die Leben-Jesu-Forschung nur gelähmt, nie aber definitiv beendet[27]. So war es nur eine Frage der Zeit, wann sich das elementare Interesse der Theologie an dem Jesus der Geschichte erneut geltend machen würde.

Der Umschlag ist inzwischen unübersehbar geworden und liegt bereits wieder über 20 Jahre zurück. Bald nach Ernst Käsemanns berühmtem Vortrag über das Problem des historischen Jesus aus dem Jahre 1953 hat

---

[25] W. Picht 267.
[26] Eindrucksvoll gezeigt bei W. Picht 257ff.
[27] Vgl. W. G. Kümmel I 392ff.
[28] H. J. Cadbury, Dunkelheit um den historischen Jesus 167; vgl. E. Grässer, Jesus-Literatur 7f.

man sich angewöhnt, von der *neuen* Frage nach dem historischen Jesus zu sprechen. Man hatte die *alte* von Schweitzer behandelte Frage nicht einfach hinter sich gelassen, wie es hier und da wohl der Wunsch, nicht aber die Wirklichkeit war. Denn es zeigte sich schnell, daß die Probleme unverändert dieselben geblieben waren: Was wissen wir von Jesus (Quellen)? Was bedeutet er dem heutigen Glauben (Person)? In den Antworten ist fast alles wieder da, wovon die damalige Leben-Jesu-Forschung bestimmt war: von den Leitbildern der Aufklärung, des deutschen Idealismus und des aufkommenden Sozialismus; worin sie Jesus faßte: im Bilde des rationalistischen Tugendlehrers, des religiösen Genies, des idealen Streiters für das vergewaltigte Proletariat; von woher sie ihn verstand: vom Gedanken der Kantischen Ethik und der Religiosität des Kleinbürgers des 19. und 20. Jahrhunderts – das alles motiviert in terminologisch variierter Form auch die heutigen Leben-Jesu-Produktionen, die hochtourig laufen. Schweitzer hätte weitaus Stoff genug, seiner Geschichte der Leben-Jesu-Forschung II. Teil zu schreiben. Und genau wie der I. Teil könnte auch dieser sehr umfangreich sein und – zur entlarvenden ,,Bücherrevision einer zahlungsunfähigen Firma'' geraten[28]. Allerdings ist unter vielem Stroh, das hier gedroschen wird, auch manche mit Körnern reich gefüllte Ähre! In der besonders im Kreise der Schüler Rudolf Bultmanns geführten Debatte um den historischen Jesus, mehr noch bei Werner Georg Kümmel, Eduard Lohse, Joachim Jeremias, Leonhard Goppelt und vielen katholischen Exegeten (um nur die inländischen zu nennen) zeichnet sich als positives Ergebnis übereinstimmend ab: die Person Jesu ist von ihrem Werk nicht zu trennen. Und gerade *weil* die Formgeschichte uns gelehrt hat, aus dem synoptischen Traditionsgut Jesu Wort und Verhalten in seinen Grundzügen mit hinreichender historischer Sicherheit zu rekonstruieren, hat sich der Satz weitgehend erledigt, daß wir vom historischen Jesus nichts wissen können. Vor allem aber ist die Position unhaltbar, daß die Frage nach ihm theologisch ,,nicht möglich'' sei (W. Schmithals). Einem so begründeten Desinteresse am historischen Jesus wird die theologische Notwendigkeit entgegengesetzt, das von Jesus Wißbare herauszuarbeiten, damit wir nicht auf einmal unausweichlich einem mythologischen Herrn gegenübergestellt sind. ,,Es geht darum, kritisch rechte von falscher Botschaft zu trennen, und dies geschieht eben mit Hilfe dessen, der damals der historische Jesus war und sein mußte.''[29]

---

[29] E. KÄSEMANN, EVB II 55. Zur Diskussion vgl. vor allem JAMES M. ROBINSON, Kerygma und historischer Jesus, Zürich ²1967; ferner den von HELMUT RISTOW und KARL MATTHIAE hg. Sammelband ,Der historische Jesus und der kerygmatische Christus. Beiträge

Mit dieser Programmatik ist die neue Frage nach dem historischen Jesus deutlicher als erwartet zu Schweitzer zurückgekehrt. Nicht zu seiner Konstruktion! Sie ist und bleibt exegetisch indiskutabel. Aber zu der mit der Konstruktion ausgesprochenen „Hauptfrage . . ., in welcher Weise und mit welchem Ergebnis sich der christliche Glaube mit der historischen Wahrheit über Jesus auseinandersetzt"[30]. Er ist das „wahre, unerschütterliche, historische Fundament, das von jeder geschichtlichen Erkenntnis und Rechtfertigung unabhängig ist, weil es eben da ist"[31]. Der *historische* Jesus ist der „lebendige Messias"[32] – oder das Christentum ist grundlos. Entweder ist der historische Jesus, wie er von der ältesten Tradition geschildert wird „und uns in seinen Aussprüchen entgegentritt, eine Persönlichkeit, die uns etwas zu sagen hat, als Kraft auf uns wirkt und unsere Religion bereichert", oder alle nachösterliche Christologie ist nur ein „Totenhemd", das sie ihm angezogen hat[33].

Neben dieses Erbe der Schweitzerschen Leben-Jesu-Forschung tritt das andere, das er der Theologie als bleibende Aufgabe vermacht hat: die „religionsphilosophische Frage" oder das „Problem des Verhältnisses von absoluter zu geschichtlicher Religion", in dessen „*Mittelpunkt*" die Frage nach Stellung und Bedeutung der Person Jesu steht – nicht als „Fundament", sondern als „Element der Religion"[34]. Schweitzer wußte, daß „geschichtliche Erkenntnis wohl Klärung vorhandenen geistigen Lebens bringen, aber nie Leben wecken kann"[35]. Diese Einschränkung gilt auch für Jesus, der als historischer vergangen ist. Darum scheidet eine „‚geschichtliche' Lösung der Frage nach der Bedeutung Jesu für die heutige Religiosität" aus[36]. „Sie kann nur aus der religiösen Überlegung be-

---

zum Christusverständnis in Forschung und Verkündigung', Berlin ²1961; NIKOLAUS WALTER, „Historischer Jesus" und Osterglaube. Ein Diskussionsbeitrag zur Christologie, ThLZ 101, 1976, 321–338. Speziell im Blick auf Schweitzer vgl. T. KOCH, Schweitzers Kritik des christologischen Denkens 208 ff.

[30] LJ XVI/Werke 3, 33/GTB 40. Die Frage des Tübinger Dogmatikers THEODOR HÄRING: „Gäbe es Gewißheit des christlichen Glaubens, wenn es geschichtliche Gewißheit von der Ungeschichtlichkeit der Geschichte Jesu Christi gäbe?", weist Schweitzer als „gefährliche Sophistik" zurück, „da ein absolut zwingender Beweis der Geschichtlichkeit Jesu ebenfalls nicht zu führen ist" (aaO 520 Anm. 1/733 Anm. 14/520 Anm. 14).

[31] RW 397 (ohne Nachsatz „weil es eben da ist")/aaO 632/873/621.

[32] AaO –/517/729/518.

[33] AaO 524 f./738 f./524.

[34] AaO 512. 514 f. 595/723. 726. 827 f./513. 515. 580.

[35] RW 397 („Die Geschichte vermag Gegenwart zu zerstören, Gegenwart mit Vergangenheit zu versöhnen . . .")/aaO 632/874/621.

[36] AaO – /518/731/519. In der 1. Aufl. lautete die Erklärung dafür: „Es ist der Geschichte nicht gegeben, das Bleibende und Ewige des Wesens Jesu von den geschichtlichen Formen,

antwortet werden", weil „die Religion ihrem Wesen nach von jeglicher Geschichte unabhängig ist."[37] Selbst „der Versuch, unsere Ethik als Ganzes aus der von Jesus verkündeten abzuleiten, ist sinnlos und verkehrt. Er kann zu nichts anderem führen, als daß die letztere künstlich zu einer auf unsere Zeit anwendbaren umgedeutet wird"[38]. Darum galt seine schärfste Kritik dem *unmittelbar* auf die Gegenwart gerichteten, ja, von ihr theologisch gesteuerten Interesse der liberalen Jesusauffassung. Und Traugott Koch stellt zu Recht fest: „Indem aber Schweitzer jenes *direkte* Ineinander von Geschichte und Gegenwartsbedeutung kritisch auflöst, destruiert er nicht weniger als das christologische Denken in dessen neuzeitlicher, ‚geschichtswissenschaftlicher' Form überhaupt."[39]

Schweitzer hat mit seiner eschatologischen Verfremdung Jesu dieses Problembewußtsein für die moderne Theologie nur heilsam verschärft. Seine Lösung – heutige Begegnung mit Jesus ist nur möglich als eine solche von Wille zu Wille – vermochte sie freilich nicht zu übernehmen. Vielmehr erkannte sie, daß von einer bleibenden Bedeutung Jesu nicht geredet werden kann abgesehen von dem Bekenntnis, daß er durch Kreuz und Auferstehung zum Kyrios und Christus geworden ist (Apg 2,36).

Bedenkt man die ungebrochene Aktualität dieser Grundsachverhalte in der heutigen theologischen Diskussion, so wird man auf keinen Fall sagen können, Schweitzers Geschichte der Leben-Jesu-Forschung habe ihre Zeit gehabt. Gewiß, in der Exegese der Evangelientexte sind Fortschritte gemacht worden, und die Erschließung bisher unbekannter Quellen hat uns das Judentum zur Zeit Jesu und damit die Jesusüberlieferung besser verstehen gelehrt. Die radikale Skepsis ihr gegenüber gilt nicht mehr als die wissenschaftlich gesicherte Alleinüberzeugung. Andererseits sind durch die neu entwickelten Methoden der Redaktionsgeschichte manche Überlieferungen stärker dem Zwielicht der Ungewißheit ausgesetzt. Trotzdem gibt es seit Schweitzer kein Ergebnis, das historisch besser gesi-

---

in denen es sich ausgewirkt hat, abzulösen" (RW 399). D. h., abständige Besonderheit und gegenwärtige Allgemeingültigkeit lassen sich nicht als Schale und Kern voneinander trennen. – In der 2. Aufl. hat SCHWEITZER obigen Satz, nicht aber die Sache aufgegeben (gegen T. KOCH, A. Schweitzers Kritik des christologischen Denkens 217, Anm. 30, der darin ein „Schwanken" sieht).

[37] LJ 519/Werke 3, 732/GTB 519. – Insofern er meinte, daß um des „Evangeliums" und des „Glaubens" willen der Rekurs auf den historischen Jesus aufzugeben sei, hat R. Bultmann die eindeutigste Konsequenz aus der Krise der liberalen Jesusauffassung gezogen, auch über Schweitzer noch hinaus. Vgl. T. KOCH, Albert Schweitzers Kritik des christologischen Denkens 210, Anm. 4.

[38] LJ 596/Werke 3, 827/GTB 588.

[39] T. KOCH, Schweitzers Kritik des christologischen Denkens 214.

chert wäre, als das der eschatologischen Grundhaltung Jesu und der Urgemeinde. Seine hypothetische *Lösung* der konsequenten Eschatologie
freilich, vor allem seine weitgreifende These: „Die ganze Geschichte des
‚Christentums' bis auf den heutigen Tag, die innere, wirkliche Geschichte
desselben, beruht auf der ‚Parusieverzögerung': d. h. auf dem Nichtein-
treffen der Parusie, dem Aufgeben der Eschatologie, der damit verbunde-
nen fortschreitenden und sich auswirkenden Enteschatologisierung der
Religion"[40], kann man bewundern, übernehmen kann man sie nicht[41].

Im wesentlichen aus zwei Gründen. (1.) Die theologischen Gedanken
der neutestamentlichen Schriften, die unterschiedlichen Christologien,
kurz: das Neue Testament als Ausdruck der die Urgemeinden gründen-
den und sendenden Glaubensgedanken macht aufs Ganze nicht den Eindruck, daß sie sich einer negativen Erfahrung (Parusieverzögerung) verdankt. Im Gegenteil! Treibendes Motiv war die fröhliche Gewißheit der
Gegenwart des auferweckten Gekreuzigten, der war, ist und kommt. Dieses *positive* Verständnis der heilsgeschichtlichen Entwicklung nach
Ostern, erkannt und geglaubt in der Kraft des *Geistes,* sowie die der
Agape von Anbeginn eigene *Weltbezogenheit* des christlichen Glaubens,
die weit stärker zu gewichten ist, als das bei Schweitzer der Fall ist, sind
die Ursachen dafür, daß es zu einer *fundamentalen* Krise christlichen
Selbstverständnisses in der frühesten Christenheit nicht gekommen ist.
Die Enteschatologisierung war *ein* Motiv des sich ausbildenden früh-
christlichen und frühkatholischen Credo, das entscheidende war sie nicht.

(2.) Der Eschatologiebegriff ist in seiner weltanschaulichen Verabsolutierung, die er sich bei Schweitzer gefallen lassen muß, theologisch unzureichend gewertet. Das gilt schon für die Form der Ansage des nahen Gottesreiches bei Jesus (Gleichnisse!), die man nicht einfach als vulgäre Apokalyptik klassifizieren kann. Das gilt vor allem für die jede Eschatologie
umgreifende „Vorzeitlichkeit, Überzeitlichkeit und Nachzeitlichkeit"
Gottes (Karl Barth), in der die neutestamentliche Wiederkunfts- und Enderwartung, eben die „Nachzeitlichkeit", nur *ein* Element ist. *Gott* ist das
aber alles „in gleicher Weise". „Vorzeitlich *war* Gott und überzeitlich *ist*
er schon Alles in Allem ohne Abstrich und Vorbehalt." Daß er auch *nach-
zeitlich* ist, heißt: „Er wird urteilen und sein Urteil wird nicht appellabel,
es wird endgültig sein. Und entsprechend seinem Urteil wird alles Gewe-
sene als solches vor ihm sein, was es sein muß, angenommen oder verwor-

---

[40] LJ 407/Werke 3, 586/GTB 417.
[41] Das zeigt gerade M. WERNERs diesbezüglicher Versuch. Zur Diskussion dazu vgl. J.
M. ROBINSON, Einführung 17 f.

fen, freigesprochen oder verdammt, zum ewigen Leben oder zum ewigen Tode bestimmt . . . Denn darin besteht das Reich Gottes, das er so oder so *Alles* in *Allem* ist." Insofern ist es tatsächlich unangebracht, auf dem Felde der neutestamentlichen Exegese die „konsequente Eschatologie" als Schlüssel zu *allen* Problemen zu benutzen, ist es „nicht weise, *diese* Erkenntnis, *dieses* Problem und diese Lösung des Problems als eine Art Aladinsches Zauberwort zu behandeln, dem sich nun gleich alle Türen zu allen Geheimnissen öffnen sollen"[42]. Es handelt sich bei der *richtigen* Erkenntnis der konsequenten Eschatologie dennoch nur um „interessante Zuspitzungen", die aber der „Lehre vom *lebendigen* Gott" nicht voll gerecht wird[43].

Methodische und theologische Vorbehalte bleiben also. „Aber alles dessen ungeachtet ragt" die Geschichte der Leben-Jesu-Forschung von Schweitzer „inmitten des Geländes der kritischen Jesusforschung als ein Gipfel empor, an dem diese sich als an einer kongenialen und Richtung weisenden Behandlung des ungeheuren Gegenstandes in Bejahung und Ablehnung orientieren sollte."[44] Schweitzers aus der Geschichte der Leben-Jesu-Forschung gezogene Konsequenz war ein Irrtum, freilich ein fruchtbarer. Denn faktisch ist mit der „Schlußbetrachtung" im XXV. Kapitel nicht nur der Historismus überwunden, sondern zugleich auch die Notwendigkeit einer neuen Hermeneutik eingeschärft, die Schweitzers Hinweis auf den vor allem Verstehen liegenden „Lebenszusammenhang" ernst nimmt[45]. Insofern verdankt die heutige Theologie ihm mehr, als ihr weithin bewußt ist.

21. Die psychiatrische Beurteilung Jesu (1913)

Mit Schweitzers medizinischen Studien lernen wir eine weitere Seite der „Polymorphie des Schweitzerschen Denkens" kennen[1]. Ein zusätzliches wissenschaftliches Interesse neben dem der Theologie lernen wir nur inso-

---

[42] K. BARTH, KD II/1, 720. 718. 711. 710.

[43] AaO 717.

[44] W. PICHT 277.

[45] Vgl. J. M. ROBINSON, Einführung 23; ferner D. E. NINEHAM, Schweitzer Revisited, in: DERS., Explorations in Theology 1, London 1977, 112 ff.

[1] Davon spricht W. PICHT 9. Zu Schweitzer als Mediziner vgl. die Aufsätze in H. W. BÄHR: PAUL MARTINI, Albert Schweitzer als Arzt, ebd. 313–320; RUDOLF NISSEN, Die Konsequenzen der Ehrfurcht vor dem Leben für die Medizin, ebd. 321–325; WOLFGANG KRETSCHMER, Albert Schweitzers Ethik und die moderne Psychiatrie, ebd. 326–335; YUSHI UCHIMURA, Der ärztliche Weg der Humanität, ebd. 336–339. – Der Beschäftigung mit Jesus unter einer medizinischen Fragestellung widmet ein besonders breites Kapitel mit einschlä-

fern kennen, als Schweitzer sich seinen Neigungen entsprechend endlich
mit ,,Wahrheiten" abgeben konnte, ,,die aus Wirklichkeiten bestanden".
Das war ihm ,,ein geistiges Erlebnis"[2]. Ein Anreiz zu wissenschaftlicher
Produktion auch auf diesem Gebiet war es nicht. Der Medizinmann ist
nicht ein zweiter neben dem Theologen. Den theologischen Forschungen
entspricht auf medizinischer Seite kein Äquivalent. Schweitzer beläßt es
bei der für den medizinischen Doktorgrad einzig zu erbringenden wissen-
schaftlich-selbständigen Arbeit, der Dissertation. Und die bleibt der Jesusforschung verhaftet! Das Zentrum seines Denkens festigt sich nur, es
verschiebt sich nicht. Der Mediziner bleibt Theologe. Mit dem Betreten
der Medizinischen Fakultät wird lediglich ein Kapitel Praktischer Theologie eingeleitet – wie Schweitzer sie verstand: als Dienen ,,der von Jesus
verkündeten Liebe"[3].

Zur Vorgeschichte des Entschlusses gehört zweierlei: Einmal der schon
genannte Vorsatz des 21jährigen Studenten, bis zu seinem 30. Lebensjahr
der Wissenschaft, dem Predigtamt und der Kunst zu leben, um sich dann
unmittelbar einem Dienst an den Menschen zuzuwenden. Zum anderen
der im Herbst 1904 unvermutet gehörte Ruf Afrikas. Schweitzer fand auf
seinem Schreibtisch im Thomasstift eines der grünen Hefte, in denen die
Pariser Missionsgesellschaft allmonatlich über ihre Tätigkeit Rechenschaft ablegt. Sein Auge fiel auf einen Bericht von Alfred Boegner, dem
Leiter der Pariser Missionsgesellschaft, über die Arbeit im Kongo. Der
Artikel trug die Überschrift ,,Les besoins de la Mission du Congo"[4] und
schloß mit den Worten: ,,Menschen, die auf den Wink des Meisters einfach mit: Herr, ich mache mich auf den Weg, antworten, dieser bedarf die
Kirche." Schweitzer schreibt dazu: ,,Als ich mit dem Lesen fertig war,
nahm ich ruhig meine Arbeit vor. Das Suchen hatte ein Ende."[5]

Bald danach, im Januar 1905, beim alljährlichen Missionsfest, predigt
Schweitzer über Mk 1,17: ,,Und Jesus sprach zu ihnen: Folget mir nach;

---

giger Sekundärliteratur H. GROOS 266 ff. Vgl. auch H. STEFFAHN, Du aber folge mir nach
66 f.

[2] LD 77. 96/Werke 1, 118.

[3] AaO 83/103.

[4] JME Juni 1904, 389–393, s. LD 81/Werke 1, 102.

[5] AaO 82/102. Dazu schreibt H. STEFFAHN, Du aber folge mir nach 70: ,,Wer ein Organ
hat für den schicksalhaften historischen Augenblick, wird hier verweilen. In der bekannten
Definition Stefan Zweigs war dies eine ,Sternstunde', die sich darin erweist, daß ,eine zeit-
überdauernde Entscheidung auf ein einziges Datum, eine einzige Stunde und oft eine Minute
zusammengedrängt ist', ein sublimer Moment höchster Verdichtung, der nicht nur über das
eine Leben entschied, sondern durch die davon ausgegangenen Folgen zeichenhafte Bedeutung wahrt."

ich will euch zu Menschenfischern machen." Man hat diese Predigt m. R. ein „biographisches Schlüsselwort"genannt[6]. Denn das Motiv für die schicksalhafte Wegbiegung im Leben Schweitzers legt sie unzweideutig offen. Es lautet: „*Sühne* für die Gewalttaten, die die dem Namen nach christlichen Nationen draußen begehen."[7] Das Christentum wird „zur Lüge und Schande, wenn das nicht dort, wo es begangen, gesühnt wird, und nicht für jeden Gewalttätigen im Namen Jesu, ein Helfer im Namen Jesu kommt, für jeden, der etwas raubt, einer, der etwas bringt, für jeden, der flucht, einer, der segnet".[8] Tatsächlich beweist diese Predigt, wie sehr im Leben Schweitzers *Jesus von Nazareth* „bis in wörtliche Motivwiederholung hinein eine Antriebskraft seines Handelns war"[9].

Der Entschluß, Urwaldarzt zu werden und so Jesu Ruf zur Nachfolge zu gehorchen, hat also gar nichts Überreiztes. Kein Quäntchen Schwärmerei oder seelenaufrüttelnde religiöse Erlebnisse kennzeichnen ihn[10]. Jesu Wort aus Lk 14,28 legt sich nahe: „Wer von euch wird bei dem Plan, einen Turm zu bauen, sich nicht zuerst hinsetzen und die Kosten berechnen, ob sein Vermögen reicht, um den Bau hochzuführen!" (Übers. U. Wilckens). Schweitzer weiß um den Gebieter und gehorcht – aber nicht blind! Es studiert Medizin. Nüchtern kalkuliert er das Wagnis und hält es für berechtigt, weil „ich es mir lange und nach allen Seiten überlegt hatte und mir zutraute, Gesundheit, ruhige Nerven, Energie, praktischen Sinn, Zähigkeit, Besonnenheit, Bedürfnislosigkeit, und was sonst noch zur Wanderung auf dem Wege der Idee notwendig sein konnte, zu besitzen und darüber hinaus noch mit der zum Ertragen eines etwaigen Mißlingens des Planes erforderlichen Gemütsart ausgerüstet zu sein"[11].

Die naturwissenschaftlichen Studien hat er sehr genossen. „Endlich war es mir vergönnt, mich mit dem Stoffe zu befassen, dem meine Neigung schon auf dem Gymnasium gegolten hatte! Endlich durfte ich mir die Kenntnisse erwerben, deren ich bedurfte, um in der Philosophie den Boden der Wirklichkeit unter den Füßen zu haben!"[12] Ein selten klares

---

[6] AaO 72; s. SP 47–55.

[7] SP 53.

[8] SP 54.

[9] H. STEFFAHN, Du aber folge mir nach 72.

[10] In einem Brief aus dem Jahre 1931 heißt es: „Ich bin sehr zurückhaltend in Äußerungen über mein religiöses Empfinden. Aber alles liegt im Schlußwort der ‚Leben-Jesu-Forschung': Jesus der Herr! Friede in Christo! Jesus hat mich einfach gefangengenommen seit meiner Kindheit . . . Mein Gehen nach Afrika ist ein Gehorsam gegen Jesus. Meine Entwicklung ist ohne jeden Bruch vor sich gegangen . . ." (zit. n. H. STEFFAHN, aaO 73).

[11] LD 83/Werke 1, 104f.

[12] AaO 96/118.

Zeugnis für den rationalistischen Grundzug in aller Polymorphie seines
Denkens! In seiner medizinischen Doktordissertation (Februar 1913) behandelt er die psychiatrische Beurteilung Jesu. Schweitzer hatte dieses
Thema nicht in erster Linie darum gewählt, weil gerade damals von medizinischer Seite einige Arbeiten zu diesem Thema erschienen waren. Viel
stärker empfand er die Verpflichtung, klärend in eine Diskussion einzu-
greifen, die er mit seiner eigenen Jesusforschung entscheidend angestoßen
hatte. „Ich fühlte", so schreibt er in der Vorrede der 1913 im Druck erschienenen Studie, „eine gewisse Verpflichtung zu dieser Aufgabe, da ich
in meiner ‚Geschichte der Leben-Jesu-Forschung' . . . das Apokalyptische und nach modernen Begriffen Phantastische in der Vorstellungswelt
des Nazareners stärker herausgearbeitet habe als sonst einer der auf diesem Gebiet arbeitenden Forscher und deswegen von H. J. Holtzmann
und anderen immer wieder darauf aufmerksam gemacht wurde, daß ich
einen Jesus darstelle, dessen Anschauungswelt sich wie ein ‚Wahnsystem'
ausnehme, wobei man es an warnenden Hinweisen auf die medizinischen
Arbeiten, die die ‚Paranoia' des jüdischen Messias erwiesen zu haben
glaubten, nicht fehlen ließ."[13]

Freilich – auch darauf weist die Vorrede hin –, Schweitzer ist unter den
Theologen nicht der erste, der den Finger auf das Problem einer psychiatrischen Beurteilung Jesu legt. Vielmehr ist er auch auf diesem Felde „ein
in der Fremde nachgeborener Tübinger". David Friedrich Strauß war es,
der in seinem ersten Leben-Jesu von 1835 die Frage nur eben aufgeworfen,
aber aus Scheu nicht weiter verfolgt hatte[14]. Erst in seinem „Leben-Jesu
für das deutsche Volk" (1864) wird Jesu Erwartung, nach seinem Tode als
Messias wiederzukommen, in der Nachbarschaft der Verrücktheit ange-
siedelt: „Wer nach seinem Tode wiederzukommen erwartet, in einer Art,
wie nie ein Mensch wiedergekommen ist, der ist uns, weil in bezug auf die

---

[13] PB V. Aber nicht nur das Apokalyptische hat Schweitzer betont. Gegen H. Frh. v.
Soden, der Jesus „germanisiert", wenn er schreibt: „. . . diese Natur ist kerngesund",
stellt er die Frage: „Ist ein Mensch mit einer weltflüchtigen Ethik, die sich zuletzt zu Reden
wie in Mt 19,12 (Eunuchenwort) versteigt, nach unsern Begriffen ‚kerngesund'? Und bietet
das Leben Jesu nicht genug Situationen, wo Jesus in Ekstase gewesen zu sein scheint?" (RW
306 Anm. 1; in LJ 339/Werke 3, 495/GTB 356 ist die Anm. gestrichen!)
[14] Zur Erwartung Jesu, als Messias-Menschensohn auf den Wolken des Himmels wiederzukommen, bemerkt Strauss, LJ I 494: „Wer diese Ansicht von dem Hintergrunde des
messianischen Planes Jesu blos desswegen scheut, weil er durch dieselbe Jesum zum
Schwärmer zu machen glaubt, der bedenke, wie genau diese Hoffnungen den langgehegten
Messiasbegriffen der Juden entsprachen, und wie leicht auf dem supranaturalistischen Boden
jener Zeit und in dem abgeschlossenen Kreise der jüdischen Nation eine für sich abenteuerli-
che Vorstellung, wenn sie nur Nationalvorstellung war und sonst wahre und grossartige Seiten bot, auch einen besonnenen Mann in sich hineinziehen konnte."

Zukunft eher eine Einbildung möglich ist, zwar nicht gerade ein Verrückter, aber doch ein arger Schwärmer", ein „Schwärmer, und zwar nicht geringen Grades."[15] Aber noch beschwichtigt Strauß seine Bedenken und verweist auf den ganz anderen Vorstellungsbereich, in dem Jesus dachte und den man nicht einfach mit den Vorstellungen unserer Zeit messen und aburteilen darf. Doch das Problem hat Strauß nicht ruhen lassen. Und in seinem Alterswerk „Der alte und der neue Glaube" (1872), in dem er nach all den vielen Enttäuschungen scharf mit der Kirche abrechnet, kommt er zu der Feststellung: „Entweder ist auf unsere Evangelien überall nichts Geschichtliches zu begründen, oder Jesus hat erwartet, zur Eröffnung des von ihm verkündigten Messiasreiches in allernächster Zeit in den Wolken des Himmels zu erscheinen. War er nun der Sohn Gottes, oder sonstwie ein höheres übermenschliches Wesen, so ist dagegen nichts einzuwenden, außer daß es nicht eingetroffen ist, das mithin, der es vorhersagte, ein göttliches Wesen nicht gewesen sein kann. War er aber dies nicht, sondern ein bloßer Mensch, und hegte doch jene Erwartung, so können wir uns und ihm nicht helfen, so war er nach unsern Begriffen ein Schwärmer."[16]

Der kritische Punkt ist demnach das von allen Evangelien bezeugte messianische Selbstbewußtsein Jesu, wonach er wußte, daß er demnächst auf den Wolken des Himmels kommen sollte, um seinen Zeitgenossen als Richter gegenüberzutreten. Und die kritische Auffassung des Lebens Jesu also ist es, die dieses als Problem einer psychiatrischen Beurteilung Jesu aufbereitet, indem jetzt ausdrücklich nach der „Gemütsart Jesu" gefragt werden kann[17]. Heinrich Julius Holtzmann und Adolf Jülicher[18] erheben den Vorwurf, daß im konsequent-eschatologischen Jesusbild Albert Schweitzers gewisse Züge des Pathologischen nicht mehr zu bestreiten seien. Gegen Schweitzers Darstellung Jesu als eines „eschatologischen Träumers, dem samt dem Täufer und dem Apostel Paulus nur eine Stelle in der Reihe jener Pseudo-Apokalyptiker wie die Verfasser des Buches Henoch und des Buches Baruch und Esra angewiesen wird", erhebt sich der Protest[19]. Es fällt das Stichwort vom „psychiatrischen Jesus" (H. J.

---

[15] Ebd. 237.

[16] Ebd. 52 (Bonn, [15]1903).

[17] Vgl. J. BAUMANN, Die Gemütsart Jesu, Leipzig 1908, ferner O. HOLTZMANN, War Jesus Ekstatiker?, Tübingen 1903.

[18] H. J. HOLTZMANN, Das messianische Bewußtsein Jesu 80f.; A. JÜLICHER, Neue Linien 3ff.; vgl. auch W. HEITMÜLLER, Jesus Christus, RGG [1]III, 375; KARL LUDWIG SCHMIDT, Jesus Christus, RGG [2]III, 147f.

[19] K. F. NÖSGEN, ThLBl 27, 1906, 511; weiteres bei W. G. KÜMMEL I 332. Noch für J. MOLTMANN, Theologie der Hoffnung 32 wird Schweitzers Jesus „zum apokalyptischen Schwärmer" und H. GROOS meint, Schweitzer habe Jesus zum „Abenteurer" (256) und

Holtzmann)[20]. ,,Der historische Jesus der liberalen Theologie, ein Gei-
steskranker."[21] So lautet andererseits das Urteil der *konservativen Theologen* auf der Basis des kirchlichen Christusglaubens. Sie alle sind für
Schweitzer jedoch nur ,,die modernen ganzen oder halben Gegner des
eschatologischen Jesusbildes", die sich ,,bis auf weiteres . . . noch immer
als diejenigen ansehen, die Jesum aus dem Irrenhause erretten."[22]

Inzwischen hatte sich aber auch die Philosophie und die Psychiatrie des
Themas angenommen und dehnte die Fragestellung alsbald auf alle das
rein Menschlich-Natürliche überschießenden Züge des Lebens Jesu aus.
Das Ergebnis ist eine Fülle von Symptomen im Grenzbereich des Pathologischen, die Schweitzer in der 2. Auflage der Geschichte der Leben-
Jesu-Forschung erstmals resümiert: ,,Seine Angehörigen erklären, er sei
von Sinnen, und wollen ihn deswegen nach Hause holen (Mk 3,21). Die
Pharisäer behaupten, daß er besessen sei (Mk 3,22 u. 30). Bei der Taufe hat
er optische und akustische Sinnestäuschungen (Mk 1,10 u. 11). Ob auf
dem ,Verklärungsberg' er mitsamt den Jüngern halluzinierte, oder ob
diese allein ,sahen' und ,hörten', läßt sich aus dem Berichte mit Sicherheit
nicht mehr ersehen. Das ablehnende Verhalten der Familie gegenüber
wird auch bei gewissen Psychosen beobachtet; das Wort von den Männern, die um des Himmelreiches Willen zu Eunuchen geworden sind (Mt
19,21), kann auf abnorme sexuelle Anschauungen weisen. Die Beschwö-
rung des Sturmes (Mk 4,39) und die Verfluchung des Feigenbaumes (Mk
11,12–14) stellen auffällige Handlungen dar. Aus den Berichten über die
öffentliche Tätigkeit ist der Eindruck zu gewinnen, daß Jesu eine gewisse
Unruhe und Unstetigkeit eigen war, die für Geisteskrankheit sprechen
könnte. Auffällig ist das Entweichen in der Nacht nach dem ersten Auftreten in Kapernaum und die Weigerung, vorerst wieder in die Stadt zurückzukehren (Mk 1,35–38). Wie kam Jesus dazu, ohne sichtbarlichen äußeren Anlaß von nahe bevorstehenden Verfolgungen zu reden? Auf Grund

---

zum ,,von einer fixen Idee besessenen Fanatiker" (261) gemacht. Das Stichwort von der
,,eschatologischen *idée fixe*" stammt von SCHWEITZER selbst (RW 298 Anm. 1/LJ 331 Anm.
1/Werke 3, 484 Anm. 7/GTB 348 Anm. 7).

[20] W. G. KÜMMEL I 334; vgl. A. SCHWEITZER, LJ 366/Werke 3, 530/GTB 380; ein breiter
Diskussionsbericht bei H. GROOS 266 ff.

[21] So der Titel eines Aufsatzes von HERMANN WERNER, NKZ 22, 1911, 347–390.
SCHWEITZER berichtet (LJ 362 Anm. 2/Werke 3, 525 Anm. 37/GTB 377 Anm. 37), daß
WERNER ehemals ,,Irrengeistlicher" war und bereits früher eine Broschüre veröffentlicht
hatte, die den Titel trug: Die psychische Gesundheit Jesu, Großlichterfelde–Berlin 1908.

[22] LJ 367/Werke 3, 531/GTB 381.

welcher Tatsachen entwickelte sich die Idee der Gottessohnschaft und der Berufung zur Würde des Menschensohnes?"[23]

Wilhelm Lange-Eichbaum ist der letzte Psychiater der Neuzeit, der mit einer Pathographie Jesu diese Fragen zu beantworten suchte. Es lohnt sich, die Zusammenfassung seiner Meinung, die Wolfram Kurth in der Neubearbeitung des umfangreichen Werkes von Lange-Eichbaum gibt, ausführlich zu zitieren: „Das Gesamtbild, das wir nie aus dem Auge verlieren dürfen, zeigt uns einen einfachen, ungebildeten, aber bibelfesten Handwerker, der noch tiefer als seine Zeitgenossen in ein abergläubisches, archaisch denkendes Milieu eingebettet ist. Dieser Mann erscheint in der Geschichte als Anhänger von Johannes dem Täufer, den viele für dämonbesessen hielten, den er selbst aber für den wiedergekommenen Elias ansah; dieses Wiederkommen sollte das Weltende ankündigen. Alte Prophezeiungen bezieht er auf sich selbst; er fühlt sich berufen zum Menschensohn und kommenden Messias, zum Herrscher und Weltenrichter im Reiche der Herrlichkeit und handelt danach. Einzelne ekstatische Erlebnisse mit Visionen und Stimmen haben ihm die Erleuchtung und Berufung, die Begnadung angekündigt. Wir sehen diesen Mann fast ausschließlich in einem Zustande von hochfahrender Reizbarkeit und starker Egozentrizität. Seiner Familie, auch der Mutter, steht er fremd, ablehnend, sogar schroff gegenüber. Sein Leben kennt keine Frauenliebe; Geschlechtslosigkeit preist er als Ideal. Die Seinen und seine Genossen halten ihn für verändert gegen früher und nehmen Anstoß an seinen Reden. Man nennt ihn ‚von Sinnen', dämonbesessen. Aber er bleibt teils eindrucksvoll, zum Staunen, teils undurchsichtig, geheimnisvoll, ein Rätsel für seine Umgebung. Eine Wolke von Heimlichkeit und Unheimlichkeit schwebt um ihn. Er spricht dunkel, er verhüllt absichtlich. Menschen und Welt kommen ihm zeitweise unheildrohend vor; das Weltende naht, Verfolgungen stehen bevor. Die Dämonischen muß man fürchten; sie sollen schweigen. Unruhiges Umherwandern, unstete, arbeitsfremde Lebensweise. Scheues Entweichen bei Nacht. Unheimliches Leiden wird kommen, muß sein; der eigene Tod muß sein, denn sonst kommt das Reich nicht, das Messiastum nicht. Leidensbereitschaft und doch angstvolles Zittern davor. Traumhaft gleitet das Leben dieses Mannes dem Abgrund zu. Todesbereit, denn der Tod gibt die göttliche Messiaswürde, das Weltrichtertum. In gewaltiger Erregung klingt das Leben aus: Einzug in die

---

[23] AaO 366f./530f./380f. – Daß das Thema der medizinischen Arbeit schon 1906 festlag, beweist LJ 367 Anm. 1/Werke 3, 531 Anm. 41/GTB 381 Anm. 41.

Hauptstadt, Drohreden, Tempelaustreibung, alles ohne Ziel und Vernunft für diese irdische Welt. Endlich fällt die Maske. Ich bin der Messias! Ich bin ein Gott. Ans Kreuz mit dem Lästerer! Pilatus zwar: Ecce homo – das da? Doch ans Kreuz mit ihm, heult die Menge. Der rohe, aber gesunde Menschenverstand der römischen Soldaten kostümierte den Armen, der König der Juden und Messias sein wollte, brutal und hart als Narrenkönig im Purpurmantel. Und er stirbt mit einem Wort reizbarer Ungeduld, warum ihn sein Gott verlassen und noch nicht endlich zum Messias gemacht. Das Rätselvoll-Meteorhafte dieses Lebens erscheint auch schon in der Geographie des Auftretens: im Sommer weg aus der Heimatstadt Nazareth, weil er dort sogleich Anstoß erregte – dann zum See Genezareth und seinen Dörfern – im Herbst Entweichen nach dem Norden, nach Phönizien, bis über den Winter – dann im Frühling Zug nach Jerusalem, auf dem östlichen Jordanufer, unter Umgehung des gefährlichen Samaria – Einzug in Jerusalem und Ende. Im ganzen ein Hin- und Herflackern und Verlöschen. – Vom Einzug in Jerusalem an bis zum Kreuzestod ist fast alles als historisch anzusehen, wie es Markus berichtet." Und obwohl er die Züge der ursprünglichen Persönlichkeit Jesu nur erschließen kann, weil es von ihnen keine Kunde gibt, ist das Urteil von Lange-Eichbaum doch auch hier noch sehr sicher: „Man geht gewiß nicht fehl, wenn man sich Jesus in seiner angeborenen Konstitution als einen extrem schizoiden Psychopathen vorstellt: überempfindlich, reizbar, ausfallend, zwischen autistischem Traumdenken und Rühr-mich-nicht-an einerseits und pathetischem Welt-Ich-Gegensatz hin und her pendelnd. Mangel an Wirklichkeitsfreude, tiefer Ernst, Humorlosigkeit, Überwiegen des Depressiven, Verstimmten, Gespannten; kühl gegen andere, sofern sie seinem Ich nicht schmeicheln, kühl gegen die Mutter und Familie. Unausgeglichenheit: bald weich und ängstlich, bald gewaltsame Zornexplosionen, affektive Maßlosigkeit, Grübler über Büchern, ohne Arbeitsfreude, voll innerer Unruhe. Die fanatische Unduldsamkeit des Schizoiden gegen die Andersgläubigen. Dabei war er, nach antiken und modernen Begriffen, wissenschaftlich oder philosophisch fast ganz ungebildet . . .; er verfügte jedoch über ein gutes Gedächtnis und war ein visueller Typus, wie aus seinen Gleichnissen hervorgeht. Binet-Sanglé betont den Mangel an Schöpferischem. Aber eine gewisse Phantasiebegabung, Beredsamkeit, Fähigkeit zu bildhaft-symbolischem Denken und Ausdruck wird man immerhin annehmen müssen."[24] Lange-Eichbaum ist sich der zu stellenden Dia-

---

[24] W. LANGE-EICHBAUM/W. KURTH, Genie, Irrsinn u. Ruhm 427 f. 430. Es fällt auf, daß in diese Pathographie Jesu Züge des historischen Jesusbildes eingeflossen sind, wie es A.

gnose aufgrund der Symptome völlig sicher: „Kann ein vernünftiger, kritischer Mann, der Kinderglauben und Kindervorurteile abgeschüttelt hat, ernsthaft zweifeln, daß hier eine *Psychose* vorgelegen hat? Diese Psychose ist für den Geschulten *so* deutlich, daß er meint, auch der Laie *müsse* sie erkennen. Jesu Schicksal ist ohne Psychopathologie *überhaupt* nicht zu begreifen. Das dunkle Gefühl der historischen Theologie seit 100 Jahren war vollkommen auf dem rechten Wege, und wer die Literatur im Längsschnitt überblickt, sieht mit unheimlicher Klarheit: der Gedanke, Jesus war ein Geistesgestörter, ist für die wissenschaftliche Erkenntnis gar nicht mehr aufzuhalten, er ,marschiert'. Zuerst hat die Wissenschaft Jesus von seinem Gottesthron heruntergeholt und ihn als *Menschen* erkannt; nun wird sie ihn auch noch als *Kranken* kennen lernen."[25] Um welche Krankheit es sich genau gehandelt haben könnte, will Lange-Eichbaum nicht sagen: „Die *Diagnose* ist für uns nicht wichtig. Eine *paranoische Psychose* – das muß genügen. Vielleicht echte Paranoia, vielleicht auch Schizophrenie, noch ohne Zerfall, in der Form einer Paraphrenie. Oder eine Paranoia auf dem Boden eines früheren leichten schizophrenen Schubes. Wer in den Lehrbüchern nachliest, muß *erschrecken* über die *schlagende* Ähnlichkeit der Bilder."[26] Das „Weltuntergangsgefühl" hält Lange-Eichbaum bei Paranoikern oder bei Schizophrenen für etwas ganz alltägliches[27].

Lange-Eichbaum setzt sich auch ausführlich mit Schweitzers Darlegungen zum Thema auseinander und bestreitet ihm die Kompetenz in medizinischer Hinsicht. Tatsächlich hat Schweitzer während seines Studiums keine Spezialstudien im Fach Psychiatrie betrieben. Dennoch kann man seine Behandlung unserer Frage als ein abschließendes Votum bezeichnen, das die methodische Unhaltbarkeit solcher und ähnlicher Untersuchungen endgültig nachgewiesen hat.

Die pathographische Jesus-Literatur, die Schweitzer seiner Untersuchung zugrundelegt, umfaßt folgende Werke: Dr. de Loosten (Dr. Georg Lomer), Jesus Christus vom Standpunkte des Psychiaters, Bamberg 1905; Dr. William Hirsch, Religion und Zivilisation vom Standpunkte des Psychiaters (Deutsch aus dem Englischen), München 1910; Dr. Binet-Sanglé, La folie de Jésus, 4 Bände, 1910–1915 und Emil Rasmussen, Jesus. Eine

---

Schweitzer erstellt hatte! Insofern sagt W. KURTH nicht ohne Grund, daß Schweitzers theologische Darstellungen Jesu „die besten Pathographien" seien, die es gibt (ebd. 433 mit Verweis auf LJ 366. 390–443/Werke 3, 530. 563–633/GTB 380. 402–450).

[25] W. LANGE-EICHBAUM 1928, 394.
[26] AaO 400.
[27] AaO 398.

vergleichende psychopathologische Studie (aus dem Dänischen ins Deutsche von Arthur Rothenburg), Leipzig 1905. Wie sie im einzelnen das
„Wahnsystem" Jesu fixieren – Jesus ein erblich belasteter Mischling, ein
Entarteter mit gering entwickeltem Familien- und Geschlechtssinn (de
Loosten), ein Paranoiker (Hirsch, Binet-Sanglé), ein epileptischer Gei-
steskranker (Rasmussen) – berichtet Schweitzer ausführlich und braucht
hier nicht wiederholt zu werden[28]. Es genügt ein Blick auf ihr methodisches Vorgehen. Schweitzer bemängelt zunächst einmal die große Man-
gelhaftigkeit der pathographischen Methode *in diesem Falle*. Denn sollte
sie sachgerecht angewandt werden, so müßte der Forscher in gleicher
Weise als Mediziner wie als Historiker und Theologe ausgewiesen sein.
Das ist aber in keinem einzelnen Falle gegeben. So kommt es schon aus
diesem Grunde zu „Mißgriffen gröbster Art, die durch das Fehlen der einen oder der anderen dieser Voraussetzungen, zuweilen auch aller, verursacht werden"[29]. Schweitzer schreibt: „Es hat immer sein Bedenkliches
und widerspricht aller psychiatrischen Gepflogenheit, lediglich aus Akten
über eine Persönlichkeit zu urteilen. Wenn dies schon für die Gegenwart
gilt, wieviel mehr muß da Zurückhaltung geübt werden, wo es sich um In-
dividuen einer weit zurückliegenden Epoche und um unvollständige oder
unsichere Überlieferung handelt. Deshalb erscheinen uns die immer wie-
derkehrenden Beispiele historischer Epileptiker, wie Mohammed, Julius
Cäsar und selbst noch Napoleon I, so fragwürdig und legendenhaft. Noch
unsicherer ist der Boden, auf dem wir schreiten, wenn wir die Psyche von
Personen aus längst vergangenen Epochen im Sinne unserer heutigen Psychiatrie zu erforschen suchen."[30]

Mit dem zuletzt zitierten Satz ist die Undurchführbarkeit solcher Un-
ternehmungen behauptet. Psychische Befindlichkeiten einer Person der
Vergangenheit werden mit den Beurteilungsmaßstäben einer heutigen
Psychiatrie gemessen. Schweitzer stellt die berechtigte Frage, ob nicht
jede menschliche Lebensäußerung *aus ihrer Zeit* verstanden werden müsse, auch die krankhafte. In der Tat! Was nach den Lehrbüchern der Psychiatrie des 19. Jahrhunderts als „gesund" zu gelten hat, genauer: was ein
„normaler" (im Sinne von geistiger Gesundheit) Bürger innerhalb der
Bürgerlichkeit des 19. Jahrhunderts ist, das darf nicht einfach übertragen
werden auf die Juden Palästinas im 1. Jahrhundert und die Frage nach

---

[28] Die einschlägigen Materialien und Texte vor dem Hintergrund des heutigen exegetischen Wissens erörtert H. GROOS 291 ff.
[29] PB 1; vgl. die Angaben 5.
[30] PB 1 f.

ihrer Normalität. Was jene Juden im Zusammenhang ihrer Volks- und
Religionsgeschichte, im Zusammenhang ihres Erwählungsbewußtseins,
in Verbindung mit ihrem tiefen religiösen Glauben an Hoffnungen, Erwartungen, Vorstellungen, ja auch an Selbstbewußtsein entwickeln konnten, das läßt sich nicht einfach an dem messen, was wir heute als eine gesunde Geistigkeit oder eine „normale" Vorstellung bezeichnen. Jesus hat
an die religiösen Vorstellungen seiner Zeit angeknüpft. Sie mögen für uns
Heutige uneinsichtig oder gar unverständlich sein; krankhaft sind sie
nicht. Und was Jesu Überzeugung anbetrifft, er sei der zum kommenden
Menschensohn bestimmte Messias designatus, so drückt sich darin eine
Wahnvorstellung nur für denjenigen aus, dem die jüdisch-apokalyptische
Zukunfts- und Heilsbringererwartung im allgemeinen und das religiöse
Sendungs- und Bevollmächtigungsbewußtsein im besonderen schon anor-
mal ist. Letztlich verdächtigt man damit aber jeden religiösen Glauben
an ein göttliches Gegenüber und die starke persönliche Bindung daran als
krankhaft. Die Psychiatrie, die das täte, würde damit nicht ihre besondere
Wissenschaftlichkeit demonstrieren, sondern nur einen Gegenglauben.
Jesu Sendungsbewußtsein – wie immer man es umschreibt – war Ausdruck seines besonderen Gottesverhältnisses. Es ist herausfordernd;
krankhaft ist es nicht.

Der andere Punkt, warum die Behandlung Jesu als ein psychiatrisches
Problem nach Schweitzers Meinung scheitert, ist die unzureichende historische Bildung der sich diesem Thema widmenden Mediziner. Ihr Versuch, die psychische Gesundheit Jesu zu bezweifeln, ist – so schreibt
Schweitzer mit Recht – „nur dadurch erklärlich, daß sie mit der historischen Seite der Frage nicht genügend vertraut sind. Nicht nur, daß sie die
spätjüdische Weltanschauung zur Erklärung der Vorstellungswelt Jesu
nicht heranziehen: sie machen auch keinen Unterschied zwischen historischen und unhistorischen Angaben über ihn. Statt sich an das zu halten,
was die beiden ältesten Quellen – Markus und Matthäus – berichten, tragen sie alles, was in den vier Evangelien über Jesus steht, zusammen und
sitzen dann über eine Persönlichkeit zu Gericht, die nicht wirklich ist und
dementsprechend als abnorm ausgegeben werden kann. Bezeichnend ist,
daß die Hauptargumente einer Geistesgestörtheit Jesu dem Johannes-
evangelium entnommen werden"[31]. Nun weiß man aber, daß das Johan-

---

[31] LD 101/Werke 1, 124. PB 15 heißt es: „Drei Viertel des Materials der Studien von de
Loosten, Binet-Sanglé und Hirsch stammen aus dem vierten Evangelium." Und in einer
Anm. ebd. fügt Schweitzer hinzu: „Die Reden Matth 24 und Mc 13 gehören nicht zum ur-

nes-Evangelium gar kein Leben Jesu ist, sondern ein christologischer Traktat über den fleischgewordenen Logos[32]. Kein einziges Datum ist für den Psychiater daraus zu gewinnen – und wenn doch, dann im Blick auf den Verfasser des Evangeliums bzw. den johanneischen Kreis, der in dieser Weise Glaubensgedanken reflektiert. Aber auch davon kann gar keine Rede sein, sofern an ihn der ihm einzig gemäße *theologische* Beurteilungsmaßstab angelegt wird.

Aufgrund der beiden Fundamentaleinwände Schweitzers – mangelnde Kompetenz der Psychiater und die jede pathographische Methode zum Scheitern verurteilende Quellensituation – erlaubt Schweitzer das folgende Gesamturteil:

1. Das in den pathographischen Jesusbüchern verwandte Material „ist zum großen Teil unhistorisch.

2. Von dem historisch gesicherten Material imponieren den Autoren eine Anzahl von Handlungen und Aeußerungen Jesu als pathologisch, weil sie mit der damaligen Zeitauffassung zu wenig vertraut sind, um ihr gerecht werden zu können. Eine Reihe von irrigen Auffassungen rühren auch daher, daß sie in die eigenartigen Probleme des Verlaufs des öffentlichen Auftretens Jesu keinen Einblick gewonnen haben.

3. Von diesen unrichtigen Voraussetzungen aus und unter Zuhilfenahme von durchaus hypothetischen Symptomen konstruieren sie Krankheitsbilder, die selbst Artefakte sind und überdies sich in die von den Autoren diagnostizierten klinischen Krankheitsformen nicht restlos einreihen lassen.

4. Die einzigen psychiatrisch eventuell zu diskutierenden und als historisch anzunehmenden Merkmale – die hohe Selbsteinschätzung Jesu und etwa noch die Halluzination bei der Taufe – reichen bei weitem nicht hin, um das Vorhandensein einer Geisteskrankheit nachzuweisen"[33].

Tatsächlich ist seit Wilhelm Lange-Eichbaum (1928) auch nicht mehr der Versuch gemacht worden, Jesus unter dem Thema „Genie, Irrsinn und Ruhm" zu rubrizieren. Im Gegenteil! In der Neubearbeitung hat Wolfram Kurth die positivistische Beschränktheit des ursprünglichen Verfassers ausdrücklich getadelt und sich zu der Auffassung bekannt, daß

---

sprünglichen Bestand der Evangelien" – für den Fall, daß jemand die Paranoia Jesu von daher begründen wollte.

[32] SCHWEITZER, PB 1, spricht von der „frei geschaffenen Persönlichkeit" des 4. Evangelisten, und die Psychiater erörtern „mithin Symptome und Diagnose eines unhistorischen Patienten" (H. GROOS 277).

[33] PB 43 f.

die vorliegende Problematik die herkömmlichen Kategorien sprengt, „mit denen man sonst mit Hilfe unseres wissenschaftlichen Rüstzeuges und der üblichen logischen Schlüsse an die Beantwortung der Frage herangehen kann: wie ist die oder jene Persönlichkeit strukturiert"[34]. Soweit sich Wort und Werk Jesu aufgrund der synoptischen Evangelien überhaupt noch rekonstruieren lassen, legt sich keiner der genannten Begriffe zur Deutung seiner Persönlichkeit nahe. Es überwiegt vielmehr der Eindruck einer glühenden Hoffnung, eines großen Vertrauens und einer starken Liebe, die zentriert sind in einer auf Menschenfreundlichkeit hin ausgelegten Gottheit Gottes. Gleichnisse und Streitgespräche sind Zeugnisse eines mehr als nur wachen Geistes. Und was *Geheimnis* an ihm ist – sein Anspruch, an Gottes Stelle zu handeln – wird nur dem krankhaft erscheinen, der keinen zur Transzendenz hin offenen Immanenzbegriff kennt.

Um so erstaunlicher ist es, daß Helmut Groos neuerdings wieder energisch für die Berechtigung einer psychiatrischen Fragestellung in der Jesusforschung plädiert. Seiner Meinung nach ist die Lage die, „daß schon die Möglichkeit, Jesus in psychiatrische Beleuchtung zu rücken, stark beunruhigend wirken muß, und zu fragen wäre deshalb, ob für die Zukunft dieser *Möglichkeit* vorgebeugt worden ist oder vorgebeugt werden kann"[35]. An Schweitzers Untersuchung kritisiert er, daß sie dieser Möglichkeit nicht vorgebeugt hat. Schweitzers These, daß der psychotische Charakter im Falle Jesu nicht erweisbar ist, läßt er gelten. Eine eigentliche Geisteskrankheit ist nicht nachweisbar. „Dies schließt aber den Eindruck nicht aus, daß eine so tiefreligiöse und sittliche, offenbar auch mit einem sicheren Blick für die Fragen der sittlichen Erkenntnis begabte Persönlichkeit ein disharmonischer, reizbarer und phantastischer Mensch gewesen sein könnte, der am Leben gelitten hat, bevor er Halt an der ihm zur fixen Idee werdenden Erwartung des nahenden Reiches und seiner eigenen Mitwirkung dabei fand und später zum Kristallisationspunkt eines neuen Glaubens wurde. Und eben darin, gezeigt zu haben, daß dieser Verdacht durchaus nicht einfach aus der Luft gegriffen ist, liegt trotz ihrer Mängel die Bedeutung der pathographischen Studie Lange-Eichbaums. Sie wird durch die Widerlegung, die Schweitzer jenen älteren Arbeiten hat zuteil werden lassen, nicht oder doch nur zum Teil getroffen."[36]

---

[34] Ebd. 404. W. Kurth, ebd. 432 f. schließt sich – im Gegensatz zu dem verstorbenen Verfasser – den Ergebnissen Schweitzers an, was ihm von H. Groos 280 f. ohne zureichende Gründe zum Vorwurf gemacht wird.

[35] H. Groos 304 f.

[36] AaO 305.

Jedoch die hier verwandten Begriffe – begabte Persönlichkeit, disharmonisch, reizbarer und phantastischer Mensch – zeigen, daß Groos wie alle auf Jesus angewandte Psychiatrie den synoptischen Texten gegenüber zur reinen Vermutungswissenschaft Zuflucht nehmen muß, um die psychiatrische Fragestellung zu legitimieren. Natürlich ist es möglich, daß Jesus in der einen oder anderen Weise einstufbar ist. Was ändert das[37]? Sind es nicht Züge, die sich „bei allen (!) vom Durchschnitt abweichenden Veranlagungen" finden[38]? Die Frage ist aber, ob das überhaupt als *Krankheit* eingestuft werden darf[39]. Läßt man sich überhaupt auf diese Fragestellung ein, kommt ohnehin nur Paranoia in Frage. Nach den Lehrbüchern der Psychiatrie ist das ein sich entwickelnder Wahn, etwa Verfolgungs- oder Größenwahn, der die Persönlichkeit im übrigen voll intakt läßt, so daß man solchen Personen außerhalb des Wahns nichts Pathologisches anmerkt. „Ein Paranoiker, ‚wenn er sonst intelligent ist'", so läßt sich Groos selbst von Fachleuten belehren, „kann ‚Pfarrer, Architekt, Hochschulprofessor sein und, abgesehen von indirekten Schwierigkeiten infolge der Wahnideen, seinem Berufe sehr gut gerecht werden'. Ein Wahn braucht überhaupt nicht mit einer eigentlichen Psychose verbunden zu sein. Von Wahn gesprochen wird ‚stets bei solchen unrichtigen Ideen, denen gegenüber ihr Träger eine kritische Einstellung auch nicht mehr in vorübergehenden Ansätzen aufzubringen vermag'." Die Nichtanwendbarkeit dieser Methode auf Jesus ist evident. Nach welchen Kriterien bezeichnen wir seine Ideen als „unrichtig"? Und erst recht: Was könnte uns das Urteil erlauben, daß er ihnen gegenüber eine kritische Einstellung „auch nicht mehr in vorübergehenden Ansätzen" aufzubringen vermochte[40]? Hier ist alles nur Vermutung. Und uneinsichtig ist vor allem das von Groos aufgestellte Junktim: „Wenn der Glaube sich an Jesus hält, weil er mehr war als ein Mensch wie wir alle, so *muß* wohl umgekehrt der Unglaube an einer Gestalt, die sich eine alles Menschenmaß überschreitende Bedeutung beimißt, Anstoß nehmen."[41]

---

[37] Mir scheint nicht unwichtig, daß SCHWEITZER, PB VI in diesem Zusammenhang feststellt, „daß das Große und Tiefe, was der Ethiker Jesus ausgesprochen hat, seine Bedeutung behält, wenn auch das Vorstellungsmäßige in seiner Weltanschauung und gewisse seiner Handlungen als mehr oder weniger krankhaft angesprochen werden müßten".

[38] PB 45.

[39] PB 45 argumentiert SCHWEITZER gegen RASMUSSEN, daß das Vorkommen „epileptiformer Zustände" – „selbst vorausgesetzt, daß sich solche bei Jesus nachweisen ließen" – noch lange nicht dazu berechtige, „die Diagnose Epilepsie zu stellen".

[40] H. GROOS 308.

[41] AaO 306.

Jetzt einmal dahingestellt, ob wirklich das Übermenschliche an Jesus der Grund des Glaubens ist, so muß doch der Unglaube nur dort Anstoß nehmen, wo das „Menschenmaß" absolut normierbar ist. Aber ist es das? Groos scheint davon auszugehen, wenn er fortfährt: „Sie (die alles Menschenmaß überschreitende Bedeutung) wird ihm (dem Unglauben) beinahe zwangsläufig verstiegen, überheblich, ‚nicht normal' erscheinen. Damit ist also nicht eine unerhörte Gotteslästerung, sondern im Grunde nur eine subjektive Selbstverständlichkeit ausgesprochen: dem jenseits aller normalen Grenzen und Maßstäbe liegenden Absoluten für den gläubigen Christen entspricht als Kehrseite das Abnorme im möglicherweise pathologischen Sinne für die nichtgläubige Einstellung."[42] Keineswegs! Denn abgesehen davon, daß in dieser Argumentation „Glaube" und „Unglaube" nur als sehr oberflächliche, weil vorwiegend weltanschaulich definierte Begriffe vorkommen, ist auch die Verhältnisbestimmung der von ihnen erfaßten Wirklichkeiten (das Absolute dort, das Abnorme hier) eine unerlaubte rationalistische Perspektivenverengung[43]. Die „normalen" Grenzen und Maßstäbe für das Menschliche sind ebensowenig absolut gewiß wie die für das Abnorme. Gerade die Medizin weiß, daß die Grenze zwischen gesund und krank durchaus fließend ist und sich nicht absolut festlegen läßt. Das gibt ihr die Freiheit, den Menschen Jesus in seiner *„Einzigartigkeit"* gelten zu lassen, ohne ihrer Wissenschaftlichkeit Abbruch zu tun[44]. Kurz: Die Frage des Glaubens wird bei dieser ganzen Fragestellung gar nicht berührt[45].

Es ist nicht wichtig, ob Schweitzers *Lösung* des Problems einer psychiatrischen Beurteilung Jesu (er sieht dessen außergewöhnliches Bewußtsein gerechtfertigt dadurch, daß er „tatsächlich der von den Propheten verheißene ethische Herrscher" war und hält in diesem Falle „das Große und Tiefe" der ethischen *Botschaft* prinzipiell für trennbar von dem Ethiker *Jesu*[46]) zutreffend ist oder nicht. Wichtig ist der ein für allemal geführte Nachweis, daß und warum die psychopathologische Fragestellung methodisch und sachlich *grundlos* ist: „Ueber die physische Erscheinung

---

[42] AaO 306 f.

[43] Möglicherweise wirkt sich hier der atheistische Wertidealismus von Dietrich Heinrich Kerler und Kurt Port aus, dem sich GROOS nicht entziehen will (vgl. aaO 750 f.). Vgl. die in dieser Hinsicht m. E. zutreffende kritische Rezension von H.-H. JENSSEN 98.

[44] Zum Begriff „Einzigartigkeit" und seiner theologischen Erläuterung vgl. das schöne Büchlein von CHRISTOPH DEMKE, Im Blickpunkt: Die Einzigartigkeit Jesu. Theologische Informationen für Nichttheologen, Berlin 1967, bes. 7–13.

[45] So richtig W. LANGE-EICHBAUM/W. KURTH, Genie, Irrsinn u. Ruhm 404.

[46] LD 102/Werke 1, 124; PB VI u. o. Anm. 37.

und den Gesundheitszustand Jesu wissen wir nichts."[47] Was wir aber
über Wort und Verhalten Jesu wissen, ist kein für eine psychiatrische
Würdigung geeignetes Material[48]. Es fehlt entweder die historische Authentizität oder – wo diese vorhanden ist – die klinische Dignität, manchmal auch beides[49]. Jesus teilt die „religiösen Vorstellungen" mit seinen
Zeitgenossen. Er hat sie aus der Tradition übernommen. Sie *dürfen* nicht
als krankhaft bezeichnet werden, „selbst wenn sie unsern modernen Anschauungen durchaus fremdartig und unbegreiflich erscheinen"[50]. Nur
„laienhafte Betrachtungsweise" identifiziert das Fremdartige mit dem
Krankhaften[51]. Die dann allein übrigbleibende „messianische Würde",
das unableitbare Selbstbewußtsein Jesu (sein Gottesverhältnis) ist psy-
chopathologisch unverdächtig, wie immer man es als Glaubender oder
Nichtglaubender umschreibt, weil „ein einzigartiger religiöser Anspruch
mit den Symptomen der pathologischen Selbsteinschätzung nicht zu-
sammenfällt"[52]. Eben das hat Schweitzer überzeugend gezeigt.

---

[47] PB 17.

[48] W. LANGE-EICHBAUMs Kritik an Schweitzer vermag daran nichts zu ändern, wie
KURTH, Genie, Irrsinn u. Ruhm 432 in der Neubearbeitung richtig sieht. Auch die lange Erörterung des Disputs bei H. GROOS 280 ff. trägt wenig aus. GROOS 311 will Verständnis für
die psychiatrische Fragestellung wecken, endet trotz aller Sympathie aber doch bei der Feststellung, „daß die Frage wissenschaftlich mit Sicherheit weder bejaht noch verneint werden
kann".

[49] PB 44. Aus diesem Grunde hat es Schweitzer in seiner medizinischen Dissertation ausdrücklich abgelehnt, eine klinische Diagnose zu erörtern.

[50] PB 31.

[51] LJ 367/Werke 3, 531/GTB 381; vgl. H. GROOS 312, der diesem Satz m. R. methodisch
grundlegende Bedeutung beimißt.

[52] W. G. KÜMMEL II 7; vgl. dazu auch das abschließende Urteil von SCHWEITZER: „Das
Mehr und Weniger von nach modernen Begriffen phantastischen Vorstellungen spielt gar
keine Rolle. Die Identifizierung des Fremdartigen an sich mit dem Krankhaften verrät eine
laienhafte Betrachtungsweise. Für die psychiatrische Beurteilung kommt allein die Entstehung und die Art der Logik in der Ausbildung der Idee und ihre Beziehung zum gesamten
Verhalten in Betracht. Es wäre schlecht um Jesus bestellt, wenn das Urteil über seine geistige
Gesundheit davon abhinge, ob die kritische Geschichtswissenschaft bei ihm eine größere
oder geringere Konsequenz des eschatologischen Denkens und Handelns entdeckt und anerkennt" (LJ 367/Werke 3, 531/GTB 381).

IV. Der Paulusforscher

Neben seiner Lebensaufgabe in Afrika hat vor allem die Jesusforschung Albert Schweitzer weit über die Grenzen der Fachtheologie hinaus berühmt gemacht. Die an darstellerischen Höhepunkten reiche Problemgeschichte der Leben-Jesu-Forschung wurde zum Klassiker und erlebte nicht zufällig 1966 eine Taschenbuchausgabe. In der breiten Öffentlichkeit weniger bekannt ist freilich die Tatsache, daß sich Schweitzer gleich intensiv mit dem Denken des Apostels Paulus beschäftigt hat. Dabei entstand schließlich sein *ausgereiftestes* theologisches Werk, „Die Mystik des Apostels Paulus" (1930)[1]. Die Gründe für das Weiterarbeiten in dieser Richtung sind teils sachlicher, teils persönlicher Art.

Die eschatologische Jesusdeutung von Johannes Weiß und Schweitzer hatte ein Problem aufgeworfen, das die Beschäftigung mit Paulus geradezu unausweichlich machte, wollte die Theologie sich nicht dem Verdacht aussetzen, sie schaffe hinsichtlich der geschichtlichen Erforschung des Urchristentums nur Rätsel, statt solche zu lösen. Schon 1906 sieht Schweitzer das völlig klar: „Ist nämlich Jesu Gedankenwelt rein und ausschließlich eschatologisch, so kann, wie es schon Reimarus konstatiert hat, auch nur ein exklusiv eschatologisches Urchristentum daraus entstanden sein. Wie aber aus einem solchen die uneschatologische griechische Theologie hervorgehen konnte, hat noch keine Kirchengeschichte und keine Dogmengeschichte nachgewiesen. Vielmehr haben sie alle, Harnack mit der vollkommensten geschichtlichen Meisterschaft, gleich zu Anfang neben dem Hauptgeleise der zeitgeschichtlich bedingten Anschauung ein Nebengeleise für zeitgeschichtlich unbedingte Ideen angelegt, auf welches sie dann beim historischen Zurücktreten der urchristlichen Eschatologie den Zug überführen, nachdem sie zuvor die Wagen, die nicht über diese Station hinaus mitgehen sollen, abgehängt haben."[2] Durch Weiß, der in der Lehre Jesu „nur den eingleisigen Betrieb der Eschatologie" hatte bestehen lassen, war der damals modernen Theologie dieses Verfahren unmöglich gemacht worden[3]. Und da Schweitzer Weiß

---

[1] Vgl. F. W. KANTZENBACH, Programme 152.
[2] RW 249f. Zitat leicht verändert: LJ 245/Werke 3, 372f./GTB 265.
[3] AaO 250/245/373/265.

völlig recht gab, mußte er ein brennendes Interesse daran haben, ,,sich die Richtigkeit der konsequent eschatologischen Jesusdeutung durch den Weitergang ins Urchristentum bestätigen zu lassen und nachzuweisen, daß auch erst von der eschatologisch interpretierten Gedankenwelt des Paulus aus sich die weitere Geschichte des Christentums, vor allem seine Hellenisierung, erklären lasse‟[4]. Kurz: Aus sachlichen Erwägungen drängte die Entwicklung von Jesus zu Paulus zur Darstellung, zumal Paulus gerne als derjenige gescholten wurde, ,,der an die Stelle des einfachen Evangeliums Jesu ein kompliziertes Dogma gesetzt habe‟[5]. Insofern ist die paulinische Forschung Schweitzers tatsächlich ,,eine geradlinige Fortsetzung seiner Leben-Jesu-Forschung‟[6].

Aber die Triebkraft dazu hat auch eine persönliche Komponente. Werner Picht nennt sie ,,die Anverwandlung des Helden‟[7]. Das Pathos der Wahrhaftigkeit, das leidenschaftliche Ringen um die Wahrheit und die Disziplin des Denkens, das sind in der Tat Züge im Wesen des Apostels, die dem eigenen Wesen nicht fremd sind. In vielfacher Weise wußte Schweitzer den eigenen Kampf um die Wahrhaftigkeit des religiösen Denkens durch die Autorität des Paulus gedeckt[8]. Einmal tritt ihm in der Gestalt des Apostels die neben Jesus überragende *historische Persönlichkeit* der christlichen Frühzeit entgegen, welcher das Verdienst zukommt, die von Jesus geschleuderte apokalyptische Brandfackel durch das Umdenken der Reich-Gottes-Erwartung zur ,,ethischen Christusmystik‟ gelöscht und damit das Christentum geschichtsfähig gemacht zu haben. Und zwar dringt Paulus durch das Zu-Ende-Denken des eschatologischen Christusglaubens bis ,,zu Gedanken über unser Verhältnis zu Jesus vor, die ihrer geistigen und ethischen Bedeutung nach endgültig und überzeitlich sind, wenn sie auch in der Metaphysik der Eschatologie entstanden‟[9].

---

[4] W. G. KÜMMEL II 221.

[5] LD 194/Werke 1, 225.

[6] W. PICHT 84.

[7] W. PICHT 85. Er berichtet: ,,Ein Besucher von Lambarene hat nach einer Begegnung von nur wenigen Stunden den Dreiundachtzigjährigen mit dem Eindruck verlassen, daß Jesus und Paulus die zwei Gestalten seien, auf die sein Leben und Denken ausgerichtet sind. Sie waren ein Leben lang die Sterne, die ihm den Weg gewiesen und bestrahlt haben. Dabei ist Jesus der Herr, zu dem man kaum die Augen zu erheben wagt. Zu Paulus aber stellt sich eine Beziehung her, die man bei aller Ehrfurcht nur als eine solche der Intimität bezeichnen kann. Sie ist der zweite Pfeiler, auf dem das bei aller hartnäckigen Betonung der grundlegenden Bedeutung des Denkakts so persönlich fundierte Christentum Schweitzers ruht.‟ Und weiter: Schweitzer findet ,,nicht nur seine Theologie durch Paulus bestätigt. Er ist ihm verbunden durch die tiefste Gemeinsamkeit: durch das Eins-Sein in Christo‟ (87).

[8] Vgl. W. PICHT 86.

[9] LD 195/Werke 1, 225.

Überhaupt war Paulus für Schweitzer – und darin liegt ein weiteres Motiv
für seine Hinwendung zu ihm – „ein gewaltiger, elementarer Denker"[10].
Und so war es hier – anders als bei Jesus – weniger eine Begegnung „von
Wille zu Wille" als eine solche von *Denken zu Denken,* die denjenigen
nicht gleichgültig lassen konnte, der überzeugt war, daß wir alle „durch
Denken religiös werden" müssen[11]. Beide Begegnungsweisen stellen für
Schweitzer jedoch nur die zwei Seiten einer Medaille dar. Endet doch alles
Denken, das „in die Tiefe geht", in *ethischer Mystik,* was ihm „von Ju-
gend auf" gewiß war[12]. Bei Paulus findet Schweitzer diese Gewißheit bestätigt. Schließlich und vor allem ist ihm der Apostel der „Patron der Ge-
dankenfreiheit"[13]. In einer 1906 gehaltenen Predigt preist er ihn als den
„rechten Vorkämpfer der Freiheit", als den „Prophet, der in der ersten
Stunde des Christentums die Freiheit der Religion Jesu durchgesetzt hat".
Paulus hat dem Christentum die „Fesseln eines äußerlichen Gesetzes" ab-
gestreift[14]. Schweitzer sieht in ihm den „ersten christlichen Denker", der
sich gegen die Autorität der Kirchenlehre auflehnt[15]. Und mit Recht vermutet Werner Georg Kümmel darin einen *entscheidenden* Antrieb zur
Hinwendung zu Paulus[16].

Jedenfalls wußte Schweitzer, daß er die Paulusstudien seiner Jesusforschung schuldig war, chronologisch wie sachlich: das Christentum ist
nicht ohne das paulinische Evangelium und Missionswerk eine Ge-
schichtsmacht geworden. Damit aber wird das Thema „*Paulus und Jesus*"
zum theologischen Fundamentalproblem. Seit dem Beginn unseres Jahrhunderts ist es darum auch nicht mehr von der theologischen Tagesordnung abgesetzt worden. Schweitzer hat die Wichtigkeit des Problems in-
tuitiv erfaßt und auch diesmal die Lösung nicht in der Apologetik, sondern in der Anerkennung der historischen Gegebenheit mit all ihrer Be-
fremdlichkeit gesucht. Er ist damit der Diskussion seiner Zeit „um mindestens zehn Jahre voraus, nicht der historischen allein, sondern auch der

---

[10] AaO 194/225.

[11] KE XVIII/Werke 2, 111.

[12] LD 211 f./Werke 1, 243 f.; KE XVI/Werke 2, 103; vgl. M. Strege, A. Schweitzers Religion u. Philosophie 143; ders., Zum Sein in Gott durch Denken. Eine Darstellung der
ethischen Mystik, Leipzig 1937 passim. Frappierend ist die ganz parallele Formulierung bei
K. Barth, Römerbrief 411: „Denn Denken ist, wenn es echt ist, Denken des Lebens und
darum und darin Denken Gottes." Allerdings ist „die Wahrheit Gottes" für Barth „auch
im höchsten Denkakt in keinem Augenblick gegeben und selbstverständlich" (412).

[13] W. Picht 85.

[14] Die Predigt ist abgedruckt bei W. Picht 293 ff. Zitate: 293. 298. 297.

[15] MP 200/Werke 4, 275.

[16] W. G. Kümmel II 221.

systematisch-theologischen"[17]. Die Etappen seiner Paulusstudien, die infolge der mittlerweile vielfältig gewordenen Verpflichtungen zeitlich weit auseinander liegen, mögen das zeigen.

1. Die Geschichte der paulinischen Forschung (1911): Annäherung an den Gegenstand

Im Sommersemester 1906 hält Schweitzer erstmals eine Vorlesung über den Galaterbrief[1]. Damals beherrschte eine rationalistisch-idealistische Paulus-Interpretation das Feld. Mit ihrer Abschwächung der Fremdartigkeit der paulinischen Gedanken, der gewaltsamen Akkomodation seiner Eschatologie an die eigenen Vorstellungsmöglichkeiten und der gewaltsamen Modernisierung überhaupt ist sie eine ziemlich genaue Parallele zur damaligen Leben-Jesu-Forschung. Die Erlösung, die Paulus lehrte, meint man „religiös-sittlich" verstehen zu sollen[2], also als ein am Individuum sich vollziehendes *inneres* Geschehen. Das Christentum reduziert sich demnach auf ein allgemeines Gottvertrauen und eine rationalistisch-idealistische Sittlichkeit. So habe es Paulus von Jesus übernommen, er habe es nicht entdeckt, wohl aber gegen jüdische Gesetzlichkeit und andere Gegner mit den Mitteln seiner Theologie durchgefochten.

Diese rationalistisch-idealistische Paulus-Interpretation stand freilich schon damals nicht mehr unangefochten in Geltung. Der Angriff kam auch hier vor allem von einer Untersuchung der *Eschatologie* des Paulus (R. Kabisch[3]) und der sogenannten *Religionsgeschichtlichen Schule,* die mehr und mehr auf das Befremdliche gerade der zentralen paulinischen Theologumena aufmerksam machte. Dabei standen im wesentlichen vier Probleme im Mittelpunkt der Diskussion: a) die Ableitung der paulinischen Gedanken aus dem Griechentum; b) die Widersprüche innerhalb

---

[17] So m. R. DIETER GEORGI, Schweitzers theologisches Erbe, in: Süddeutsche Zeitung, München, Silvester 1965, Samstag/Sonntag 1./2. Januar 1966 Nr. 313, Beilage d. SZ, Feuilleton. Abwegig ist es freilich, wenn GEORGI, aaO, Schweitzer damit sogleich zum „Wegbereiter der dialektischen Theologie sowohl als auch der formgeschichtlichen Betrachtungsweise der Evangelien" werden läßt. Zu beidem führt von Schweitzer kein Weg. Richtig ist allein, daß Schweitzer der „existenz-theologischen Auswertung" der Evangelien, wie sie später vor allem Bultmann betreiben sollte, vorgearbeitet hat.

[1] Vgl. W. G. KÜMMEL II 216. Auch LD 91. 109/Werke 1, 113. 131 bestätigt das Jahr 1906 als Datum der Hinwendung zu dem neuen Gegenstand.

[2] „Dies der beliebte, alles verdunkelnde Terminus", wie R. BULTMANN, Zur Gesch. d. Pls.-Forschung 316 m. R. feststellt.

[3] RICHARD KABISCH, Die Eschatologie des Paulus in ihren Zusammenhängen mit dem Gesamtbegriff des Paulinismus, Göttingen 1893. Vgl. dazu W. G. KÜMMEL, NT 294 ff.

der paulinischen Theologie (Paulus ist kein Systematiker. Besonders Heinrich Julius Holtzmann war groß im Aufweis der „Antinomien"); c) der Charakter der paulinischen Theologie (mit seiner Kultus- und Sakramentsfrömmigkeit ist Paulus „der Vater – nicht der Reformation, sondern – des Katholizismus", wie Bultmann die Forschungsergebnisse von William Wrede, Wilhelm Heitmüller und Wilhelm Bousset kennzeichnet[4]. Dabei rückt die Rechtfertigungslehre aus dem Zentrum der paulinischen Theologie und wird zur nebensächlichen Kampfeslehre); d) die Stellung des Paulus in der Geschichte des Urchristentums. Das Problem *Paulus und Jesus* notieren die maßgeblichen Neutestamentler der damaligen Zeit in der Form, daß sie bei Jesus eine rein geistige, schlichte und nüchterne Frömmigkeit finden, bei Paulus aber eine komplizierte Theologie der Heilstatsachen, die man gerne anders gefaßt sähe. „Die rationalistische Akkomodationstheorie ist abgetan", aber man möchte die Heilstatsachen bei Paulus „in ihrer Bedeutung herabdrücken oder eliminieren als zeitgeschichtlich beschränkte Theologumena, durch die Tradition gegeben oder aus polemischen Notwendigkeiten geboren. Hinter ihnen möchte man doch auch bei Paulus die reine Religion Jesu entdecken und Paulus als echten Jünger und ersten Interpreten Jesu anerkennen, so daß die paulinische Theologie zu einem ,Beweis für die übergreifende Geistesmacht und eminente Lebenskraft Jesu selbst' wird (Holtzmann . . .). Paulus hat doch das Mythologische irgendwie vergeistigt; er hat nach v. Dobschütz ,. . . die Eschatologie verinnerlicht, vergeistigt, versittlicht'."[5]

Gegen a) und b) hat Schweitzer „scharf und geistvoll gekämpft"[6]: Soll nicht alles, was Paulus sagte, rätselhaft bleiben, muß er von einer *einheitlichen Grundanschauung* aus verstanden werden. c) und d) hat sich Schweitzer in modifizierter Form zu eigen gemacht: Das Zentrum der paulinischen Theologie ist tatsächlich nicht die Rechtfertigungslehre, sondern die „eschatologische Mystik", die jedoch nicht auf dem Boden der hellenistischen Mysterien, sondern aus der Apokalyptik erwachsen ist. Was aber sein Verhältnis zu Jesus anbetrifft, so ist Paulus wohl ein *selbständiger* Denker, aber kein Neuerer.

Mit dem Begriff „eschatologische Mystik" ist das entscheidende Stichwort gegeben. Der *eine* Schlüssel, mit dem sich Schweitzer den Zugang zur Lösung *aller* Probleme der Jesusforschung meinte öffnen zu können, dient ihm auch bei Paulus als Passepartout: man versteht ihn entweder

---

[4] Zur Gesch. d. Pls.-Forschung 306.
[5] AaO 317f.
[6] AaO 312.

ganz und gar als Eschatologen oder man versteht ihn überhaupt nicht. Allein von daher läßt sich die Verkündigung des Paulus als *Einheit* verstehen.

Diese beiden grundlegenden Einsichten standen Schweitzer schon bei der Abfassung seiner Skizze 1901 fest. Hinsichtlich der Totenauferstehung und des futurischen Charakters der Messianität Jesu konstatierte er schon damals eine vollkommene Entsprechung zwischen der „altsynoptischen Tradition" und der Auffassung des Urchristentums. Mit dem Kommen des Reiches war für Jesus die bevorstehende Totenauferstehung verknüpft, durch die er selbst die Messianität erlangte. Und wenn Paulus in 1 Kor 15,20 vom „Erstling der Entschlafenen" spricht, so meint er eben dieses, daß Jesus Christus durch die Totenauferstehung als Messias erwiesen ist. Überhaupt belege 1 Kor 15,50–54 „in klassischer Weise" jene Verbindung der urchristlich eschatologischen Erwartung mit der Totenauferstehung. „Es handelt sich hier gar nicht um genuin paulinische Gedanken, sondern um eine urchristliche Anschauung, welche schon Jesus ausgesprochen hat"[7]. Die Urgemeinde, die Jesu Auferstehung „als Anbruch der messianischen Aera in der allgemeinen Totenauferstehung" auffaßte, lebte trotz der Parusieverzögerung in der Gewißheit, daß man „eigentlich . . . schon in der messianischen Auferstehung" stand[8]. Und Schweitzer fügt hinzu: „Auf diesem Gedanken beruht überhaupt die ganze paulinische Theologie und Ethik. *Weil man sich in dieser Zeit befindet, sind die Gläubigen eigentlich mit Christo begraben und mit ihm auferstanden durch die Taufe.* Sie sind die ‚neue' Kreatur, sie sind die ‚Gerechten', deren ‚Bürgertum' im Himmel ist. Erst von diesem Grundgedanken aus erfasst man die Einheit in der für uns sonst so mannigfach zusammengesetzten Gedankenwelt Pauli."[9] Zugleich mit seiner Skizze des Lebens Jesu stand Schweitzer also die Überzeugung fest, daß „auch die Gedankenwelt Pauli ganz in der Eschatologie wurzle"[10].

---

[7] ML 75/Werke 5, 298.

[8] AaO 77/301.

[9] AaO 77 f./301 f.

[10] LD 109/Werke 1, 132; W. G. KÜMMEL II 218 f. 220 f. stellt begründete Vermutungen darüber an, wie sich das Paulus betreffende eschatologische Problembewußtsein Schweitzers durch die Vorlesungen und Veröffentlichungen seiner Straßburger Lehrer Fr. Spitta, Th. Ziegler und H. J. Holtzmann gebildet haben könnte und zeigt an beiläufigen Bemerkungen aus RW, daß die Lösung schon damals feststand. SCHWEITZERS eigene Behauptung, die Verwurzelung der Gedankenwelt Pauli in der Eschatologie sei eine der bisherigen Forschung „noch nicht in Sicht gekommene Frage" gewesen (LD 109/Werke 1, 132), trifft so nicht zu und wird in der „Geschichte der paulinischen Forschung" selbst widerlegt: R. KABISCH hatte 1893 die apokalyptische Eschatologie als Motiv der paulinischen Theologie bündig nachgewiesen, und E. TEICHMANN ist 1896 der Beziehung der paulinischen Vorstellung von

2. Die anvisierte Aufgabe

Um die These der Fachwelt wissenschaftlich fundiert präsentieren zu können, macht Schweitzer wie in seiner Jesusforschung den Umweg über die bisherige Auslegungsgeschichte. Das heißt, er geht auch diesmal den „beschwerlichen Seitenpfad, . . . das Wesen eines Problems nicht nur an sich, sondern auch aus der Art seiner Selbstentfaltung in der Geschichte" zu begreifen[1]. Dabei ergibt sich methodisch eine umgekehrte Parallele zur Jesusforschung. Während dort die Problemgeschichte das Hauptwerk darstellt, der eine am Gegenstand selbst erarbeitete Skizze der Problemlösung vorangeht, ist es hier umgekehrt: die Geschichte der paulinischen Forschung bietet die Skizze, vor allem in den beiden Schlußkapiteln, der das an der Sache selbst erarbeitete Hauptwerk „Die Mystik des Apostels Paulus" erst später (1930) folgen sollte.

Schweitzer hatte ursprünglich geglaubt, die Geschichte der paulinischen Forschung so kurz abhandeln zu können, daß sie nur ein einleitendes Kapitel zur geplanten Darlegung der eschatologischen Deutung der Lehre Pauli abgeben würde. „Über der Arbeit wurde mir aber klar, daß sie sich zu einem ganzen Buche auswachsen würde."[2] Denn es galt, Ordnung in das „Chaos" der Paulusliteratur zu bringen, die leitenden Gesichtspunkte herauszustellen und die wichtigsten Ergebnisse mitzuteilen, was bis dahin kein Forschungsbericht auch nur versucht hat[3]. So werden mehr als 100 Abhandlungen zur Theologie des Paulus nacheinander in einem kritischen Überblick dem Leser vorgeführt[4]. Darüber kann hier im einzelnen nicht berichtet werden. Es genügen einige Bemerkungen zum grundsätzlichen Charkter des Buches.

Man hat Anstoß daran genommen, daß im Untertitel zwar eine Problemgeschichte „Von der Reformation bis auf die Gegenwart" versprochen wird, tatsächlich aber die Berichterstattung erst mit Hugo Grotius'

Auferstehung und Gericht zur jüdischen Apokalyptik nachgegangen (vgl. dazu R. BULT-MANN, Zur Gesch. d. Pls.-Forschung 319 f.; W. G. Kümmel, NT 294 ff.). Völlig übersehen hat Schweitzer auch, daß F. Overbeck schon 1873 in der Naherwartung das entscheidende Kennzeichen der Urgemeinde und in der Parusieverzögerung das treibende Motiv der urchristlichen Entwicklung gefunden hat. Vgl. W. G. Kümmel II 224; ferner und vor allem Ph. Vielhauer, Franz Overbeck und die neutestamentliche Wissenschaft, EvTh 10, 1950/51, 193–207 (= DERS., Aufsätze zum Neuen Testament [TB 31], München 1965, 235–252).

[1] LD 110/Werke 1, 132.
[2] AaO 110/133; vgl. auch MP VII/Werke 4, 19.
[3] W. Picht 83.
[4] Zusammen mit den in den Anmerkungen kurz erwähnten sind es mehr als 160.

,,Annotationes in novum testamentum" (1641–46) beginnt[5]. In der Form
hat diese Kritik recht, in der Sache ist sie kleinlich. Die siebeneinhalb Zeilen, die Schweitzer ganz zu Anfang seines Buches der Reformation widmet, rechtfertigen sein methodisches Vorgehen. Ihm, Schweitzer, geht es
um ,,die geschichtliche Erkenntnis" des paulinischen Gedankengebildes.
Und die ist ,,durch die aufgewandte Mühe (der Reformatoren) vorerst
nicht gefördert" worden: Man sucht in der paulinischen Theologie ,,Be-
weisstellen für lutherische oder reformierte Dogmatik und findet sie
auch". ,,Ehe es anders kommen konnte, mußte der dogmatische Bann, in
dem die Auslegung gefangen lag, gebrochen werden."[6] Und das geschieht
erstmals und eindeutig tatsächlich bei Hugo Grotius, sofern er ,,eine der
neutestamentlichen Wissenschaft unentbehrliche Methode zum erstenmal
eindeutig gebraucht": Er wendet das Mittel geschichtlicher Vermutung
für eine neutestamentliche Schrift an, ,,weil er nur so deren geschichtliche
Situation eindeutig verstehen zu können glaubt"[7]. Doch werden diese
,,Anfänge der wissenschaftlichen Erforschung" im ersten Kapitel des Buches recht knapp skizziert. Und selbst ,,Baur und seinen zeitgenössischen
Kritikern" (2. Kapitel) werden nur ganze acht Seiten gewidmet. Doch ist
das kaum auf Nachlässigkeit oder mangelndes Vertrautsein mit Baurs
Schriften zurückzuführen. Schweitzer kannte sie *zu* genau und wußte,
daß ihre Hegelei nicht mehr allzuviel hergab[8], bis dann in dem 3. Kapitel
,,Von Baur zu Holtzmann" die Darstellung ausführlicher wird, die inneren Widersprüche in der Paulus-Forschung scharfsinnig aufgewiesen
werden und insofern von wirklichem Interesse des Geschichtsschreibers
Schweitzer getragen scheint[9]. Das bleibt auch in dem Heinrich Julius
Holtzmann gewidmeten 4. Kapitel so, während die beiden folgenden Kapitel mit den Überschriften ,,Unechtheits- und Überarbeitungshypothe-
sen" und ,,Am Anfang des Zwanzigsten Jahrhunderts" wieder abfallen
(ausgenommen den ,,Hymnus" auf William Wredes Paulus-Büchlein[10]).

---

[5] P. WERNLE, Rezension 517; O. HOLTZMANN, Rezension 974; F. KROPATSCHECK, Rezension 588; vgl. auch H. GROOS 315; W. G. KÜMMEL II 222.

[6] PF 1.

[7] W. G. KÜMMEL, NT 32.

[8] So die wohl zutreffende Vermutung von H. GROOS 316. Andererseits stellt sich
Schweitzer gerade darin ,,als der wahre Schüler Baurs vor, der im Sinne des Tübinger Meisters positive Kritik treibt", daß er in der Eschatologie das Kriterium der Echtheit der Pau-
lusbriefe *und* die Ursache ihrer Wirkungslosigkeit in der Alten Kirche sieht: in dem Maße,
wie die Intensität der eschatologischen Erwartung schwindet, wird Paulus vergessen (vgl. O.
HOLTZMANN, Rezension 977 und SCHWEITZER selbst, PF 193 f.).

[9] W. G. KÜMMEL I 36; II 223.

[10] Vgl. KÜMMEL II 224.

Höhepunkte stellen dann wieder das vorletzte Kapitel über „Die religionsgeschichtliche Erklärung" und die abschließende „Zusammenfassung und Problemstellung" dar, weil Schweitzer hier das eigene Verständnis der paulinischen Theologie in der ihm eigenen Kompromißlosigkeit skizziert.

Dieses Auf und Ab der Darstellung hat freilich Methode. Das der Forschung durch F. Chr. Baur gestellte Problem der *historischen* Erklärung des Paulinismus möchte Schweitzer durch eine kritische Durchmusterung der bisherigen Paulusforschung einkreisen: Liefert der Hellenismus allein oder in Verbindung mit genuin jüdischen Elementen die Erklärung? Oder liegt der Schlüssel zum Verständnis in Pauli „Bekehrungserlebnis"? Indem Schweitzer die ganze bisherige Auslegungsgeschichte in dieses Schema zwängt und die seither gebotenen Lösungen ausschließlich am Maßstab der Aufgabe einer „wirklich geschichtlichen Erklärung" mißt, gerät ihm die *Auswahl* der kritisch zu beleuchtenden Forscher nicht nur reichlich subjektiv[11] und die *Gewichtung* der zwei Partien des Buches sehr ungleich[12], sondern die Kritik der bisherigen Paulusforschung überhaupt zur „Hinrichtung"[13]: Das Problem „dürftige Behandlung wichtiger Phasen, Ignorieren bedeutsamer Diskussionen" ist lediglich von einigen wenigen, die Sinn für das Eschatologische hatten, gesehen worden, also etwa von Lüdemann, Kabisch, Everling, Gunkel und Wrede[14]. Gelöst hat es keiner. Vielmehr: „Ihr Paulinismus war so kompliziert, hellenisiert und modernisiert, daß er zur Not in theologischen Lehrbüchern, nicht aber im Urchristentum unterzubringen war."[15] Aber auch hier hat Schweitzer einiges übersehen[16], so daß der Vorwurf wohl zu recht besteht[17]. Dieses

---

[11] Subjektive Auswahl werfen Schweitzer vor H. WINDISCH, Rezension 173 f. („willkürliche Auswahl"); F. KROPATSCHECK, Rezension 588; JULIUS KÖGEL, Zur Geschichte der Paulinischen Forschung, in: TLB 35, 1912, 226; W. KOCH, Rezension, in: ThQ 95, 1913, 144 f.

[12] Zur ungleichen Gewichtung der zwei Partien des Buchs vgl. P. WERNLE, Rezension 517; H. WINDISCH, Rezension 174. Die Willkür der Auswahl (s. vorige Anm.) und die „dürftige Behandlung wichtiger Phasen" (H. WINDISCH aaO) gehen jedoch nicht so weit, „daß nicht ein im ganzen recht brauchbarer Überblick entstanden wäre" (H. GROOS 316).

[13] P. WERNLE, Rezension 517.

[14] Für W. G. KÜMMEL II 223 sind es „im Grunde . . . nur zwei Forscher, die von dieser allgemeinen Verurteilung ausgenommen werden, H. Lüdemann und R. Kabisch".

[15] PF 193.

[16] Vgl. W. G. KÜMMEL II 222 ff., der darauf aufmerksam macht, daß Schweitzer nichts darüber verlauten läßt, daß H. Grotius als erster auf die Erwartung des nahen Endes durch Paulus hingewiesen, A. SCHWEGLER gar schon deren zentrale Rolle im gesamten Urchristentum betont hat (Das nachapostolische Zeitalter in den Hauptmomenten seiner Entwicklung, Bd. I, Tübingen 1846, 109 f.). Und der die Parusieverzögerung als treibendes Motiv nen-

aber läßt sich erklären, aus einem persönlichen und einem sachlichen Grund. Der persönliche Grund: Schweitzer hatte inzwischen als Dreißig-jähriger mit dem Medizinstudium begonnen, behielt aber die theologische Lehrtätigkeit und das Predigtamt bei, war häufig als Organist unterwegs und schrieb an seinen Werken über Bach und den deutschen und französischen Orgelbau weiter. Die Zeit und die Konzentration, die ihm zur Ausarbeitung der Geschichte der Leben-Jesu-Forschung zur Verfügung gestanden hatten, fehlten ihm jetzt[18]. Die dem Buch vorangestellte Widmung ("Der Medizinischen Fakultät der Universität Straßburg in tiefer Dankbarkeit für die gewährte Gastfreundschaft") kann darum auch als leise Entschuldigung gelesen werden. Jedenfalls nimmt man sie nicht ohne innere Bewegung zur Kenntnis[19].

---

nende F. OVERBECK (Über die Christlichkeit unserer heutigen Theologie, Leipzig ²1903, 85. 87) wird merkwürdigerweise nicht einmal genannt.

[17] H. WINDISCH, Rezension PF 174. Besonders scharf P. WERNLE, Rezension 977f.: "Wenn der Verfasser eine Geschichte der früheren Forschung von der Reformation an auch darum für nötig hält, weil die Studierenden und auch die jüngern Dozenten unmöglich die älteren Werke alle aus eigener Lektüre kennen können, spannt er die Erwartung der Leser für eine grausame Täuschung. Sie erfahren von der wirklich geleisteten älteren Arbeit seit der Reformation so gut wie gar nichts, sie lernen nur die Noten kennen, die ihnen dieser Schulmeister mit der fixen Idee zu geben für gut hält, und diese Noten lauten ungefähr durch die Bank: ungenügend, langweilig, wertlos." Und nachdem Wernle beklagt, daß manche großen Paulusforscher zu kurz oder gar nicht behandelt wurden, fährt er fort: "In dieser Art wird die ganze Paulusforschung des 19. Jahrhunderts durchgejagt, daß kein einziger Leser, der mit ihr noch unbekannt ist, auch nur annähernd ein richtiges Bild von ihr gewinnen könnte. Daß ihm die ganze nicht auf die Eschatologie eingeschworene Literatur nichts als Langeweile erweckt, glauben wir gern; sich aber unter dieser Voraussetzung an ihre Geschichtsschreibung zu wagen und diese Hinrichtung den Lesern als Einführung in ihre wirkliche Forschungsgeschichte zu geben, erforderte eine Naivität, die wir unter ernsten deutschen Forschern nicht für möglich gehalten hätten." Und schließlich hält es Wernle für eine "Ungeheuerlichkeit", Paulus in gleicher Weise wie Jesus "zum eschatologischen Phantasten zu stempeln, der nur eine einzige fixe Idee, eben die eschatologische, in seinem Kopf gehabt hat ein ganzes reich bewegtes Leben lang. Das durchzuführen erfordert dieselbe gewalttätige Mißhandlung der Texte, die wir aus den frühern Schriften Schweitzers kennen, und dieselbe Verliebtheit in die eigene fixe Idee, aus der diese beiden Bücher letztlich stammen" (517. 518). Immerhin gibt WERNLE Schweitzer in der *Sache* – der Entgegensetzung des apokalyptischen Paulinismus zum hellenistischen – recht und hofft, daß das "von der künftigen Diskussion über diese Fragen ernst genommen" wird (518). Sehr kritisch äußert sich auch O. HOLTZMANN, Rezension 977f.: "Die aphoristische Art des ganzen Buches bringt es mit sich, daß viele zuversichtliche Urteile im Prophetenton ohne Beweis hingestellt werden. Die Art, wie Schweitzer über Andersdenkende urteilt, hat ihm schon früher bei ähnlichen Draufgängern Freunde gemacht. Sie werden auch an diesem Buch ihre Freude haben."

[18] Vgl. bes. W. PICHT 79ff. und W. G. KÜMMEL II 228.

[19] Von allen Rezensenten geht – soweit ich sehe – nur F. KROPATSCHECK, Rezension 587f. auf die Widmung ein, deutet sie aber anders: es werde berichtet, daß Schweitzer "seine akademische Laufbahn als Theologe für aussichtslos ansieht und sie mit der eines Missionsarztes vertauschen will". SCHWEITZERs Selbstzeugnisse verweisen solche Vermutung freilich

Der sachliche Grund, warum das Werk dem Anspruch des Titels nicht genügt: Der Rückblick auf die bisherige Forschung ist von Anfang an ein Vorblick auf die eigene, im späteren Hauptwerk zu entfaltende eschatologische Lösung. Von daher ist diese Forschungsgeschichte gar kein zweckfreies Unternehmen, sondern sie verfolgt ein ganz bestimmtes Interesse. Dieses Interesse tritt klar hervor, wenn man die das Buch durchziehenden Hauptvorwürfe gegen die damalige Paulusforschung zusammenstellt. Da ist zunächst das Festhalten daran, ,,daß das System des Heidenapostels griechisch bedingt sei"[20]. Oder: In der Forschung von Baur bis Holtzmann werde das Problem des Griechischen und Hellenistischen im Paulinismus ,,nirgends eingehend erörtert". Daß der Dualismus von Geist und Fleisch griechisch sei, stehe den Forschern zwar fest. Aber – und hier verwendet Schweitzer wieder eines seiner großartigen Bilder –: ,,Die Behauptung griechischer Einflüsse ist eine Säulenfassade, hinter der sie den Bau des Paulinismus, wie sie ihn verstehen, aufführen. Der Stil aber ist nur für die Front gewahrt. Was dahinter liegt, ist stillos, weder griechisch noch jüdisch, ohne Plan, ohne Charakter, ohne Größe."[21] Oder: Je mehr Hellenisierung des Paulinismus, je mehr Vergeistigung seiner Anschauungen[22]. Oder: Es wird zwar behauptet, Paulus ,,habe dem Evangelium in der hellenischen Welt Bahn gebrochen und die altgriechische Theologie vorbereitet", aber tatsächlich wisse jeder, daß er ,,auf die Generationen, in denen sich das griechische Dogma bildete, überhaupt nicht gewirkt hat"[23]. Adolf v. Harnack habe das ,,unwiderleglich dargetan"[24]. Hauptvorwürfe sind auch diese: Die paulinischen Gedanken werden von außen angeschaut, man nimmt aber nicht Einblick in das ,,Wesen des Systems"[25]. Oder: Verkannt wird auch die Tatsache, daß *Jesus und Paulus* ,,nicht direkt miteinander zu vergleichen sind"[26]. Vor allem lasse die Fragestellung ,,Jesus und (oder) Paulus" ,,die gemeinsame Mittelgrö-

---

ins Reich der Phantasie. Als Angehöriger des Lehrkörpers der Universität konnte er nicht zugleich immatrikulierter Student der Medizin sein. Die Regierung gestattete jedoch eine Ausnahmeregelung, und die Professoren der Medizin beschlossen, Schweitzer alle Vorlesungen unentgeltlich hören zu lassen (vgl. LD 91/Werke 1, 112). Die Widmung ist also eine Danksagung.

[20] PF 49.
[21] PF 52. 54.
[22] PF 61.
[23] PF 63.
[24] PF 64.
[25] PF 29.
[26] PF 34.

ße, das Urchristentum, außer Betracht"[27]. Im übrigen leite ,,bewußtes und absichtliches Modernisieren" die Forschung, welches sogar zum ,,Prinzip" erhoben werde[28]. Die Eschatologie lasse sich fast überall ,,wie in den Kirchengebeten von heutzutage, nur am Schluß vernehmen"[29]. Dagegen mit der Eschatologie als dem ,,Urchristlichsten" zu *beginnen* und von daher alles zu begreifen, dieser ,,Gang wird nirgends eingeschlagen"[30]. Einzelne sehen zwar ,,die großen Paradoxien, in denen der Paulinismus hängt" und beschreiben auch ihr eschatologisches Wesen. Aber sie ,,begreiflich" zu machen, gelänge ihnen nicht[31]. Vor allem stelle niemand Erwägungen darüber an, ,,auf welche elementaren Fragen die Vorstellung von den Endereignissen Antwort geben mußte"[32]. Scharf fällt auch das Urteil über die Religionsgeschichtler aus. ,,Der von der religionsgeschichtlichen Forschung in Betracht gezogene Paulinismus ist fast durchgängig ein Kunstprodukt, das zuvor mit den Säuren und Beizen der griechischen Theologie behandelt worden war."[33] ,,Orientalisch-griechische und paulinische Mystik als entsprechende Größen behandeln, heißt ein Stück in Zweiviertel- und eines in Dreivierteltakt miteinander aufführen und dabei einen einheitlichen Rhythmus heraushören."[34] Kurzum: Die ,,Stellung Pauli zum Urchristentum einerseits, zum altgriechischen Dogma andererseits, (ist) nicht gelöst und seine Lehre also (!) nicht verstanden"[35].

Man sieht: die Geschichte der paulinischen Forschung ,,steht in einem genauen und inneren Zusammenhang mit dem, was in der ,Mystik' ausgeführt werden soll"[36]. In dieser Hinsicht ist das Buch keineswegs Schweitzers ,,schwächste Leistung"[37]. Vielmehr sind die Schärfe und Klarheit,

---

[27] PF 125.
[28] PF 124. 122.
[29] PF 42.
[30] PF 42.
[31] PF 47.
[32] PF 48.
[33] PF 150.
[34] PF 174.
[35] PF 91.
[36] W. SACHS, Schweitzers Bücher 179; vgl. auch W. G. KÜMMEL II 222; H. GROOS 316. Schon H. WINDISCH, Rezension PF 174 hatte Schweitzers Forschungsbericht richtig als *Begründung* der eigenen Paulusauffassung klassifiziert.
[37] F. W. KANTZENBACH, A. Schweitzer 63. R. BULTMANNs, Zur Gesch. d. Pls.-Forschung 307. 312 Urteil ist hier sicher kompetenter: ,,Die Aporien, in die die Forschung geriet, die Probleme, die offen stehen, sind scharf gesehen." Gegen die Ableitung paulinischer Gedanken aus dem Griechentum hat Schweitzer ,,scharf und geistvoll gekämpft". Anders als Kantzenbach und trotz aller Kritik an Schweitzers Methode auch H. GROOS 314ff. und W. G. KÜMMEL II 228. Daß Schweitzer eine ihm nahegelegte Neuauflage selbst abgelehnt

mit denen dieser äußerst komprimierte Durchgang durch die paulinische Forschung die Probleme erfaßt, ordnet und die Tendenzen aufweist, geradezu meisterhaft. Die im Kapitel über die religionsgeschichtliche Erklärung des Paulinismus (und nicht nur hier!) aufgedeckten Aporien lassen an Deutlichkeit nichts zu wünschen übrig und haben bis heute kaum etwas von ihrer Aktualität verloren. Die unter der einzigen Fragestellung des *geschichtlichen* Verständnisses des Paulus durchgemusterte seitherige Forschung läßt eine Konzentration auf das wesentliche zutage treten, die nur als erstklassige denkerische Leistung bezeichnet werden kann. Die Polemik ist scharf, aber treffend. Um nur ein Beispiel zu geben: Wilhelm Heitmüllers Ansicht, ,,Das junge Christentum lebte in einer Luft, die . . . mit Mysterien-Bazillen geschwängert war, und wuchs auf einem Boden, der durch den Verfall und Synkretismus verschiedenster Religionen gedüngt und gelockert und speziell auch geeignet war, alte Keime und Triebe neu aufsprießen zu lassen''[38], kontert Schweitzer mit der trockenen naturwissenschaftlichen Feststellung: ,,Eine mit Bakterien geschwängerte Luft gibt es nicht. Die medizinische Wissenschaft hat schon längst erwiesen, daß diese Vorstellung auf einem Irrtum beruht, insofern als die Luft so gut wie frei von Keimen ist.'' Und er fügt hinzu: ,,In der Theologie hält es schwerer, phantastische Einbildungen auszurotten, da historische Beweise nur für solche gelten, die historisch zu denken vermögen.''[39] Nein, dieses Buch hat eine klare Konzeption, verfolgt ein deutliches Ziel, welches es auch erreicht; es ist keineswegs ein schwaches Werk. Vielmehr ,,lassen die Energie und Klarheit der Gedankenführung, die Sicherheit des Urteils, und eine auch hier wieder auftretende größere Anzahl treffender und z. T. außergewöhnlich schöner Bilder sofort erkennen, daß da nicht irgendein beliebiger Autor am Werke war''[40]. Und es ist keineswegs Willkür, sondern sachliches Fazit, wenn Schweitzer als Resultat seiner kritischen Durchmusterung der bisherigen Paulusforschung bucht, daß – will man nicht auf die historische Erklärung überhaupt verzichten – ,,der Versuch gewagt werden muß'', auch den Paulinismus ganz

---

haben soll (Kantzenbach, A. Schweitzer 63), widerspricht der Vorrede zur ,MP', die eine 2. Auflage in Aussicht stellt (VII/Werke 4, 20). Der Plan blieb unausgeführt – wie viele (1933 erschien lediglich eine photomechanische Reproduktion als 2. Aufl.). In die fünfbändige Ausgabe der Werke Schweitzers aus dem Jahre 1971 (Berlin Ost) bzw. 1974 (Zürich o. J.) fand die ,,Geschichte der paulinischen Forschung'' keine Aufnahme (zu den Jahresangaben s. H. Steffahn, Du aber folge mir nach 254).

[38] Zitiert PF 161.
[39] AaO.
[40] H. Groos 315.

aus der jüdisch-eschatologischen Vorstellungswelt zu erklären[41]. Mit seinen eigenen Worten aus dem Schlußkapitel gesagt: „Die Lösung kann also nur darin liegen, daß man vom Griechischen in jeder Form und in jeder Mischung absieht und die Einseitigkeit wagt, die Lehre des Heidenapostels ausschließlich aus dem Jüdisch-Urchristlichen begreifen zu wollen."[42] Denn – so lautet die durch das Buch verstreute Hauptthese –: „Eine Hellenisierung der Eschatologie ist auf keine Art zu erweisen."[43] Von jüdisch-hellenistischer Theologie ist bei Paulus „keine Spur" zu finden[44]. „Der Paulinismus, und darin liegt gerade das Rätsel, das er der Forschung bietet, ist eine originale Erscheinung, die von der griechischen Theologie gänzlich verschieden ist."[45]

Es ist deutlich: Auch als Paulusforscher arbeitet Schweitzer mit dem Bewußtsein des völligen Versagens der bisherigen Forschung. Zwar hatte Richard Kabisch bereits 1839 bündig nachgewiesen, daß die Eschatologie des Paulus keine geistig-sittliche Idee und nicht aus einer Kombination alttestamentlicher und griechischer Gedanken entstanden ist, sondern ihre Elemente nachweisbar aus der Apokalyptik hat. Allein er verkannte den Sinn der paulinischen Eschatologie: sie ist ihm nur ein Warten auf das Kommende. Schweitzer dagegen sah, daß ihr Sinn vielmehr primär der ist, daß der neue Äon schon angebrochen ist. Entsprechend ist die Erlösung bei Paulus nicht individualistisch, sondern als ein die ganze Welt betreffendes Geschehen verstanden[46]. Dies aber hat die herrschende Paulusexegese der damaligen Zeit ignoriert. Geblendet vom idealistischen Entwicklungsgedanken hat sie Paulus wie selbstverständlich eingeordnet in einen organischen, folgerichtigen Prozeß, der von Jesus bis zu den geistigen Höhen des hellenistischen Christentums führt, wobei die Weginterpretation der eschatologischen Grundkomponente bei Jesus und Paulus ein mit leichter Hand bezahlter Preis war, weil man damit ohnehin nichts anzufangen wußte. Ferner: Der Blick für tatsächlich vorhandene „unbegreifliche Unzusammenhänge" zwischen Jesus und Paulus einerseits, Paulus und der nachapostolischen Zeit andererseits war getrübt. Man sah

---

[41] Vgl. W. SACHS, Schweitzers Bücher 181; G. MARCHAL, Albert Schweitzers Paulusdeutung 170 f.

[42] PF 187.

[43] PF 60.

[44] PF 72.

[45] PF 149.

[46] Freilich kommt auch Schweitzer selbst 1911 „vor lauter Polemik nicht dazu . . ., die Eschatologie des Paulus zu entwickeln", was für R. BULTMANN, Zur Gesch. d. Pls.-Forschung 320 heißt, daß auch Schweitzer „nicht in echter Nachfolge Baurs zum Begriff der Geschichtlichkeit" gelangt, also nicht „die radikale Frage nach den Seinsbegriffen stellt".

Zusammenhänge, wo faktisch keine „Ueberleitungen" sichtbar werden[47]. Und das aus einem ganz praktischen Interesse. Das protestantische
Christentum, wie es sich in der Neuzeit ausgebildet hatte, wünschte man
durch Paulus autorisiert. Im Grunde war die damalige theologische Wissenschaft von dem Empfinden geleitet, „daß das, was am alten Evangelium hellenisierbar ist, zugleich auch als modernisierbar gelten kann.
Darum sucht sie an der Lehre Pauli – wie auch an der Jesu – so viel ‚Ueber-
jüdisches', ‚Allgemein-Religiöses', ‚Genuin-Christliches' als möglich zu
entdecken und ist von dem Kleinglauben geplagt, daß die Bedeutung und
Gestaltung des Christentums für unsere Zeit davon abhängig ist, daß die
Modernisierung sich nach der bisherigen Art durchführen . . . lasse"[48].
Dagegen sieht Schweitzer ganz ähnlich wie bei der Jesusforschung die Lösung *nicht* darin, die Unzusammenhänge und das Fremdartige des Paulinismus abzuschwächen oder gar aufzuheben. Vielmehr fragt er nach dem
Grund für den Mangel an Zusammenhang. Entsprechend bestimmt er die
Aufgabe der theologischen Geschichtswissenschaft dahingehend, „die
Selbständigkeit der einzelnen Lehrformen als notwendig zu begreifen und
zugleich die Aenderung und Verwerfung des Gesteins aufzuzeigen, die
die innere Zusammengehörigkeit dieser Formationen und den Prozeß
ihrer Gestaltung erkennen lassen"[49].

Die *innere* Zusammengehörigkeit von vorösterlicher und nachösterli-
cher Verkündigung setzt also auch Schweitzer voraus und bejaht damit
ausdrücklich „den Weg von Jesus zur Dogmengeschichte"[50]. Nur nennt
er es „unwissenschaftliche Erwägungen"[51], wenn dieser innere Zusammenhang abseits der rein jüdisch-eschatologischen Bedingtheit sowohl
der Lehre Jesu als auch der Lehre Pauli gesucht wird statt *in* dieser selbst.
Damit fällt Schweitzer die Aufgabe zu, bei seinem „Gang in die Dogmengeschichte . . . das paulinische Problem neu in Angriff zu nehmen"[52].

---

[47] PF VIf.
[48] PF IX.
[49] PF VII.
[50] PF V. Damit ist Schweitzer – bei aller sonstigen Zustimmung zu W. Wredes Paulusdeutung (PF 130 ff.) – wiederum im Entscheidenden von dem bewunderten Kontrahenten
geschieden: für W. Wrede, Paulus 96 führt keine Brücke von Jesus zu Paulus. Vielmehr gilt
ihm „Paulus als *der zweite Stifter des Christentums*". Wrede hatte die Kluft zu Jesus,
Schweitzer die zur Folgezeit aufgerissen. „Damit war Paulus, wie es schien, zu einer isolierten Gestalt geworden, und das Bild einer einheitlichen Entwicklung von Jesus bis zur altka-
tholischen Kirche, das von Baur bis in Harnacks Dogmengeschichte hinein geherrscht hatte,
war zertrümmert" (R. Bultmann, Gesch. d. Pls.-Forschung 305).
[51] PF IX.
[52] AaO.

Denn strenggenommen hat die bisherige Dogmengeschichte die Lehre
Jesu und auch die des Paulus ,,außerhalb des Bereiches ihrer Untersuchungen" gestellt ,,und ihre eigentliche Aufgabe erst da beginnen . . . lassen, wo die unbestrittene und allgemeine Hellenisierung des Christentums einsetzt. So beschreibt sie das Werden des griechischen, nicht aber
des christlichen Dogmas überhaupt. Weil sie den Übergang von Jesus zu
Paulus und von diesem zu Justin und Ignatius im Unklaren läßt und deshalb auch zu keinem faßbaren und eindeutigen Begriff vom Urchristentum gelangt, ermangelt der Bau, den sie aufführt, einer sicheren Basis.
Wer Harnacks Dogmengeschichte kennt und bewundert, weiß, daß die
solide Konstruktion bei ihm erst in der griechischen Epoche beginnt. Was
vorher liegt, ist nicht fundamentiert, sondern als Pfahlbau aufgeführt"[53].
Schweitzer geht es aber gerade um das, ,,*was vorher liegt.*" Die Pfähle
werden ausgerissen und – wie in der Leben-Jesu-Forschung – durch ein
ganz neues Fundament ersetzt. Es heißt: *konsequente Eschatologie* bzw.
konsequente Geltendmachung der jüdischen Eschatologie nicht nur für
die Lehre Jesu und sein Wirken, sondern auch für den Paulinismus. Und
zwar stellt sich auch hier die Lösung des Problems *alternativ* als großes
Entweder-Oder: ,,*entweder urchristlich oder griechisch*"[54]. Der damit erhobene methodische Anspruch ist groß: ,,Die bis dahin geübten Aus-
künfte und Unklarheiten sind außer Kurs gesetzt."[55] Aber wie überzeugend und klar ist die neue Auskunft? Macht sie die Entwicklung zum griechischen Dogma nicht vollends zum Rätsel? Wenn Paulus nicht mehr –
wie in der bisherigen Forschung angenommen – die Brücke zu Justin, Ter-
tullian und Irenäus bildet, sondern ins Urchristentum gehört und wie dieses ausschließlich aus dem jüdisch-apokalyptischen Denken zu begreifen
ist, wie erklärt sich dann das Vorhandensein eines christlichen Dogmas in
vorwiegend hellenistischer Ausprägung am Ende des 2. Jahrhunderts?

3. Die Umrisse des neuen Paulus-Verständnisses

Ein neues Leben-Jesu schien Albert Schweitzer einst in seiner theologischen Erstlingsarbeit der einzige Weg zur Lösung des Abendmahlsproblems, ja, zur geschichtlichen Lösung des Jesusproblems überhaupt zu
sein[1]. Als Paulusforscher steht Schweitzer vor demselben Aufbruch in ein

---

[53] PF Vf.
[54] PF 180 (Sperrung von mir).
[55] PF IX.
[1] Abendmahlsproblem 62.

völliges Neuland. Bei der bisher versuchten Lösung hatte man „das Problem falsch angefaßt"[2]. Sie konnte daher in gar keiner Weise zum Ziel führen. Also auch hier standen keine Korrekturen, Abklärungen, Verdeutlichungen, Interpretationen des bisher Erarbeiteten zur Erledigung an. Sondern wieder ging es – methodisch wie sachlich – um einen radikalen Neuansatz. Das Aufspüren von religionsgeschichtlichen Analogien löst nach Schweitzers Meinung das Rätsel des Paulinismus am wenigsten. Im Gegenteil, es verschärft es nur: „Die Wissenschaft steht vor der vorerst unerklärlichen Tatsache, daß auf jüdisch-urchristlichem Boden ein Gedankengebilde entstanden ist, das äußerlich eine Schwesterschöpfung zur griechisch-religiösen Mystik darstellt, innerlich aber nichts mit ihr zu tun hat."[3] Wie aber wird dieser Befund zu einer erklärlichen Tatsache?

Nun, für Schweitzer liegt das Problem „auf dem Gebiet der innerchristlichen Geschichte und stellt nur eine besondere Seite der Frage des Verhältnisses Pauli zum Urchristentum dar"[4]. Die paulinische Theologie ist nicht eine in der Begegnung mit dem griechischen Geist entwickelte neue „Religion", wie alle jene behaupten müssen, die zwischen den Mysterienreligionen und dem Paulinismus einen Parallelismus annehmen. Daß dergleichen jedoch nie in der Absicht des Paulus lag, betont Schweitzer mit Recht. Für Paulus „gab es nur eine Religion: die jüdische. Sie handelte von Gott, Glaube, Verheißung, Hoffnung und Gesetz. Auf Grund des Erscheinens, des Sterbens und Auferstehens Jesu Christi mußte sie ihre Aussagen und Forderungen auf die neue, gegebene Weltzeit einstellen, wodurch manche aus dem Schatten ins Licht, andere aus dem Licht in den Schatten gerückt wurden. Das ,Christentum' ist für Paulus keine neue Religion, sondern die jüdische, mit dem der Zeit entsprechend verlegten Schwerpunkt. Sein eigenes System gilt ihm vollends nicht als neue Religion. Es ist der adäquat erkannte und in seinen Konsequenzen dargestellte Glaube, und will nichts anderes sein als die wahre zeit- und schriftgemäße jüdische Religion"[5].

Solche Sätze schreibt man *heute* leicht. Damals waren es kühne Sätze. Sie waren der liberalen Vorstellung vom Paulinismus stracks zuwider. Denn diese hatte das Jüdische möglichst zurückgeschoben und in den Vordergrund der paulinischen Theologie die sittliche, rein geistige, per-

---

[2] PF 184.
[3] PF 78.
[4] PF 168.
[5] PF 177.

sönliche Auffassung des religiösen Verhältnisses gestellt. Nur einzelne,
wie der von Schweitzer bewunderte William Wrede, haben gesehen, daß
Paulus in „derben, massiven Anschauungen" lebte: er dachte die Erlösung universal und naturhaft und ließ sie durch die Sakramente vermittelt
sein[6] Im allgemeinen aber ging die „Modernisierung" Pauli der Jesu paral-
lel.

Doch zurück zu Schweitzers These, daß der Paulinismus nur einen
Spezialfall des Verhältnisses Pauli zum Urchristentum darstellt. Bereits
hier, im Urchristentum, findet Paulus ein Erlösungsverständnis grundge-
legt, das er mit seiner Theologie lediglich konsequent entfaltet. Schon im
Urchristentum garantieren Taufe und Abendmahl die Errettung. Paulus
schaft diese „primitive Anschauung" zur „Mystik des Sterbens und Auferstehens in der Gemeinschaft mit Christo um". Und zwar legt er nach
Schweitzers Meinung dabei den postulierten Effekt einfach in die Sakramente hinein. Er „vergewaltigt also die Sakramente". „Der Paulinismus
ist also ein theologisches System mit Sakramenten, aber keine Mysterienreligion"[7]. Was aber in den Sakramenten durchbricht und womit Paulus
dann über das urchristliche Verständnis hinausgeht – die Auferstehung
betrifft die Erwählten schon jetzt und läßt sie schon hier *sub contrario* in
einem neuen Leben wandeln – ist nichts anderes als „eine *Prodromaler-
scheinung* des nahen Weltendes"[8]. „Die fundamentale Bedeutung des
Sterbens und Auferstehens Jesu besteht nach Paulus also darin, daß damit
das Sterben und Auferstehen in der ganzen Leiblichkeit der zum messianischen Reich Erwählten in Gang gebracht wird. Diese ist wie ein aufgespei-
cherter Brennstoff, auf den das dort entzündete Feuer alsbald über-
greift."[9] Noch deutlicher wird der Sachverhalt durch das folgende, eindrucksvolle Bild: „Die anderen Gläubigen meinen, der Zeiger der Weltuhr stehe unmittelbar vor dem Beginn der neuen Stunde, und warten auf
den Schlag, der diese verkünden soll. Paulus sagt ihnen, daß er schon darüber hinausgerückt ist, und daß sie den Schlag, als er bei der Auferstehung
Jesu erfolgte, überhört haben. Hinter dem stehengebliebenen äußeren
Schein der natürlichen Welt ist ihre Verwandlung in die übernatürliche im
Gange, wie die Bühne sich hinter dem Vorhang verändert."[10]

Die Apokalyptik also ist der Schlüssel zum paulinischen System. Denn

---

[6] PF 131.
[7] PF 168.
[8] PF 169.
[9] MP 111/Werke 4, 162.
[10] AaO 100/149.

es entspricht dem Denken der jüdischen Apokalyptik, wenn Paulus die Erlösung als ein „kosmisches Geschehen" versteht, „welches den Zustand der Schöpfung ändert und eine neue Weltzeit heraufführt . . ." „Der Apostel konstatiert ein Ineinander des noch natürlichen und des schon übernatürlichen Weltzustandes, das an Christus und den Gläubigen als ein offenes oder verborgenes Wirken von Sterbens- und Auferstehungskräften real wird . . . und zwar an ihnen allein. Die Lehre von dem Tod und der Auferstehung Jesu und die Mystik der Erlösung sind miteinander kosmisch bestimmt."[11] Auffallend daran ist nur, daß er diesen Sachverhalt „*eschatologische Mystik*" nennt. Die Anregung dazu dürfte vom Lehrer H. J. Holtzmann gekommen sein. Holtzmann hatte vom Erlösungswerk bei Paulus als von „einer sittlich orientierten Mystik" gesprochen, „welche aus dem einmaligen Ereignis ein gemeinsames Erlebnis aller Gläubigen macht"[12]. Man sieht, wie hier das Verständnis an der Eschatologie vorbei gesucht wird. Schweitzer sucht es *in* ihr und bildet den Begriff „eschatologische Mystik". Daß das Erlösungswerk bei Paulus Mystik ist, hatte er also bei Holtzmann gelernt. Daß sie von der apokalyptischen Basis nicht zu trennen ist, hatte er gegen Holtzmann erkannt. Folglich ist die Eschatologie bei Paulus Mystik. Das wird sofort verständlich, wenn man sieht, daß „Mystik" für Schweitzer jenen Vorgang bezeichnet, der Zeitliches und Ewiges als überwunden gelten läßt, obwohl die es Betreffenden noch im Irdischen und Zeitlichen stehen. Genau das ereignet sich in einer *übersteigerten* Zukunftserwartung. „In der Apokalyptik bewegen sich das Sinnliche und das Übersinnliche aufeinander zu, und zwar in der Art, daß das erstere in dem letzteren aufgehend gedacht ist."[13] Zu dieser „Mystik der Erlösungslehre" tritt dann im Paulinismus noch das Sakramentale – auch dieses aus dem Jüdisch-Eschatologischen erklärbar[14]. Denn „daß die gesteigerte eschatologische Erwartung zu sakramentalen Anschauungen gelangen kann, ist an sich begreiflich. Diejenigen, die unmittelbar vor der hereinbrechenden Herrlichkeit stehen, müssen ein Verlangen danach tragen, für ihre Person zur Gewißheit der Teilnahme an derselben zu kommen und sich greifbare Garantien für die ,Errettung' aus dem kommenden Gericht anzueignen. Der Begriff der ,Zeichnung' und ,Versiegelung' spielt in der Apokalyptik eine gewaltige Rolle. Entsprechende Veranstaltungen sind geradezu ein Produkt jeder

---

[11] PF 82. 190.
[12] H. J. HOLTZMANN, Theologie II 131.
[13] PF 188.
[14] PF 188.

intensiven Zukunfterwartung"[15]. Das besagt: Die aufs höchste gesteigerte Enderwartung, die ein intensives Verlangen hat, an den zukünftigen
Heilsgaben schon jetzt teilzuhaben, schafft sich diese Form der Teilnahme
in den Sakramenten, die als eine mystische Teilhabe am Endheil verstanden werden. Damit ist es nicht mehr nötig, für die Erklärung der paulinischen Theologie den Hellenismus samt den Mysterienreligionen zu bemühen. Sie ist vielmehr eine Weiterführung der urchristlich-apokalypti-
schen Theologie „mit Hilfe der griechischen religiösen Sprache"[16]. Letztere ist selbstverständlich von Schweitzer nie bestritten worden. Nur stellt
sie als solche noch keine Hellenisierung des Christentums dar, sondern
liefert nur den Transmissionsriemen für die Überführung der urchrist-
lich-apokalyptischen Gedanken in die hellenistische Geistigkeit des späteren Dogmas. „Paulinismus und Griechentum haben nur die religiöse
Sprache, aber keine Gedanken miteinander gemeinsam."[17]

Daß sich Schweitzer in dieser Annahme täuscht, ist sicher. Denn eine
Sprache übernimmt man nie ohne deren Gedanken[18]. In diesem Punkte
hat Schweitzer die Leistungskraft der religionsgeschichtlichen Methode
fraglos unterschätzt. Dagegen hat er ihr uneingeschränkt das Verdienst
zuerkannt, „dem ‚Vergeistigen' und ‚Psychologisieren', das ein
Menschenalter hindurch geübt worden war, ein Ende gesetzt zu haben"[19].

Damit war die Bahn für ein neues Paulusverständnis, das in seinen Umrissen bereits in dem die Geschichte der paulinischen Forschung abschlie-
ßenden Kapitel „Zusammenfassung und Problemstellung" klar erkenn-

---

[15] PF 189. Auf die Abwegigkeit, den Begriff „Mystik" bei Schweitzer in unserem land-
läufigen Sinn zu verstehen, verweist m. R. GEORGES MARCHAL, Albert Schweitzers Paulusdeutung 173–177. Mystik meint ziemlich genau das, was man in der modernen Theologie die
„eschatologische Existenz der Glaubenden" nennt: Teilgabe am Leben des erhöhten Kyrios
durch die Sakramente, Antezipation des zukünftigen Heils. Vgl. nur GÜNTHER BORNKAMM,
Paulus (UB 119), Stuttgart (1969) ³1976, 196 ff. und EDUARD SCHWEIZER, Die „Mystik" des
Sterbens und Auferstehens mit Christus bei Paulus (1966), in: DERS., Beiträge zur Theologie
des Neuen Testaments. Neutestamentliche Aufsätze (1955–1970), Zürich 1970, 183–203.
[16] PF 188.
[17] PF 186.
[18] R. BULTMANN, Zur Gesch. d. Pls.-Forschung 329 nennt das in Anm. 17 wiedergege-
bene Schweitzer-Zitat eine „billige Auskunft". „Übernahme von Begriffen bedeutet immer
auch in irgendeiner Weise Übernahme des in den Begriffen Gemeinten", nicht als Übernahme der Sache, wohl aber des Anliegens, der *Frage*. Vgl. auch R. REITZENSTEIN,
Rel.gesch. u. Eschatologie, bes. 16 ff. Die Trennung von Sprache und Gedanken nennt er,
aaO 17 Anm. 1 „psychologisch unmöglich", und zwar verglichen mit dem, was SCHWEIT-
ZER, PF 171 schreibt: Paulus kennt und arbeitet mit der Sprache des religiösen Hellenismus
(REITZENSTEIN 17 mit Anm. 1).
[19] PF 186.

bar ist, frei[20]. Und zwar zeigt sich die von Schweitzer angestrebte Lösung des geschichtlichen Problems des Paulinismus neben der Ablehnung der religionsgeschichtlichen Erkärung am deutlichsten bei seiner Auseinandersetzung mit Holtzmann. Holtzmann, der klassische Repräsentant des damals herrschenden Paulusverständnisses, kann im Paulinismus nur die Ausdeutung eines einzigartigen persönlichen Erlebnisses sehen, welches so vor und nach Paulus nie wieder irgendein Mensch hatte. Diese Isolierung bedeutet aber für Schweitzer gerade den Verzicht auf die *Erklärung* der Lehre des Urapostels. Bezeichnend dafür ist Schweitzers Frage: ,,Ist sie überhaupt begriffen, wenn sie nicht als urchristlich verstanden ist?"[21] Die Frage setzt voraus, was erst noch zu beweisen ist, nämlich, daß der Paulinismus eine konsequente Weiterentwicklung urchristlicher Gedanken ist und daß es ohne den Aufweis von Entwicklungslinien ein geschichtliches Verstehen nicht gibt[22]. Diese Entwicklungslinie aber lautet für Schweitzer: Jesus – Urgemeinde – Paulus. Sie bildet auch gedanklich eine Einheit. Und es ist bemerkenswert, daß Schweitzer in dem viel verhandelten Thema ,,Jesus und Paulus" bzw. ,,Jesus oder Paulus" nur ein ,,nutzloses Gerede" sehen kann[23]. Das Problem verliert seine Zuspitzung durch Zugrundelegung des einheitlichen eschatologischen Gesamtcharakters aller neutestamentlichen Erscheinungen[24]. Was für Jesus gilt, gilt auch für seinen größten Apostel: ,,Paulus ist Eschatologiker, erwartet die Parusie und die Verwandlung seines Leibes."[25] Und mit dem Urchristentum steht Paulus sowieso ,,in ungestörtem Zusammenhang"[26]. Was aber seine *Theologie* anbetrifft, zeichnet sich ein späteres Ergebnis auch hier schon deutlich ab: der um das Rechtfertigungsverständnis ringende Apostel fällt unter den Tisch, Sünde und Gerechtigkeit haben nicht die zen-

---

[20] M. R. ist dieses Schlußkapitel in den von K. H. RENGSTORF herausgegebenen Sammelband ,,Das Paulusbild in der neueren deutschen Forschung" (WdF XXIV) 113–123 wieder aufgenommen worden. RENGSTORF hat zweifellos recht, wenn er in seiner Einführung Schweitzer unmittelbar neben Karl Barth nennt und ihm mit diesem zusammen das Verdienst anrechnet, in der Paulus-Forschung ,,die entscheidende Wende" eingeleitet zu haben (XIII mit Anm. 17).

[21] PF 89.

[22] So auch das programmatisch gemeinte Buch von HELMUT KÖSTER und JAMES M. ROBINSON, Entwicklungslinien durch die Welt des frühen Christentums, Tübingen 1971, das Schweitzers methodischen Ansatz kritisch weiterführt, ohne ihn zu nennen.

[23] PF 126.

[24] Vgl. H. WINDISCH, Rezension 320 mit Hinweis auf den sich gleichzeitig vertiefenden Graben zwischen Urgemeinde und frühkatholischer Kirche. Er wird durch das joh. Schrifttum markiert. Siehe auch oben 169 Anm. 50.

[25] PF 110.

[26] PF 179.

trale Bedeutung, wie die Exegese sie forderte[27]. Aber 1911 ist das alles
noch sehr thetisch, um nicht zu sagen hypothetisch ausgeführt. Es sollte
fast zwanzig Jahre dauern, bis es Schweitzer möglich war, seiner Skizze
des Paulinismus den ausgereiften Entwurf einer paulinischen Theologie
folgen zu lassen.

4. Die Mystik des Apostels Paulus (1930): Schweitzers Paulusverständnis

Im 1930 erschienenen Hauptwerk hat Schweitzer den Entwurf seines
Paulusverständnisses dann zu einer in ihrer Geschlossenheit imponieren-
den Gesamtdarstellung der paulinischen Theologie ausgebaut[1]. Er sieht in
diesem Unternehmen einen gewissen Abschluß der bisherigen theologischen Arbeiten, die von Studententagen an das *eine* Ziel verfolgten, ,,die
gedankliche Entwicklung des Christentums der ersten Generationen" von
der ,,unabweisbar erscheinenden Voraussetzung aus begreiflich zu machen, daß Jesu Verkündigung vom Reiche Gottes ganz eschatologisch
gewesen und von den Hörern auch so verstanden worden sei"[2]. Es ist klar,
daß das damit gestellte Problem der Hellenisierung des Christentums *eine*
Frage zu der zentral wichtigen werden läßt: die *paulinische*.

Für die damalige Forschung lag das Paulusproblem vor allem in der
Frage: wie umfangreich und intensiv war die ,,hellenische Beimischung"
zur ,,jüdischen Schulbildung" des Paulus[3]? Denn daß der ,,Diasporaju-
de" ,,irgendwelche Zufuhr" vom Griechentum erhalten haben mußte,
hielt man für sicher[4]: Paulus war in Tarsus aufgewachsen, einer Stadt, die
ganz unter dem Einfluß griechischer Sprache und griechischer Kultur
Kleinasiens stand. ,,Jüdisches" und ,,Orientalisches" mischten sich hier
mühelos zu einem bunt schillernden Synkretismus. Ein in solcher Atmo-

---

[27] So richtig O. HOLTZMANN, Rezension 977.

[1] Vgl. W. G. KÜMMEL I 38; II 228ff.; F. W. KANTZENBACH, A. Schweitzer 63; DERS.,
Programme 152. G. SEAVER nennt die ,,Mystik" das *größere* der beiden Pauluswerke
Schweitzers, ,,größer in seiner Weite, größer in seiner Tiefe, größer in seiner Gelehrsamkeit
und viel größer in seiner Originalität". ,,Genial" wird das Werk von H. E. WEBER, Rezension 407 genannt. Vgl. auch JOHANNES SCHNEIDER, Eschatologie und Mystik im Neuen Testament, in: ZThK NF 13, 1932, 111; H. GROOS 370ff., bes. 372: ,, . . . vergleichsweise
wird man sagen dürfen, daß ,Die Mystik des Apostels Paulus' dem Wredeschen ,Paulus'
mindestens ebenbürtig ist. Nicht nur vorbildliche Allgemeinverständlichkeit, große Originalität und bedeutsame neue Erkenntnisse sind Schweitzers Werk nachzusagen, nicht zuletzt
ist auch ihm eine eigenartige, einzigartige Schönheit eigen."

[2] MP VIII/Werke 4, 20.

[3] H. J. HOLTZMANN, Theologie II 3.

[4] AaO.

sphäre aufwachsender gebildeter Jude wie Paulus sei geradezu prädestiniert gewesen, beide Anschauungsweisen, die jüdische vom Sühnetod Jesu und die hellenistische vom mystischen Mitsterben und Mitauferstehen miteinander zu verschmelzen. Und auch die Ausformung der christlichen Botschaft zum gesetzesfreien Evangelium lasse sich letzten Endes als ein Reflex hellenistischer Liberalität verstehen. Der griechische Weltbürger Paulus sei tatsächlich beides gewesen: den Juden ein Jude, den Griechen ein Grieche.

Dieser Verschmelzungstheorie kam zugute, daß zu Beginn unseres Jahrhunderts den Religionsgeschichtlern viel neues Material über die griechisch-orientalischen Religionen bekannt wurde. Sie konnten mit ihren Forschungen zur spätgriechischen Literatur und mit Hilfe neu entdeckter Inschriften zeigen, daß sakramentales Denken und sakramentale Handlungen wie Taufe und Abendmahl zwar in der hellenistischen Welt weit verbreitet waren, nicht aber im palästinensisch-jüdischen Denken. Mystik, Sakramentalismus, Wiedergeburt – so war die Meinung – kennt man im Hellenismus, nicht aber im Judentum.

Albert Schweitzer ließ diese Verschmelzungshypothese für eine geschichtliche Erklärung des Paulinismus nicht gelten. Er hatte dafür zwei Gründe. Die Existenz der griechisch-orientalischen Mysterienreligionen, auf die man jene Hypothese vor allem stützte, ist urkundlich erst für das zweite und dritte Jahrhundert nach Christus nachgewiesen. Sie können in *dieser* ihrer Bedeutung nicht einfach in die Zeit Pauli zurückdatiert werden. Schweitzer ist sicher, ,,daß Paulus die Mysterienreligionen, wie sie uns vorliegen, wohl nicht gekannt haben kann, weil sie in dieser ausgebildeten Gestalt damals noch nicht existierten". Und er erhebt den Vorwurf, ,,daß diejenigen, die die Vergleiche unternehmen, den Mysterienreligionen leicht eine größere Bestimmtheit und Geschlossenheit der Gedanken leihen, als sie ihnen in Wirklichkeit zukommt, und den Unterschied zwischen ihrer Konstruktion und dem ursprünglichen Aussagenkomplex nicht deutlich genug hervortreten lassen". Verschiedene Nachrichten werden zu einer Art ,,universeller Mysterienreligion" zusammengestellt, ,,die so nie existiert hat, am allerwenigsten zu Pauli Zeiten"[5]. Das ist das eine. Der andere Grund, warum Schweitzer die sogenannten ,,Halbheitstheorien, welche den Paulinismus zum Teil aus jüdischen, zum Teil aus griechischen Gedanken bestehen lassen"[6], für unwissenschaftlich

---

[5] PF 150. 151.
[6] PF 187.

hält, ist psychologischer Art. Ein Synkretismus könne sich wohl bei Religionen anbahnen und auswirken; bei einzelnen *Persönlichkeiten* sei er dagegen nur in ganz beschränktem Maße anzunehmen. „Zum Übernehmen und Formen fremder Anschauungen gehören Massen und Zeit. Der Einzelne kommt dabei nur insoweit in Betracht, als er in eine in dieser Richtung tätige Allgemeinheit eingepflanzt ist und ihre Instinkte in sich wirken läßt." An diese allgemeinen Erwägungen schließt die sehr sichere Auskunft an: „Paulus gehört dem Spätjudentum an. Was er an ‚religionsgeschichtlichen' Anregungen zu empfangen hat, kommt ihm in der Hauptsache durch diesen Kanal zu. Daß er daneben direkt und persönlich vom ‚Orientalischen' affiziert worden sein könnte, darf nur mit Vorsicht in Betracht gezogen werden. Insbesondere sollte man sich hüten, diese Möglichkeit durch allgemeine Betrachtungen über das, was das Kind der Diaspora alles gesehen, gehört und gelesen haben könnte, zur Gewißheit zu erheben. Entscheidend sind nur die Aussagen der Briefe." Außerdem erweise sich das Spätjudentum der Zeit Pauli „als etwas relativ Abgeschlossenes", das heterogenen Ideen nicht mehr ohne weiteres offenstand, da „das orientalische Material" darin bereits zu einer „apokalyptischen Weltanschauung" verarbeitet sei. Wer in ihr lebe, sei „freien orientalischen Einflüssen nicht so sehr ausgesetzt, als vielmehr entzogen. Mit all dem, wozu der jüdische Geist Aufnahmefähigkeit und Assimilationstendenz besitzt, ist er schon gesättigt und besitzt es nicht als Fremdes, sondern als Jüdisches. Die jüdische Apokalyptik bewirkt Immunisierung gegen neuen Synkretismus"[7].

Mit diesen problematischen Thesen, in denen sich richtige und falsche Beobachtungen mischen[8], steht Schweitzer im Widerspruch zur bisherigen Dogmengeschichte, die in der ganzen urchristlichen Entwicklung keinerlei Schwierigkeiten sah, da sie Jesus neben den eschatologischen auch uneschatologische Gedanken zuschrieb und die Lehre Pauli „zum Teil als eschatologisch, zum Teil als hellenistisch ausgab"[9]. Die in der

---

[7] PF 138f.

[8] Das chronologische Argument, daß die schriftlichen Quellen für ausgeformte Mysterienreligionen erst relativ spät sind, sticht hier so wenig wie in der heutigen Gnosisdebatte: was spät belegt ist, muß nicht auch spät entstanden sein. Paulus zeigt schon durch seine Sprache, daß Kultvorstellungen der Mysterienreligionen bereits breite Wirkung im Volke übten (vgl. R. REITZENSTEIN, Rel.gesch. u. Echatologie 18). Methodisch falsch ist schließlich auch, daß Schweitzer die religionsgeschichtliche und die eschatologische Betrachtungsweise in einen ausschließenden Gegensatz zueinander stellt. Und für die Behauptung, daß die jüdische Apokalyptik gegen den Synkretismus immunisiere, bleibt er jede Begründung schuldig (vgl. R. Reitzenstein, aaO 2.4 mit Anm. 1).

[9] MP VIII/Werke 4, 20.

kleinasiatischen Theologie des beginnenden 2. Jahrhunderts statthabende Hellenisierung vollendet also nur, was bereits von den Anfängen des Christentums an keimhaft angelegt war.

Durch das konsequent-eschatologische Verständnis des Urchristentums macht Albert Schweitzer diese Sicht der Entwicklung unmöglich. Die *eine* eschatologische Voraussetzung der Entwicklung fordert auch die *Einheit* des urchristlichen Systems. So kommt es wieder zur *alternativen* Problemstellung: ,,An Stelle der unhaltbaren Auskunft, daß Paulus eschatologische mit hellenistischen Gedanken vereinigt habe, muß jetzt entweder eine rein eschatologische oder eine rein hellenistische Erklärung seiner Lehre treten. Ich führe die erstere durch. Sie statuiert die vollständige Zusammengehörigkeit der Lehre Pauli mit der Jesu. Die Hellenisierung des Christentums setzt nicht mit Paulus, sondern erst nach ihm ein."[10] Das bei Ignatius und bei den Vertretern der kleinasiatischen Theologie des 2. Jahrhunderts greifbare hellenisierte Christentum kann bei diesem methodischen Ansatz dann nicht mehr als das Ergebnis einer kontinuierlichen Gedankenentwicklung, sondern nur noch als das Produkt einer *Mutation* verstanden werden, für die es freilich eine Erklärung gibt: die Parusieverzögerung. Sie nötigte jene Theologen, ,,ihren Glauben in den ihnen geläufigen hellenistischen Vorstellungen neu zu begreifen. Dies wurde ihnen dadurch möglich gemacht, daß sie mit Pauli Mystik des Seins in Christo vertraut waren. Sie übernahmen sie, indem sie die ihnen nicht mehr verständliche eschatologische Logik derselben durch eine hellenistische ersetzten. So erklärt sich die Entwicklung von Jesus über Paulus zu Ignatius auf sehr natürliche Weise. Paulus war nicht der Hellenisator des Christentums. Aber er hat ihm in seiner eschatologischen Mystik des Seins in Christo eine Fassung gegeben, in der es hellenisierbar wurde"[11].

Schweitzer weiß, daß sich bei seinem Ansatz das Problem der Hellenisierung des Christentums in viel schrofferer Form als bisher stellt, tröstet sich aber dessen, daß es zugleich ,,auch auf viel einfachere Weise lösbar wird". Ob er das wirklich ,,erwiesen" hat, wie er selber glaubt[12], kann man nun freilich fragen. Denn diese Vereinfachung besteht doch nur darin, daß der bisher angenommene Graben zwischen Jesus und Paulus zwar zugeschüttet, der zwischen Paulus und der späteren Entwicklung aber um so breiter ausgehoben wird. Im übrigen aber bleibt Paulus auch in der Konstruktion Schweitzers derjenige, der mit seiner Theologie dem frühe-

---

[10] AaO VIII/21.
[11] AaO IX/21.
[12] AaO IX/22.

sten eschatologischen Christentum geholfen hat, geschichtsfähig zu werden. Grundsätzlich anders als in der bisherigen Forschung ist diese Problemlösung also nicht. Sie ist nur zeitlich versetzt, fängt nicht *mit*, sondern *nach* Paulus an, wäre ohne ihn aber *so* gar nicht möglich gewesen.
Gewonnen ist mit Schweitzers Problemlösung freilich – und dieser Gewinn hat sein Gewicht für das Paulusverständnis bis zum heutigen Tage –
die Erklärung des Paulinismus aus seinem eschatologischen Zentrum und
dessen Verwurzelung im Alten Testament, besonders in der Zeit der exili-
schen und vorexilischen Propheten. Auf diesen Zusammenhang kommt
Schweitzer viel an, wie die Anlage des Buches und seine 14 Kapitel deutlich zeigen. Immer wieder wird auf Vorstufen der paulinischen Gedanken
im Alten Testament, in den eschatologischen Vorstellungen des Täufers,
Jesu und der frühesten Urgemeinde zurückgegriffen. Erst das 13. Kapitel
blickt voraus auf jene Zeit, in der die Hellenisierung der Mystik Pauli
durch Ignatius und die johanneische Theologie stattgefunden hat. Die
sachliche Darstellung aber wird beherrscht von Problemen der Eschatologie Pauli (4. und 5. Kap.). Die weiteren Kapitelüberschriften zeigen an,
worin Schweitzer die Lösung sieht: ,,Die Mystik des Gestorben- und
Auferstandenseins mit Christo" (6. Kap.); ,,Leiden als Erscheinungs-
weise des Sterbens mit Christo" (7. Kap.); ,,Geistbesitz als Erschei-
nungsweise des Auferstandenseins mit Christo" (8. Kap.); ,,Mystik und
Gesetz" (9. Kap.); ,,Mystik und Gerechtigkeit aus dem Glauben" (10.
Kap.); ,,Mystik und Sakramente" (11. Kap.); ,,Mystik und Ethik" (12.
Kap.). Den Abschluß bildet ,,Das Unvergängliche der Mystik Pauli" (14.
Kap.).

Dieser ausgeführte Entwurf einer paulinischen Theologie bringt sachlich nichts über das hinaus, was bereits in der Geschichte der paulinischen
Forschung angedeutet war, fundamentiert es aber gründlich und baut es
nach allen Seiten hin aus. Wir beschränken uns auf den *Fundamentalge-
danken* der paulinischen Mystik. Er lautet: ,,Ich bin in Christo; in ihm erlebe ich mich als ein Wesen, das dieser sinnlichen, sündigen und vergängli-
chen Welt enthoben ist und bereits der verklärten Welt angehört; in ihm
bin ich der Auferstehung gewiß, in ihm bin ich Kind Gottes."[13] Damit
nimmt die *paulinische* Mystik eine ganz eigentümliche Stellung zwischen
der *primitiven* und der *denkenden* Mystik ein. Die religiösen Vorstellungen des Apostels stehen hoch über denen der primitiven Mystik. Ihr entsprechend müßte seine Mystik auf das Einssein des Menschen mit Gott als

---

[13] AaO 3/28.

dem Urgrund des Seins gehen. Dies tut sie aber nicht. Nie spricht Paulus von einem Einssein mit Gott oder einem Sein in Gott. Wohl behauptet er die Gotteskindschaft der Gläubigen. „Gotteskindschaft aber faßt er merkwürdigerweise nicht als ein unmittelbares, mystisches Verhältnis zu Gott auf, sondern läßt sie vermittelt und verwirklicht sein durch die mystische Gemeinschaft mit Christo."[14] Und noch etwas ist der paulinischen Mystik eigentümlich dadurch, „daß das Sein in Christo als ein Gestorben- und Auferstandensein mit ihm vorgestellt wird, durch das man von der Sünde und dem Gesetze frei geworden ist, den Geist Christi besitzt und der Auferstehung gewiß ist. Dieses Sein in Christo ist das große Rätsel der Lehre Pauli": Wenn es einmal erfaßt ist, gibt es den Schlüssel zum Ganzen[15].

Nun, das *Sein in Christo,* die „Mystik" des Apostels Paulus also, erklärt sich aus dessen Vorstellung vom nahen messianischen Reich und Weltende. Sie ist zu verstehen als „eine Überspannung der eschatologischen Erwartung"[16]. Die bisherige Forschung war der Meinung, daß in der Eschatologie nicht Möglichkeiten einer Mystik gegeben seien. Schweitzer sieht die Sachlage völlig anders. „Die Eschatologie unternimmt ja die Aufhebung der Transzendenz. Sie läßt die natürliche Welt durch die übernatürliche abgelöst werden und dieses Ereignis in dem Sterben und Auferstehen Jesu seinen Anfang nehmen. Ist es da nicht denkbar, daß einer spekulativen, in eschatologischer Erwartung glühenden Betrachtungsweise die beiden Welten für den Augenblick, in dem sich die unmittelbar einsetzende Ablösung vorbereitet, ineinander geschoben erscheinen? Damit wären die Voraussetzungen für das Erleben des Zukünftigen und Ewigen in dem Gegenwärtigen und Zeitlichen gegeben, was ja der Vorgang in der Mystik ist. Die so entstandene Mystik wäre von jeder andern dadurch unterschieden, daß das Ineinander von Ewigem und Zeitlichem bei ihr nicht durch einen Akt des Denkens zustande käme, sondern in der Wirklichkeit tatsächlich vorläge und vom Denken nur erfaßt zu werden brauchte. Nun gehen die eigenartigen Züge, durch die sich die paulinische Mystik von der der hellenistischen Mysterienreligionen und von jeder anderen Mystik überhaupt unterscheidet, gerade darauf zurück, daß sie in Zusammenhang mit dem endgeschichtlichen kosmischen Geschehen steht."[17]

---

[14] AaO 3/27 f.
[15] AaO 3/28.
[16] LD 193/Werke 1, 223.
[17] MP 38 f./Werke 4, 71 f.

Daß Paulus die Geschichte in dieser Weise eschatologisch gedeutet hat, steht der neutestamentlichen Forschung inzwischen längst fest. Nur die Zusammenfassung dieses Sachverhaltes als *Mystik* hat sich – wegen des schillernden Begriffes – nicht durchgesetzt. Schweitzer faßt den Begriff einerseits zu weit (Mystik = Überwindung der Trennung von zeitlich und ewig), andererseits zu eng (Mystik = Sein in Christo. Eine Gottesmystik kennt Paulus nicht)[18]. Das In-Christus-Sein bezeichnet das Eingefügtsein in den „Leib Christi" durch die Taufe, ist also primär eine *ekklesiologische* Formel, die weit davon entfernt ist, eine Formel für mystische Verbundenheit zu sein[19]. Mit Recht ist daher in der Diskussion um Schweitzers Hauptwerk die Möglichkeit bestritten worden, von der „Mystik" her die paulinische Theologie adäquat zu erfassen[20]. Schweitzer sagt jedoch selbst, daß *Mystik* „nur ein anderer Ausdruck der eschatologischen Vorstellung von der Erlösung ist"[21]. Und zwar versteht er unter der Mystik der zugleich mit der Menschheit in Verwandlung begriffenen Welt „nichts anderes als die eschatologische Vorstellung von der Erlösung von innen her geschaut"[22]. Schweitzer sieht darin das konsequente Zuendedenken der eschatologischen Naherwartung Jesu unter den Bedingungen der objektiv *veränderten* „Weltzeit"[23]. Es gibt kaum etwas bei Paulus, was er nicht vom Täufer (z. B. die Taufe), von Jesus (z. B. die Ethik) oder der Urgemeinde (z. B. den Gedanken, daß Tod und Auferstehung die Eschata einleiten) hat. Aber „die Tatsachen zwingen ihn, wie in der Formulierung der Erlösung, so auch in der Ethik schöpferisch neben Jesus zu treten"[24]. Die Tatsachen aber sind Tod und Auferweckung Jesu als Äonenwende verstanden. Mit der geschehenen Auferstehung Jesu ist die

---

[18] AaO 3/27 f.

[19] So richtig R. BULTMANN, Theologie 312.

[20] Aus der Diskussion sei nur M. DIBELIUS, Glaube und Mystik bei Paulus, hervorgehoben (1931); DERS., Paulus und die Mystik, in: DIBELIUS II, 134–159. Im übrigen sei auf das ausführliche Referat der Diskussion bei H. GROOS 342 ff. verwiesen.

[21] MP 114/Werke 4, 166. – Über die Unangemessenheit des Begriffes „Mystik" bei Paulus kann ernsthaft nicht mehr gestritten werden. Sein Verschwinden aus der Diskussion ist nicht zuletzt Schweitzers Verdienst. Er hat mit seiner eschatologisch-realistischen Paulusdeutung der Erkenntnis des *nichtmystischen* Charakters des Paulinismus zum Durchbruch verholfen. Vgl. MAURICE GOGUEL, La mystique paulinne d'après Albert Schweitzer, in: RHPhR 11, 1931, 185–210.

[22] AaO 113/166. „Daß mit Jesu Tode und Auferstehung die natürliche Welt sich in die übernatürliche zu verwandeln beginnt, ist nur ein anderer Ausdruck dafür, daß von jenem Augenblicke an die Herrschaft der Engelmächte im Vergehen und die messianische Zeit im Anbruch begriffen ist" (aaO).

[23] AaO 114/167.

[24] AaO 300/402.

Totenauferstehung der Erwählten – nach Schweitzer denkt Paulus streng
prädestinatianisch – bereits in Gang gekommen. Daher muß jetzt über die
Weltzeit anders gedacht werden. Und zwar ist „entscheidend für den
Charakter der Periode zwischen der Auferstehung Jesu und seiner Wiederkunft ... nicht ihr äußeres Aussehen, sondern die Art der in ihr wirkenden Kräfte. Durch die Auferstehung Jesu ist offenbar, daß Auferstehungskräfte, das heißt Kräfte der übernatürlichen Welt, in der Kreatür-
lichkeit bereits am Werk sind. Wer also Erkenntnis hat, rechnet die Dauer
der natürlichen Welt nicht bis zur Ankunft Jesu in Herrlichkeit, sondern
erfaßt die Zwischenzeit zwischen seiner Auferstehung und dem Anbruch
des messianischen Reiches als ein Ineinander von natürlicher und übernatürlicher Welt. Mit der Auferstehung Jesu hat die übernatürliche Welt bereits begonnen, nur daß sie noch nicht in Erscheinung getreten ist"[25].
Das konzentrierte theologische Denken des Paulus gilt also der *Zwischenzeit,* dem „Weltaugenblick zwischen der Auferstehung Jesu und
seiner Wiederkunft"[26], in dem wegen des Dagewesenseins des Messias im
Fleische und seines Sterbens und Auferstehens die überkommene Eschatologie nicht einfach rezipiert werden kann, sondern neu interpretiert
werden muß als dasjenige kosmische Geschehen, in welchem die *eschatologische Mystik begründet* ist[27]. Das drängt Paulus zu der „paradoxen Behauptung", „daß die an Jesu offenbar gewordenen Sterbens- und Auferstehungskräfte sich bereits auch an den zum messianischen Reich Erwählten auswirken"[28]. Der Glaube hört auf, *reiner Erwartungsglaube* zu
sein[29]. Das war er bei Jesus vornehmlich, jedoch nicht ausschließlich.
Denn schon Jesus hat Kräfte der zukünftigen Gottesherrschaft in die Gegenwart hereinwirken lassen. Dieses Auftreten von Gegenwartsglauben
im Zukunftsglauben macht Paulus zur Hauptsache seiner theologischen
Interpretation der jesuanischen Eschatologie. Sie hat mit einer Vergeistigung der eschatologischen Erwartung absolut nichts zu tun, sondern ist
nur deren konsequentes Zuendedenken[30]. Paulus weiß, daß er Jesu Lehre
in der veränderten Weltsituation nicht einfach übernehmen kann, sondern
er muß lehren, „was sich auf Grund der eschatologischen Erwartung aus
der Tatsache des Todes und der Auferstehung Jesu als Wissen von der Er-

---

[25] AaO 99 f./148 f. Diesen Sachverhalt beschreibt SCHWEITZER, aaO 100/149 mit zwei
eindrucksvollen Bildern (s. o. S. 172).
[26] AaO 100/149.
[27] AaO 23 ff./53 ff.
[28] AaO 101/150.
[29] AaO 100/149.
[30] Vgl. aaO.

lösung ergibt"[31]. Das ist neben dem „Ineinander von natürlicher und übernatürlicher Welt"[32] vor allem die *geheimnisvolle Seinsweise der Glaubenden:* Kraft ihrer mystisch-naturhaften Zusammengehörigkeit mit Christo wirken sich seit Ostern die Sterbens- und Auferstehungskräfte schon jetzt an ihnen aus. „Sie werden zu Wesen, die in Verwandlung aus dem natürlichen in den übernatürlichen Zustand begriffen sind und das Ansehen von natürlichen Menschen nur noch wie eine Hülle an sich tragen, um sie, beim Anbrechen des messianischen Reiches, alsbald abzuwerfen. In geheimnisvoller Weise sind sie mit Christo und in Christo bereits gestorben und auferstanden, wie sie ja auch in Bälde mit ihm in der Seinsweise der Auferstehung leben werden."[33]

Das Initium dieser *realistischen* Erlösungslehre ist die *Taufe.* In ihr nehmen „das Sein in Christo und das Sterben und Auferstehen mit ihm seinen Anfang"[34], während das Herrenmahl – mit der Mystik des Seins in Christo zusammengebracht – Gemeinschaft mit Christo wirkt[35]. „Taufe und Abendmahl weihen den Gläubigen der Endzeit zur Teilnahme an der Herrlichkeit des messianischen Reiches."[36] Als solche sind sie „ephemere Veranstaltungen". „Sie sind ad hoc geschaffen für eine bestimmte Menschenklasse einer bestimmten Menschengeneration: die Erwählten der Generation, ,auf die das Ende der Zeiten gekommen ist' (1Kor 10,11)."[37] Daß die Sakramente zum Hellenismus „in äußerlicher Analogie" stehen, wird nicht bestritten[38]. Aber gedanklich hängen beide in keiner Weise zusammen, weil die Sakramente nicht – wie die der Mysterienreligionen – „auf dem Gedanken des sich zur Wirklichkeit steigernden Symbols beruhen"[39]. Sondern sie basieren auf dem in der alttestamentlichen Eschatologie geltenden Gedanken des Gezeichnetwerdens auf die Errettung hin (vgl. Ez 9,4–11)[40]. Damit ist für Schweitzer zugleich erwiesen, daß auch die Sakramente „eschatologische Bildungen" sind[41]. Die *gnostische* Fas-

---

[31] AaO 115/167.
[32] AaO 99/149.
[33] LD 193/Werke 1, 223.
[34] MP 19/Werke 4, 47.
[35] AaO 20/49.
[36] AaO 21/50.
[37] AaO 23/52.
[38] AaO 223/304 f.
[39] AaO 223/305.
[40] AaO 224/306.
[41] AaO 222 ff./303 ff. – Gegen WILHELM BOUSSET, Kyrios Christos. Geschichte des Christusglaubens von den Anfängen des Christentums bis Irenaeus, Göttingen (1913) [5]1965, XIV, der vom „verzweifelten Versuch" spricht, „das christliche Sakrament – aus der Escha-

sung der eschatologischen Lehre Pauli (Gal; Anfang des 1 Kor) dagegen hält Schweitzer für peripher neben der mystischen, die für ihn das Zentrum bildet[42]. Pauli-Mystik ist *sakramentale Mystik*[43]! Es ergibt sich somit, daß die paulinische Mystik „mit der eschatologischen Weltanschauung zusammenhängt, daß sie die Vorstellungen der Wiedergeburt und der Vergottung nicht kennt, daß sie durch die eschatologische Idee der Prädestination beherrscht ist, daß sie von einem Realismus ist, der der hellenistischen Mystik fremd ist, daß ihr Begriff des Sakramentalen ein ganz anderer ist als der hellenistische, und daß das Symbolische, das das Wesen der hellenistisch-sakramentalen Mystik ausmacht, in ihr keine Rolle spielt"[44].

Ein Nachweis ist Albert Schweitzer – von der Begrifflichkeit einmal abgesehen – unzweideutig gelungen: Das Denken des Paulus ist einerseits durch kosmologische, andererseits durch sakramentale Begriffe bestimmt[45]. Mit ihrer Hilfe gelingt ihm eine Beschreibung der Glaubensexistenz zwischen Kreuz und Eschaton, die völlig sachgemäß ist, deren Realistik allerdings der Interpretation bedürfte[46]. Vielleicht in der Sprache, nicht jedoch in der Sache ist die heutige Paulusexegese über den von Schweitzer herausgestellten zentralen Gedanken der Erlösungslehre des Apostels hinausgekommen: „Die Mystik Pauli ist also nichts anderes als

---

tologie abzuleiten", weiß sich Schweitzer mit der lapidaren Feststellung zu wehren: „Bousset vergißt, daß die Bewegung, aus der die christliche Religion hervorging, nicht mit der Predigt Jesu, sondern mit der des Täufers begann. Und dieser verkündete . . . die Taufe!" (MP 223 Anm. 1/Werke 4, 304 Anm. 1). – Zwar hält auch die neueste Paulusexegese an der Interpretation des Taufverständnisses mittels hellenistischer Mysterienvorstellungen fest (repräsentativ NIKLAUS GÄUMANN, Taufe und Ethik. Studien zu Römer 6 [BEvTh 47], München 1967, 37 ff.), beurteilt den Tatbestand insgesamt jedoch sehr viel differenzierter. Vgl. einerseits G. WAGNER, Das religionsgeschichtliche Problem von Röm 6,1–11 (AThANT), Zürich 1962, der jeden Einfluß der Mysterien leugnet, andererseits G. DELLING, Die Heilsbedeutung der Taufe im Neuen Testament, in: KuD 16, 1970, 259–281, bes. 261, der den Abstand zu den Mysterien betont. Zusammenfassend jetzt J. ROLOFF, NT 227 ff., bes. 233 f.

[42] MP 75/Werke 4, 117.
[43] AaO 18/46.
[44] AaO 27/57.
[45] Vgl. R. BULTMANN, Rezension 1155.
[46] Dies der berechtigte kritische Einwand von R. BULTMANN, Rezension 1158: Schweitzer lege „eine Reproduktion, nicht eine wirkliche Interpretation paulinischer Sätze" vor. Dabei verkennt BULTMANN, GV I 167 Anm. 1, freilich nicht, daß Paulus „als antiker Mensch ganz realistisch" denkt. „Er meint also in der Tat, daß durch die Sakramente ein Stoff, ein Kraftstoff in die Christen eingeführt wird – und auch seine körperlichen Wirkungen hat. Aber das Entscheidende ist dies, daß er das Sein der Christen im Grunde nicht als ein Natur-Sein, sondern als geschichtliches Sein versteht", jedoch kann Paulus „sich dieses Sein nur in den dafür unzulänglichen Begriffen des Natur-Seins vorstellig machen". Vgl. zu diesem Punkte auch H. GROOS 331 f.

die Lehre von dem auf Grund des Todes und der Auferstehung Jesu erfolgenden In-Erscheinung-Treten der präexistenten Kirche (‚Gemeinde Gottes‘). Die die Mystik beherrschende rätselhafte Vorstellung des ‚Leibes Christi‘, dem die Gläubigen miteinander angehören und in welchem sie Gestorbene und Auferstandene sind, geht also auf die der präexistenten Kirche (‚Gemeinde Gottes‘) zurück."[47]

Das Zuendedenken der Naheschatologie Jesu in die eschatologische Mystik, Pauli eigentliche schöpferische Tat also, vollzieht sich nach Schweitzers Meinung jedoch keineswegs voraussetzungslos. Vielmehr bildet die Basis der paulinischen Erlösungslehre die dem zeitgenössischen Denken vertraute Vorstellung vom *messianischen Zwischenreich*. Darin ist seine Eschatologie nun freilich ganz anders als die Jesu: „Statt, wie dieser, in der einfachen Eschatologie der Bücher Daniel und Henoch zu denken, vertritt er die gedoppelte der Schriftgelehrten."[48] Gemeint sind damit vor allem die Apokalypsen Baruch und Esra, die im Unterschied zu Daniel und Henoch nicht *eine* Auferstehung, *ein* Gericht und *ein* Reich Gottes kennen, sondern *zwei* Reiche (das messianische Reich der Propheten als etwas Vorübergehendes für alle Erwählten der letzten Generation, *und* das ewige Reich Gottes für die übrigen Erwählten), *zwei* Seligkeiten und *zwei* Gerichte. Den Beweis dafür, daß Paulus dieser „gedoppelten Eschatologie" der Schriftgelehrten folgt, findet Schweitzer vor allem in der Tatsache, daß Paulus den Tod erst am Ende des messianischen Reiches vernichtet werden läßt (1 Kor 15,26). „Dies bedeutet, daß nach seiner Annahme die Totenauferstehung und das Gericht über die Auferstandenen aller Generationen erst nach Ablauf des messianischen Reiches stattfinden."[49]

Nun konnte die neuere Exegese freilich nachweisen, daß der Gedanke des messianischen Zwischenreiches bei Paulus tatsächlich *nicht* vertreten wird[50]. Und Schweitzer selbst muß – um die den Schriftgelehrten stracks

---

[47] MP 117/Werke 4, 170. – ERNST KÄSEMANN, Leib und Leib Christi. Untersuchungen zur paulinischen Begrifflichkeit (BHTh 9), Göttingen 1933, bes. 183, hat sich bald darauf diese Interpretation zu eigen gemacht.

[48] MP 91/Werke 4, 138.

[49] AaO 90 f./137. Zur Sache vgl. auch H. GROOS 336 f.

[50] Der ausführliche Nachweis ist zuletzt geführt worden von HANS-ALWIN WILCKE, Das Problem eines messianischen Zwischenreichs bei Paulus (AThANT 51), Zürich 1967. Er weist darauf hin, daß das Echo auf Schweitzers These vergleichsweise gering gewesen sei. Nur die beiden Franzosen E.-B. ALLO, Saint Paul et la „double résurrection" corporelle, in: RB 41, 1932, 187 ff. 302 ff. und J. HÉRING, Saint Paul a-t-il enseigné deux résurrections?, in: RHPhR 12, 1932, 300 ff. hätten sich mit ihr auseinandergesetzt und sie abgelehnt. Andererseits aber ist die von WERNER FOERSTER, Art. ἀήρ, ThWNT I, 165; ADOLF SCHLATTER, Pau-

zuwiderlaufende Logik der paulinischen Erlösungslehre festhalten zu können – Paulus zum Erfinder einer ganz neuen Lehre machen, nämlich der Lehre von der *doppelten Auferstehung*. Sie ergibt sich als Notwendigkeit aus der Vorstellung, daß die Teilhaber an dem vorübergehenden messianischen Reich „sich bereits in der Seinsweise der Auferstehung befinden und daß Erwählte der letzten Generation, auch wenn sie vor Anbruch des Reiches gestorben sind, durch die Auferstehung seiner teilhaftig werden können"[51]. Dieser Widerspruch löst sich nur mit der Annahme *zweier* Auferstehungen: „einer ersten, in der die an Christum Gläubigen zur Teilnahme am messianischen Reiche gelangen, und einer zweiten, in der alle andern Menschen, die je auf Erden gelebt haben, nach dem messianischen Reiche, zum Endgericht vor Gottes Thron erscheinen, um das ewige Leben oder die ewige Pein zu empfangen"[52]. Diese sich besonders auf 1Thess 4,13ff. und 1Kor 15,20ff. stützende exegetische Gewaltsamkeit ist jedoch ebensowenig einzusehen wie die Annahme eines messianischen Zwischenreiches in der Theologie des Paulus überhaupt. Doch ändert das nichts daran, daß Schweitzer das *Hauptproblem,* um dessen Bewältigung sich die paulinische Mystik oder besser *Gnosis* bemüht, klar erkannt und zur Darstellung gebracht hat. Es liegt darin, daß der eigentümliche Zwischenzustand zwischen Auferstehung und Wiederkunft Jesu theologisch begriffen wird, daß also Jesu Auferstehung als das entscheidende kosmisch-eschatologische Ereignis verstanden wird, mit dem die Endzeit beginnt, und daß doch die Vollendung noch aussteht, bis Jesus wiedergekommen ist[53]. In dieser Fassung des Heilsverständnisses erlangt der eschatologische Glaube an Jesus und das Reich Gottes die Fähigkeit – dies vor allem! – „das Hinfälligwerden der eschatologischen Erwartung zu überdauern"[54]. Und schließlich wird damit endgültig die Vorstellung überwunden, als spiele sich die Beziehung zwischen Gott und Mensch und das Mittlertum Jesu im *Subjektiven* ab. Der Heilsvollzug ist kein individuelles, sondern ein objektives, ja kosmisches und sakramentales Ge-

---

lus, der Bote Jesu, 1934, 412ff., und dann besonders von HANS LIETZMANN, An die Korinther I. II (HNT 9), Tübingen ³1931, 80f. und HEINZ-DIETRICH WENDLAND, Die Briefe an die Korinther (NTD 7), Göttingen ¹⁰1964, 129 anerkannt worden. – Vgl. zur ganzen Diskussion auch das Referat bei H. GROOS 363ff., der freilich das Buch von WILCKE nicht zu kennen scheint.

[51] MP 91/Werke 4, 138.
[52] AaO 94/142.
[53] R. BULTMANN, Rezension 1156. H. GROOS 341 hat recht, daß in der Beschreibung des Zwischenzustandes „das Entscheidende" (R. Bultmann) der Leistung Schweitzers auf dem Gebiete der Paulusforschung liegt.
[54] LD 195/Werke 1, 225.

schehen[55]. Diese Interpretation Schweitzers stellte einen wirklichen Fortschritt in der Paulusexegese dar, den die neutestamentliche Wissenschaft
bis heute nur zu präzisieren, aber nirgends zu verändern hatte[56].

Anders verhält es sich mit dem articulus *stantis et cadentis ecclesiae*, der
Rechtfertigungslehre also, die in Schweitzers Paulusverständnis einen anderen Stellenwert erhält – übrigens auch dies ein Punkt, in dem er sich mit
dem hochgeschätzten Bundesgenossen und Antipoden *William Wrede*
trifft. Dieser hatte in seinem bedeutenden Paulusbüchlein aus dem Jahre
1904 geschrieben: ,,Von dem bekanntesten Gedanken des Paulus, der sogenannten Rechtfertigungslehre, haben wir bisher (d. h. auf 72 von insgesamt 106 Seiten des Paulusbüchleins) ganz geschwiegen. In diesem
Schweigen liegt ein Urteil. Die Reformation hat uns gewöhnt, diese Lehre
als den Zentralpunkt bei Paulus zu betrachten. Sie ist es aber nicht. Man
kann in der Tat das Ganze der paulinischen Religion darstellen, ohne
überhaupt von ihr Notiz zu nehmen, es sei denn in der Erwähnung des
Gesetzes. Es wäre ja auch sonderbar, wenn die vermeintliche Hauptlehre
nur in der Minderzahl der Briefe zum Worte käme. Und das ist der Fall;
d. h. sie tritt überall nur da auf, wo es sich um den Streit gegen das Judentum handelt. Damit ist aber auch die wirkliche Bedeutung dieser Lehre
bezeichnet: sie ist die *Kampfeslehre* des Paulus, nur aus seinem Lebens-
kampfe, seiner Auseinandersetzung mit dem Judentum und Juden-
christentum verständlich und nur für diese gedacht, – insofern dann freilich geschichtlich hochwichtig und für ihn selbst charakteristisch.''[57] Ein

---

[55] Vgl. W. G. Kümmel I 38; R. Bultmann, Rezension 1155; M. Dibelius, Glaube und
Mystik bei Paulus 109. Sehr deutlich H. Groos 367: ,,Als Schweitzers größtes Verdienst in
der Paulinischen Forschung gilt mit Recht die Ablösung des subjektivistisch-individualisti-
schen Erlösungsbegriffs durch die Erkenntnis, daß es sich für Paulus um ein objektives und
zugleich kollektives Geschehen handelt. Freilich stellt Schweitzer nun eben den dem Objektiven zugewandten Denker so einseitig in den Vordergrund, daß der ganze Mensch Paulus
dahinter sehr zurücktritt.''

[56] M. R. hat U. Wilckens, Rechtfertigung 26 Schweitzers Ansatz als ,,eine der wichtigsten und fruchtbarsten Hypothesen der letzten Jahrzehnte neutestamentlicher Forschung''
beurteilt. Vgl. auch W. G. Kümmel I 38; H. Groos 339; zusammenfassend J. Roloff, NT
167 ff.

[57] W. Wrede, Paulus 67. Ähnlich später auch W. Bousset, Jesus der Herr, 1916, 153:
,,Die Christusgemeinschaft ist das prius, der Bruch mit dem Moralismus des Gesetzes das
posterius.'' – Als antijudaistische Kampfeslehre verstehen die Rechtfertigung noch heute
Ulrich Wilckens, Christologie und Anthropologie im Zusammenhang der paulinischen
Rechtfertigungslehre, in: ZNW 67, 1976 (64–82) 67–72, und Georg Strecker, Befreiung
und Rechtfertigung. Zur Stellung der Rechtfertigungslehre in der Theologie des Paulus, in:
Rechtfertigung. FS E. Käsemann, Tübingen 1976 (479–508) 487. Das Argument beider ist
das Vertretensein der Rechtfertigungslehre allein in den späten Paulusbriefen Gal, Röm und

solches Urteil entsprach ganz der Tendenz liberaler, religionsgeschichtlicher Interpretation, die dahin ging, die Rechtfertigungslehre als lediglich *ein* Moment im umfassenden Kontext der Erlösungslehre zu relativieren. Daß Schweitzer sich dem inhaltlich voll anschließen konnte bei gleichzeitigem Widerspruch gegen die religionsgeschichtliche Erklärung des Paulus, zeigt, daß sein Nein gegen diese Methode nicht grundsätzlicher Art war: er betrieb sie nur *anders,* nämlich ausschließlich mit jüdisch-apokalyptischen Materialien[58]. Um so erstaunlicher allerdings, daß er dabei das Thema der Gerechtigkeit Gottes nicht als den umfassenden Horizont der Theologie des Paulus erkannte. Ob dabei eine ,,Abneigung gegen die Rechtfertigungslehre" aufgrund eines ,,Vorurteils des Ethikers Schweitzer" im Spiel war, kann man fragen[59]. Jedenfalls nennt er die von Paulus theologisch entfaltete Rechtfertigung ohne des Gesetzes Werke, ,,ein unnatürliches Gedankenerzeugnis"[60]. *Unnatürlich* – das Wort deutet an, worin das eigentliche methodische Gravamen auch dieser Schlußfolgerung (wie bei der ,,Skizze des Lebens Jesu") liegt: nicht aufgrund der exegetischen Argumentation, sondern aufgrund der Theologie des Exegeten wird die Rechtfertigungslehre an den Rand geschoben[61]. Sie wird nicht überhaupt geleugnet! Sondern als sog. ,,juridische Erlösungslehre" wird sie im Zusammenhang mit der ,,eschatologischen" und der ,,mystischen", die das eigentliche Zentrum des paulinischen Denkens ausmachen, zu einem ,,Nebenkrater"[62]. Sie ist ,,etwas Unselbständiges und Unvollständiges"[63], weil sie einer ,,künstlichen Logik" entspringt, die daher rührt, daß Paulus eine der mit der Mystik des Seins in Christo ge-

---

Phil. Dagegen freilich Peter Stuhlmacher, Zum Thema: Biblische Theologie des Neuen Testaments, in: Bibl.-Theol. Stud. I, Neukirchen-Vluyn 1977 (25–60) 44, Anm. 37.

[58] Auf diesen Punkt machte R. Reitzenstein, Rel.gesch. u. Eschatologie 2f. in seiner Diskussion mit Schweitzer sofort aufmerksam: ,,Wenn Schweitzer selbst Apokalyptik und Eschatologie als eine spätjüdische Sonderentwicklung betrachtet, die starken babylonischen und persischen Einfluß aufweist, so unterwirft er natürlich auch sie der religionsgeschichtlichen Betrachtung." Methodisch noch gravierender ist, daß Schweitzer auf *einer* Seite den religionsgeschichtlichen Vergleich sowohl bejahen als auch verneinen kann. Er schreibt, die paulinische Mystik habe ,,überhaupt nichts Hellenistisches an sich"; wenige Zeilen später liest man: ,,Als sakramentale Mystik hat Pauli Lehre eine gewisse Ähnlichkeit mit der der hellenistischen Mysterienreligionen" (MP 37/Werke 4, 69f.). Trotzdem wird dekretiert: ,,Die einzig zulässigen Kommentare zu Pauli Vorstellung von Sterben und Auferstehen sind die spätjüdischen Apokalypsen Henoch, Baruch und Esra" (MP 134/Werke 4, 192). Zur Diskussion vgl. bes. Rudolf Knopf, Paul and Hellenism, in: AJT 18, 1914, 497–520.

[59] So H. Groos 352.

[60] MP 220/Werke 4, 300.

[61] So m.R. H. Conzelmann, Grundriß 178; vgl. auch H. Groos 365.

[62] MP 220/Werke 4, 300; vgl. auch aaO 254. 372/343. 492f. (,,Fragment").

[63] AaO 221/301.

setzten „Tatsachen", nämlich die *Freiheit vom Gesetz,* in die Lehre von
der Sündenvergebung durch den Sühnetod Jesu „hineinzutragen" gezwungen ist, obgleich aus dieser Lehre „an sich kein Argument gegen die
Geltung des Gesetzes zu gewinnen ist"[64]. Paulus tut das in der Weise,
„daß er durch den Weissagungsbeweis diejenige Gerechtigkeit als die
allein gültige dartut, die ausschließlich aus dem Glauben kommt, und den
Weg der Werke als mit dem des Glaubens unvereinbar ablehnt. In dieser
künstlichen Logik kann sich der Gedanke der Gerechtigkeit ohne Gesetzeswerke darstellen: niemals aber konnte er in ihr entstehen". Nur diese
bescheidene Funktion also vermag Schweitzer der Lehre von der Rechtfertigung des Gottlosen zuzuerkennen: mit ihrer Hilfe kann sich Paulus
„von der überlieferten Vorstellung vom Sühnetod aus durch den Schriftbeweis mit dem Gesetz auseinandersetzen. Mehr verlangt er nicht von
ihr". Sie ist im vollen Sinne des Wortes – „*Nebenlehre*"[65].

Nun, der heutigen Paulus-Exegese ist sicher, daß solche gekünstelte
Logik nicht die des Paulus, sondern die seines Interpreten Schweitzer ist.
Zwar hat der Hinweis einerseits auf den Tatbestand, daß Paulus sein
Heilsverständnis auch ohne explizite Rechtfertigungslehre entfalten kann,
andererseits auf die unleugbare Spannung zwischen der *juridischen* und
der *mystischen* Gedankenreihe im Denken des Paulus durchaus sein sachliches Gewicht[66]. Aber das hebt nicht auf, daß Paulus die Rechtfertigungsbotschaft als das *eine* Evangelium herausstellen kann, neben dem es
kein anderes gibt (Gal 1,6–10). Die fundamentale Bedeutung der Gesetzesthematik für die gesamte paulinische Theologie ist zudem schlichtweg
verkannt, wenn – im wesentlichen *nur* auf Gal 3,19 gestützt – gesagt wird:
„Das Gesetz gehört mit der natürlichen, unter der Herrschaft der Engelwesen stehenden Welt zusammen." Es „gilt also nicht mehr für die, die in
Christo Jesu sind. Über sie hat es kein Recht mehr. Als bereits Gestorbene
– mit Christo Gestorbene! – sind sie von ihm in derselben Weise frei wie
der gestorbene und auferstandene Christus"[67]. Die „Theorie des status
quo", die dadurch verlangt werde, spreche Paulus zweimal nacheinander
klar aus: 1Kor 7,17 und 7,20: Jeder bleibe, was er im Augenblick seiner
Erwählung ist. Der gläubig gewordene Jude bleibe Jude, der gläubig gewordene Heide, der das Gesetz deswegen nicht annehmen darf, bleibe
Heide[68]. Denn: „Von dem Augenblick an, wo jemand in Christo ist, ist

---

[64] AaO 219/298 f.
[65] 220/300.
[66] Vgl. W. G. Kümmel I 46 f.
[67] MP 185/Werke 4, 256.
[68] AaO 191/263.

seine Wesenheit hierdurch völlig bestimmt. Seine natürliche Seinsweise und alle mit ihr gegebenen Umstände sind bedeutungslos geworden. Er ist wie ein auf Abbruch verkauftes Haus, an dem alle Reparaturen sinnlos sind."[69]

Wie bei der konsequent-eschatologischen Jesusdeutung ist es auch hier die *Übersteigerung*, die eine völlig richtig erkannte Grundeinsicht – die Theologie des Paulus kreist um das Sein in Christo – in Mißkredit bringt dadurch, daß sie zentrale Theologumena beiseite schieben muß. Als sei die *bleibende* Auseinandersetzung mit dem Gesetz und seiner Problematik nicht schon in der Biographie des Paulus angelegt (Phil 3,3–11)! Als sei die Gesetzeskritik nicht schon in jenen Kreisen um Stephanus präformiert, in denen die ersten Berührungen des Paulus mit dem Christentum stattgefunden haben dürften. Als habe Paulus seiner ,,biographischen Wendung" vor Damaskus (Gal 1,15–17; Phil 3,7–9) nicht jene heilsgeschichtliche Wende korrespondieren lassen, die er in Röm 10,4 als ,,Ende des Gesetzes" bezeichnet[70]. Als seien die paulinischen Aussagen über das Gesetz nicht sehr uneinheitlich, je nach der Situation sprachlich und sachlich verschieden ausgeformt (vgl. Gal 3 mit Röm 7). Als decke das Gesetz nicht dennoch unaufhörlich und in einem fundamentalen Sinn die objektiv verzweifelte Situation des Menschen vor Gott auf[71]!

Von alledem ist bei Schweitzer nicht die Rede. Wird er dennoch durch den Text darauf gestoßen, biegt er dessen Sinn um: ,,Mag Paulus also ganz allgemein sagen, daß Christus das Ende des Gesetzes sei (Röm 10,4), so meint er damit doch nur, daß mit Christus das Ende des Gesetzes *begonnen* hat."[72] Das sachliche Gewicht des Römerbriefes wird hier von der konsequent-eschatologischen Geschichtsschau Schweitzers ganz unnötig und unsinnig beschnitten. Und verkannt wird schließlich, daß selbst noch die *ethischen Aussagen* bei Paulus von der theologischen Basis seiner Rechtfertigungslehre her formuliert sind. Die paulinische Ermahnung geschieht grundsätzlich ,,unter Berufung auf die Barmherzigkeit Gottes" (Rm 12,1). In der Ethik des Paulus ,,bekundet sich Rechtfertigung als

---

[69] AaO 191 f./264.

[70] Vgl. U. WILCKENS, Rechtfertigung 15. WILCKENS, aaO 30 trifft zwei Feststellungen: ,,Daß das Gesetz seine Relevanz verliere, wo das messianische Reich beginnt, ist eine jüdisch nicht belegbare These." Und: ,,Im übrigen trifft sie auch keineswegs die Meinung des Paulus! Paulus verkündigt nicht deswegen Christus als das ,Ende des Gesetzes' (Rm 10,4), weil mit Christi Gekommensein die *Zeit* des Gesetzes aufhört, sondern weil er die Heilszugehörigkeit statt durch das Gesetz durch den stellvertretenden Tod Christi gegeben behauptet." Zur Sache vgl. auch H. GROOS 357.

[71] Zusammenfassend siehe J. ROLOFF, NT 153 ff.; H. GROOS 533 ff.

[72] MP 186/Werke 4, 257 (Hervorhebung von mir).

Griff der Herrschaft Christi nach unserm Leben"[73]. Dabei spricht er von
Gottes geoffenbartem und forderndem Willen, der inhaltlich weithin mit
dem Gesetz identisch ist, der aber – anders als das Gesetz – nicht mehr den
Charakter des Heilsweges hat[74]. Statt dessen behauptet Schweitzer die
Undurchführbarkeit einer Ethik auf dem Boden der Rechtfertigungslehre. Seiner Meinung nach spielt es aber für Paulus „gar keine Rolle", „daß
er von der Gerechtigkeit aus dem Glauben logischerweise nicht zu einer
Ethik gelangen kann". Denn: „In seiner Mystik ist die Ethik ja in natürlicher Weise mit der Vorstellung von der Sündenvergebung und der der Erlösung überhaupt verbunden. Ethik ist dort in derselben Weise eine Folge
des Gestorben- und Auferstandenseins mit Christo wie das Freiwerden
von Fleisch, Sünde und Gesetz und das Erlangen des Geistes. Sie ist eine
Betätigung der Sündenvergebung, die Gott durch Vernichtung des Flei-
sches und der Sünde Wirklichkeit werden ließ."[75] Das hier vorliegende
Mißverständnis hat Martin Dibelius besonders scharf gesehen: Schweitzer
verwechselt Ursache und Wirkung. Die Gerechtigkeit „fließt in Wirklichkeit gar nicht aus dem neuen Sein, sondern ist seine Voraussetzung,
und sie wird nicht erworben, sondern ist eine endzeitliche Gabe Gottes"[76]. Es soll jetzt auch offenbleiben, ob Schweitzer nicht gewaltsam verbindet, was prinzipiell auseinanderklafft: Mystik und Ethik. Nur wenn
man den Begriff „Mystik" sehr vage faßt, kann man sich dem Einwand
entziehen, daß alle Ethik dynamisch ist, „ein ewiges Werdensollen", alle
Mystik aber statisch, „ein unveränderliches Sein"[77]. Wichtiger ist jedoch,
daß Schweitzer das Verhältnis von Indikativ (des Heils) und Imperativ
(des Tuns) oder, wie er auch sagen kann, „von Erlösung und Ethik"[78] klar
erfaßt hat. Überhaupt ist das Kapitel über die Ethik Pauli das eindrucks-
vollste des ganzen Buches. Diesmal deckt sich die eigene Theologie mit
der des Apostels. Wenn der eschatologische Grundzug dieser Ethik her-

---

[73] E. KÄSEMANN, An die Römer 308.

[74] Vgl. J. ROLOFF, NT 163. – SCHWEITZER, MP 286/Werke 4, 383 f. meint, Paulus bringe
die Ethik nur mit der Mystik des Seins in Christo in Verbindung. Nie mache er jedoch den
Versuch, „sie aus der Gerechtigkeit aus dem Glauben abzuleiten". Es genügt jedoch der
Hinweis auf Gal 5,6 („Denn in Jesus Christus gilt weder Beschneidung noch Unbeschnit-
tenheit, sondern Glaube, der sich durch die Liebe auswirkt"), um diese Behauptung zu widerlegen. Bezeichnend ist, daß SCHWEITZER, aaO 298/399 diesen Vers ohne Rücksicht auf
seinen Kontext abstrakt auf das „Wesen des Glaubens" deutet. „Gerechtigkeit auf Grund
des Glaubens" aber ist das wirkliche Thema (Gal 5,4+5)!

[75] MP 220/Werke 4, 257; vgl. auch aaO 286 f./258 f.

[76] M. DIBELIUS, Glaube und Mystik bei Paulus 109 Anm. 22.

[77] E. JACOB, Neue Literatur 332.

[78] MP 323/Werke 4, 429.

ausgestrichen wird, ihr antienthusiastischer bzw. antignostischer Charakter betont und die Bewährung des neuen Gehorsams im konkreten Alltag
herausgestellt wird; wenn Schweitzer „in der Ethik des Gestorben- und
Auferstandenseins mit Christo . . . wie in keiner andern" die „leidende
und tätige Ethik ineinander" sieht[79] und vor allem ihre Verkörperung in
der Gestalt des Apostels selbst preist[80], dann kommt Paulus tatsächlich
voll zu seinem Recht. Freilich – und hier wird die Grenze der Schweitzerschen Interpretation sichtbar –, zuletzt überkommt dann doch die *eigene*
Idee des Ethischen die Theologie des Apostels. Ethik soll für Paulus darin
bestehen, „daß der Mensch sich ganz unter die Herrschaft des Geistes
Christi begibt und in ihm in höherem Sinne Mensch wird"[81]. Aber Paulus
redet nicht im idealistischen Sinne von einer sittlichen Entwicklung der
Persönlichkeit, sondern paradox von der eschatologischen Neuschöp-
fung: „Ist jemand in Christo, so ist er eine neue Kreatur" (2Kor 5,17).
Daß er den „enthusiastischen Begriff des Guten" auf „das Zweckmäßige"
hin ausgerichtet habe, entspricht Schweitzers „Ideal der Ethik"[82]. Paulus
geht weiter, wenn er sich z.B. Rm 12,1f.; 13,8–10 und auch sonst ausschließlich an einem solchen Willen Gottes orientiert, „der menschlichen
Idealen im konkreten Fall durchaus entsprechen mag, in ihnen aber weder
aufgeht noch sie ohne weiteres deckt"[83]. Daß der Apostel der Ethik „eine

---

[79] AaO 294/393.

[80] AaO 311ff./414ff.

[81] AaO 323/430. Angesichts einer solchen Formulierung kann man R. BULTMANN, Rezension 1155 nicht zustimmen, wenn er Schweitzer dafür lobt, daß er „keine Verbundenheit
mit Jesus primär in Gedanke und Gesinnung" kenne, „sondern eine Verbundenheit mit ihm
durch das Sakrament; er kennt deshalb keine Ethik des reinen Willens, sondern eine sakramentale Ethik". Schweitzer ist in diesem Punkt zumindest uneindeutig.

[82] MP 323/Werke 4, 430.

[83] E. KÄSEMANN, An die Römer 315. K. BARTH, Römerbrief 410ff. hat in seiner Auslegung von Rm 12–15 das Problem der Ethik als „Die große Störung" behandelt, eine Störung,
„die der Gedanke an Gott selbst für alles menschliche Tun bedeutet" (410). „Es ist, wenn es
zu *Ethik* kommen soll, nichts anderes möglich, als *Kritik* alles Ethos . . ." (413). Davon hat
Schweitzer nichts vernommen. Er steht vielmehr noch 1930 bei dem liberalen Theologen
ADOLF JÜLICHER, Der Brief an die Römer (SNT II), Göttingen ²1908, 303, der Rm 12,1f.
wie folgt kommentierte: Paulus „bekennt sich auch in der Ethik (vgl. Phil. 4,8!) zu einem
Ideal, das nicht bloß alle Menschen unter einander, die sie auch mit Gott vereint. Gottes
Wille ist einfach das, was ein Mensch vor seinem Gewissen als gut rechtfertigen kann. So ist
die Versöhnung von Religion und Sittlichkeit gefunden: die einzige religiöse Pflicht, die im
Christentum übrig bleibt, ist der Wandel im Stil der zukünftigen Welt; fromm sein heißt
nichts weiter als gut sein in Denken und Tun". Aber Paulus spricht nicht von religiöser
Pflicht, sondern von der „Frucht des Geistes" (Gal 5,22), nicht vom Wandel im Stil der
neuen Welt, sondern vom Wandel in der Neuheit des Lebens (Rm 6,4) bzw. vom Wandel im
Geist (Rm 8,4). Und daß das Gewissen keine rechtfertigende Instanz ist, sagt er ausdrücklich
1Kor 4,4. Trotzdem hätte Schweitzer Jülicher zugestimmt, wenn dieser fortfährt: „Paulus

Beziehung auf die Persönlichkeit Christi" gegeben, „die Vorstellung vom
Geist zu einer ethischen" gemacht habe, daß er „durch das tiefste Ausdenken des zeitlich Bedingten zu einer Idee von überzeitlicher Geltung"
die „für alle kommenden Zeiten geltende christliche Ethik" geschaffen
habe[84], ist das Wunschdenken des theologischen Liberalismus, dem
Schweitzer nirgendwo tiefer verhaftet bleibt, als gerade in seiner eigenwil-
ligen Ausdeutung der ethischen Vorstellung des Apostels Paulus. So gibt
eine Predigt über Gal 5,1 aus dem Jahre 1906 z. B. darüber Auskunft, daß
Schweitzer mit der Gesetzesfreiheit lediglich die *freie Überzeugung*
meint, mit der es „die Freiheit der Religion Jesu" durchzusetzen gilt[85].
Die theologische Abgründigkeit, die jene Thematik für Paulus hat, wird
dabei ganz ausgeblendet. Man sieht: Längst ist Schweitzer auf dem Wege
zu einem Verständnis des Christentums, von dem er verlangt, „daß es
ganz von dem Geiste Jesu erfüllt sei und in diesem sich zur lebendigen Religion der Verinnerlichung und der Liebe vergeistige, die es seiner Bestimmung nach ist"[86]. Paulus wird recht gewaltsam und um den Preis einer Mißdeutung seines Glaubensverständnisses auf diesen Weg mitge-
nommen[87]. Es bleibt für das gewaltsame Hereinziehen in das Denken und
Erleben Schweitzers aber keine andere Möglichkeit als die (schon von He-
gel vollzogene) Auflösung der naturhaften Erlösungslehre Pauli in die allgemeine Idee des Sterbens und Auferstehens mit Christo[88]. Mehr noch:
Da niemand bei dem „System des Heidenapostels", das „aus den elemen-
tarsten eschatologischen Prämissen" erwuchs, stehenbleiben kann[89],

---

hat eben durchgeführt, daß die Welt nicht durch ein neues Dogma, auch nicht durch neue
Hoffnungen, sondern nur durch neue sittliche Kraft, durch das Gute (12,21) überwunden
werden könne" (ebd.). Vgl. A. SCHWEITZER, MP 365–385/Werke 4, 484–510, bes. DERS.,
Das Problem der Ethik, Grundtexte 112/Werke 5, 159: „Durch die Ehrfurcht vor dem Leben werden wir in elementarer, tiefer und lebendiger Weise fromm."
  [84] MP 323/Werke 4, 430.
  [85] Zitiert nach W. PICHT 297.
  [86] LD 216/Werke 1, 249. Am Ende dieses Weges steht Schweitzers Religionsphilosophie
mit ihren drei Grundthemen: 1. Analyse der großen Weltanschauungssysteme unter ethi-
schem Gesichtspunkt; 2. Ausgestaltung des Ergebnisses derselben zu einer ethischen Kulturweltanschauung; 3. Interpretation der urchristlichen Eschatologie im Sinne der ethischen
Mystik der „Ehrfurcht vor dem Leben".
  [87] So richtig W. G. KÜMMEL II 227 Anm. 36 mit Verweis auf H. GROOS 352. Vgl. auch
H. E. WEBER, Rezension 404, der in seiner Rezension bemerkte, „der wirkliche Paulus"
entziehe sich der Konstruktion Schweitzers. Zum Mißverständnis des Glaubens ebd. 407.
  [88] So richtig H. E. WEBER, Rezension 406. Als Beleg ist auf MP 374/Werke 4, 496 zu verweisen: „So sehr gegen alle falschen spiritualisierenden und symbolischen Erklärungen der
mystischen Erlösungslehre Pauli betont werden muß, daß sie naturhaft gedacht ist, so sicher
ist andererseits, daß dieses Naturhafte wie von selbst geistige und ethische Bedeutung annimmt."
  [89] PF 193.

wählt Schweitzer den ihm einzig möglich erscheinenden Weg der unmittelbaren, absoluten Ethik, den er freilich durch Pauli ethische Mystik freigemacht sieht. In ihr sind „das Metaphysische und das Geistig-Ethische", das *Ewige* und das *Ethische* eine *Einheit.* Diese Einheit „trägt unvergängliche Wahrheit in sich. Unser Denken findet sich in ihr wieder, als wäre sie aus ihm geboren"[90]. *Unser* Denken? *Schweitzers* Welt- und Lebensauffassung, die sich damit zu einer geschlossenen Deutung rundet: „Die Weltanschauung der Ehrfurcht vor dem Leben ist ethische Mystik."[91]

Dieses Verfahren läßt sich erklären. W. Picht ist der begründeten Auffassung, daß dem Denker Schweitzer der Bereich des Supranaturalen verschlossen sei. „Seine Ausgangsposition ist Kampf gegen das Dogma im Namen der Wahrheit."[92] Eben in dieser Position sieht er vor allem und zuerst Paulus. Dem Denker, den Schweitzer als „den einzig großen Lehrer aller Zeiten" preist[93], gilt sein ungeteiltes Interesse. Und er sieht die weltgeschichtliche Bedeutung des Apostels Paulus darin, daß er „für alle Zeiten . . das Recht des Denkens im Christentum sichergestellt" hat, und zwar das Recht des *kritischen* Denkens: „Über den überlieferungsgemäß geltenden Glauben erhebt er die aus dem Geiste Christi kommende Erkenntnis."[94] Ihr obliegt es, den Glauben an Jesus in der je neuen Weltanschauung je neue Gestalt annehmen zu lassen. Denn ein nur überlieferter, von den einzelnen einfach übernommener Glaube ist tot. Lebendig ist er in dem Maße, wie er in Beziehung tritt „zu dem geistigen Leben der Zeit"[95]. Den anfänglichen Streit zwischen Paulus und den Führern der Urgemeinde hat Schweitzer in diesem Sinne als eine „Dissonanz zwischen Glauben und Denken", oder besser: „zwischen Überlieferung und Denken" beschrieben, „die sich nachher in Harmonie auflöst"[96]. Die *Überlieferung* war die Botschaft Jesu von der zeitlich terminierten Naherwartung, die das Christentum geschichtsunfähig machte. Das *Denken* war die

---

[90] MP 375/Werke 4, 497.
[91] LD 195/Werke 1, 244. – Schweitzers Blick auf die Weltreligionen, der in diesem Buch nicht ausführlich behandelt werden muß, konzentriert sich ebenfalls auf die Hauptfrage des Zusammenhangs von Ethik und Mystik. Der Erkenntniszuwachs ist ein doppelter: 1. jede Religion, jede tiefgründige Weltanschauung ist *mystisch.* 2. Im Vergleich zu ihnen allen ist das Christentum „die tiefste Religion" (CW 55/Werke 2, 714). – Zur Sache vgl. C. J. BLEE-KER, Schweitzers Blick auf die asiatischen Weltreligionen, in: H. W. BÄHR 193–199; PAUL ALTHAUS, Schweitzers Schrift „Das Christentum und die Weltreligionen", in: H. W. BÄHR 200–203.
[92] W. PICHT 56.
[93] MP 373/Werke 4, 494.
[94] AaO 365/484.
[95] AaO 366/485.
[96] AaO.

Weiterführung von Jesu ,,Ethik des Bereitseins auf das überirdische Reich Gottes" zur Ethik ,,der Bewährung desselben"[97], war also ein zur *Erkenntnis* erhobener ,,Glaube an Jesum Christum, der die Lösung der Probleme vorbereitete, die sich dem Christentum der nächsten Generation durch die Nichterfüllung der eschatologischen Erwartung stellten"[98].

Die hermeneutische Frage ist damit in die richtige Direktion gebracht, nicht erledigt. Ohne schon über eine durchreflektierte hermeneutische Methode zu verfügen, wie sie beispielsweise Rudolf Bultmann später mit seiner existentialen Interpretation erarbeitet hatte, sieht Schweitzer das *Problem* dennoch völlig klar: eine auf Verstehen zielende Interpretation der Überlieferung kann nur eine *geschichtliche* sein. Wenn es darum geht, ,,den Glauben an Jesum Christum in dem Materiale der eschatologischen Weltanschauung seiner Zeit in seinem ganzen Umfang und seiner ganzen Tiefe auszudenken"[99], dann trifft sich dieses hermeneutische Programm im Prinzip mit dem Bultmanns, wonach die Historie in ihrer Bedeutsamkeit sich nicht dem mythologischen, sondern nur dem ,,echt geschichtlichen Verständnis" erschließt"[100]. Die grundsätzlich nicht verlassene liberale Position hindert Schweitzer allerdings daran, die historische Exegese *als* theologische zu betreiben. Die dogmatische Methode tritt unverbunden *neben* die geschichtliche. Historische Rekonstruktion einerseits, ,,Denken" und ,,Erleben" andererseits werden nicht vermittelt. Aber das hermeneutische Programm ist ihm gleichwohl deutlich: ,,Lebendige Wahrheit kann das Christentum in aufeinanderfolgenden Geschlechtern nur werden, wenn in ihm ständig Denker auftreten, die im Geiste Jesu den Glauben an ihn in den Gedanken der Weltanschauung ihrer Zeit zur Erkenntnis werden lassen."[101]

Paulus ist der erste derartige Denker in einer langen Kette, als deren vorläufig letztes Glied sich Schweitzer selber sieht. Denn was er von Pau-

---

[97] AaO 385/509.
[98] AaO 365/484 f.
[99] AaO 366/485.
[100] R. BULTMANN, KuM I 43.
[101] MP 366/Werke 4, 485. Die Kritik hat freilich das unvermittelte Nebeneinander von ,,archaistischer" historischer Erklärung und ,,überzeugungsstarker Gegenwartswertung" sofort zum Diskussionsgegenstand gemacht. H. E. WEBER, Rezension 405 z. B. stellte die Frage, ob die ,,geistige" Auffassung der paulinischen Erlösungslehre ,,ausgeglichen, vermittelt, geeint mit der naturhaften" sei. ,,Oder beginnt hier – die Konstruktion zu wanken??" In der Tat! Und es rettet die Konstruktion nicht, wenn SCHWEITZER, MP 374/Werke 4, 496 sagt: ,,Wie Radium seiner Natur nach in steter Emanation begriffen ist, so die paulinische Mystik in steter Umsetzung aus dem Naturhaften ins Geistige und Ethische." Denn so will es der Interpret, nicht dessen Text!

lus sagt, gilt für ihn selbst: „Eine uneingeschränkte und ungebrochene
Ehrfurcht vor der Wahrheit lebt in ihm. Nur die durch die Liebe gebote-
ne, nicht die durch die Lehrautorität auferlegte Unfreiheit läßt er gelten."[102] Wie für Paulus, so impliziert dieser Satz auch für Schweitzer und
sein Christentumsverständnis ein *Programm:* „Die Worte ‚Den Geist
dämpfet nicht' und ‚Wo der Geist des Herrn ist, da ist Freiheit', die er in
die Entstehungsurkunden des Christentums eingetragen hat, besagen, daß
das denkende Christentum in dem glaubenden sein Recht haben soll und
daß es dem Kleinglauben niemals gelingen darf, mit der Ehrfurcht vor der
Wahrheit fertig zu werden. Nie soll das Christentum die großartige Unbe-
fangenheit ablegen, in der es bei Paulus auch das Denken als von Gott
kommend anerkennt. Nie soll sich das Frühlingshafte paulinischen
Christentums in dem unsrigen überleben."[103] Darin sieht Schweitzer eine
„Zuversicht" begründet, die ihm bei all seinen theologischen Bemühungen am wichtigsten war: „Daß der Glaube vom Denken nichts zu be-
fürchten hat . . ."[104] Im Gegenteil! Es befördert ihn. Dagegen wo die
Auseinandersetzung zwischen Überlieferung und Denken aufhört, da
„leidet die christliche Wahrheit und mit ihr die christliche Wahrhaftigkeit
Not"[105].

Schweitzers Einschätzung der Bedeutung und Wirkung des paulinischen Denkens – es hat Jesu Evangelium sachlich so zu Ende gedacht, daß
kein anderer Weg mehr offensteht[106] und kann sich „in dem Glauben aller
Zeiten als stets erneuernde Kraft betätigen"[107] – ist in der Sache ganz anders, als etwa die Luthers oder Karl Barths. Und doch bestätigt sie in bemerkenswerter Parallelität das theologische Gewicht des Paulinismus.
Die allzeit notwendige reformatorische Theologie (nicht konfessionali-
stisch, sondern sachlich gemeint) wäre ohne ihn nicht möglich. Schweitzer drückt das auf seine Weise aus, wenn er feststellt: „Paulus ist der
Schutzheilige des Denkens im Christentum. Vor ihm müssen sich alle ver-
bergen, die dem Evangelium mit der Vernichtung freien Denkens im
Glauben an Jesum zu dienen glauben."[108]

---

[102] AaO 365/484.

[103] AaO 366/485 f.

[104] AaO 365/484. Vgl. dazu auch das Selbstbekenntnis in LD 198/Werke 1, 247: „Von
mir selber weiß ich, daß ich durch Denken religiös und christlich blieb. Der denkende
Mensch steht der überlieferten religiösen Wahrheit freier gegenüber als der nichtdenkende;
aber das Tiefe und Unvergängliche, das in ihr enthalten ist, erfaßt er lebendiger als dieser."

[105] MP 366/Werke 4, 485.

[106] Vgl. aaO 365/484 f.

[107] AaO 365/485.

[108] AaO 366/486.

Wieder ist man versucht, die Linien auszuziehen bis zu Rudolf Bultmann. Der urteilt gelassener, spricht weniger pathetisch, auch sachlich
anders. ,,Ich denke, je mehr man sich den existentiellen Charakter des
paulinischen Denkens klarmacht, desto mehr wird man wieder sehen, daß
die weltgeschichtliche Bedeutung des Paulus nirgends anders als darin
liegt, daß er Theologe war."[109] Dennoch ist es ein paralleler Tatbestand,
wenn Schweitzer von Paulus als ,,dem ersten und größten aller christlichen Denker" spricht[110]. Mit dem letzten Satz seiner ,,Geschichte der
Paulinischen Forschung" hat er die Bedeutung dieser Tatsache in einem
einprägsamen Bild festgehalten: ,,Es ist das Los der Kleingläubigen der
Wahrheit, daß sie als echte Petriner römischer und protestantischer Ob-
servanz jammernd da versinken, wo die an den Geist glaubenden Pauliner
auf dem Meere der Ideen ruhig und sicher einherschreiten."[111]

5. Die bleibende Bedeutung des Paulusbuches

Es gehört zu den Besonderheiten der Paulus-Interpretation Schweitzers, daß ihre Früchte nicht sofort geerntet, sondern erst nach einer länge-
ren, im wesentlichen an ihm vorbeilaufenden Auslegungsphase in die
theologischen Scheunen eingefahren wurden. An drei Punkten, die die
bleibende Bedeutung des Paulusbuches von Schweitzer ausmachen, wird
das deutlich: an der *Kritik der religionsgeschichtlichen Methode*, am Problem *Jesus und Paulus* und an der Erfassung des Paulus als des *theologischen Denkers zwischen den Zeiten*.

Was die *religionsgeschichtliche Erklärung des Paulinismus* anbetrifft, so
zielte Schweitzers Kritik genau auf das von Carl Clemen 1909 im Untertitel seines Buches ,,Religionsgeschichtliche Erklärung des Neuen Testaments" aufgeworfene Programm: ,,Die Abhängigkeit des Christentums
von nichtjüdischen Religionen und philosophischen Systemen."[1] Der
damit aufgestellten Alternative mißtraute Schweitzer, wie sich zeigen sollte: mit Recht! Er mißtraute ihr nicht in der Methode[2], aber in der Sache:
der Paulinismus ist nicht aus dem Hellenismus begreifbar. In dem Maße,
als die seitherige Paulusforschung das *jüdische Erbe* des Apostels als Mutterboden und die *Eschatologie* als Horizont der paulinischen Theologie

---

[109] R. BULTMANN, Zur Geschichte d. Pls.-Forschung 337. – Zur Linie Schweitzer–Bultmann vgl. J. W. BOWMAN, From Schweitzer to Bultmann 160–178.
[110] MP 367/Werke 4, 487.
[111] PF 194.
[1] Gießen ²1924; Nachdruck Berlin/New York 1973.
[2] Sie wird ausdrücklich bejaht: PF 137f.

erweisen konnte, verlor jene religionsgeschichtliche Alternative ihre ursprüngliche Faszination[3]. Schweitzer, der beides, das jüdische Erbe und die Eschatologie, als Interpretationshorizont für ein sachgemäßes Paulusverständnis reklamiert hatte, war seiner Zeit damit weit voraus. Erst heute beginnen wir ihn einzuholen, lassen ihn aber ungerechterweise meist unerwähnt. Er scheint weithin vergessen, was für manche sicher ein Glück ist. Denn ihre forschen Ergebnisse könnten sonst leicht zu vorgestrigen Erkenntnissen schrumpfen.

Nun hat Schweitzer seine Kritik der religionsgeschichtlichen Methode ganz zweifellos überzogen, wenn er fordert, vom Griechentum müsse in jeder Form und in jeder Mischung abgesehen werden, wo es darum ginge, Paulus zu verstehen[4]. Abgesehen davon, daß er in glücklicher Inkonsequenz dem selber gar nicht gefolgt ist[5], waren es gerade die „Übertreibungen"[6], welche zu einer Diskussion anregten, die zum Ertragreichsten der Schweitzerschen Paulus-Studien überhaupt gehört. Richard Reitzenstein hat in seiner noblen Auseinandersetzung mit Schweitzer sofort auf ein gefährliches Mißverständnis aller religionsgeschichtlich vergleichenden Arbeit (übrigens bis zum heutigen Tage!) hingewiesen: „Schweitzer verlangt, um zu vergleichen, stets volle Gleichheit." Es sei aber sicher, „daß zu große Anforderungen an die Ähnlichkeit bei solchen Vergleichen nicht minder unmethodisch sind als zu geringe". Analogien sind nicht Genealogien. Letztere sind bei der religionsgeschichtlichen Arbeit gar nicht primär intendiert. „Ihr nächster Zweck ist weit mehr zu erklären, als sofort Abhängigkeiten nachzuweisen."[7] Nun, wären diese programmati-

---

[3] So mit Recht E. Käsemann, An die Römer 242.
[4] PF 187. Zur Kritik vgl. neben R. Reitzenstein bes. H. Windisch, Rezension PF 174 und E. Jacob, Neue Literatur 331. Zu Schweitzers Versuch, in der jüdischen Eschatologie wenigstens Anhaltspunkte für Sakramente zu finden (Ez 9,4–11; PsSal 15,4–9), stellt letzterer, aaO fest: „Es ist aber merkwürdig, daß im Judentum doch nie Sakramente entstanden sind. Wenn alle diese Juden Johannes der Täufer, Jesus, Paulus nach Schweitzer notwendig zu Sakramenten kommen mußten, wie seltsam, daß die Beschneidung, der Kiddusch, der Sederabend u. a. nie zu Sakramenten geworden sind, auch nicht in Kreisen, die von gleicher eschatologischer oder mystischer Glut erfaßt waren wie jene Männer! Sollte nicht trotz Schweitzer das Sakramentale aus dem Hellenismus ins Christentum hineingetragen worden sein?"
[5] Z. B. bestreitet er, MP 138/Werke 4, 197, gar nicht, „daß Paulus durch die griechische Sprache hellenistische Gedanken in sich aufgenommen habe". Im Widerspruch dazu trennt Schweitzer, aaO 359/476 jedoch sonst Wort und Sache: vom Hellenismus übernimmt Paulus „nur das Vorstellungsmaterial", bzw. PF 186: „Paulinismus und Griechentum haben nur die religiöse Sprache, aber keine Gedanken miteinander gemeinsam" – eine unmögliche Annahme! Zur Kritik vgl. R. Reitzenstein, Rel.gesch. u. Eschatologie 17.
[6] R. Reitzenstein, aaO 6.
[7] R. Reitzenstein, aaO 9. 10. 16.

schen Sätze beherzigt worden, hätte sich die auf diesem Felde arbeitende
Forschung manchen unsachgemäßen Streit um ,,Neues Testament und
Mysterienreligionen", um ,,Neues Testament und Gnosis" oder um ,,Al-
tes Testament und Neues Testament" sparen können. Vor allem: Der gegenwärtig spürbare absurde Trend, alttestamentlich-jüdischen Traditionen eine sachliche Prävalenz vor paganen bei der Erklärung des Neuen Testamentes einzuräumen[8], hätte sich gar nicht einstellen können. Er ist
nichts anderes als Rückfall in eine längst überwundene Epoche der Forschung. Denn der religionsgeschichtliche Vergleich soll – das hat der Streit
zwischen Schweitzer und Reitzenstein klargestellt – nicht Entwicklungslinien oder gar Ideenstammbäume freilegen. Mit ihm soll die Theologie
des Paulus nicht aus historischen Voraussetzungen *abgeleitet,* sondern
verstanden werden. Der sachliche Inhalt seines Evangeliums ,,mag jenseits seines Judentums und seines Hellenismus liegen; aber verkündigt
wird es von ihm in der Sprache des Hellenismus und des Judentums, und
wer diese Sprache versteht, kann ihn verstehen"[9]. Folglich ist weder der
der ,,wahre ,Religionsgeschichtler'", der – wie Schweitzer – Paulus nur
aus dem ,,Spätjudentum" versteht[10], noch der, der ihn nur hellenistisch
deutet[11]. *Beide* müssen zusammenkommen[12].

---

[8] Ich denke an Arbeiten von Peter Stuhlmacher, Martin Hengel und Otfried Hofius.

[9] R. Bultmann, Urchristentum 7; vgl. auch Ders., Das Urchristentum im Rahmen der
antiken Religionen, Zürich 1949, 7.

[10] PF 139. Mit Recht nennt H. Conzelmann, Grundriß 178 diese Lösung ,,gewalttätig.
Nicht aus dem Judentum abgeleitet werden können: Sakramentslehre, Kyrioschristologie,
Pneumatismus". Siehe auch oben Anm. 4.

[11] Im Blick auf Reitzenstein sagt Schweitzer, MP 28/Werke 4, 58 f.: ,,Die Art aber, wie
Reitzenstein die Frage der Beeinflussung des Christentums durch den Hellenismus in Angriff nimmt, ist nicht glücklich. Er stellt keine allgemeinen Erwägungen darüber an, wie und
wann der urchristliche Glaube an die Messianität Jesu und das baldigst anbrechende Reich
dazu kommen konnte, Gedanken der Frömmigkeit der hellenistischen Mysterienreligionen
in sich aufzunehmen, und in welcher Weise dies dann vor sich gehen mußte, sondern behauptet einfach, daß bereits bei Paulus eine Synthese jüdischer und hellenistisch-mysterien-
hafter Vorstellungen vorliege. Bei Paulus wiederum unterläßt er es, der Eigenart seiner Gedanken und den Zusammenhängen, die zwischen ihnen walten, nachzugehen. Sein ganzes
Bestreben ist einseitig darauf gerichtet, ihn ohne weiteres aus irgendwie gleichlautenden hellenistischen Anschauungen zu erklären. Ehe der arme Apostel nur zu Worte kommt, hat er
ihn schon mit Parallelstellen aus der hellenistischen Literatur gesteinigt." Das proton pseu-
dos einer solchen Kritik ist die Annahme, es habe das monolithische Frühjudentum einerseits, den synkretistischen Hellenismus andererseits gegeben. Tatsächlich aber existierten
beide in einem wechselseitigen Durchdringungsprozeß.

[12] Karl Ludwig Schmidt, Eschatologie und Mystik im Urchristentum, in: ZNW 21,
1922 (277–292) 290. Er fährt fort: ,,Reitzenstein hat die Exaktheit der Beschreibung und
Einzelerklärung für sich, Schweitzer die Folgerichtigkeit der Fragestellung, die sich mit
Stoffsammlung nicht zufriedengibt."

Nicht weniger seiner Zeit voraus war Schweitzer mit dem anderen Hauptproblem „*Jesus und Paulus*". Es durchzieht unser Jahrhundert als Dauerthema. Die maßgebenden Neutestamentler der damaligen Zeit faßten es in der Form, daß man bei Jesus eine rein geistige, schlichte und nüchterne Frömmigkeit zu finden meint, bei Paulus aber eine komplizierte dogmatische Theologie der Heilstatsachen. Der Gegensatz wurde entweder durch Vergeistigung des Mythologischen bei Paulus abgeschwächt (von Dobschütz) oder bis zur unüberbrückbaren Gegensätzlichkeit von zwei Christentümern übersteigert (Wrede)[13]. Beides sind für Schweitzer Verirrungen infolge eines *künstlichen* Problems, das die moderne Theologie sich selbst geschaffen habe. Schweitzer räumt es mühelos beiseite. Ein aus der Eschatologie erklärter Paulinismus *kann* in keinen Gegensatz zur Lehre Jesu treten, ein aus dem Hellenismus erklärter *muß* es. „Die im 20. Jahrhundert aufkommende religionsgeschichtliche Erklärung der Lehre Pauli muß vollends behaupten, daß Paulus von Jesus abgefallen sei und sich dem Einfluß der griechischen Mysterienreligionen ergeben habe!"[14] Jesus *oder* Paulus wird zur falschen Alternative.

Schweitzers Kritik an der religionsgeschichtlichen Methode hat – bei aller Einseitigkeit – durchaus eine heuristische Funktion, wenn sie folgert, bei konsequenter Beschreitung dieses Weges ende man notwendig bei – Arthur Drews „Christusmythe"[15]: Denn „wenn die Entstehung des Christentums ihrem Wesen nach in der Kreuzung eines orientalischen Erlöserglaubens und der jüdischen Messiaserwartung gegeben ist und bei einer einmal eintretenden Berührung und Durchdringung beider mit Notwendigkeit ihren Anfang nehmen muß, so ist nicht ersichtlich, inwiefern die Rolle eines historischen Jesus dabei noch aufrecht erhalten werden muß und kann"[16]. Die geschichtliche Erklärung wird nicht nur unnötig, sie wird unmöglich. Jesus wie Paulus werden zur „wertlosen Hilfskonstruktion", von der schließlich ganz abzusehen nur folgerichtig sei. Das aber bedeutet: „Zwischen den Religionsgeschichtlern und Drews liegt der Fall genau so wie zwischen legitimen und illegitimen Tübingern. Auch hier handelt es sich um die Alternative ‚wissenschaftlich und inkonsequent' oder ‚konsequent und unwissenschaftlich'. Das heißt, daß sich eine absolute Antinomie zwischen der Logik der versuchten Lösung und der-

---

[13] Vgl. R. Bultmann, Zur Geschichte der Paulus-Forschung 317 f.

[14] MP 382/Werke 4, 506.

[15] 1. Teil Jena 1910; 2. Teil Jena 1911 („Die Zeugnisse für die Geschichtlichkeit Jesu. Eine Antwort an die Schriftgelehrten mit besonderer Berücksichtigung der theologischen Methode").

[16] PF 182.

jenigen der gegebenen Tatsachen auftut, womit gesagt ist, daß das Problem falsch aufgefaßt ist und der Weg, ob man ihn eine Strecke weit oder bis zum Ende begeht, zu keinem Ziel führen kann."[17]

Nun ist Schweitzers Problemstellung sicher dadurch falsch, daß sie die „gegebenen Tatsachen" ihrerseits mit einer falschen Alternative „jüdisch oder hellenistisch" zu fassen versucht. Dennoch wäre die Frage einmal einer Untersuchung wert, wie weit das Thema „Paulus oder Jesus" und die Geringschätzung des historischen Jesus in der Theologie tatsächlich von den Ergebnissen der religionsgeschichtlichen Forschung zu Beginn unseres Jahrhunderts mitbestimmt sind.

Schweitzer mag mit seiner Lösung des Problems im einzelnen irren. Mit der Fragestellung des Problems hat er unbedingt recht. Auf ihn trifft zu, was Bultmann im Blick auf eine von falschen Voraussetzungen ausgehende religionsgeschichtliche Arbeit überhaupt feststellt: es bedeutet „auch das Zu-ende-gehen eines solchen Weges einen Fortschritt innerhalb der Forschung und das konsequente Zu-ende-denken einer Möglichkeit legt, auch wenn es zu einer Absurdität führt, den Blick frei für die Sache"[18]. Im Fall des Problems „Jesus und Paulus" hat Schweitzer unbestritten dieses Verdienst. Und wieder beginnt unsere Theologie ihn heute erst nach mühsamen Umwegen und Debatten einzuholen: Nicht zwei Christentümer signalisiert das Schlagwort „Jesus und Paulus", sondern die Einheit des Evangeliums in der Verschiedenheit der Zeiten. Man kann sich nur wundern, mit welcher Leidenschaft und wie lange hier debattiert wurde, obwohl der Streit längst entschieden war. „Wie viel macht sich die Forschung mit dem Probleme Paulus und Jesus zu schaffen und wie Mannigfaltiges bringt sie vor um erklären zu können, warum Paulus seine Lehre nicht auf die Predigt Jesu zurückführt, sondern darin so unbegreiflich selbständig neben ihm steht! Sie redet dabei um ein Problem herum, daß sie sich von vornherein dadurch unlösbar macht, daß sie es nicht in seiner Vollständigkeit erfaßt. Die Feststellung, daß Paulus sich Jesus gegenüber selbständig verhält, ist irreführend, wenn man sich dabei nicht zugleich vergegenwärtigt, was er alles mit ihm gemeinsam hat. Mit ihm teilt er die eschatologische Weltanschauung und die eschatologische Erwartung samt allem, was damit gegeben ist. Verschieden ist nur die jedesmal in Betracht kommende Weltzeit. Beidemale ist es dasselbe Gebirge. Jesus erschaute es als vor ihm liegend; Paulus aber steht darin und hat die ersten Anhöhen schon hinter sich. Anders als vorher stellen sich jetzt die

---

[17] PF 184; vgl. dazu auch R. Reitzenstein, Rel.gesch. u. Eschatologie 1.
[18] R. Bultmann, Zur Geschichte der Paulus-Forschung 312.

Dinge der eschatologischen Gewißheit dar. Nicht alles, was damals galt, gilt noch jetzt, und nicht alles, was jetzt in Kraft ist, war es schon damals. Weil die Weltzeit eine andere geworden ist, kann die ‚Lehre Jesu' für Paulus nicht mehr maßgebend sein. Die Autorität der Tatsachen muß ihm höher stehen als die autoritative Geltung, welche die Lehraussprüche Jesu beanspruchen können. Wahrheit ist ihm, was sich auf Grund der eschatologischen Erwartung aus der Tatsache des Todes und der Auferstehung Jesu als Wissen von der Erlösung ergibt . . . Weil er die Konsequenzen aus der veränderten Weltzeit zieht, kommt Paulus in die Lage, in der Lehre schöpferisch neben Jesus auftreten zu müssen. Dabei tut er aber nichts anderes, als Grundvorstellungen, die er von der Eschatologie her mit ihm gemeinsam hat, zeitgemäß umzuprägen. Er fällt nicht von ihm ab, sondern setzt seine Verkündigung in sinngemäßer Weise fort."[19] Die Lösung lag also schon 1930 klar auf dem Tisch. Nicht anders hatte Rudolf Bultmann ein Jahr zuvor und auch später noch einmal (1936) das sachliche Verhältnis zwischen Paulus und Jesus bestimmt[20]. In dem späteren Aufsatz wird Schweitzers Bild von *demselben* Gebirge sogar ausdrücklich aufgegriffen[21]. Noch einmal 25 Jahre später zielt Ernst Käsemanns Problemlösung in dieselbe Richtung: ,,Die Frage nach dem historischen Jesus ist legitim die Frage nach der Kontinuität des Evangeliums in der Diskontinuität der Zeiten und in der Variation der Kerygmas. Solcher Frage haben wir uns zu stellen und darin das Recht der liberalen Leben-Jesu-Forschung zu sehen, deren Fragestellung wir nicht mehr teilen. Die Predigt der Kirche mag sich anonym vollziehen. Bei ihr kommt es nicht auf die Person, sondern auf die Botschaft an. Aber das Evangelium selber ist nicht anonym, oder es wird in Moralismus und Mystik führen."[22]

Daß Schweitzers klare Sicht der Dinge so lange wirkungslos blieb, hat eine Erklärung: Die mächtig geschwungene Keule der Dialektischen Theologie und der bald beginnende Kirchenkampf schlugen das Problem einfach nieder. Aber es meldete sich schon bald wieder. Und daß wir auf

---

[19] MP 114f./Werke 4, 166–68; vgl. auch aaO 378f. 383. 501f. 507.

[20] Rudolf Bultmann, Die Bedeutung des geschichtlichen Jesus für die Theologie des Paulus, in: GV I (188–213) 200, und Exegetica 224.

[21] Exegetica 224, Anm. 16; ebenso schon in Bultmanns Aufsatz ,,Urchristentum und Religionsgeschichte" mit dem anerkennenden Urteil: Richtig faßt Schweitzer die paulinische Theologie ,,als die authentische Fortsetzung des Evangeliums Jesu, weil sie im Sinne der von Jesus verkündeten Eschatologie die Konsequenzen für die Gegenwart zieht" (ebd. 20).

[22] Das Problem des historischen Jesus, in: Ders., EVB I (187–214) 213. – Grundsätzlich keinen anderen Weg als Schweitzer geht Eberhard Jüngel, Paulus und Jesus 282, wenn er das Verhältnis ,,Jesus-Paulus" als ,,*eschatologische Identität* von Eschaton und Geschichte" faßt und den ,,Zeitwechsel als Sprachwechsel" begründet aufweist.

diesem Felde einen Schritt weitergekommen sind, ohne wieder ins liberale Lager zurückgefallen zu sein, ist *auch* das Verdienst des – *liberalen* Theologen Albert Schweitzer.

Schließlich zeigt sich das seiner Zeit vorauseilende Paulusverständnis Schweitzers darin, daß die Größe des Apostels in nichts anderem gesehen wird, als darin, daß er *Theologie zwischen den Zeiten* betreibt. „Aus der Eschatologie begriffen ist Paulus der gewaltige elementare Denker, der als Einziger die Eigenart der sich zwischen Auferstehung und Wiederkunft Jesu auftuenden Zeit erkannt und als Erster mit dem Problem der Verzögerung der Wiederkunft fertig zu werden sucht."[23] In der Tat! Paulus hat die „Besonderheit der Weltlage zwischen Tod Christi und Parusie"[24] theologisch thematisiert, das Einmal des historischen Dagewesenseins Jesu zum Einfürallemal der Erlösung in Christo weitergedacht, wobei er Kreuz und Auferstehung als das zentrale heilsgeschichtliche Datum verstand – wiederum eine Erkenntnis, die heute Allgemeingut der Paulusinterpretation ist. Schweitzer ist überzeugt: Der Mystik des Paulus verdankt die Christenheit nicht dies oder das, sondern das Entscheidende: es kommt zu keiner inneren Krise infolge der Nichtverwirklichung des Gottesreiches. Selbst Außenstehende, heidnische (Celsus) wie jüdische (Talmud), erheben keinen Einwand gegen den Irrtum. Denn die ursprünglich apokalyptische Reichserwartung ist durch Pauli theologische Denkbarkeit pneumatisch, ethisch und damit „zeitlos" geworden und bewahrt gerade darin den Geist Jesu mit aller Bestimmtheit. Dagegen ohne Paulus wäre mit den eschatologischen Sekten (z. B. Qumran) auch der Geist Jesu dahingegangen[25]. Paulus hat damit die Theologie vor die Aufgabe gestellt, Historie und Eschatologie zusammenzudenken. Schweitzer hat sie der modernen Theologie *bleibend* eingeschärft[26]. Er selbst hat die Lösung dieser Aufgabe noch ganz mit dem Vokabular und den Fragestellungen der liberalen Theologie gesucht: Paulus wird es als „große Tat" angerechnet, „daß er als das Wesen des Christ-Seins das Erlebnis der Gemeinschaft mit Christo erfaßt . . . In dem zeitlich Bedingten in die Tiefe gehend, dringt Paulus zu einem Geistigen von ewigem Werte durch"[27]. Das Erlöstsein durch Christus gilt es „in sachlicher Weise" im eigenen Leben zur Tat werden zu lassen[28]. „Tat – Eschatologie"[29] heißt das Stichwort, das darauf hinweist, daß die christliche Botschaft *Ethik* ist.

---

[23] MP 140/Werke 4, 199.
[24] PF 191.
[25] Vgl. M. MARCHAL, Albert Schweitzers Paulusdeutung 175.
[26] Vgl. E. JÜNGEL, Paulus und Jesus 13.
[27] MP 366f./Werke 4, 486.   [28] AaO 377/499.   [29] AaO 225/307.

Rückblickend begreift man nur schwer, daß das Programm der Entmythologisierung, unglücklich in der Wortwahl und sehr viel enger angelegt, in der zweiten Hälfte unseres Jahrhunderts so Furore gemacht hat. Schweitzers mit dem Paulusbuch in der ersten Hälfte des Jahrhunderts geworfene Brandfackel war glühender, die hermeneutische Herausforderung noch radikaler. Daß man sie dennoch nicht angenommen hat, ist nur zum Teil mit der allgemeinen zeitgeschichtlichen Entwicklung erklärbar. Eine andere Erklärung legt Schweitzer selbst beiläufig und ganz unbeabsichtigt nahe: ,,Es ist das Vorrecht der Mystik, die Wahrheit ohne Sorge um die Korrektheit lebendig zu denken.''[30] Der kongeniale Interpret des paulinischen Schrifttums hat von diesem Vorrecht zu reichlichem Gebrauch gemacht. Dennoch und mit vollem Recht ist gesagt worden: ,,Es darf heute kein Zurück hinter die exegetischen Erkenntnisse Schweitzers mehr geben, sondern nur ein Darüberhinaus.''[31]

[30] AaO. 376/498.
[31] W. G. Kümmel II 9.

V. Der Prediger

Die theologische Wissenschaft hat Schweitzer vornehmlich als eine *historische* Disziplin betrieben. Daß sie gerade auch als solche nicht Selbstzweck ist, sondern einen sachnotwendigen kirchlichen Bezug hat, also letztlich um der Predigt willen betrieben wird, war Schweitzer selbstverständlich[1]. Der Achtzigjährige kann rückblickend feststellen: ,,In der Theologie bin ich bestrebt gewesen, auf das Wesen des Evangelischen, der ursprünglichen, von den Ideen des Reiches Gottes beherrschten und von Jesus verlangten Frömmigkeit zurückzugehen und diese den Menschen wieder zugänglich zu machen, weil sie das große Einfache ist, das uns Licht auf unserm Erdenwege ist.‘‘[2] Dieses Licht in Wort und Tat zu verbreiten, war das Ziel aller theologischen Arbeiten Albert Schweitzers. Und er strebt es ausdrücklich an als ein Advokat jener Angefochtenen, denen der altkirchliche Glaube das *sacrificium intellectus* abverlangt. ,,Diesen verlorenen Schafen‘‘, so schreibt er, ,,fühle ich mich berufen . . . höher als der kirchlich festgelegte Glaube steht die Frömmigkeit, das Sein in der Liebe.‘‘[3] ,,Die Frömmigkeit, nicht der ,Glaube‘ ist das Fundament der Religion. Die Frömmigkeit ist die Energie des Glaubens.‘‘[4] Frömmigkeit aber ist der *gelebte* Gedanke des Reiches Gottes, ist der Auftrag, im Geiste Jesu zu handeln und so das Reich Gottes zu verwirklichen. ,,Diese Diesseitsreligion darf man nicht mißachten. Sie ist mehr im Geiste Jesu als die Geistespaläste der gewöhnlichen Dogmatiker.‘‘[5]

Schweitzer hat diese seine Überzeugung mit seinem Leben bewahrhei-

---

[1] Vgl. nur, wie SCHWEITZER, Abendmahlsproblem VIII f. schon in seiner theologischen Erstlingsschrift ,,die Aufgabe der Wissenschaft‘‘ durch das Interesse des ,,kirchlichen Glaubens‘‘ bestimmt sein läßt!

[2] Brief vom 17. 7. 1955 (an F. Buri. Abschrift im Zentralarchiv in Günsbach).

[3] Brief vom 6. 6. 1952 (an Beneficiant Euler. Abschrift im Zentralarchiv in Günsbach).

[4] Brief vom 24. 11. 1960 (an H. Casparis. Abschrift im Zentralarchiv in Günsbach).

[5] Ebd. – Der Hieb geht zweifellos *auch* gegen Karl Barth, über den er am 20. 1. 1931 an Martin Werner schreibt: ,,Die Wahrheit ist nicht nervös; sie kann warten. Also rede (schwöre es mir!) nicht mehr als 12 (zwölf) Mal im Semester von den Barthianern und ihrer Ketzerei und lies gute Vorlesungen, als wären sie nicht auf der Welt. Daß Barth an dem ersten Band seiner Dogmatik ständig feilen muß, war mir von vornherein klar: Es ist eben zusammengeflickt und reißt überall ein! Im Römerbrief, da machte sich das nicht so bemerkbar. Aber sobald er das Ganze an sich aufstellen will, da wird’s bös. Und gar die Ethik! Und diese muß er liefern! Da lassen wir nicht locker!‘‘ (Abschrift im Zentralarchiv in Günsbach.)

tet. Lambarene als „Aufgabe . . . in Jesu Namen" erst läßt ihn *verstehen,*
„warum . . . Jesus für die Sünden der Welt gestorben war", während ihm
die dogmatischen und neutestamentlichen Kollegs über dieses „schwere
Wort" keine Klarheit gebracht hatten[6].

Unter diesen Voraussetzungen lohnt die Frage, wie sich *speziell die
Predigt* als Vollzug der Theologie Schweitzers darstellt. Es geht uns zuletzt also um den besonderen Akt der Predigt als einer Nagelprobe auf das,
was Schweitzer wissenschaftlich-theologisch gedacht hat. Ist auch dieser
spezielle Akt Konsequenz seiner Theologie und spielen seine Forschungsergebnisse darin eine Rolle? Kürzer gefragt: Wie weit erweisen sich Theologie und Verkündigung in der Sache identisch? Um die Antwort gleich
vorwegzugeben: es gibt nicht die Spur einer Zweigleisigkeit.

1. Das Material

Die Predigt ist – im Unterschied zur Katheder-Theologie – direkte An-
rede, darum unlösbar von ihrer konkreten Situation, in die hinein sie gesprochen wird. Das Wort ist tradierbar, nicht jedoch die Situation. Aus
diesem Grunde hat sich beispielsweise Rudolf Bultmann nur sehr zögernd
entschließen können, einen Band mit seinen „Marburger Predigten" her-
auszugeben[1].

Die Zurückhaltung Schweitzers in diesem Punkte war noch größer.
Von den etwa 300 Predigten und Skizzen, die er niedergeschrieben hat[2],
veröffentlichte er selbst nicht eine[3]. Wohl soll er daran gedacht haben, eine
Auswahl als „Andachten aus St. Nicolai" herauszubringen, jedenfalls
zeigt ein Predigtmanuskript entsprechende Bearbeitungsspuren[4], aber der
Plan blieb unausgeführt. Ganz zuletzt hat er dann dem Drängen der
Freunde nicht länger widerstanden, von den erhalten gebliebenen 150

---

[6] SP 54.

[1] Vgl. R. BULTMANN, Kirche und Lehre im Neuen Testament, in: GV I (153–187) 176 und
W. SCHMITHALS, Die Theologie Bultmanns 49.

[2] Das geht aus dem genauen handschriftlichen Verzeichnis hervor, das HELENE SCHWEIT-
ZER darüber angefertigt hat. Es beginnt mit dem Jahre 1898 und endet 1912. Das Verzeichnis
befindet sich im Zentralarchiv in Günsbach.

[3] W. PICHT 288 ff. hat als ehemaliger Predigthörer in St. Nicolai zwei Predigten Schweitzers vor dessen Tod abgedruckt. Ebenfalls schon zu Lebzeiten Schweitzers erschienen die
drei „Spitalandachten zu Lambarene" (Werke 5, 380 ff.), die 1930 und 1948 erstmals veröffentlicht wurden. (Quellennachweise in Werke 5, 640). Jedesmal sind andere die Herausgeber. Über eine ausdrückliche Zustimmung Schweitzers verlautet nichts.

[4] Vgl. U. NEUENSCHWANDER, in: SP 161; L. STIEHM, in: Wswt 184. Alles Wissenswerte
über Quellen und Editorisches findet sich in den Vor- bzw. Nachworten der Genannten zu
den von ihnen herausgegebenen Predigtbändchen Schweitzers.

Predigten wenigstens einige drucken zu lassen. Aber als ihm das dafür vorgesehene Material „zu einer letzten Durchsicht und zur letzten Entscheidung" nach Lambarene geschickt werden sollte, war es zu spät. Sein plötzlicher Tod ersparte Schweitzer das Votum[5]. Die inzwischen erschienenen zwei Predigtbändchen tragen seinen Namen, nicht mehr seine Unterschrift.

Über die Gründe für Schweitzers Zurückhaltung gibt es nur Vermutungen. U. Neuenschwander, der Herausgeber der „Straßburger Predigten" (1966), meint, das aufs ganze gesehen Fragmentarische der schriftlich ausgearbeiteten Predigten – mancher Predigtschluß ist nur noch Skizze[6] – und die später erst recht fehlende Zeit, die Entwürfe auszuführen, habe Schweitzer veranlaßt, von einer Veröffentlichung Abstand zu nehmen[7]. Aber nach Schweitzers eigener Auskunft gibt es schriftlich sehr sorgfältig ausgearbeitete Predigten aus der frühen Vikariatszeit (ab. 1. 12. 1899), „wobei die Reinschrift oft zwei oder drei Skizzen vorausgingen"[8]. Da sie ebenfalls unveröffentlicht blieben, muß nach einem weiteren Motiv für die Zurückhaltung Ausschau gehalten werden, das möglicherweise (wie bei Bultmann) sachlicher Art ist. Tatsächlich findet sich ein wichtiger Hinweis dafür in Schweitzers Lebenserinnerungen. Der „vom Vater ererbten intimen Art zu predigen" folgend, hielt sich Schweitzer beim Vortrag nicht an „die genau memorierte Fassung, sondern gab der Predigt oft eine ganz andere Form"[9]. Der Grund dafür ist nicht ästhetisch-rhetorischer, sondern sachlich-theologischer Art: Einer anderen als der situationsbezogenen Predigt räumt Schweitzer kein Recht ein. So kann er infolge eines aktuellen Ereignisses noch auf dem Weg zum Gottesdienst den Text samt der präparierten Ansprache verwerfen und etwas ganz anderes predigen[10].

[5] Vgl. U. NEUENSCHWANDER, in: SP 162.

[6] Vgl. die Beispiele in Wswt 89 f. 114 f. U. NEUENSCHWANDER berichtet in SP 161, daß ein Predigtentwurf den Vermerk trägt: „Entworfen Wartesaal Paris nach Le Hâvre 7. fevr. Morgens 5–8." In der letzten Nachmittagspredigt zu St. Nicolai, am 25. 2. 1912, gesteht SCHWEITZER, SP 85 die Arbeitsüberlastung ein: „Ihr habt wohl oft bemerkt, wie ich das, was ich leisten sollte, in den letzten Jahren nur in Müdigkeit und mit Aufbietung der letzten Kraft geben konnte, und manchmal beim Herabgehen von der Kanzel hatte ich den Eindruck, daß ihr sehr nachsichtig sein mußtet mit mir."

[7] In: SP 161.

[8] LD 29/Werke 1, 46. In Wswt 125 findet sich als Beispiel eine „IIte Skizze".

[9] LD 29/Werke 1, 46; vgl. die Bestätigung durch die Predigthörer W. PICHT 316 und F. WARTENWEILER, Eine wenig bekannte Seite in Schweitzers Wirken 105: „Frei gestaltete er jede Predigt im Augenblick."

[10] So im Juli 1896 – SCHWEITZER war noch Student – auf der Fahrt zur Predigt in einer Gemeinde des Unterelsaß: „Am Donnerstag vor jenem Sonntag ging über jene ganze Gegend, auch über die Gemeinde, in der ich predigen sollte, das schwerste Hagelwetter, das seit Menschengedenken unser Elsaß betroffen hat, nieder. Als ich mit dem Zuge am Samstag

Und den Erntedank-Gottesdienst möchte er lieber in einer Dorfkirche halten als in der Stadt, wo die Leute „nichts direkt aus der Hand Gottes empfangen", wo es ihnen „inmitten der Häuser und Gassen" schwerer ist, sich „Gott nahe zu fühlen", schwerer „als denen draußen, zu denen das abgeerntete, im Herbstnebel ruhende Feld redet von ihm und seiner Güte, viel beredter und begeisterter als Menschenmund es vermag"[11]. Auf der Kanzel noch eingestreute ad hoc-Formulierungen – „als ich heute morgen über die Thomasbrücke ging"[12] – unterstreichen nachdrücklich, daß Schweitzer aus der aktuellen Situation und für die aktuelle Situation predigt. Die aber ist bei der Jahre später vorzunehmenden Edition des Gesagten unwiderbringlich vergangen. Was einst im gesprochenen Wort lebendige Wahrheit war, wird im gedruckten Text tote Richtigkeit sein. Der Sinn der Predigt ist eben verfehlt, wenn sie nicht Wortverkündigung für die konkrete Situation ist[13]. Schweitzer wird darum gewußt haben, selbst noch in den späteren Predigten über ethische Probleme, obgleich er darin mehr allgemeine Wahrheiten lehrt. Gleichwohl spürt man auch ihnen das Jahr, in dem sie gehalten wurden – 1919 – und die unmittelbar davor liegenden Erfahrungen ab. Daß die damals gestellten Fragen und die gegebenen Antworten bis heute aktuell bleiben würden, konnte Schweitzer nicht wissen. Sein optimistisches Menschenbild ließ ihn hoffen, daß die Vernunft die mit der technischen Kultur aufkommenden Gefahren meistern würde. Jedenfalls scheint es gerechtfertigt, für die Publikationsscheu des Predigers Schweitzer nicht in erster Linie die äußeren Umstände verant-

---

Abend durch die Gegend kam, als ich sah, wie alle ihre Äcker verwüstet waren und alles dahin war, da fühlte ich, daß ich die Predigt, die ich vorbereitet hatte, nicht halten könnte; daß die Leute in die Kirche kämen, daß sie in Gottes Wort Trost über ihr Unglück fänden. Und da fragte ich mich: Was soll ich ihnen sagen? Daß Gott dieses Unglück gesandt, um sie zu prüfen oder um sie zu bestrafen? Ich glaube, wenn ich diesen Gedanken damals ausgedrückt hätte, wäre er mir vorgekommen wie eine Gotteslästerung. Und während ich so nachdachte, da stand vor meinem Geiste das Bild des Herrn in Gethsemane, und ich predigte über das Wort: ‚Herr nicht wie ich will, sondern wie du willst'; ich zeigte ihnen, wie wir Menschen Gottes Wege nicht verstehen, aber doch durch Jesum wissen, daß wir in allem Leid einen Vater im Himmel haben, – und ich fühlte, wie die Herzen ruhiger wurden." (SP 5 f.)

[11] SP 31 f.

[12] F. WARTENWEILER, Eine wenig bekannte Seite in Schweitzers Wirken 105. – Bemerkenswert ist, daß Schweitzer seine Probepredigt zum zweiten Examen von solchen Aktualisierungen nicht ausnimmt. Sie fiel am 25. 2. 1900 ausgerechnet auf einen Faschingssonntag. SCHWEITZER wählt als Text 1Thess 5,16: „Seid fröhlich allezeit" und beginnt mit den Worten: „Es scheint überflüssig, gerade heute mit diesem Worte zur Fröhlichkeit aufzufordern. Die Welt um uns her ist von ausgelassener Lustigkeit . . ." (zit. nach einer Abschrift im Zentralarchiv in Günsbach).

[13] So die Formulierung bei R. BULTMANN, Das Problem einer theologischen Exegese des Neuen Testaments (1925), in: J. MOLTMANN (Hg.), Anfänge der dialektischen Theologie. Teil II. R. Bultmann, F. Gogarten, E. Thurneysen (TB 17), München 1967 (47–72) 69.

wortlich zu machen: sie gründet in einer tiefen Einsicht in das Wesen
christlicher Wortverkündigung.

2. Die Predigt als Appell: Texte, Thesen, Inhalte

Die inzwischen in zwei schmalen Bänden veröffentlichten 26 Predigten
stammen also samt und sonders aus Schweitzers Nachlaß. Trotz der ge-
machten Einschränkung kann ihr Wert nicht streitig sein. Aus zwei
Gründen. Einmal gibt Schweitzer hier etwas preis, was er sonst in seinem
Leben eher gescheut hat: ,,das Innerste'' seiner Gedanken[1]. Sodann aber
und vor allem muß sich hier zeigen, welches denn nun die ,,andere Fun-
dierung'' ist, welche die ,,historische Weltanschauung'' für den Glauben
notwendig gemacht hat, nachdem ,,die historische Grundlage der Institu-
tion'' Kirche ,,durch den Strom der Zeit unterwaschen'' ist[2].

Schweitzer hat gerne gepredigt. Obwohl er die Anfechtung eines Pfarrers in ungeistlicher Zeit kannte[3], war ihm das Predigen ,,ein innerliches
Bedürfnis''[4]. Das hat eine doppelte Ursache. Schweitzer selbst gehörte zu
jenen Menschen, denen die innere Sammlung etwas Unverzichtbares war.
,,Der Mensch braucht Stunden, wo er sich sammelt und in sich hinein-
lebt'', um nicht Schaden an seiner Seele zu nehmen, schärft er seinen Neukonfirmierten ein[5]. Denn nur wer ,,innerlich gesund'' ist, überwindet die
Versuchungen des Lebens[6]. Damit mag zusammenhängen, daß Schweitzer seine Predigten ,,Andachten'' genannt hat. Denn es war ihm darum zu
tun, daß er und die Gemeinde ,,zum Bewußtsein ihrer selbst kommen''[7].
Die Andachten gaben ihm das ,,Gefühl'', sich mit den Versammelten
,,eins zu wissen'' und sich mit ihnen ,,erbaut'' zu haben[8]. Als Schweitzer

---

[1] SP 136/Werke 5, 134/Wswt 34.

[2] Abendmahlproblem VIII f.

[3] SP 62: ,,Es ist nicht erquickend in unserer zweifelnden und gleichgültigen Zeit Pfarrer
zu sein. Man möchte den Menschen unserer Tage geistig etwas geben, ihnen Jesus bringen
und kann es nicht.''

[4] LD 27/Werke 1, 44; dasselbe Geständnis auch in einer der Goethe-Reden (Goethe
12/Werke 5, 472).

[5] SP 83; vgl. LD 30/Werke 1, 47 f.

[6] SP 82. – In einer anderen Predigt kann er mit Verweis auf Mk 6,31 (,,Ruhet ein wenig!'')
sagen: ,,Dieses Ruhen ist Feiern. Es besteht im Sammeln und Erheben des Geistes mit andern
Menschen. Wer dieses nicht kennt, ist nie ausgeruht. Sein Geist bleibt matt und müde, und
seine innern Lebenskräfte werden nicht gestärkt . . .'' (zit. nach F. Wartenweiler, Eine
wenig bekannte Seite in Schweitzers Wirken 111).

[7] SP 83. Diese individualistische Grundkomponente findet sich in allen Bereichen des
Schweitzerschen Denkens. Sie erklärt, warum das Gesichtsfeld der Soziologie einen blinden
Fleck bei ihm darstellt. Vgl. dazu H. Steffahn, Du aber folge mir nach 227 ff.

[8] SP 85.

nach zwölfjähriger Amtszeit seinen Abschied als Nachmittagsprediger der Gemeinde von St. Nicolai nimmt, versichert er darum glaubhaft: „Diese Sonntagnachmittage gehörten zu dem Schönsten für mich, was ich in meinem Leben fand."[9]

Den anderen Grund, warum Schweitzer das Predigen eine „stete Quelle der Freude" war[10], muß man in der *Aufgabe* suchen, die er der Verkündigung zuschrieb: „allsonntäglich zu gesammelten Menschen *von den letzten Fragen des Daseins*" zu reden. Das empfand er als etwas „Wunderbares"[11]. Die letzten Fragen des Daseins decken sich für Schweitzer mit den tiefsten Überzeugungen des Christentums. Beide sind *denknotwendig*. So mag er die Kanzelpredigt als jenen willkommenen Ernstfall betrachtet haben, der die Einheit von Theologie und Philosophie, vor allem aber von „Religion und Leben" beweist. Jedenfalls sieht er darin seinen „Beruf . . ., diesen Gedanken der Denknotwendigkeit der Grundideen des Christentums zu Ende zu denken und zu erweisen, daß alles konsequente Denken religiös und ethisch wird!"[12] Überhaupt ist die Ethik von Anfang an das treibende Motiv. Denn jede Einkehr bei sich selbst bliebe stumpf, fruchtlos, träte ihr nicht die Stärkung durch die Tat zur Seite. Nicht zufällig schließt darum seine Ansprache an die Neukonfirmierten mit dem Appell, in der *Tat* zu bleiben. „Ihr könnt gar nicht ermessen, was die Tat ist und was sie für das innere Leben bedeutet. Was ist ein Mensch, der nicht ‚*wirkt*', der nicht von seinen Gaben und Kräften, von dem, was er hat, Anwendung macht, um da mitzuwirken, wo Menschen nötig sind? Die innere Freude, die wir empfinden, wenn wir etwas Gutes getan haben und wenn wir fühlten, daß wir irgendwo notwendig waren und Hülfe leisteten, ist eine Speise, deren die Seele bedarf. Ohne die Momente, wo der Mensch sich durch die *Tat* als ein Teil der geistigen Welt fühlt, geht seine Seele zu Grunde. So viele kommen in das Elend der Gleichgültigkeit, weil sie von Anfang an diese Stärkung durch die Tat nicht hatten. Ihr aber vergeßt nicht, daß ihr schon von jetzt ab das Auge

---

[9] SP 85. Später schreibt er aus Afrika: „. . . Jeden Sonntag predige ich im Spital und freue mich die ganze Woche darauf. Vom Religiösen rede ich nicht viel – es soll sich bemerkbar machen dadurch, daß es da ist . . ." (R. KIK, Von Mensch zu Mensch. Aus Briefen von Albert Schweitzer und seinen Mitarbeitern, Freiburg i. B. 1956, 32). „Das Evangelium predigen zu dürfen" empfand Schweitzer tatsächlich „als ein unaussprechliches Glück" (SP 99 f.). Vgl. dazu HANS HINRICH JENSSEN, Albert Schweitzer – ein engagierter Prediger, in: Standpunkt 3, 1975, 16–18.

[10] LD 29/Werke 1, 46.

[11] AaO 27/44 (Hervorhebung von mir).

[12] Brief vom 12. 10. 1923 (an M. Werner. Abschrift im Zentralarchiv in Günsbach).

offen halten müßt, um zu tätigen Menschen im Reiche Gottes zu werden."[13]

Jede der Predigten Schweitzers ist darum ein *Appell*, mitzuwirken am
Bau des Reiches Gottes oder – was dasselbe ist – an der Verwirklichung
der Kulturideale[14]. Vom Reiche Gottes in diesem Sinne reden *alle* Predigten, auch wenn der Begriff nicht vorkommt. In einer Reihe ,,Gespräche
über das Neue Testament" im ,,Evangelisch-Protestantischen Kirchenbo-
ten für Elsaß-Lothringen", an der sich Schweitzer seit 1901 beteiligte,
heißt es in dem letzten der Beiträge, die durchaus Predigtcharakter tragen:
Das Reich Gottes kam nicht, wie es Jesus erwartet hatte. ,,Unsere Illusio-
nen sind matter in den Farben. Wie weit noch, bis es sich erfüllt allenthalben: ,Dein Wille geschehe wie im Himmel so auf Erden'? Wir erleben es
nicht mehr. Und doch, voran! Ist er auch nicht erschienen, der Menschensohn, wie ein Blitz, der die Wolken spaltet, so ist er doch aufgegangen
über der Welt wie ein sanftes stilles Licht, und in diesem Lichte wandeln,
für ihn kämpfen, für ihn arbeiten, ist es nicht Seligkeit genug – und Kraft
zum Leben?"[15] Damit ist der innerste Beweggrund erfaßt, der nicht nur
Schweitzers Treue zur Kirche im allgemeinen, sondern auch seine *Treue
zum Predigtamt* im besonderen erklärt[16].

Schweitzers *Predigttheorie* ist schlicht. Er will die Worte Jesu so auslegen, ,,daß sie praktisch im Leben verwendbar sind"[17]. Dieser Gesichtspunkt scheint auch die *Textauswahl* zu bestimmen. Schweitzer verfährt
darin jedenfalls völlig frei und bevorzugt den Einzelspruch, der – in der
Regel ohne Kontextbeachtung – das Thema anschlägt, das Schweitzer
dann in seinem Sinne durchführt – nicht anders, als es Bach in seinen Fugen tut[18]. So dient ihm z. B. Mt 5,4 (Selig sind, die da Leid tragen, denn sie

---

[13] SP 83 f.

[14] Vgl. dazu besonders die schöne Arbeit von NIKOLAUS MERZ, Reich Gottes im theologischen und philosophischen Denken von Albert Schweitzer. Akzessarbeit Basel, Mai 1975
(im Zentralarchiv in Günsbach).

[15] Kirchenbote 33, 1904, 23.

[16] Bezeichnend ist, daß er dem 1960/61 aufgekommenen Gerücht, er sei zur Kirche der
Unitarier übergetreten, entgegentritt mit dem Hinweis: ,,Ich gehöre immer noch meiner lieben Elsässischen Protestantischen Kirche an, in der ich zehn Jahre als Prediger zu St. Nicolai
gewirkt habe" (Brief vom 12. 3. 1962 an Prof. E. Jensen, Greifswald; Abschrift im Zentralarchiv in Günsbach). In einem anderen Brief weist SCHWEITZER gar darauf hin, daß er in dieser Kirche ,,geweihter Prediger" sei.

[17] SP 117/Werke 5, 119/Wswt 15.

[18] ROBERT MINDER berichtet von einer Verwarnung durch den Vorgesetzten des Vikars
an St. Nicolai: ,,Sie haben . . . bis jetzt und nie auf mich gehört, sondern nur Dissertationen
bald über diesen, bald über jenen Punkt gehalten, die bisweilen geistreich sein mochten, die
aber keine gesunde Nahrung für meine Pfarrkinder sind. Mein fester Wille für die Zukunft

sollen getröstet werden) dazu, die Leiderfahrung in den Dienst der „höheren Bestimmung unseres Lebens" zu stellen[19]. Oder mit Mt 28,20 (Siehe, ich bin bei euch alle Tage bis an der Welt Ende) schärft er ein, daß die Gegenwart Jesu „vor allem ein Wille" ist. „Es heißt, ich lasse euch nicht los, ihr müßt mein Lebenswerk fortsetzen."[20] Jesus ist nicht zuerst ein „Trostheiland"[21], sondern *Gebieter*. Für zwei Abschiedspredigten wählt Schweitzer Offbg 2,10 (Sei getreu bis in den Tod, so will ich dir die Krone des Lebens geben) und Phil 4,7 (Der Friede Gottes, welcher höher ist als alle Vernunft, bewahre eure Herzen und Sinne in Christo Jesu), um einmal über die *Treue* im allgemeien, zum andern über den Frieden Gottes als das *eine* Glück zu sprechen, das im „Einswerden unseres armen Menschenwillens mit dem Seinen in Tat und Freud und Schmerz" besteht[22]. Mit Offbg 21,4 (Und Gott wird abwischen alle Tränen . . .) gedenkt er der Toten des 1. Weltkrieges und stellt als deren Vermächtnis die „Ehrfurcht vor dem Menschenleben" heraus[23]. Rm 14,7 (Denn unser keiner lebt sich selber und keiner stirbt sich selber) wird ihm zum Text für den ethischen Grundbegriff: „Gut ist: Leben erhalten und fördern; schlecht ist: Leben hemmen und zerstören."[24] Damit ist „die Frage nach dem Wesen des Sittlichen, nach dem letzten Grundprinzip der Moralität" beantwortet[25]. Schärft Paulus den Römern das bedingungslose Ausgeliefertsein an den gekreuzigten und auferweckten Herrn ein, so Schweitzer der Gemeinde in St. Nicolai zu Straßburg die unabweisbare „Ehrfurcht vor dem Leben" und das „Mitleiden" mit allen vom Schmerz Gekennzeichneten. Darin erfüllt sich das paulinische Wort: Unser keiner lebt sich selber. Nur einmal kommen diese fünf Worte des Römerbrief-Textes in der ganzen Predigt vor: im allerletzten Satz! In den ethischen Predigten kann Schweitzer die Texte sogar auf kurze Versteile reduzieren[26]. Sie sind dann nur noch Motto für die Erörterung allgemeiner ethischer Probleme.

---

ist, daß Sie über die vorgeschriebenen Bibeltexte predigen, wie die kirchliche Ordnung es erheischt" (R. MINDER, Warum Albert Schweitzer nach Lambarene ging. Süddeutsche Zeitung Nr. 19 vom 24./25. 1. 1976). Das Predigtverzeichnis von Helene Schweitzer zeigt, daß die Verwarnung völlig wirkungslos blieb.

[19] SP 7.
[20] SP 27.
[21] SP 26.
[22] SP 100.
[23] SP 107ff., hier 112.
[24] SP 128/Werke 5, 127/Wswt 25.
[25] AaO 127/126/24.
[26] Zum Beispiel bei der 3. Predigt über den Besitz begnügt sich Schweitzer mit einem Versfragment von Gal 6,9: „Lasset uns Gutes tun und nicht müde werden . . ."; s. Wswt 107.

Ganze Perikopen werden selten gewählt[27], ebenso alttestamentliche Texte. Von den 35 Predigten des Jahres 1901 gehen z. B. nur zwei über das
Alte Testament[28]! Diese Zurückhaltung erklärt Schweitzer seiner Gemeinde so: „Ich predige euch selten über die Propheten, und manchmal
mache ich mir Vorwürfe deswegen, denn es stehen so wundervolle Sprüche in ihren Büchern. Aber es heißt in der Schrift: Wenn aber kommen
wird das Vollkommene, so wird das Stückwerk aufhören. Und weil wir
das Vollkommene in den Sprüchen des Herrn haben, so reden wir so selten von dem Unvollkommenen, den Propheten."[29] Eine vielsagende Begründung, in der die Anspielung auf 1 Kor 13,10 nur eine sprachliche ist.
Denn mit dem Vollkommenen ist dort auf die Parusie verwiesen. Dieses
eschatologische Element muß Schweitzer unterschlagen, um der Unvoll-
kommenheit der Propheten die Vollkommenheit der Sprüche des Herrn
im idealistischen Sinne entgegensetzen zu können. Die höher entwickelte
Form der Ethik ist die des Neuen, nicht die des Alten Testamentes[30]. Und
hier haben die „Sprüche des Herrn" noch einmal einen Vorrang vor allen
anderen Texten: 76 von 150 Predigten liegen synoptische Texte (meist
Matthäus) zugrunde. Paulustexte kommen 36mal vor[31]. Dahinter steht
die theologische Einsicht von der geistigen Präsenz Jesu in seinem Wort:
„Er ist da, in den Evangelien, in der Lehre der Kirche, wahrhaftig da."[32]
  Daß Schweitzer die historische Exegese so völlig vernachlässigt, darf
ihm nicht als exegetische Schwäche angekreidet werden. Damit hält er

---

[27] In SP 15 ff. 57 ff. 115 ff./Werke 5,117 ff. geschieht es bei drei von achtzehn Predigten.
Einmal ist es Lk 10,17–21, einmal ist es eine Wundergeschichte, Mt 14,22–32, bei der ersten
Predigt über die Ehrfurcht vor dem Leben ist es Mk 12,28–34, die Frage nach dem *größten
Gebot!* Alle übrigen ethischen Predigten gehen von Versteilen aus.

[28] Am 1. 1. ist Ps 62,2, am 30. 3. Sach 9,9 der Text (lt. Predigtverzeichnis von HELENE
SCHWEITZER im Zentralarchiv in Günsbach). In SP ist keine Predigt über einen alttestamentlichen Text aufgenommen, in Wswt 35 ff. nur eine: die Tierpredigt geht von Sprüche Salomos
12,10 aus („Der Gerechte erbarmt sich seines Viehs, aber das Herz des Gottlosen ist unbarmherzig"). Wenn SCHWEITZER alttestamentliche Texte wählt, so behandelt er sie nicht
anders als die neutestamentlichen: sie sind Ausgangspunkt für die eigenen, zeitgemäßen Gedanken. Am 26. 1. 1902 predigt er z. B. über Ps 139,1–12 + 23–24, das „Hohelied der All-
wissenheit Gottes". Die Frage lautet sofort: „Was heißt und bedeutet es denn für mich, daß
Gott allwissend ist?" Antwort: es tröstet, daß im höheren Sinn Gottes unfehlbares Urteil unser oft falsches Urteil (etwa beim Strafprozeß) löscht (Abschrift der Predigt im Zentralarchiv
in Günsbach).

[29] SP 165.

[30] Charakteristisch ist folgender Satz: „Es will einem manchmal scheinen, als ob die alten
Völker, *mit allen ihren falschen, ungeistlichen Vorstellungen von Gott,* doch in einem uns an
Frömmigkeit überragt haben: in dem Gefühl des Dankes gegen Gott" (Predigt vom 5. 6.
1902 über Ps 50,14 + 15. Abschrift im Zentralarchiv in Günsbach).

[31] Vgl. U. NEUENSCHWANDER, in: SP 165.

[32] SP 24.

vielmehr konsequent seine Überzeugung durch, daß das Vergangene durch keine noch so kluge Hermeneutik für die Gegenwart aufbereitet werden kann. Das Wort hat entweder in sich eine überzeitliche Wahrheit, dann kommt es als Predigttext in Frage; oder es hat keine solche Wahrheit, dann kann es auch nicht zum Inhalt der Verkündigung gemacht werden. Diese Verfahrensweise ist bei Schweitzer keineswegs Willkür; sie hat Methode: „Die übergeschichtliche Betrachtungsweise, bei der Schweitzer ankommt, wo er unser Verhältnis zu Jesus zu begreifen sucht, hat das Charakteristische, daß sie durch die Geschichte hindurchgegangen ist. Sie ist nicht gleichgültig dagegen, ob diese oder jene historische Ansicht zutrifft, sondern sie erhebt sich über eine bestimmte, als historisch wahr erkannte Auffassung. Nur in dieser Weise wird sie ‚übergeschichtlich‘ . . .“[33] Und was schließlich das häufig zu beobachtende Verfahren anbetrifft, daß Schweitzer gar nicht den Text in seinem ursprünglichen Sinn predigt, sondern ihn beispielsweise für sein ethisches Grundprinzip der Ehrfurcht vor dem Leben in Anspruch nimmt, so geschieht auch das nicht ohne ausdrückliche Begründung. Der eigene Gedanke, „*wenn er wahr ist*“, hat als solcher eine Autorität, die der Autorisation durch ein Wort Jesu oder der Bibel überhaupt nicht bedarf. So kommt es Schweitzer weniger darauf an, möglichst viele Worte der Schrift zu interpretieren, als darauf, möglichst viele wahre Gedanken zu denken. „Unser ganzes religiöses Denken ist so unlebendig geworden, weil man keinen Gedanken mehr zu denken wagte, den man nicht Jesu in den Mund legen konnte.“[34] Den Mut, eigene Gedanken zu denken, hatte Schweitzer bei Paulus gefunden. Und so macht nun auch er in seinen Predigten neben der *ersten* Autorität, der „Autorität der Vergangenheit des Stifters“, reichlichen Gebrauch von der *zweiten* Autorität, nämlich der „geistigen Erkenntnis“[35]. In ihr zuletzt gründet die Freiheit gegenüber dem Text.

Das *Predigtziel* Schweitzers ist sehr klar: Jesus soll Herr über die Herzen der Menschen werden. In einer Spitalandacht in Lambarene kann er sagen: „Die Herzen der Menschen sind alle gleich. Sie wollen stille und glücklich sein, die der Weißen ebenso wie die der Schwarzen. Und das Herz wird erst still und glücklich, wenn Jesus mit allen guten Gedanken Herr darin ist. Er allein kann machen, daß unser Herz ihm folgt und still und glücklich ist. Und deshalb müßt ihr euch bei allem, was ihr macht, fragen: Erlaubt es unser Häuptling? Und deshalb sage ich jedem von

---

[33] Selbstdarstellung 8.
[34] Schlußvorlesung 5.
[35] Schlußvorlesung 4.

Euch: Jesus muß der Häuptling deines Herzens sein. Und diejenigen, die
wollen, daß Jesus wirklich der Herr ihres Herzens ist, die werden still und
glücklich sein, und sie werden wissen, was es heißt, das Reich Gottes im
Herzen tragen. Und deshalb sage ich heute zu Euch allen: Betet, daß das
Reich Gottes in die Welt komme, und betet, daß es in Eure Herzen komme."[36] Dieser Zielgedanke hat sich nie verändert. Er bildet bereits den
Grundakkord der ersten abschriftlich erhaltenen Predigt Schweitzers aus
dem Jahre 1898 über Mt 15,21–28. Diese Geschichte vom kanaanäischen
Weib drückt am sinnfälligsten aus, was er meint: „So oft ich dieser einfachen und doch im Leben Jesu so tief einschneidenden Erzählung begeg-
ne, muß ich dabei stehen bleiben, festgebannt durch die schlichte, tief-
menschliche Größe unseres Heilandes, wie sie uns hier wie kaum in einer
anderen Erzählung entgegentritt. Sein Herz schlug wie unser Herz, er
verstand unsere Leiden, er verstand auch unsere Gefühle: er wußte auch,
was Mutterliebe ist. Während er sonst so hoch über uns steht, daß wir vergeblich die Hand ausstrecken, den Saum seines Kleides zu fassen, fühlen
wir hier den Druck seiner Hand und sehen ihm in das milde Auge."[37] In
der Begegnung mit Jesus, der erlebt, was wir erleben, sieht Schweitzer den
eigentlichen *Segen*. Vom dogmatischen Christus ist darum so gut wie nie
die Rede.

Am klarsten kommt Schweitzers Verständnis der Predigtaufgabe dort
zum Ausdruck, wo er sagt, was *nicht* Sinn und Ziel des Predigers sein
kann: Apologie der Botschaft. In der einzigen Wunderpredigt, die Aufnahme in die „Straßburger Predigten" gefunden hat, heißt es: „Und wenn
die Verkündigung des Evangeliums darin bestände, Zweifel auszureden,
eine Lehre zu verteidigen, so wäre Prediger sein das traurigste und erfolg-
loseste Amt, wie wenn man Leute reich machen wollte, indem man ihnen
auf dem Papier vorrechnete. Aber es ist so ganz anders, so viel schöner,
denn die Verkündigung besteht in etwas ganz anderem. Sie lautet: *Bleibt
nicht stehen, sondern gehet auf ihn zu*. Und dieses Evangelium darf man
freudig und gewiß verkündigen; *denn die, welche ihn ernstlich suchen und
sich aufmachen, auf ihn zuzugehen, müssen ihn finden, sie können nicht
anders*. Niemand kann euch helfen als ihr selbst. Schau nicht vor dich und
nicht hinter dich. Hör nicht, was sie sagen und lehren, sondern den Blick
auf ihn gerichtet schreite auf ihn zu. Bleib nicht stehen, sonern suche deinen Weg zu ihm. Schau nicht, ob dieser Weg sicher oder gangbar ist, ein

---

[36] A. SCHWEITZER, Spitalandachten aus Lambarene, in: Werke 5, 380–387, hier 383.
[37] Zitiert nach der Abschrift im Zentralarchiv in Günsbach. Im Predigtverzeichnis von
HELENE SCHWEITZER steht in der Spalte „Datum" ein Fragezeichen.

Weg für den natürlichen Menschen gebahnt, *sondern schau nur, ob er gerade auf Jesus führt.* Petrus kann nun zu ihm kommen, indem er alle menschlichen Erwägungen beiseite läßt. Wir aber lassen uns durch menschliche Erwägungen zurückhalten. Nur der ist geschickt, den Weg zu gehen, der weiß, daß Jesus mehr für ihn ist als alles, was ihm das Leben bringen konnte. Nur für *den* Menschen ist der Lebensweg der Weg zum lebendigen Jesus, der ihn geht mit der inneren Gewißheit, daß alles, was kommt, das Gute und das Traurige, die Schwachheit und die Kraft, alles Schwere, kommen muß und nur das eine über ihn vermögen und vermögen sollen: Ihn die Hand des lebendigen Jesus fassen zu lassen. Es muß einer mit der gewöhnlichen Betrachtungsweise des Lebens fertig sein, ehe er geschickt ist, über die Untiefen zu wandeln, die ihn von Jesus trennen und wo der Mensch, mit den natürlichen Gedanken beschwert, nicht den Mut hat und einsinken würde. Was gab dem Petrus die Kraft, auf den sturmbewegten Wogen als auf festem Sande zu wandeln? Der Wille zu Jesus zu kommen. Und wenn ihr diesen Willen habt und wenn ihr dies eine, aber nur dies eine, innerlich von dem Leben fordert, daß es euch zu Jesus bringe, dann herrscht ihr über das Leben, und seine natürlichen Gesetze und Gewalten haben keine Macht über euch."[38]

Nicht nur Schweitzers Predigtverständnis geht aus diesen Ausführungen deutlich hervor, sondern auch die konsequente Anwendung der Ergebnisse der Geschichte der Leben-Jesu-Forschung, die zur Zeit jener Predigt (19. November 1905) kurz vor dem Abschluß gestanden haben muß, auf die Verkündigung. „Um Jesus zu kennen und zu erfassen", so heißt es wenige Jahre später in der „Schlußbetrachtung" zur 2. Auflage, „braucht es keiner gelehrten Bevormundung. Es ist auch nicht erforderlich, daß der Betreffende die Einzelheiten der öffentlichen Wirksamkeit Jesu begreife und sie sich zu einem ‚Leben-Jesu' zusammenstellen könne. Sein Wesen und das, was er ist und will, drängt sich ihm schon aus einigen lapidaren Aussprüchen auf. Er kennt ihn, ohne viel von ihm zu wissen . . ."[39] Und „in Wirklichkeit vermag er für uns nicht eine Autorität der Erkenntnis, sondern nur eine des Willens zu sein"[40]. „Es handelt sich um ein Verstehen von Wille zu Wille, bei dem das Wesentliche der Weltanschauung unmittelbar gegeben ist. Ein ins Kleine gehendes Scheiden zwischen Vergänglichem und Bleibendem in seiner Erscheinung und seiner Verkündigung ist unnötig. Wie von selbst übersetzen sich seine Worte

---

[38] SP 62f.
[39] LJ 634/Werke 3, 876/GTB 622.
[40] AaO 636/878/624.

in die Form, die sie in unserem Vorstellungsmaterial annehmen müssen. Viele, die auf den ersten Blick fremd anmuten, werden in einem tiefen und ewigen Sinne auch für uns wahr, wenn man der Gewalt des Geistes, der aus ihnen redet, nicht Eintrag zu tun sucht. Fast möchte man gegen die Sorgen, wie seine Verkündigung für moderne Menschen verständlich und lebendig gemacht werden könnte, sein Wort ‚Trachtet am ersten nach dem Reiche Gottes und nach seiner Gerechtigkeit, so wird euch dies alles zufallen‘ in Erinnerung bringen."[41] Schweitzers Predigten sind eine glänzende Bestätigung für seine in der „Schlußbetrachtung" aufgestellte These, daß das „Fremdartige und Anstößige" der Verkündigung Jesu, das vom „zeitlich bedingten Vorstellungsmaterial" herkommt, *hinfällig* wird, „sobald sich der Wille Jesu als solcher in unsere Anschauungswelt übersetzt"[42]. *Alle* seine Predigten sind der Versuch einer solchen Übersetzung, wobei das dogmatische Christusverständnis beinahe völlig ausfällt. Und zwar gibt es eine deutlich erkennbare Entwicklung von den frühen Predigten (vor der ersten Ausreise nach Lambarene, also bis 1913 gehalten) zu den späteren (nach der Rückkehr 1918/19): Die „kirchliche Lehre" bzw. die soteriologischen Inhalte des Evangeliums treten mehr und mehr hinter die allgemein ethischen Bekundungen zurück, für die es letztendlich der biblischen Textbasis gar nicht mehr bedarf. Der junge Vikar von St. Nicolai spricht öfter vom „Geheimnis", wenn es um Gott oder um das Opfer Jesu für uns geht[43]. Später taucht dieser Begriff nicht mehr auf. „Der natürliche (!) Weg" zu Jesus – „an seinem Werke . . . arbeiten" – kann das Geheimnis auf sich beruhen lassen. Ja, „um der Suchenden in unserer Zeit willen" kann Schweitzer sogar mahnen: „Haltet sie nicht auf mit Formeln und Lehren" – damit ist die kirchliche Dogmatik gemeint –, „sondern ermutigt sie, sich auf den Weg zu ihm zu machen."[44] Denn nur, was wir „an uns *erfahren* haben", was uns etwas „Erlebtes" ist[45], was unsern Willen aktiviert, öffnet sich unserm Erkennen und Verstehen. Darum: „Willst du an Jesus glauben, so tu etwas für ihn. Es gibt für unsere zweifelnde Zeit keinen andern Weg zu ihm."[46] Wer *wirkt,* erkennt das

---

[41] AaO 639/883/627.

[42] AaO 639f./884/628.

[43] Vgl. SP 10. 16. 33.

[44] SP 27. 65.

[45] SP 23. 24 (Hervorhebung von mir). Der Begriff spielt in der Erkenntnistheorie Schweitzers eine wichtige Rolle. Es geht beim Umgang mit Jesus um „geistige Gemeinschaft" als „etwas, das alle Worte und alle Vorstellungen tief unter sich läßt, etwas, das man *erlebt,* aber nicht beschreiben kann" (SP 25, Hervorhebung von mir). Zu diesem Sachverhalt s. unten S. 247.

[46] SP 63.

Geheimnis[47]. Nach diesem Grund-Satz bemißt sich alles andere, das wir zunächst auflisten, um es dann im einzelnen zu betrachten:

1. das humanistische Gesamtverständnis der ,,Religion": sie ist wahre Menschlichkeit[48];
2. das undogmatische Verständnis der christlichen Botschaft: Jesu ,,erster Befehl . . . auf Erden" (Mk 1,17: Ich will euch zu Menschenfischern machen) redet nicht von der Religion, nicht vom Glauben, nicht von der Lehre, ,,sondern einzig von Menschen"[49];
3. das persönliche Verhältnis zu Jesus als das von Wille zu Wille: ,,daß der Herr in unserer Zeit befiehlt, ist für mich ein Beweis, der einzige Beweis (!), daß er kein Gespenst und kein Toter, sondern ein Lebendiger ist"[50].

3. Schweitzers Identifikation von Religion und Menschlichkeit

Der signifikanteste Zug der Predigten Schweitzers ist das Verständnis der Religion als das der wahren Menschlichkeit. Bei den 1919 gehaltenen *ethischen* Predigten, in denen erstmals die in Afrika entworfenen Gedanken der Kulturphilosophie öffentlich vorgetragen werden, ist das offen am Tage. Diese Predigten wollen nur *eines* wecken: ,,Tätige Menschlichkeit."[1] Die behandelten Alltagsthemen beweisen es: ,,Was heißt: gut sein?" ,,Miterleben, mitleiden: Können wir das?" ,,Verhalten gegen Leben um uns: Tiere, Pflanzen." ,,Menschliches Leben: Mein eigenes, das der anderen." ,,Übel, Böswilligkeit dulden? Wo schädige ich selbst den anderen?" ,,Ist Besitz rechtmäßig?" ,,Wo fängt Besitz an? Wozu ist Besitz da?" ,,Was heißt das: einem Menschen Mensch sein?" ,,Höflich sein? Natürlich sein!" ,,Doppelpredigt über die Dankbarkeit." Tatsächlich sind das ,,keine routinierten Sonntagspredigten", wie Lothar Stiehm im Vorwort zu ,,Was sollen wir tun?" feststellt, ,,sondern einfache *Antworten, Wort von Mensch zu Mensch, für mich und dich*"[2].

Grundsätzlich gilt das jedoch auch schon von den frühen Predigten Schweitzers, obwohl sie sich noch an das Kirchenjahr und dessen Themata, also Weihnachten, Passion, Ostern, Pfingsten, Mission anlehnen. Aber daß wahre Menschlichkeit die Frömmigkeit ist, ist auch hier der durchgängige Tenor. Begründet ist das in Schweitzers Jesusverständnis. Jesus ist groß und hat Autorität um seiner wahrhaften Menschlichkeit wil-

---

[47] SP 16.   [48] SP 51.   [49] SP 51.   [50] SP 65.
[1] Wswt 122.
[2] Wswt 11; vgl. Inhaltsverzeichnis ebd. 7f.

len. Und „das Überwältigende" an ihm ist, daß er trotz seines messianischen Selbstbewußtseins „Mensch blieb"[3]. Das er *als Mensch* den Gedanken denken konnte, er sei der Messias, das macht seine Größe aus[4].
Man sieht: das dogmatische Christusverständnis der Bekenntnisse und der
kirchlichen Lehre ist völlig entbehrlich. Daß Jesus *Mensch* ist und mit seinem Gebieten Menschen dazu verhilft, wahrhaftige Menschlichkeit zu
verwirklichen, darin sieht Schweitzer die „erlösende" Kraft des Christentums.

Am deutlichsten kommt der Grund-Satz, daß „die wahre Religion zugleich die wahre Menschlichkeit ist", in jener frühen Predigt zum Missionsfest 1905 zum Ausdruck, die – wie wir sahen – eine biographische
Schlüsselstellung für Schweitzers Leben inne hat. Indem Schweitzer hier
die Mission „zuerst eine Aufgabe der Menschlichkeit" sein läßt, und „gar
nicht in erster Linie eine ausschließliche Sache der Religion"; indem er das
Jünger-Jesu-Sein „die einzig wahre Kultur" nennt, die den hilfsbedürftigen Menschen um seiner selbst willen ernst nimmt, wird die Christen-
tumsaufgabe zur Kulturaufgabe der Menschheit schlechthin[5]. Ihre Domi-
nanten sind Voluntarismus und Ethizismus. Entsprechend sieht Schweizer eine wesentliche Aufgabe der Predigt in der Erziehung zur Sittlichkeit.
Die theologische Berechtigung, ethisch und nur ethisch zu predigen, ergibt sich aus der selbstverständlichen Voraussetzung, daß das Evangelium
die „christliche Sittlichkeit" im Sinne einer „sittlichen Grundgesinnung"
lehrt[6], die mit dem Begriff der Ehrfurcht vor dem Leben umfassend zu beschreiben ist[7].

Charakteristisch für den Denkansatz dieses ethizistischen Verkündi-
gungsverständnisses ist eine Predigt über das größte Gebot Mk 12,28–34
aus dem Jahre 1919. Die Frage lautet sofort: „Was ist das Gute an sich?"[8]
Das *Doppelgebot* der Liebe ist die *eine* Frage nach diesem Guten. Es
schleudert den Ethiker Schweitzer keineswegs theologisch aus der Bahn.
Denn *Gott,* den es zu lieben gilt, „ist das unendliche Leben"[9]. „Also bedeutet das elementarste Sittengesetz, mit dem Herzen begriffen[10]: Aus

---

[3] Schlußvorlesung 10.

[4] Vgl. Schlußvorlesung 12.

[5] SP 49. 50.

[6] SP 116f./Werke 5, 118/Wswt 14.

[7] AaO 122.128/123.127/20.25. Tatsächlich ist damit das Leben an die Stelle des Gebotes
Gottes gerückt. Für KARL BARTH, KD III/4, 367 ist es darum „selbstverständlich, daß eine
theologische Ethik das nicht mitmachen kann".

[8] SP 116/Werke 5, 118/Wswt 14.

[9] AaO 121/122/19.

[10] SCHWEITZER macht in der Predigt einen Unterschied zwischen dem Begreifen des Her-

Ehrfurcht zu dem unbegreiflich Unendlichen und Lebendigen, das wir
Gott nennen, sollen wir uns niemals einem Menschenwesen gegenüber als
fremd fühlen dürfen, sondern uns zu helfendem Miterleben zwingen."[11]
Das Evangelium selbst also macht die Predigt notwendigerweise zum ethischen Appell und damit (formal und inhaltlich) grundsätzlich ununter-
scheidbar von den späteren Friedensappellen[12].

Außerordentlich aufschlußreich ist in diesem Zusammenhang der folgende Gedanke: ,,Die Menschheit steht so vor uns da, als ob die Worte
Jesu für sich nicht existierten, als ob es für sie überhaupt keine Sittlichkeit
gäbe."[13] Fehlende Sittlichkeit gilt als Indiz für ein Defizit an Worten Jesu!
Damit ist klar: das Evangelium *ist* sittliche Botschaft. In *diesem* Punkte ist
der konsequente Eschatologe Schweitzer wirklich konsequent: Was
bleibt, wenn die weltanschaulich bedingte Vorstellungsform der Predigt
Jesu hinfällt, ist – Ethik. Indem er sie verkündigt, steht der Prediger des
Evangeliums als Lehrer der Menschheit da, die Kirche – wenn sie wirklich
lebendige Kirche ist – als moralische Besserungsanstalt, als ,,ideale, geistige Macht, welche unserer Gesittung und Bildung die Weihe gibt und
unserer Zeit die großen Aufgaben zeigt und lösen hilft"[14]. Sie ist es dadurch, daß sie gerade die ,,hochgespannten Forderungen Jesu als selbstverständliche Pflicht (!) der Menschen als solche" begreiflich zu machen
hat[15].

Von daher ist es sehr die Frage, ob man sagen kann, ,,daß Albert
Schweitzer gerade nicht das Gesetz, sondern das Evangelium predigt"[16].
Wenn man mit ,,Evangelium" meint, daß Schweitzers Worte ,,hilfreich
und aufrichtend, nicht drohend oder richtend" sind[17], mag man das sa-

---

zens und dem Begreifen der Vernunft. Beide kommen aber zu demselben Ergebnis: ,,Das
letzte Ergebnis des Erkennens ist . . . dasselbe im Grunde, was das Gebot der Liebe uns gebeut" (aaO 123/124/21).

[11] AaO 121/122/19.

[12] Thema dieser Appelle ist der ,,Antihumanismus". Vgl. dazu BENEDICT WINNUBST,
Das Friedensdenken Albert Schweitzers, Amsterdam 1974, bes. 159; OTTO SPEAR, Albert
Schweitzers Ethik (EZS 80), Hamburg 1978, 21 ff.; BERND OTTO, Albert Schweitzers Beitrag zur Friedenspolitik (EZS 67/68), Hamburg 1974, 100 ff., wo ,,die Bedeutung von Pre-
digt und Appell für die Gewinnung des Friedens" mit Recht in einem Kapitel dargestellt
wird. Schließlich stellt W. PICHT 27 mit Recht fest: ,,Die Ausführungen über die Ethik der
Ehrfurcht vor dem Leben, in denen der zweite Teil seiner Kulturphilosophie gipfelt, sind ihrem Thema und dem Ort ihres Vortrags zum Trotz weit mehr Predigt als philosophische
Vorlesung." Zur Sache vgl. auch OTTO FRIEDRICH BOLLNOW, Ethik der Ehrfurcht vor dem
Leben. Überlegungen zu Albert Schweitzers Werk, in: EK 9, 1976, 527–530.

[13] SP 117/Werke 5, 119/Wswt 15.

[14] SP 59.

[15] SP 118/Werke 5, 120/Wswt 16.

[16] U. NEUENSCHWANDER, in: SP 166.

[17] AaO.

gen. Aber bei ,,Gesetz und Evangelium'' geht es ja um keine Formfrage,
sondern um eine eminente theologische Sachfrage: Gnade steht vor Leistung. Schweitzer aber kann es gerade umgekehrt sagen: Vergebung vermag nur zu erlangen, wer selber allen vergeben hat. ,,Das ist die Sünden-
vergebungslehre Jesu!''[18] Deswegen kommt man an der *Gesetzlichkeit* der
Predigt Schweitzers auch nicht mit dem einfachen Hinweis vorbei, es fehle
,,nicht nur das Belehrende des Moralisten und Pharisäers, sondern ebenso
das Fanatische des Bußpredigers''[19]. Das gewiß! Nicht ,,moralistisch'' hat
Schweitzer gepredigt, aber *moralisch!* Und zwar nicht, weil es ,,die Legende'' so will[20], sondern Schweitzer selbst: es geht ihm in der Predigt um
,,Verwirklichung der christlichen Moral'' und um das ,,Grundprinzip der
Moralität''[21]. Das zeigt eine Wendung wie diese: ,,Ein anderes Gesetz
noch wage ich aufzustellen, praktisch durchführbar für einen jeden und
von großer Tragweite für die Allgemeinheit, wenn eine Reihe von Menschen damit Ernst macht.''[22] Das zeigt aber auch die am Faschingssonntag, dem 25. Februar 1900, gehaltene Probepredigt für das Zweite Examen. Als Text dafür hat Schweitzer 1Thess 5,16 gewählt (,,Seid fröhlich
allezeit''). In den ungewöhnlich langen Ausführungen (die Abschrift in
Günsbach zählt 41 Seiten) stellt er der Karnevalsfröhlichkeit die ,,ver-
christlichte Fröhlichkeit'' als die moralisch unanstößige gegenüber! Auch
der lehrhafte Charakter der Predigt läßt sich nicht zu einer Formfrage her-
unterspielen (nicht ,,*doktrinär*-belehrend''[23] – natürlich nicht!). Schweitzer selbst ist da ehrlicher. Seiner Meinung soll die Predigt ,,maßvoll'' auch
Lehre sein. ,,Die Prediger können sich gar nicht vorstellen, was bei dem
ängstlichen Vermeiden des belehrenden Moments die Leute für unbeant-
wortete Fragen immer wieder aus der Kirche mit hinausnehmen.''[24] Das
ängstliche Vermeiden von Dingen, die ihm wichtig erschienen, war
Schweitzers Sache nicht. Und so hat er Themen angeschnitten, von denen
er wußte, daß sie eigentlich nicht auf die Kanzel gehören: ,,Jeden Sonn-
tagmorgen, wenn ich fortfahre, euch von ethischen Fragen zu reden, ist es
mir, als müßte ich euch um Verzeihung dafür bitten, daß ich euch wieder
eine rein lehrhafte Predigt halte. Es sind sicher welche unter euch, die in

---

[18] Brief vom 10. 5. 1956 (an U. Noack, Würzburg; Abschrift im Zentralarchiv in Günsbach).
[19] U. NEUENSCHWANDER, in: SP 167.
[20] AaO 166.
[21] SP 118. 127/Werke 5, 119. 126/Wswt 16.24.
[22] Wswt 104.
[23] U. NEUENSCHWANDER, in: SP 166 (Hervorhebung von mir).
[24] Der Protestantismus und die theologische Wissenschaft 13.

diese Kirche kamen, um Trost zu suchen und die dann unbefriedigt bleiben, weil ich ihre Andacht auf einen ihnen ganz ferne liegenden Gegenstand zwinge. Und doch fühle ich die innere Nötigung, mit euch in dieser
Zeit über vieles klar zu werden, was man sonst in der Predigt nur streift,
damit wir in diesem Nachdenken miteinander versuchen, die Menschen
zu werden, die diese Zeit mit den vielen Fragen, die sie in sich trägt,
braucht."[25]

Dieses Eingeständnis des pastoralen Defizits sollte man ernst nehmen,
statt es mit der Formel: nicht „moralistisch, sondern *religiös-seelsorger-
lich*" zu vertuschen. Die von Ulrich Neuenschwander in diesem Zusammenhang aufgestellte Alternative – „. . . es ist doch stets ein primär religiöser, nicht moralischer Impuls"[26] – hätte Schweitzer überdies als un-
sachlich verworfen. Der Überwindung *dieses* Dualismus galt seine ganze
theologische Leidenschaft. Das Religiöse *ist* das Moralische! Hier bleibt
theologisch nichts mehr zu beschönigen, sondern nur noch zu kritisieren.
Denn das neutestamentliche Begründungsverhältnis von Indikativ des
Heils und Imperativ des Tuns hat Schweitzer umgedreht: Nicht Jesus rettet die Sünder, die Sünder retten sich zu Jesus. „Niemand kann euch helfen als ihr selbst", predigt Schweitzer im November 1905 der Gemeinde
zu St. Nicolai. „Schau nicht vor dich und nicht hinter dich. Hör nicht,
was sie sagen und lehren, sondern den Blick auf ihn gerichtet schreite auf
ihn zu."[27] Das Evangelium vom gnädig zuvorkommenden Gott wird in
diesen Predigten kaum laut, wohl aber „die Gedanken Jesu als das große,
wahre Muß", als welche sie *anzuerkennen* sind, um „mit ihnen in der
modernen Welt und in der Tätigkeit" zu stehen[28]. In dem Gebot der Ehrfurcht vor dem Leben hängt eben „*mehr* . . . als das Gesetz und die Propheten"[29]. Ethisch geht Schweitzer damit ganz bewußt noch über Jesus
hinaus. Theologisch bleibt er freilich hinter ihm zurück.

4. Der Ausfall der kirchlichen Lehre

Mit dem Ethizismus der Predigten Schweitzers gehört deren undogma-
tischer Charakter zusammen. Beides ist die notwendige Konsequenz seiner theologischen Wissenschaft. Letztere kann er in einem Gemeindevor-
trag aus dem Jahre 1902 eine „Revolution" nennen, bei der es immer Ver-

[25] Wswt 81.
[26] In: SP. 166.
[27] SP 62.
[28] Wswt 80.
[29] SP 125/Werke 5, 126/Wswt 23.

lust *und* Gewinn gibt. Ein Verlust ist beispielsweise ,,unsere Unbefan-
genheit der Schrift gegenüber", ein Gewinn aber ,,die Freiheit den Dogmen gegenüber"[1]. Schweitzers Predigten sind ein einziges Zeugnis dieser
Freiheit! Er will nicht in einer die ,,Denkfrömmigkeit" unnötig belasten-
den dogmatischen Weise zur Gemeinde predigen, sondern ,,auf menschliche Weise". Wenn er sich dafür auf Paulus (Rm 3,5) beruft[2], so ist damit
das hermeneutische Problem der Über-Setzung in einem theologisch fundamentalen Sinne aufgeworfen. Schweitzer fragt nämlich: ,,Nun aber,
wie kommt es, daß dieser Jesus der Evangelien, dieser Heiland der Kirchenlehre als ein lebendiges geistiges Wesen in unser Leben eintritt?"[3] Um
der Gemeinde diese Frage zu beantworten, erklärt er ihr zuerst einmal,
woran es liegt, daß das immer wieder *nicht* geschieht: ,,Am letzten Kar-
freitag, während wir in tiefer Ergriffenheit seines Todes gedachten, fing
man in Frankreich an, sein Bild aus den Gerichtssälen, wo er bisher auf die
Richter herniedergeschaut hatte, zu entfernen. Diejenigen, die das veranlaßt haben, zu denen hat man nie menschlich von ihm gesprochen, sondern nur in toten Formeln und Lehrsätzen. So meinten sie, er gehöre nur
der Kirche an und hatten keinen Respekt für seine einfache, menschliche
Größe. Manchmal meint man, daß die Welt nicht mehr den Weg zu ihm
findet, weil er in Lehren eingeengt ist, so wie es herrliche alte Kathedralen
gibt, an die die Häuser so nahe herangerückt sind, daß man sie nicht mehr
in ihrer ganzen Größe sieht. So muß man auch um Jesus den Platz freilegen."[4] Das war schon die Forderung seiner Geschichte der Leben-Jesu-
Forschung. Die ,,Backsteinumkleidung" des Dogmas muß zerschlagen
werden, damit der Jesus der Geschichte frei hervortreten kann[5]. Das
Recht dazu geht auf Jesus selbst zurück: ,,Mit seinem Tode vernichtet er
(Jesus) die Form seiner Weltanschauung, indem *seine* Eschatologie unmöglich wird. Damit gibt er allen Geschlechtern und allen Zeiten das
Recht, *ihn in ihren Gedanken und Vorstellungen zu erfassen, daß sein*

---

[1] Der Protestantismus und die theologische Wissenschaft 6. Schweitzer, ebd. 8 gebraucht in diesem Vortrag ein bemerkenswertes Bild: ,,Wir befinden uns ihnen gegenüber
(gemeint sind die Dogmen) in der Lage eines Volkes, das sich aus der absoluten Königsherr-
schaft zu einer idealen Monarchie freigekämpft hat. Die Dogmen stehen an der Stelle des
Monarchen. Wir bringen ihnen ehrfürchtige angestammte Verehrung dar. Das Parlament
aber, welches uns vertritt, das sind die Ideale und Bedürfnisse unserer Zeit. Auf politischem
und auch auf religiös-geistigem Gebiet ist dies die einzige Lösung des Konflikts zwischen Altem und Neuem."

[2] SP 25. ,,Denn ich fürchte", so die weitere Begründung ebd., ,,es wird in dieser Zeit
nicht genug auf menschliche Weise von ihm gesprochen."

[3] SP 25.

[4] AaO.

[5] Vgl. LJ 632/Werke 3, 873/GTB 621. S. o. S. 122.

Geist ihre Weltanschauung durchdringe, wie er die jüdische Eschatologie belebe und verkläre."[6] Mit diesem Ergebnis seiner „Skizze", das er bis an sein Lebensende nicht mehr verändern sollte, macht Schweitzer in den Predigten ernst, und zwar ganz konsequent. Die „christliche Weltanschauung" gründet er „allein auf die Persönlichkeit Jesu", und dies „ohne Rücksicht zu nehmen auf die Form, in welcher sie sich in ihrer Zeit auswirkte"[7]. „Was für ein lebendiger Mensch ist Jesus?", so lautet die Frage in der Predigt. Und die Antwort: „Sucht nicht nach Formeln, ihn begreiflich zu machen und wenn sie durch Jahrhunderte geheiligt sind. Mich wollte letzthin schier der Unmut erfassen, als mir ein frommer Mensch sagte, nur der könne an den lebendigen Jesus glauben, der an die leibhaftige Auferstehung und die verklärte ewige Leiblichkeit Christi glaube. Lebendig ist Jesus für die, die er, als ginge er unter uns, leitet, in großen und in kleinen Dingen, um ihnen zu sagen, tu das so und das so, und die einfach, als hätten sie einen Herrn vor sich, dessen Gestalt sie mit dem geistigen Auge sehen und dessen Befehl sie mit dem geistigen Ohr hören, ja sagen und still dahingehen und tun."[8] Allen *Zweiflern* und all denen, „die sich vergebens sehnen, daß sie seine lebendige Nähe fühlen", ruft er zu: „Gut, lasset alles, alles dahingestellt, wenn euch nur das eine bleibt, *daß er ein Mensch ist, der das Recht hat, von euch zu verlangen, daß ihr an dem Werke, das er begonnen, mithelft und ihr dies tun wollt, dann wird schon seine herrliche Nähe über euch kommen,* und ihr werdet reich und reicher werden, reicher als ihr es euch denken könnt!"[9] Den aus dem Agnostizismus aufsteigenden bohrenden Zweifel bringt der Voluntarismus zum Verstummen. Schweitzer bekennt der Gemeinde, daß er dergleichen Anfechtungen nie kennengelernt hat: „Man hört, daß diejenigen, welche Theologie studieren, durch schwere Kämpfe hindurch müssen wegen der Zweifel, die ihnen aufsteigen bei der genauen Prüfung und Erforschung der

---

[6] ML 97/Werke 5, 326.

[7] AaO 98/326. „*Die Geschichte* fordert die Dogmatik zu dieser *Ungeschichtlichkeit* auf", heißt es ergänzend dazu. Mit Sicherheit darf vermutet werden, daß Schweitzers gewaltsamer Umgang mit den Predigttexten – Kontext und ursprünglicher Aussagesinn kann er völlig unberücksichtigt lassen – auf diese Überzeugung zurückgeht. Vgl. auch die folgende Passage aus der „Selbstdarstellung der theologischen Entwicklung" aus dem Jahre 1926: „Die übergeschichtliche Betrachtungsweise, bei der Schweitzer ankommt, wo er unser Verhältnis zu Jesus zu begreifen sucht, hat das Charakteristische, daß sie durch die Geschichte hindurch gegangen ist. Sie ist nicht gleichgültig dagegen, ob diese oder jene historische Ansicht zutrifft, sondern sie erhebt sich über eine bestimmte, als historisch wahr erkannte Auffassung. Nur in dieser Weise wird sie ‚übergeschichtlich' . . ." (8). „Durch die Geschichte von der Geschichte frei werden: dies die Paradoxie Schweitzers" (ebd.). S. u. S. 243 ff.

[8] SP 65.

[9] SP 27 f.

christlichen Lehre und ihrer Geschichte. *Ich kann nicht aus Erfahrung sprechen, denn ich habe nicht eine Sekunde diesen Gemütszustand ge- kannt, da ich mir immer sagte: Und sollte alles fallen, das eine bleibt, daß wir arme, schwache Menschen sein Werk fortsetzen dürfen und dadurch unser Leben, Sinnen und Trachten und all unser Tun geheiligt wird. Ist das nicht genug, übergenug zur wahren Freude, zur wahren Seligkeit, zum Frieden? Und weil ich so seiner geistigen Nähe gewiß war, habe ich nie Zweifel und Glaubensanfechtung gekannt.* "[10]

Bedenken sind angebracht, ob die Umgehung allen Ärgernisses, das Je- sus selbst bereitet hat, das vor allem das Wort vom Kreuz jedem natürli- chen Menschen bereitet, ob *das* die evangelische Predigtweise ist. Aber dazu hatte sich Schweitzer nun einmal entschieden, möglichst „*nicht* von der Lehre der Kirche" über die sogenannten Heilstatsachen zu sprechen, weil er überzeugt war, daß der Glaube in seinen traditionellen Formen der Menschheitsbestimmung des Evangeliums nicht gerecht werden könne[11]. Er vermag auch den Grund für die Kraftlosigkeit des dogmatisch ver- schlüsselten Christentums in dieser Hinsicht anzugeben: „Das christliche Dogma von Jesus geht auf die griechische Metaphysik zurück, die uns ganz fremd geworden ist. Für uns ist Jesus der Bringer des Reiches Gottes durch den Geist, der in seinen Worten lebt. Denn das Geistige und Ethi- sche, das er uns gebracht hat und in uns weckt, ist das Wesentliche. Nicht durch den Glauben an das Dogma, sondern durch den Geist Christi wer- den wir wahrhaft Christen. Die dogmatischen Vorstellungen sind etwas Relatives, zeitlich Gewordenes, zeitlich Bedingtes. Diejenigen, die das Dogma für wichtig halten, sollen es tun, aber dabei doch wissen, daß der Geist Jesu das wahre Christentum ausmacht. Diejenigen, die sich nicht mehr in das Dogma hineinfinden können, brauchten es sich nicht auflegen zu lassen, sondern dürfen ganz auf das Wesentliche ausgehen, den Geist

---

[10] SP 28.

[11] Diesem *positiven* Ziele dient seine vehemente Kritik an der gegenwärtigen Kirche, die er in seinen Predigten nicht zurückhält. Der Vorwurf lautet, „daß sie ,greisenhaft' geworden sei, zu viel Vergangenes feiere und ,keine Kraft in der Gegenwart' besitze, daß sie ,Amtskir- che' geworden sei, die ,Verbotstafeln' in bezug auf den Glauben aufrichte und nicht gelten lassen wolle, daß ,jeder ein Recht auf Jesus' habe, statt zu erkennen, daß ,alles tiefere Erfas- sen des Lebens' die Menschen ,zu Jesus führe', daß sie meine, das Denken um der Religion willen zurücksetzen zu müssen und ihrer Schwäche durch Gottesdienstreformen aufhelfen zu können, daß sie schweige, wo sie bekennen sollte, und es nicht wie die Propheten wage, im echten Sinne unzeitgemäß zu sein, daß sie es bei bloßer ,christlicher Ehrbarkeit' bewen- den lasse, sich auf Glaubensformeln stütze und sich über solche entzwei, statt zu merken und anzuerkennen, daß die wahre Religion ,aus einigen Gedanken besteht', die wir erlebt und erprobt haben'" (so das Resumee bei F. BURI, A. Schweitzers Theologie in seinen Pre- digten 233).

Jesu, den Geist der Liebe in sich zur Macht kommen zu lassen. Sie können sich, was ich tue, auf das 13. Kapitel im 1. Brief an die Korinther berufen, wo Paulus von der Liebe als dem wahren Wesen des Christentums redet und mit den Worten schließt: ‚Nun aber bleibt Glauben, Hoffnung, Liebe, diese drei. Aber die Liebe ist die größte unter ihnen‘ . . .‘‘[12]

Wie konsequent Schweitzer bei dieser Einstellung bleibt, zeigt vor allem seine Behandlung der *Wunder*. Wenn er sie predigt, was gelegentlich vorkommt[13], oder wenn er sie auslegt[14], deutet er die Naturwunder rationalistisch, die Heilungswunder psychologisch. Das heißt, er bleibt grundsätzlich dem Rationalismus verhaftet, wenn er erklärt, von Jesu Persönlichkeit gehe eine Gewalt aus, die beruhigend oder auch heilend wirke[15]. Wichtiger für unsern Zusammenhang ist jedoch die grundsätzliche Einschätzung der Wunderberichte. ,,Die Wunder sind eigentlich Schulden, die die Religion bei der Gedankenlosigkeit und dem Aberglauben macht, um sich beim Volke in Kredit zu halten. Und mit dem Schuldenmachen nimmt's kein Ende. Unsere Reformatoren haben in mannhaftem Entschluß die Schuldscheine der altkirchlichen und mittelalterlichen Wunder zerrissen. Diejenigen aber, welche die alte Kirche schon im Neuen Testament gemacht hat, behielten sie ängstlich noch in der Hand. Wir zerrissen auch diese; es ist Papiergeld, das einmal vielleicht Wert hatte, aber im Laufe der Zeit immer wertloser geworden ist. Darum können wir es zerreißen, um nur das gemünzte Gold zu behalten. Vielleicht ist dies manchem ein Anstoß; aber auch für die Jünger der Reformatoren gibt es ein Ich-kann-nicht-anders.‘‘[16] Und: ,,In der Frage nach dem Wunder Jesu sollte man schließlich eines niemals außer Acht lassen, daß nämlich Wunder einen wirklichen Wert nur für diejenigen haben, welche als Augenzeugen dabei sind. Erzählte Wunder aber gehen an Krücken und ihre Bedeutung nimmt ab, je weiter sie in der Zeit zurück liegen.‘‘[17]

---

[12] Brief vom 1. 6. 1956 (an L. Weber, Landshut; Abschrift im Zentralarchiv in Günsbach).

[13] Vgl. SP 57 ff. (Jesu Meerwandel).

[14] Vgl. Kirchenbote 31, 1902, wo Schweitzer über die Heilung des Besessenen in Mk 1,23–28 schreibt (als Abschrift im Zentralarchiv in Günsbach vorhanden).

[15] AaO 29. Die Heilung des Besessenen in Mk 1 ist für Schweitzer kein ,,Wunder‘‘. Sondern ,,die Ergriffenheit bei der gewaltigen Rede Jesu hatte einen Anfall in ihm (dem Besessenen) hervorgerufen. In der Nacht seines Geistes strahlte die göttliche Hoheit Jesu heller wider, als bei den anderen. Er wußte, daß dieser mehr war als ein Rabbi, daß er mit der Kraft Gottes ausgerüstet sei . . .‘‘. Jesus tut jedoch nichts. Er wartet das Ende des Anfalls ab – ,,erstaunt und ergriffen . . . blickte er ihn an mit hoheitsvollem Mitleid. Als die Zuckungen aufhörten und der Besessene erschöpft, aber ruhig dalag, sprachen die Leute: Der Dämon ist von ihm gewichen‘‘ (ebd.).

[16] Kirchenbote 33, 1904, 5 (Zentralarchiv in Günsbach).   [17] Kirchenbote 31, 1902, 29 f.

Daran hat sich Schweitzer gehalten und eben selten Wundertexte gepredigt.

Nötigen äußere Umstände, also etwa die des Kirchenjahres, dennoch
dazu, über soteriologische Inhalte des Neuen Testamentes zu predigen,
(z. B. in einer Passionspredigt über den Sinn des Todes Jesu)[18], geschieht
es in äußerster Zurückhaltung. Das „anbetungswürdige Geheimnis"[19]
bleibt zwar unangetastet, wird aber zuletzt doch auch in menschlicher
Weise ausgelegt. So wird beispielsweise der stellvertretende Sühnetod
Jesu zu einem „Beispiel unendlich liebevoller Hingabe in dieser kalten
Welt", das eine Kraft ausüben will auf unser Herz: „Von meinem Kreuze
aus soll eine Erneuerung des Sinnes in der Welt vorgehen." Und: Jesus
zieht uns in sein Leiden nach, weil das Leiden Erhöhung ist. Und zwar
Erhöhung über irdisches Glück und über irdische Zufriedenheit hinaus[20].
Solche Gedanken findet man aber fast nur in den frühen Predigten
Schweitzers. Sie halten *ein* Moment der Heilsbedeutung des Todes Jesu
fest: das Mitgekreuzigtsein mit Jesus setzt in einen Stand der Freiheit gegenüber der Welt, der auch den Sieg über den „letzten Feind", den Tod,
mit einschließt. Dagegen das *andere* eng mit der Kreuzesbotschaft ver-
knüpfte Moment des stellvertretenden Todes und der Versöhnung spielt
keine Rolle. Zur Vergebung bedarf es keines Todes Jesu am Kreuze. Vergebung ist etwas, das wir *einander* schulden[21]. Überhaupt ist es nach
Schweitzers Meinung „schwer", über Sünde und Sündenvergebung zu
reden. Im *Gebet* hätten Schuld und Vergebung ihren Ort. Sonst aber be-
stehe „das Lebendigste, das Gewaltigste, was wir an Sündenvergebung
überhaupt erfahren und erfahren können", darin, „daß Menschen uns
vergeben haben". So kann Schweitzer sagen: „Der Glaube an das Gute im
Menschen ist für mich die Predigt der Sündenvergebung"[22]. An solchen
Gedanken zeigt sich wieder einmal mehr die sich bis in die Predigt hinein
durchhaltende Konsequenz wissenschaftlich-kritischen und philosophischen Denkens, an dem Schweitzer keinerlei Abstriche vornimmt, auch
und gerade dort nicht, wo es um zentrale neutestamentliche Theologumena geht[23]. Es zeigt sich daran auch, und zwar so deutlich wie sonst nirgends, die *Grenze* seiner Theologie. Der Mensch ist gut! Nur schwach
taucht daneben der Gedanke von Schuld und Vergebung durch Gott auf.

---

[18] SP 9ff.
[19] SP 10.
[20] SP 10–12.
[21] Vgl. F. BURI, A. Schweitzers Theologie in seinen Predigten 230.
[22] Zitate aaO 232.
[23] Vgl. aaO 226.

Wegen seiner optimistischen Menschenschau hat Schweitzer „nur geringen Bedarf an dieser Seite des klassischen Christenglaubens"[24].

5. Das persönliche Verhältnis zu Jesus

Ganz charakteristisch für Schweitzers Predigten ist auch, daß sie als die einzige Weise christlicher Wahrheitsvergewisserung das *Erleben* gelten lassen. Im Erleben ereignet sich das *Erkennen des Glaubens*, das als solches freilich gar kein „Spezialwissen" ist, sondern mit aller elementaren „Erkenntnis des Lebens" gleichzusetzen ist.

„Das große Geheimnis, das über der Welt und unserm Dasein schwebt", erfaßt man nicht durch „das Denken und Nachsinnen", sondern durch *Wirken*. Im „Wirken" spüren wir „die göttlichen Kräfte, die alles erhalten und beleben"[1]. Auch denen, „die in schweren Banden des Kummers oder der Reue liegen"[2], tritt Jesus nicht einfach als „Trostheiland" entgegen[3]. Sondern „er tut vor ihnen eine Pflicht, eine Aufgabe auf, und dann finden sie in diesem Wirken, nicht ohne schweren Kampf, das Vertrauen und – den Glauben wieder"[4].

Das im *Wirken* erfahrene und erfahrbare „Walten des sieghaften göttlichen Geistes in der Welt"[5], das *allein* ist der Weg, auf dem Schweitzer theologische Wahrheitsvergewisserung für möglich hält und sucht – eine existentiale Interpretationsmethode eigener Art, jedenfalls eine Hermeneutik mit einem anthropologischen Ansatz. Was nicht zur erfahrenen und erlebten Wirklichkeit wird, kann nicht als Wahrheit erkannt werden[6]. Man kann sagen, daß Schweitzer dem Verstehen des Glaubens, das er mit dem Verstehen des Lebens identifiziert, keine Erkenntnis*theorie* zubilligt,

---

[24] M. LÖNNEBO, ideal 331.
[1] SP 16. 17.   [2] SP 17.   [3] SP 26.
[4] SP 17. Daran an schließt SCHWEITZER das folgende sprechende Gleichnis: „Es ist mit dieser Erkenntnis des Lebens wie mit einem Menschen, der am Fenster sitzt und schaut, wie der Märzwind die dunklen Wolken am Himmel vorbeijagt: Wie traurig, wie öde, sagt er, weiter kommt er nicht. Zur selben Zeit arbeitet ein Arbeiter auf dem Felde – er sieht, wie der Wind die Wolken jagt, aber er erfaßt mehr. Er erfaßt den lebendigen Hauch, er spürt das Leben, das sich allenthalben regt, die sieghafte Kraft, die nicht aufzuhalten ist –, er allein hat den Märzwind verstanden, weil er als Arbeiter auf dem Felde stand."
[5] SP 17.
[6] Charakteristisch ist, wie SCHWEITZER den urchristlichen Gegensatz von Geist Gottes und menschlichem Geist kritisiert: „Wir gehen von der natürlichen Beobachtung des menschlichen Geistes des Lebens aus und können diesen Gegensatz nicht mitmachen. Wir nehmen an, daß der Menschengeist und der Heilige Geist innerlich zusammenhängen und daß der Heilige Geist irgendwie als etwas Reines und Tiefes aus dem Menschengeist herauswächst" (zit. nach F. BURI, A. Schweitzers Theologie in seinen Predigten 227).

sondern nur eine Erkenntnis*praxis*[7]. Mit ihr aber läßt er es sich konsequent verboten sein, über die Credenda der christlichen Heilslehre zu
predigen. Die Inhalte des Credo werden praktisch nicht thematisiert[8]. Ob
er vom ewigen Leben spricht oder von der Totenauferstehung oder vom
Reich Gottes oder ob er eine Wundergeschichte auslegt – immer läßt er das
„Geheimnis" in seiner „sinnlichen Form"[9] auf sich beruhen und fragt sofort nach der „ewigen Wahrheit", auf die es „vor allem" ankomme. Und
er stellt diese Frage nie vorbei an der anderen, ob wir die ewige Wahrheit
„an uns erfahren haben"[10]. Gott an sich und für sich ist also kein für
Schweitzer denkbarer Gegenstand christlicher Verkündigung, freilich
auch nicht der Deus pro nobis der kirchlichen Lehre, sondern – fast pan-
theistisch – allein der Gott, der „das unendliche Leben" ist[11]. Ihm begegnet man im eigenen Leben, oder er bleibt fremd. Es herrscht hier ein hermeneutisch höchst vielsagendes Korrespondenzverhältnis zwischen Gott
und Mensch. Gott, der Allmächtige, dessen Wille Tat ist, hat Wesen geschaffen, die ihren eigenen Willen haben, und dieser Gott wartet nun, „ob
sie seinen Willen tun möchten". Denn dann, und *nur* dann, „ist das Ziel
der Welt (!) erfüllt"[12]. Der Mensch braucht die „Gemeinschaft mit
Gott"[13]. Aber es gilt auch die Umkehrung: Gott braucht den Menschen[14]. Der „Ewige, Unendliche, Allmächtige" wäre ohne ihn „arm".
Reich wird er dadurch, daß „durch den Menschengeist" das zu ihm zurückkehrt, was er an Willen in die Schöpfung gelegt hat[15]. Wohl unterscheidet Schweitzer einen Willen Gottes, der von selbst geschieht, von

---

[7] Vgl. SP 17.

[8] Dieses Defizit wird offen eingestanden: „Ich weiß, daß das, was ich in diesen Erho-
lungsstunden ausgesprochen habe, vom Standpunkt der überlieferten Lehre nicht vollständig und nicht immer befriedigend gewesen ist. Trotz dieser mir bewußten Lücken und
Schwächen habe ich das Evangelium mit Zuversicht und Freudigkeit gepredigt, weil ich
glaubte, das, was unserer Zeit nottut, mit lebendiger, innerer Überzeugung aussprechen zu
können" (zit. nach F. BURI, A. Schweitzers Theologie in seinen Predigten 226).

[9] SP 18.

[10] SP 23.

[11] SP 121/Werke 5, 122/Wswt 19.

[12] SP 33.

[13] SP 35.

[14] Charakteristisch dafür ist, daß SCHWEITZER, SP 32 in einer Predigt über die Dankbarkeit gegen Gott die Frage nach der menschlichen Dankesschuld sofort umkehren kann:
„Wozu braucht Gott unseren Dank?" Antwort, ebd. 33: „Er lebt davon; ohne unsern Men-
schendank ist er, der Ewige . . ., arm, denn sein Reichtum kehrt nicht zu ihm zurück." In
einer Predigt vom 14. Dezember 1912 über Jes 9,1 heißt es: „Damit Gottes Licht voll ausstrahlen kann über der Welt, muß es durch Menschenherzen widergespiegelt werden" (Abschrift im Zentralarchiv in Günsbach).

[15] SP 33. 34.

dem Willen Gottes, der durch uns geschieht. „In der Bewegung der unendlichen durcheinander kreisenden Weltkörper vollzieht sich nur eins: Sein Wille. Die Wolken, die sich über die Berge dahinschieben, der Wind, der fährt, wohin er will, daß man nicht weiß, von wannen er kommt, wohin er geht; alles, was sproßt und grünt, was lebt und vergeht, was sich regt und bewegt, die ganze Natur: das ist Gottes Wille. Und alles, was sich in unserm Leben ereignet, die Freude und das Leid, alles ist Gottes Wille."[16] Davon zu unterscheiden ist jener Wille Gottes, den er durch der Menschen Hände erfüllt sehen will. Was ist dieser Wille? „Alles das, wovon wir (!) wissen, wir sollen es tun, und das unserer Bequemlichkeit und Eigenliebe zuwiderläuft."[17] Dieser Menschenwille ist *frei*, Gott zu gehorchen oder nicht. Gott sendet „einen Funken seines Geistes in diese Menschen". Der Funke zündet – oder er verglüht und erlischt[18].

Daß Schweitzers Predigten durchweg *ethische* Predigten sind, hat darin seinen eigentlichen Grund. Und man kann nach der oben dargelegten Hermeneutik Schweitzers auch verstehen, daß Fritz Buri, einer seiner Schüler, versucht hat, Schweitzer mit dem Existenzialismus und der existentialen Interpretation des Evangeliums zusammen zu denken[19]. Doch blieb der Lehrer diesem Versuch gegenüber skeptisch. Auf die Existentialisten hielt er wenig[20], und mit Bultmanns Entmythologisierungsprogramm schien ihm das Problem „auf ein falsches Geleise" geschoben[21]. Dagegen in Martin Werner sah er denjenigen, der den „Mut" hatte, seine (Schweitzers) Theologie zu vertreten und zu „vollenden"[22]. Schweitzer

---

[16] Predigt über Mt 6,10 vom 7. 2. 1904 (Abschrift im Zentralarchiv in Günsbach).

[17] AaO.

[18] AaO.

[19] F. BURI, Der existentielle Charakter, passim; DERS., Albert Schweitzer als Theologe heute, passim; DERS., Albert Schweitzer und Karl Jaspers, passim. – Im Zentralarchiv in Günsbach gibt es eine Anzahl von Briefen an Fritz Buri (alle in Abschrift), aus denen die Skepsis Schweitzers dem ganzen Unternehmen gegenüber sehr deutlich wird.

[20] ALBERT SCHWEITZER lehnte Kierkegaard z. B. scharf ab: „Kein Satz, den er geschrieben hat, hat mir Eindruck gemacht. Das Krankhaft-Religiöse bei ihm kann ich nicht ertragen, und die prätentiöse Art, in der er vorträgt, verursacht mir ein Unbehagen, über das ich nicht hinauskomme" (Brief vom 4. 7. 1951 an Martin Buber). Die neueste Philosophie (Heidegger, Jaspers) wurde fleißig, aber erfolglos studiert (Brief vom 10. 4. 1935 an F. Buri). Heidegger wird von Schweitzer gar ein „Blender" genannt (Brief vom 27. 10. 1946 an F. Buri). Vom Existentialismus bekennt er freimütig, daß er ihn „schüttelte". „Anständigerweise sollte ich aus Familienrücksichten (gemeint ist seine Verwandtschaft mit J. P. Sartre) wenigstens etwas Existentialismus heucheln können, aber ich kriege es nicht fertig." „Er ist mir dasselbe wie Atonale Musik" (Brief vom 17. 5. 1955 an F. Buri. Alle Briefe in Abschrift im Zentralarchiv in Günsbach).

[21] Brief vom 30. 10. 1956 (an Prof. Schütz, Ludwigsburg; Abschrift im Zentralarchiv in Günsbach).

[22] Brief vom 24. 6. 1964 (an W. BÄHR; Abschrift im Zentralarchiv in Günsbach).

schrieb ihm: ,,Sie führen die Theologie in das Weltanschauungsproblem hinein. Sie wird bocken, wie die Kuh, die in den neuen Stall soll, aber es wird ihr nichts helfen.''[23] Er sah richtig, daß die anderen zeitgenössischen Theologen mit dem genauen Gegenteil beschäftigt waren. Entmythologisierung, existentiale Interpretation samt dialektischer Theologie mußten ihm als Versuche erscheinen, die Theologie vom Weltanschauungsproblem fernzuhalten. Da der *Liberalismus* das *nicht* getan hat, sondern den Weg zu einem ,,freisinnigen'' Christentum hin öffnete, hielt er ihm die Treue. Genauer: dem ,,sauberen Rationalismus'', der – wie Theodor Heuß sagte – als ,,kräftigende Nahrung des 18. Jahrhunderts'' in Schweitzers Wesen ,,noch wirksam ist''. ,,Sie steht auf Ihrem Tisch'', so fährt Heuß fort, ,,und sie ist, wie mir scheint, vitaminreicher als – Dialektik und Existentialismus. Diese mögen für ein geistiges Training des Spieles der Gedanken, der Phantasie und auch der Sprachkoketterien interessant sein, aber sie sind für das menschliche Verhalten von mir zu dir folgenlos.''[24] Das ist sicher ganz im Sinne Schweitzers geredet. Schweitzer weiß: ,,Der religiöse Liberalismus entspricht nicht dem Geist unserer Zeit. Aber daß er unzeitgemäß ist, will nicht heißen, daß er bedeutungslos geworden ist. Er ist ein Sauerteig, dessen das Christentum nicht entbehren kann.''[25] Von diesem Standpunkt aus sind Schweitzers Predigten eine bewundernswert konsequent ausgezogene Linie seiner Theologie. Diese fundamentiert die Ethik als Grundvoraussetzung menschlicher Gemeinschaft neu. Aber sie bleibt begründet in der ,,Persönlichkeit Jesu'', freilich ohne den aussichtslosen Versuch, dieselbe zu modernisieren. Der *historische Jesus* darf bleiben, der er war. Denn für den heutigen Glauben ist nur der *Geist Jesu* maßgeblich[26]. Indem Schweitzer als Theologe und Prediger genau nach dieser Überzeugung verfährt, kann er mit Recht von sich sagen: ,,Von allen protestantischen Ketzern bin ich also der brävste und der kirchlichste . . . und kann mich auf Marcus und Matthäus besser berufen als die Kirche.''[27]

---

[23] Brief von Allerheiligen 1924 (Abschrift im Zentralarchiv in Günsbach).

[24] TH. HEUSS, Rede 196. Er fügt hinzu: ,,Die christliche Tat ist mehr als die christliche Deutung, und so wird um Ihres Urwaldmedizinertums willen Ihnen nachgesehen, daß Sie keine theologische Dogmatik aufgebaut haben.''

[25] Brief vom 6. 7. 1942 (an Beneficiant Euler; Abschrift im Zentralarchiv in Günsbach).

[26] Vgl. W. G. KÜMMEL II 4.

[27] Brief vom 1. 6. 1958 (an Herrn Bahr, Südafrika; Abschrift im Zentralarchiv in Günsbach).

6. Die unpolitische Predigt

Bemerkenswert ist, daß ein ethisch so engagierter Prediger wie Schweitzer politische Themen ausspart. Und zwar gilt das nicht nur für den Kanzelredner. „Mein ganzes Leben lang habe ich mich davor gehütet, öffentliche Erklärungen über öffentliche Angelegenheiten zu machen. Das hielt ich immer so, keineswegs aus Gleichgültigkeit an der Politik. Mein Interesse und meine Sorge in bezug auf die Angelegenheiten der Welt waren stets sehr groß. Ich dachte aber, meine Verbindung mit der Außenwelt wüchse ganz aus meinem Werk. Ich wollte nicht in den Streit der Gruppen und Mächte hineingezogen werden. So versuchte ich einfach, ein Mensch zu sein, der zu anderen Menschen über die ewigen Probleme zu sprechen versucht, die in uns und zwischen uns debattiert werden."[1] Erst als es Wasserstoffbomben-Explosionen auf der Erde gab, änderte sich diese Einstellung. All die Jahrzehnte davor jedoch steht Schweitzer fest auf dem Boden des Idealismus. Es dominiert die *Individualethik*[2]. Der Glaube an die Macht der beispielgebenden humanitären Gesinnung, an das „Ideal", das von der *Vernunft* genährt wird, bestimmte wie sein philosophisches so sein theologisches Denken.

Bei seinen Predigten ging Schweitzer davon aus, daß zwischen religiösen und politischen Fragen zu trennen sei, und es war für ihn selbstverständlich, daß es ihm „im Gottesdienst" „nicht zusteht", zu einer politischen Anschauung Stellung zu nehmen, zumal dann nicht, wenn „die Meinungen verschieden sein können"[3]. Um so bemerkenswerter ist die eine Ausnahme von dieser Regel, die es gibt. Diese Ausnahme widerlegt die weit verbreitete Meinung, Schweitzer habe Karl Marx nie zur Kenntnis genommen und ignoriere „die Strukturen der Gesellschaft" sowie die Wirtschaftsformen mit ihrer prägenden Macht[4]. Am Sonntag, dem 11. Mai 1919, hält Schweitzer zu St. Nicolai die 7. Predigt über ethische Probleme. Der Text ist 1Kor 7,30: „Die, die da erwerben, sollen sein, als be-

---

[1] Zit. nach R. JUNGK, Der Menschenfreund gegen die Atomversuche. Anhang zur 2. Aufl. 1957 von J. PIERHAL, A. Schweitzer 351.

[2] TH. HEUSS, Rede 196. Dabei hat HEUSS freilich nicht bedacht, daß Schweitzer die „Individualethik, aus der sich keine Sozialethik ausbilden läßt", den „beiden bedeutendsten ethischen Denkern des 19. Jahrhunderts", Schopenhauer und Nietzsche, zum Vorwurf gemacht hat (vgl. KE 161/Werke 2, 291)! Vgl. auch KE 172/Werke 2, 303: „Die Individualethik kommt vor aller Sozialethik."

[3] Wswt 86.

[4] Vgl. z. B. H. STEFFAHN, Du aber folge mir nach 227. – Eine noch frühere Ausnahme von der politischen Abstinenz ist die Missionspredigt vom 6. 1. 1905, in der Schweitzer scharf kritisiert, daß das kaiserliche Deutschland den Herero-Aufstand in Südwestafrika niedergeschlagen habe. Damit habe man den Namen Jesu „zum Fluche" gemacht (SP 54).

säßen sie es nicht." Thema der Predigt ist der *Besitz*[5]. Schweitzer nennt den materiellen Besitz gleich zu Anfang „das aktuellste und schwerste der heutigen Probleme"[6]. Zwei große Fragen sieht er dadurch aufgeworfen: „*Inwieweit ist der Besitz,* ganz allgemein betrachtet, *rechtmäßig;* und: *inwieweit ist er dazu bestimmt, zum Wohle anderer* verwertet zu werden?"[7] Damit ist das Problem des *Sozialismus* aufgegriffen, und Schweitzer weicht ihm nicht aus: „Ihr hört oft das Wort: ,*Jesus war der erste Sozialist.*' Das ist richtig und falsch zugleich wie immer, wenn man Vorstellungen unserer Zeit auf eine vergangene zurückträgt. Jesus war Sozialist insofern, als er den Besitz aufheben wollte. Aber er war es nicht, weil er mit dem Besitz, den die Begüterten herausgeben sollten, nicht bessere wirtschaftliche Verhältnisse für die Vielen schaffen wollte, wie der moderne Sozialismus, sondern sein Aufgeben verlangte um des Seelenheils des Besitzenden willen. ,Gib deinen Reichtum, damit du einen Schatz im Himmel habest!' Der Sozialismus sagt: ,Der Arbeit muß richtiger, gleichverteilter Erwerb entsprechen.' Jesus stellt aber auch das Problem der Arbeit nicht auf."[8] Als Grund dafür wird seine nahe Weltenderwartung geltend gemacht. Ihre Nichterfüllung macht jedoch seine Gedanken über den Besitz nur in Bezug auf „das Äußerliche daran" wertlos. „Der innerliche Gedanke Jesu: daß wir nicht im Erwerben und Besitzen aufgehen dürfen, daß wir darum kämpfen müssen, innerlich frei von irdischen Gütern zu bleiben, gilt für *alle* Geschlechter, wie sie sich auch sonst im einzelnen zur Frage des Besitzes stellen. ,Trachtet am ersten nach dem Reiche Gottes und nach seiner Gerechtigkeit' . . . ,Was hülfe es dem Menschen, so er die ganze Welt gewönne und nähme doch Schaden an seiner Seele': das sind ewige Worte, die jeden von uns angehen, als wären sie gestern gesprochen, *uns vielleicht mehr als irgend eine Generation vor uns,* weil wir, ob wir wollen oder nicht, mit dem Materiellen so beschäftigt sind und davon so abhängen."[9]

Dies vorausgesetzt, fragt Schweitzer dann: „Welches ist unsere Stellung zu irdischen Gütern und zum Besitze?"[10] Wieder unterteilt er die Frage: „Ist der Besitz als solcher rechtmäßig und: inwieweit hat der Besitzende die Verpflichtung, ihn für andere zu verwenden?" Zur ersten Frage bemerkt er, daß sie „eigentlich mehr eine sozialpolitische als eine religiöse" sei, die „gewöhnlich auch so behandelt" werde. Daß er sie dennoch im Gottesdienst „zu streifen" wagt, geschieht aus zwei Gründen: „Erstens einmal ist die Frage des Besitzes heute so in ihrem ganzen Umfange aufge-

---

5 Wswt 81 ff.   6 AaO 82.   7 AaO.
8 AaO 83.   9 AaO 85.   10 AaO.

rollt, daß sie nicht nur rein religiös überdacht werden kann, sondern in ihrem ganzen Umfang überblickt werden muß. Sodann aber ist es notwendig, auf das Wesen des Besitzes selbst zurückzugehen, denn aus dem Wesen eines Dinges wird begriffen, welche Stellung wir zu ihm einzunehmen haben."[11]

Mit dem letzten Satz entfällt jede Rücksichtnahme auf eine biblische Begründung. Das Wesen des Besitzes als gegenwärtiges sozialethisches Problem steht jetzt zur Diskussion. Schweitzer sieht dessen Ambivalenz klar und spricht sie offen aus: Besitz ist als „Aufspeicherung eigener Arbeit" „etwas Berechtigtes", „als von der Gesellschaft ohne Rücksicht auf die Bedürfnisse der Bedürftigen garantiert, ist er *beanstandbar*"[12]. Die Lösung des Konfliktes sieht für Schweitzer so aus: „Wir können nicht anders als anzuerkennen, daß die Gesellschaft in letzter Linie Herr des Besitzes ist und das Recht hat, wo es das Wohl der Allgemeinheit erfordert, den Besitz einzuschränken und für sich in Anspruch zu nehmen. In der Zeit des großen Elends, der wir entgegen gehn, kann sie nicht anders als so vorgehen. Sie wird den Besitz und insbesondere die Vererbung des Besitzes in unerhörter Weise besteuern, Ausbeutung der Minenschätze des Landes und soviel anderes mehr den Privaten entreißen und für den Staat in Anspruch nehmen. Eine ungeheure Evolution wird sich in den nächsten Jahren unter dem Drucke der Verhältnisse, unter dem Drucke der Not, unter dem Drucke der Ideen, die aus dem Nachdenken über das Wesen des Besitzes kommen, vollziehen. Sie läßt sich aus äußeren und inneren Gründen nicht aufhalten; sie wird mit furchtbarem äußerem Unrecht gegen die Besitzenden, mit furchtbarer Überhebung derer einhergehen, die lieber reden statt zu arbeiten. Wollte Gott, wir hätten in der ganzen Welt diese Umgestaltung der Verhältnisse schon erlebt und die Kämpfe überstanden, die sie bringen wird. Wie sie sich zu vollziehen hat, dazu hat die Religion nichts zu sagen. Es handelt sich dabei um äußere Maßnahmen der Zweckmäßigkeit, über die die Mitglieder eines Volkes sich schlüssig zu machen haben."[13]

An diesen Sätzen ist bemerkenswert, daß Schweitzer weder mit der politischen Option als solcher, noch mit der Rolle, die er der Kirche in den gesellschaftlichen Umbrüchen zuweist, die geistesgeschichtliche Position des Liberalismus verläßt. Politisch ist dieser Liberalismus für einen Staatssozialismus aus praktischer Vernunft[14], theologisch für kirchliche Absti-

---

[11] AaO 86.   [12] AaO 88. 87.   [13] AaO 88 f.
[14] SCHWEITZER ordnet sich damit in die Reihe der sogenannten „Kathedersozialisten" ein, als deren Haupt er den Berliner Nationalökonom GUSTAV SCHMOLLER, „Über einige

nenz in allen gesellschaftspolitischen Fragen. Trotzdem kann und will der Theologe Schweitzer, der als Ethiker auf der Kanzel steht, zu den die Zeit erschütternden politischen Entwicklungen nicht schweigen. Den *marxistischen* Sozialismus hat er dabei sehr wohl zur Kenntnis genommen. Daß er ihm nicht das Wort reden kann, ja ihn scharf ablehnen muß[15], versteht sich von seiner idealistischen Weltanschauung her von selbst: ,,Die an der Zukunft der Menschheit arbeiten wollende ethische Gesinnung wird immer geringer bewertet. In dem für die Entwicklung der Kulturmenschheit so verhängnisvollen Siege des Marxschen Staatssozialismus über die die Kräfte der Wirklichkeit viel natürlicher spielen lassenden sozialen Ideen Lassalles kommt zum Ausdruck, daß in der Mentalität der Masse der Fortschrittsglaube sich von der Ethik emanzipiert hat und mechanistisch wird. Verwirrung in der Vorstellung der Kultur und Zerrüttung der Kulturgesinnung sind die Folge dieser unheilvollen Trennung. In ihr verzichtet der neuzeitliche Geist auf das, was seine Kraft ausmachte.‘‘[16]

Es ist genau dieser Verzicht, gegen den sich der christliche Prediger Schweitzer mit allem, was er sagt, anstemmt. ,,Die im Gange befindliche Demoralisation der Weltanschauung‘‘ läßt sich seiner Meinung nach nur aufhalten mit einer ,,*Sozialethik, die wirklich auch Ethik ist*‘‘[17]. Denn nur sie gibt dem neuzeitlichen Geiste seine verlorengegangene Kraft zurück. Diese Kraft ist dort vorhanden, wo wir den Mut haben, ,,dem Geiste der wahren Menschlichkeit zu gehorchen‘‘[18]. So zielt Schweitzer mit all seinem Predigen auf dieses eine: ,,Das Evangelium der herzlichen Natür-

---

Grundfragen des Rechtes und der Volkswirtschaft‘‘ (1875), bezeichnet (KE 158 Anm. 1/Werke 2, 288 Anm. 14). Schweitzers Standpunkt deckt sich ziemlich genau mit dem von W. RATHENAU, Die neue Wirtschaft, 1919, 218; DERS., Von kommenden Dingen, Berlin 1918; vgl. auch H. GRAF KESSLER, Walther Rathenau. Sein Leben und sein Werk. Mit einem Kommentar von HANS FÜRSTENBERG, Wiesbaden o. j., 200 ff. (diese Hinweise verdanke ich meinem Bochumer Kollegen GÜNTER BRAKELMANN).

[15] Vgl. KE 157 f./Werke 2, 287: ,,,Das Kapital‘ ist ein doktrinäres Buch, das mit Definitionen und Tabellen arbeitet, aber nirgends in tieferer Weise auf Lebensfragen und Lebensbedingungen eingeht. Die große Wirkung, die es ausübt, beruht darauf, daß es den Glauben an einen in den Ereignissen vorhandenen und in ihnen automatisch sich auswirkenden Fortschritt predigt. Es unternimmt es, den Mechanismus der Geschichte aufzudecken und zu zeigen, wie die Aufeinanderfolge der verschiedenen Gesellschaftsordnungen – Sklaventum, Lehenswesen (Feodalität), bürgerlicher Lohndienst – auf die schließliche Ablösung der privaten Produktion durch die staatlich-kommunistische als auf die logische Krönung der ganzen Evolution zustrebt. Durch Marx wird Hegels Glaube an den immanenten Fortschritt, wenn auch in etwas veränderter Fassung, Überzeugung der Massen. Sein optimistischer Wirklichkeitssinn kommt ans Ruder.‘‘

[16] AaO 160/290.

[17] AaO 161/291 (Hervorhebung von mir).

[18] Wswt 144.

lichkeit, dessen unsere Welt so sehr bedarf, zu verkünden und zu leben. Es trägt dazu bei, die neue Gesinnung der Menschheit heraufzuführen."[19]

7. Die Predigt als andächtiges Denken

Es wäre sehr einfach, Schweitzers Predigten einer theologischen Kritik zu unterziehen. Diese hätte vor allem ein Doppeltes herauszustellen: 1. Die biblischen Texte sind nicht Inhalt, sondern nur Veranlassung für das appellative Reden Schweitzers. *Was* zu sagen an der Zeit ist, bestimmen nicht eigentlich sie, sondern bestimmt das elementare Denken dessen, was getan werden muß, damit „ein Segen für die Welt daraus entstehen" kann[1]. 2. Das auf Offenbarung begründete Heilsgeschehen als Grund der Predigt wird nicht sichtbar. Insofern ist es nur folgerichtig, daß das Bekenntnis der Kirche fast völlig fehlt. Der Mensch Jesus rückt näher in dem Maße, als der Christus des Glaubens sich entfernt[2]. Tatsächlich sind die Predigten so etwas wie die *Urform* dessen, was Schweitzer später in seinen kulturethischen und kulturphilosophischen Werken ausarbeiten wird. *Seine Religion ist Kulturphilosophie*[3].

Doch statt der Durchführung solcher Kritik sei das positiv hervorgehoben, was Schweitzers Predigten zu einem eindrucksvollen Zeugnis seiner Theologie und zu einer Herausforderung für uns alle macht.

Zuerst und vor allem zeigen seine Predigten „die *Einheit* von Theologie, Glauben und Leben dieses Mannes"[4]. Darin mag größere Überzeugungskraft liegen, als in der dogmatisch „richtigen" Verkündigung, die jedoch mit der *gelebten Wirklichkeit* ständig in Konflikt kommt bzw. die einen Dissensus zwischen wissenschaftlicher und praktischer Theologie hinnehmen muß. Wir müssen uns klarmachen: Was *uns* ein Mangel scheint – keine Bekenntnisbindung – hielt Schweitzer für einen Gewinn: „Unter religiösem Gesichtspunkt ist das bedenklichste Merkmal unseres Zeitalters das Verschwinden aller liberalen Frömmigkeit; fast alles ist Bekenntnis und Dogmatik."[5] Das ist ein klares Bekenntnis zum *liberalen*

---

[19] Wswt 145.

[1] Vgl. SP 114. – Ein kritisch gegen R. REITZENSTEIN gewandtes Bild („Ehe der arme Apostel nur zu Worte kommt, hat er ihn schon mit Parallelstellen aus der hellenistischen Literatur gesteinigt": MP 28/Werke 4, 58f. S. o. S. 200 Anm. 11) könnte man auch gegen den Prediger Schweitzer selbst wenden: Ehe der arme Text nur zu Wort kommt, hat er ihn schon mit seiner elementaren Ethik gesteinigt.

[2] Vgl. H. STEFFAHN, Du aber folge mir nach 239.

[3] F. BURI, A. Schweitzers Theologie in seinen Predigten 235.

[4] U. NEUENSCHWANDER, in: SP 169.

[5] Interview 561.

Geist, dem Dogmatismus das Gegenteil von Wahrheitssuche ist[6]. Um
„der Kraft eines wahrhaftigen Verstehens der Wahrheit" willen hat
Schweitzer keinerlei Zugeständnisse gemacht, weder dogmatische noch
kirchlich-konfessionalistische[7]. Kompromißlos hat er die Linien seiner
wissenschaftlichen Studien ausgezogen. Für den Theologen Schweitzer
führt vom Katheder der Universität zur Kanzel der Kirche keine Treppe,
sondern ein ebener Weg. Er sagt hier nichts anderes, als was er dort denkt.
Er schenkt der Gemeinde klaren Wein ein[8]. Es ist keineswegs so, daß er
sich durch die Erwartung der Gemeinde von seiner wissenschaftlichen
Erkenntnis entpflichtet sähe, um nun „mit gutem Gewissen" etwas zu sagen, „das er als Denker nicht sagen könnte und würde, ja, das dem Ergebnis seiner Bemühungen um Wahrheit und Klarheit schnurstracks widerspricht"[9]. Es gibt diesen doppelten Boden der Wahrheit bei Schweitzer
nicht. Seine Predigten sind vielmehr ein seltenes Beispiel von nahtloser
und vorbehaltloser Übersetzung theologischer Lehre in die Dimension
der „Verkündigung"[10]. Und was die Anpassung an die gottesdienstliche
Erwartungshaltung der Gemeinde anbetrifft, so weiß man nicht, womit
H. Groos das belegen will. Das Gegenteil ist dokumentiert: Mehrmals
entschuldigt sich Schweitzer bei der Gemeinde, daß er ihr *nicht* das sagt,
was sie erwartet[11]. Auch und gerade in seinen Predigten lag ihm an einer
Versöhnung von Glauben und Denken. So vermeidet er alles, was dieselbe
gefährden könnte und setzt bei dem ein, was jeder Mensch, wenn er nur
wirkt „auf dem Felde des Lebens"[12], verstehen kann: bei der „geistigen
Gemeinschaft" mit Jesus, die auf der Begegnung von Wille zu Wille beruht. Dahinter steht ein durchdachtes hermeneutisches Prinzip: nicht die

---

[6] AaO.

[7] AaO 562.

[8] So mit F. BURI, A. Schweitzers Theologie in seinen Predigten 226 gegen H. GROOS,
474.

[9] H. GROOS 474.

[10] In der Reihe „Gespräche über das Neue Testament" hat er darüber gerade auch vor der
Gemeinde Rechenschaft abgelegt. Da heißt es beispielsweise, man dürfe sich nicht scheuen,
es „offen zu sagen", daß die Geburtsgeschichten bei Matthäus und Lukas *Legenden* seien.
„Denn es ist unrecht, einen Christen heutiger Tage auf etwas verpflichten zu wollen, von
dem wir keine bestimmte Kunde besitzen" (Kirchenbote 30, 1901, 302 f.). Oder: „Kein
Christ darf etwas ungeprüft als Glauben annehmen. Nicht der Unglaube ist der gefährlichste
Feind des Christentums, sondern die Gedankenlosigkeit, die da wähnt, wir *müssen* nun etwas, weil es im Glaubensbekenntnis überliefert ist, einfach annehmen" (ebd. 326 f.). Aus
dieser Wahrhaftigkeitspflicht hat sich auch der *Prediger* SCHWEITZER nicht entlassen. Denn
„die Forderung der Wahrhaftigkeit steht höher als jede Forderung der Vorsicht" (Kirchenbote 33, 1904, 3).

[11] Wswt 81; F. BURI, A. Schweitzers Theologie in seinen Predigten 233; vgl. SP 85.

[12] SP 17.

Exegese schafft dem Wort Gehör. „Dies wäre, als wenn man mit schönen Farben auf eine nasse Mauer malen wollte. Wir müssen erst die Voraussetzungen für das Verständnis derselben schaffen, und unsere Welt zur Gesinnung führen, in der sie etwas für sie bedeuten, und es ist gar nicht so einfach, die Worte Jesu so auszulegen, daß sie praktisch im Leben verwendbar sind."[13] Diese Gesinnung aber bildet sich aufgrund der *Vernunft*, deren letztes Ergebnis des Erkennens im Grunde kein anderes ist, als „was das Gebot der Liebe uns gebeut"[14]. So kräftigen Jesu Worte nur das im Menschen Angelegte, geben ihm die „Weihe". Nur *so* ist es das ihn neu schaffende Wort! – Man merkt es allenthalben, daß Schweitzer nirgends deutlicher und überzeugter ein Theologe der Aufklärung ist als in seinen Predigten.

In der letzten Predigt vor der ersten Abreise nach Lambarene, die er am 9. März 1913 hielt, sagte er der Gemeinde: „In einer Zeit, wo nicht nur in der katholischen, sondern auch in der protestantischen Kirche die Vernunft, das natürliche menschliche Denken, verkleinert und zurückgesetzt wird, als würde damit der Weg der Religion frei gemacht, wagte ich unter euch von ihr mit Freudigkeit und Ehrfurcht zu reden und alles, was den Glauben und die Religion angeht, mit der Vernunft zu beleuchten, weil ich von mir selber wußte, daß ich auf *diesem* Weg der Religion erhalten worden und tiefer in sie eingedrungen bin. Je mehr ich Jesum zu verstehen glaubte, desto stärker empfand ich es, wie in ihm der Glaube und einfaches, natürliches Denken sich durchdrangen. Je mehr ich in die Geschichte des Christentums eindrang, desto mehr wurde mir klar, wie viel Irrungen und Kämpfe darauf zurückgehen, daß man, von den ersten Generationen an bis auf den heutigen Tag, immer und immer wieder, den Glauben und die Frömmigkeit gegen die Vernunft ausspielte und einen Zwiespalt in den Menschen hineintrug, wo Gott die Harmonie gesetzt hat."[15] Für diese *Harmonie* hat Schweitzer ganz ohne Frage einen hohen theologischen Preis bezahlt. Aber er war nun einmal der Überzeugung, daß nicht ein Zuviel an Vernunft den weit verbreiteten Unglauben unserer modernen Zeit befördert habe, sondern ein Zuwenig. Wer wollte ihm da

---

[13] SP 117.

[14] SP 123.

[15] SP 93 f. Das mag der Grund sein, warum SCHWEITZER so herbe Kritik an den Theologen üben kann: „Tempelhüter sind sie und brave Seelen, wohlbestallte Diener der Obrigkeit, Bücherschreiber auch, belesen, beflissen und groß im gegenseitigen Polemisieren über Dinge, die außer der Zunft niemand interessieren. Wo bleibt das christliche Feuer? Ich ersticke in dieser Atmosphäre. Die Fronten verlaufen ganz anderswo" (zitiert bei R. MINDER, Warum Albert Schweitzer nach Lambarene ging. Süddeutsche Zeitung Nr. 19 vom 24./25. 1. 1976).

widersprechen? ,,Es sind viele irreligiös in unserer Zeit, nicht weil ihnen etwas den Glauben genommen hat, sondern weil sie nicht angeleitet wurden, den Weg der Vernunft weit genug, bis zu Ende, zu gehen und dann dahin zu kommen, wo der Weg, des Friedens über die Vernunft hinausführt. Sie haben nicht von sich aus fort und fort über die Welt, die Zukunft der Völker, über alle Rätsel ihrer eigenen Existenz nachgedacht, sie haben das, was ihnen als Religion überliefert wurde, nicht in der Vernunft geläutert und gehärtet; es wurde nie in dem, was es an ewiger Wahrheit birgt, ihr eigen; sie ließen es fallen auf dem Wege des Lebens. Wer aber bis in die letzten Konsequenzen des Denkens geht, der erkennt, daß in dem, was uns die Propheten und Jesus und unsere Reformatoren gegeben haben, ein Wissen vom Leben ist, das ewig ist, mögen die Ausdrücke und Anschauungen der Zeit noch so wechseln, das in jedem von uns wieder lebendige Wahrheit werden kann."[16] ,,Merket", so heißt es gegen Ende der Predigt, ,,der Apostel sagt nicht: Der Glaube, welcher höher ist denn alle Vernunft, sondern: Der Friede Gottes. – Denn keine Vernunft kann in einem Glauben zur Ruhe kommen, sondern die wahre Ruhe kommt aus dem, was mit unserm Willen geschieht, aus dem Weg, den er sucht. – Und Friede Gottes ist nur, wenn unser Wille in dem Unendlichen Ruhe findet. –"[17] Wir finden in diesen Sätzen das ganz persönliche Bekenntnis Schweitzers. Die Konsequenz, die Treue, mit der er ihm entsprechend die Gemeinde zu erbauen suchte (im guten Sinne des Wortes!), macht die Glaubwürdigkeit des Theologen Albert Schweitzer als *Prediger* aus.

Fragt man zuletzt, was eigentlich in seinen Predigten geschieht, so lautet die Antwort: *Andächtiges Denken.* Der Begriff der evangelichen *Verkündigung* war Schweitzer suspekt, weil er angeblich ,,das verständige Denken absorbiert"[18]. So macht er die Stunde der ,,Andacht" zur Stunde verständigen Denkens, was durch Schweitzers Religionsbegriff ermöglicht wird, der in der weitesten Formulierung ,,Ehrfurcht vor dem Leben" ist. Die jedoch gewinnt er aus seiner philosophischen Anschauung[19]. Das Ethische aber ist ihm zugleich ein vollwertiges religiöses Prinzip. Ehrfurcht gilt dem Unverletzbaren, dem Heiligen, dem *Leben*, das nicht nur

---

[16] SP 95.

[17] SP 97.

[18] Schlußvorlesung 7.

[19] In der Selbstdarstellung von 1926 heißt es: ,,Neuerdings wurde die Frage aufgeworfen, ob Schweitzers philosophische Entwicklung durch die Versenkung in die Eschatologie und die Ethik Jesu beeinflußt ist, oder ob er umgekehrt von seiner philosophischen Anschauung aus zum Verständnis der Eschatologie und der Ideenwelt Jesu kam. Das letztere ist wohl das Richtige" (zit. nach der im Zentralarchiv in Günsbach vorhandenen Abschrift S. 8).

das Organische einschließt, sondern auch Gott, den „Urgrund des Welt-
seins". „Ehrfurcht vor dem Leben ist daher Ehrfurcht vor Gott und seiner
Schöpfung. Man kann auch sagen, daß Schweitzer die fundamentalen
Prämissen seiner Theologie und Religion als ,natürliche' darstellt. Mittels
seiner Vernunft kann der Mensch bis zu gewissen grundlegenden religiösen Wahrheiten gelangen."[20]

Schweitzers Predigten sind die gelungene Probe auf *dieses* Exempel. Er
könnte für sie in Anspruch nehmen, was H. S. Reimarus im „Vorbericht"
zu seiner „Apologie oder Schutzschrift für die vernünftigen Verehrer
Gottes" schreibt: „Die hierin enthaltene (!) Sätze sind nicht Catechis-
mus-mäßig, sondern bleiben in den Schranken einer vernünftigen Verehrung Gottes, und Ausübung der Menschenliebe und Tugend."[21] Größe
und Grenze solcher Predigtweise sind damit am Tage. Ihre Wirkung auf
die *Hörer* schwankt im Urteil der damaligen Zeitgenossen[22]. Dem heutigen Leser jedoch, der auf das abgeschlossene Lebenswerk Schweitzers zu-
rückblickt, sind sie das eindrucksvolle Zeugnis eines Denkens, dem das
Leben vollkommen entsprach.

---

[20] M. LÖNNEBO, ideal 331. – SCHWEITZER, Goethe 11/Werke 5, 471 dachte „in einfacher
Art, daß alle Denkenden auf der ganzen Welt an diesem Denken teilhaben müßten und darin
Frieden mit dem Unendlichen und Wirkungsantrieb zum Gestalten finden könnten". Vgl.
dazu R. HAYNES, Albert Schweitzer's View of Goethe and the Ethical Precept of Vita activa,
Diss. Vermont 1973; HENRY BABEL, La pensée d'Albert Schweitzer. La signification pour la
théologie et la philosophie contemporaines, Neuchâtel/Schweiz 1954.

[21] HERMANN SAMUEL REIMARUS, Apologie oder Schutzschrift für die vernünftigen Verehrer Gottes I. Im Auftrag der Joachim-Jungius-Gesellschaft der Wissenschaften hg. v. G.
Alexander, Frankfurt a. M. 1972, 41.

[22] Vgl. F. WARTENWEILER, Eine wenig bekannte Seite in Schweitzers Wirken 105 einerseits (die leeren Bänke begannen sich zu füllen mit Leuten, „die gemeint hatten, mit dem
Christentum fertig zu sein"), ELLY HEUSS-KNAPP, Ausblick vom Münster-Turm. Erinnerungen, Tübingen (1952) [5]1955, 64 andererseits, die zusammen mit dem Straßburger Freun-
deskreis, dem auch Schweitzer selbst angehörte, den jungen Vikar „hin und wieder" predigen hörte. Sie bekennt im Nachhinein: „Heute ist es mir unverständlich, wie wenig wir ihn
bewunderten. Er mußte sich oft genug seiner Haut wehren, denn man war unbarmherzig
kritisch untereinander." Kritisch äußerte sich auch Helene Breßlau. Vgl. MARIANNE
FLEISCHHACK, Helene Schweitzer. Stationen ihres Lebens, Berlin 1965, 13.

VI. Die bleibende Bedeutung der Theologie Schweitzers

Schweitzer hat die Nachwelt der Mühe enthoben, aus seinen vielfältigen theologischen Schriften das bleibende Vermächtnis zu erheben. Er hat es ihr gebündelt zurück gelassen. „*Reich Gottes und Christentum*" heißt das nach seinem Tode in einem weißen Leinensack in Lambarene gefundene Manuskript seines letzten Werkes. Es stellt in gewisser Hinsicht das *theologische Testament* dar[1] und bewahrheitet auf eindrückliche Weise, „daß Schweitzer, wie er selbst sagt, immer nur dasselbe Buch schreibt. Die Geschichte der Leben-Jesu-Forschung, die Geschichte der paulinischen Forschung und ‚Kultur und Ethik' sind dialektische Gebilde derselben Art"[2]. In der Tat geht es in all seinem Denken und Tun immer nur um das *eine* Thema „Reich Gottes und Christentum"[3]. Das Christentum kann seine Mission in dieser Welt nicht erfüllen, wenn es nicht bleibt, was es seinem *Wesen* nach ist: „Religion des Glaubens an das Kommen des Reiches Gottes."[4] Herrscht Unklarheit darüber, was das ist und wie das heute zu verstehen ist, dann herrscht nicht Unklarheit über eine Teilwahrheit des Christentums, sondern über das Ganze. Ist das Zentrum aber der Glaube an das Kommen des Reiches Gottes, dann ist der Theologie als bleibende Aufgabe die gestellt, *Historie und Eschatologie* zusammenzudenken[5]. Die

---

[1] U. Neuenschwander, in: RG VI.

[2] Selbstdarstellung 9. Das Urteil stammt aus dem Jahre 1926, als die „Mystik des Apostels Paulus" noch nicht geschrieben war. Es hätte aber 1965, im Todesjahr Schweitzers, ebenso gegolten.

[3] In der in Günsbach vorhandenen Akzessarbeit von N. Merz, Reich Gottes im theologischen und philosophischen Denken von Albert Schweitzer, 1975, wird behauptet, in den kulturphilosophischen Schriften komme „Reich Gottes" der Sache nach häufig, dem Begriff nach aber selten vor. Dies ist zu modifizieren. Vom „Reich Gottes" ist in der Kulturphilosophie an zentralen Stellen die Rede, z. B. VW 64/Werke 2, 91; KE 28 f./Werke 2, 147; 63/183 u. ö. Im übrigen stimmt der Nachweis, daß Schweitzer *zwei* Begriffe („Reich Gottes" und „Ideal der Kultur") für *eine* Sache gebraucht. Philosophie und Theologie bilden eine Einheit.

[4] RG 1/Werke 4, 513. – In einem Brief vom 3. 4. 1947 an Prof. Dr. Theodor Siegfried in Marburg heißt es: „Es darf in unserer Zeit kein weltmüdes Christentum irgendwelcher Art vermeinen, die Sache des Christentums verfechten zu können. Nur das Christentum, das ein durch die schweren Ereignisse, durch die die ganze Welt hindurchgegangen ist, vertieftes Wollen des Reiches Gottes besitzt und einen unerschütterlichen Glauben an dasselbe besitzt, ist im Geiste Jesu gewurzelt und kann unserer armen Menschheit etwas geben" (Abschrift im Zentralarchiv in Günsbach).

[5] Vgl. E. Jüngel, Paulus und Jesus 13.

theologische Arbeit unseres Jahrhunderts hat letzten Endes nur vor dieser Aufgabe gestanden und tut es noch heute. Unsere Problem*lösungen* unterscheiden sich zum Teil sehr von denen Schweitzers. In der Problem*stellung* aber übertreffen wir ihn nirgends. Das gilt in dreifacher Hinsicht, und indem wir der Reihe nach auf diese drei Punkte achten, kommt die bleibende Bedeutung Schweitzers als Theologe an den Tag.

1. Die Paradoxie Schweitzers:
Durch die Geschichte von der Geschichte frei werden

Neben dem Pathos der Wahrhaftigkeit hat Schweitzer mit der liberalen Theologie, deren treuer Schüler er zeitlebens blieb[6], auch das gemein, daß ihm die geschichtliche Wahrheit „etwas Heiliges" ist. „Jede Regung von historischem Skeptizismus ist ihm antipathisch."[7] Von daher erklären sich Thema, Methode und Ziel seines geistigen Schaffens, das er zusammenfassend so formulieren kann: „In der Geschichte stehe ich da als einer, der das Werk des Rationalismus, der Ehrfurcht vor dem sachlichen Denken nach dem romantischen Intermezzo weiterzuführen und zu vertiefen unternahm, als der, der aus der naturwissenschaftlichen Erkenntnis den Schluß zog, daß wir unsere Lebensanschauung nicht auf eine befriedigende Welterkenntnis gründen können, sondern auf ein Erleben von uns selbst und der Welt in uns . . . Und in der Theologie bin ich bestrebt gewesen, auf das Wesen des Evangelischen, der ursprünglichen, von den Ideen des Reiches Gottes beherrschten und von Jesus verlangten Frömmigkeit zurück zu gehen und diese den Menschen wieder zugänglich zu machen, weil sie das große Einfache ist, das uns Licht auf unserem Erdenwege ist."[8]

Es ist Schweitzer völlig klar, daß eine lebendige, mit dem Kopf und mit dem Herzen faßbare Gottesvorstellung vom Standpunkt *heutigen* Denkens und *heutiger* Weltanschauung geschaffen werden muß. Aber, so schreibt er in einem Brief vom 16. 6. 1948: „Die Kenntnis des Geschichtlichen des Denkens ist Voraussetzung dessen, was wir unternehmen, wie das recht gestimmte Clavier für den Spieler, der etwas in Tönen sagen

---

[6] S. oben. – Es gilt für Schweitzer, was BULTMANN, in: GV I 2 sagt: „Wir, die wir von der liberalen Theologie herkommen, hätten keine Theologen werden oder bleiben können, wenn uns in der liberalen Theologie nicht der Ernst der radikalen Wahrhaftigkeit begegnet wäre; wir empfanden die Arbeit der orthodoxen Universitätstheologie aller Schattierungen als einen Kompromißbetrieb."

[7] Selbstdarstellung 8.

[8] Brief vom 17. 7. 1955 (an F. Buri. Abschrift im Zentralarchiv in Günsbach).

will." Darum war er „immer gegen alle Versuche, aus der Vergangenheit die Gegenwart heraus zu destillieren, wo sie doch von sich aus in der Gegenwart vorhanden und lebendig ist und insofern Ausgangspunkt und Voraussetzung unseres Denkens"[9].

Ausgangspunkt und Voraussetzung des *christlichen* Denkens kann darum für Schweitzer ganz selbstverständlich nur *Jesus* sein, soweit er von sich aus heute lebendig ist. Von daher geschieht der Rückgang auf ihn infolge eines höchst paradoxen Interesses. Schweitzer will den historischen Jesus kennenlernen, um von ihm frei zu werden. Denn als historische Größe der Vergangenheit kann er unserer Zeit nichts sein. *Zeitlos* ist allein die *Persönlichkeit,* das „*geistige Wesen*"[10]. Zu ihm sind wir *unmittelbar,* indem wir uns unter seinen „gewaltigen Willen beugen" und ihm in unserer Zeit so zu dienen versuchen, „daß er in dem unsrigen zu neuem Leben und Wirken geboren werde und an unserer und der Welt Vollendung arbeite. Darin finden wir das Eins-Sein mit dem unendlichen sittlichen Weltwillen und werden Kinder des Reiches Gottes"[11]. Indem Schweitzers Rückgang auf Jesus eine Arbeit der „Erinnerung" im platonischen Sinne ist, ein Sichklarwerden über das, was man im Grunde schon hat, ist seine Geschichtsbetrachtung wesentlich die rationalistische[12]. Denn er betont ausdrücklich, daß es nicht so ist, „daß wir die Idee der sittlichen Weltvollendung und dessen, was wir in unserer Zeit müssen, besitzen, weil wir sie durch historische Offenbarung von ihm bezogen haben. Sie liegt in uns und ist mit dem sittlichen Willen gegeben. Weil Jesus sie, in der Nachfolge der Großen unter den Propheten, in ihrer ganzen Wahrheit und Unmittelbarkeit erfaßt, und seinen Willen und seine große Persönlichkeit in sie hineingelegt hat, hilft er dazu mit, daß sie auch in uns zur Herrschaft gelange und wir sittliche Kräfte für unsere Zeit werden"[13].

So hat „die übergeschichtliche Betrachtungsweise, bei der Schweitzer ankommt, wo er unser Verhältnis zu Jesus zu begreifen sucht, . . . das Charakteristische, daß sie durch die Geschichte hindurch gegangen ist. Sie ist nicht gleichgültig dagegen, ob diese oder jene historische Ansicht zutrifft, sondern sie erhebt sich über eine bestimmte, als historisch wahr erkannte Auffassung. Nur in dieser Weise wird sie ,übergeschichtlich' . . ."[14]. Für Schweitzer gibt es den Weg der ewigen christlichen

---

[9] An M. H. Kretzschmar (Abschrift im Zentralarchiv in Günsbach).
[10] Selbstdarstellung 8.
[11] LJ 640/Werke 3, 885/GTB 628.
[12] Vgl. dazu R. BULTMANN, Jesus 13.
[13] LJ 640/Werke 3, 885/GTB 628; vgl. auch RG 204/Werke 4, 731.
[14] Selbstdarstellung 8.

Wahrheit nicht ohne den Umweg über den historischen Jesus. Aber wie gesagt, dieser Weg ist ein „*Umweg*"[15]. „Das Leben-Jesu hat keine Wichtigkeit; nicht der Verlauf seines Lebens, sondern nur seine Worte, und diese wirken für sich."[16] Es war Rudolf Bultmann, der diesen Gedanken zu Ende dachte und in seinem Jesus-Buch den Blick einzig auf die Verkündigung und auf das gerichtet hat, „was er (Jesus) *gewollt* hat und was deshalb als Forderung seiner geschichtlichen Existenz Gegenwart werden kann"[17].

Es ist deutlich, daß Schweitzer mit diesen Erwägungen teil hat an der hermeneutischen Diskussion um das Problem einer theologischen Exegese des Neuen Testamentes: wie kann vergangene Geschichte zum Anspruch an die Gegenwart werden? Es ist aber auch deutlich, daß er mit seiner Lösung einen *eigenen* Weg geht, der abseits der großen theologischen Heerstraßen verläuft, abseits also der liberalen Leben-Jesu und der Religionsgeschichtlichen Schule zur Zeit der eigenen Dozententätigkeit in Straßburg, abseits der bald aufkommenden Dialektischen Theologie, und schließlich auch abseits der Entmythologisierungsdebatte.

Im Zentralarchiv in Günsbach lagert in Abschrift eine Fülle von bisher unveröffentlichten Briefen Schweitzers, die ein bezeichnendes Licht auf seinen Weg werfen und das eigene hermeneutische Programm klar hervortreten lassen. Aufschlußreich ist da sogleich *das Urteil über die formgeschichtliche Betrachtungsweise der Evangelien:* „Ich habe ihr Aufkommen erlebt und sie von Anfang an nicht verstanden. Der Historiker hat die vorhandenen Quellen auf ihre Geschichtlichkeit und das Material, das sie der Geschichte bieten, zu prüfen. Was die formgeschichtliche Betrachtungsweise da noch hinzufügen will, verstehe ich nicht. Sie ist nur in der Theologie aufgekommen . . . Ich habe keine formgeschichtliche Untersuchung gelesen, die mich auch nur einigermaßen befriedigt hätte. Das Evangelium Matthäi ist ein historisches Dokument. Der Verfasser erzählt darin von Jesus, was er von ihm weiß, auch daß er sich geirrt hat, mit einfältiger Treue. Gott sei Dank. Wenn er es aus seinem Glauben heraus dargestellt hätte, wäre es ganz anders ausgefallen."[18] Über diesen zuletzt ge-

---

[15] Schlußvorlesung 7.

[16] Schlußvorlesung 8; vgl. 7.

[17] Jesus 11. Freilich hat BULTMANN in seiner Darstellung auch das Interesse an der Persönlichkeit Jesu ausgeschaltet, „und zwar im letzten Grunde nicht deshalb, weil sich darüber nichts Sicheres sagen läßt", sondern weil er, ebd. 12 die Frage „für nebensächlich" hält (vgl. auch oben S. 250 f.). Dieser Überzeugung hätte Schweitzer niemals sein können. Tatsächlich ist die These Bultmanns bis heute leidenschaftlich umstritten.

[18] Brief vom 17. 7. 1955 (an F. Buri. Abschrift im Zentralarchiv in Günsbach). Das Urteil

äußerten Gedanken kann man im Detail, nicht grundsätzlich streiten. Dagegen erweckt die Einseitigkeit, mit der Schweitzer das Geschäft des Historikers beschreibt, doch einiges Erstaunen. Wo es um die Erforschung der Evangelien, also von Volksüberlieferung oder sogenannter „Kleinliteratur" (Martin Dibelius) geht[19], ist die formgeschichtliche Betrachtung eine unabdingbare methodische Notwendigkeit. Denn ihre spezifische Intention richtet sich auf die ursprünglich selbständigen und formal abgeschlossenen „kleinen Einheiten", die nicht Produkte „schriftstellerischer Individualitäten" sind, sondern anonymen „formbildenden Gesetzen" gehorchen. „Diesen Gesetzen nachspüren, die Entstehung jener kleinen Einheiten begreiflich machen, ihre Typik herausarbeiten und begründen und solcherart zum Verständnis der Überlieferungen gelangen – das heißt Formgeschichte des Evangeliums treiben."[20] Schweitzers ablehnendes Urteil ist ganz unverständlich. Lange bevor er seine Skizze des Lebens Jesu schrieb, hatte Franz Overbeck auf diese literaturgeschichtlichen Probleme der „christlichen Urliteratur" aufmerksam gemacht, welche „in Hinsicht auf die höchst eigentümlichen Bedingungen ihrer Existenz, ihre Erhaltung und ihren vollen Bestand sowie ihre besonderen Formen" bestehen und „eine Aufgabe für sich" notwendig machen[21]. Daß Schweitzer diese Aufgabe dennoch verneint, ist nicht in einer besseren methodischen Einsicht begründet. Seine Theorie verlangt, daß das Matthäusevangelium „ein historisches Dokument" ist! Allen überzeugenden Gegenargumenten zum Trotz[22] *hält er bis an sein Lebensende daran fest*[23].

---

deckt sich mit der schon 1906 geäußerten Meinung: „Literarische Prioritätsfragen, literarische Fragen überhaupt haben zuletzt . . . mit der Gewinnung der Vorstellung vom Gang der Ereignisse gar nichts zu tun, da eine solche den Evangelisten in klarer Weise jedenfalls nicht vorschwebt, sondern nur durch experimentelles Rekonstruieren nach inneren Notwendigkeiten hypothetisch gewonnen werden kann" (RW 392/LJ 441/Werke 3, 630/GTB 448).

[19] M. DIBELIUS, Zur Formgeschichte der Evangelien, in: ThR NF 1, 1929 (185–216) 186.

[20] M. DIBELIUS, Formgeschichte 4; vgl. K. L. SCHMIDT, Art. Formgeschichte, RGG² II (638–640) 638 f.; R. BULTMANN, Die Geschichte der synoptischen Tradition 3. Neuerdings ist besonders zu beachten HANS-THEO WREGE, Die Gestalt des Evangeliums. Aufbau und Struktur der Synoptiker sowie der Apostelgeschichte (BET 11), Frankfurt a.M. 1978.

[21] FRANZ OVERBECK, Über die Anfänge der patristischen Literatur, (HZ 48, 1882, 417–472 = Libelli Bd. XV, Darmstadt 1954) Basel o.J., 35 f.

[22] Gleich nach dem Erscheinen von RW nannte A. JÜLICHER, Neue Linien 6 Schweitzers entschlossenen Verzicht auf die Hilfe der literarischen Kritik „ungeheuerlich". „Schweitzer hat mit diesem Programm den Boden geschichtlich brauchbarer Forschung verlassen. Eine Kritik, die über Ereignisse aus fernster Vergangenheit ein Urteil fällen will, ohne zuvor alles getan zu haben, um die Überlieferung über diese Ereignisse genau kennenzulernen, und zwar, falls sie in mehreren Schichten vorliegt, das Verhältnis zwischen diesen und die Art der Beziehung einer jeden zu dem Forschungsobjekt, hat keinen Anspruch auf Widerlegung, sie ist dogmatische, nicht historische Kritik."

[23] Das letzte Zeugnis dafür ist der Briefwechsel mit GUSTAV WYNEKEN aus dem Jahre

Geradezu eine Schlüsselfunktion für Schweitzers Methode hat eine *Äußerung über Schleiermacher* aus dem Jahre 1953: „Er besaß die gefährliche Geschicklichkeit, durch dialektische Künste die großen Probleme und die großen Schwierigkeiten klein zu machen. Keine historische Tatsache hat auf ihn in ihrer Bedeutung gewirkt. Er war darum unfähig, historische Probleme zu ermessen. Er besaß keine wirkliche Ehrfurcht vor der Wahrheit."[24] Das sagt Schweitzer, obwohl ihn die theologische Begründung aus dem *Erlebnis* ganz in die Nähe Schleiermachers rückt[25]. Aber Jesus als Urbild des Glaubens und damit jenes „Gefühls der schlechthinnigen Abhängigkeit", als dessen Woher Schleiermacher Gott benennt – bei solchen Gedanken vermißt Schweitzer die „wirkliche Ehrfurcht vor der Wahrheit", die es ohne ein Ernstnehmen der historischen Tatsachen nicht geben kann – schon gar nicht im Christentum!

Der unüberbrückbare *Abstand zur dialektischen Theologie* hat letztlich keinen anderen Grund. Barths Lehre erschien Schweitzer als „Ketzerei", weil die historischen Grundlagen des Christentums darin sträflich vernachlässigt seien[26]. „Mein Widerspruch gegen Barth: daß er sich nicht mit der historischen Wahrheit über Jesus und das ursprüngliche Christentum auseinandersetzt, sondern sie einfach zu ignorieren können glaubt und daß er die Dialektik in die Gedankenwelt des Christentums eingeführt hat, wobei ich mich frage, was denn Dialektik, dieses dunkle Ding, das in so vielen Bedeutungen gebraucht wird, mit dem Christentum zu tun hat. Der Herr Jesus und Paulus haben nichts von Dialektik gewußt, Gott sei Dank."[27] So ernsthaft der zuerst erhobene Einwand ist[28], so wenig ist es der letzte. Schweitzer hätte durchaus verstehen sollen, daß mit der dialektischen Theologie der Forschung ein neuer Weg eröffnet wurde, auf dem die alte historische Methode nicht ersetzt, sondern vertieft werden soll-

---

1964, also ein Jahr vor Schweitzers Tod. Vgl. G. Franz, Briefwechsel 85 f., 92 ff., bes. 98: Wäre die Geschichte Jesu ein erdachter Bericht, dann wäre er geradlinig. „Aber der historische des Matthäus ist nicht gradlinig."

[24] Brief vom 15. 6. 1953 (an U. Neuenschwander. Abschrift im Zentralarchiv in Günsbach).

[25] S. oben S. 218.

[26] Brief vom 20. 1. 1931 (an M. Werner; s. o. S. 206, Anm. 5). – In demselben Brief erzählt Schweitzer von zwei hoffnungslosen Darmoperationen: „Ich hatte Gott gebeten, mir die zwei Leute zum Geburtstag zu schenken (einer ist ein schlimmer Dieb). Und siehe: An meinem Geburtstagsmorgen hat jeder mir ein Nachtgeschirr voll ansehnlichen Inhalts vorzuweisen, was bedeutete, daß der Darm funktionierte und sie gerettet waren. So schöne Sachen erlebt ihr in der Theologie (der undialektischen wie der dialektischen) halt nicht."

[27] Brief vom 30. 10. 1956 (an Prof. Schütz. Abschrift im Zentralarchiv in Günsbach).

[28] Zu Barths Ablehnung der Leben-Jesu-Forschung vgl. J. C. Weber, Karl Barth and the Historical Jesus, in: JBL 32, 1964, 350–354.

te[29]. Allerdings mußte Schweitzer die dabei intendierte Wahrheitsvergewisserung theologischer Sätze von seinem Ansatz her als falsch verwerfen.
Wenn Bultmann in dieser Hinsicht von der „Bedeutung der ‚dialektischen
Theologie' für die neutestamentliche Wissenschaft" sagt: „Ein theologischer Satz ist also nicht um deswillen wahr, weil er einen zeitlos gültigen
Gehalt ausspricht, sondern er ist dann wahr, wenn er die Antwort gibt auf
die Frage der jeweiligen konkreten Situation, zu der er, der Satz selbst, als
ausgesprochener, gehört. Seine Wahrheit ist nicht die eines zeitlos gülti-
gen Satzes, sondern die Wahrheit des zeitlichen Redens; nicht das isoliert
Gesagte, sondern das Sagen steht unter der Wahrheitsfrage"[30], so muß
Schweitzer dem widersprechen. Die Wahrheit, auf die es für ihn allein ankommt, die wahren Gedanken, die der Autorisation durch Schrift oder
Tradition nicht bedürfen, wenn sie nur *wahr* sind, sie haben ihre Autorität
eben darin, daß sie zeitlos gültige Wahrheit sind. Bultmanns „primitives
Beispiel" für jene Dialektik „außerhalb der Theologie" macht den Widerspruch evident: „Der Satz, daß das Kind den Eltern zur Dankbarkeit verpflichtet ist, ist als zeitlos gültiger sinnlos. Sinnvoll, wahr sprechen kann
ihn nur das Kind, dagegen nicht die Eltern. Umgekehrt kann der Satz: die
Eltern sind dem Kinde verpflichtet, nur von den Eltern, nicht vom Kinde
gesprochen werden, das sonst ja gerade damit sein Kindschaftsverhältnis
auflösen würde."[31] Schweitzer würde das „klug gekünstelt" nennen und
dagegenhalten, daß die Dankbarkeit der Kinder gegenüber den Eltern und
umgekehrt die Pflicht der Eltern gegenüber den Kindern eine ethische
Grundmaxime sei, die von allgemein verpflichtender Art ist. Kurz: Die
Dialektik theologischer Sätze und damit letztlich die Geschichtlichkeit
des Daseins als solches zu erkennen, hinderte Schweitzer der Ethizismus
und Voluntarismus seines philosophischen Denkens. Letzten Endes ver-
baut ihm der Historismus jede Chance, den Weg der Dialektiker ver-
ständnisvoll zu begleiten. Das wird an dem *eigentlichen* Dissensus sehr
klar: Schweitzers Rückgang auf die von Jesus verlangte Frömmigkeit als
das „große Einfache . . .", das uns Licht auf unserm Erdenwege ist", steht
in diametralem Gegensatz zu Barths Versuch, die Theologie ausschließlich von der Offenbarung Gottes als dem „ganz Anderen" her zu denken.
Dieser Gegensatz ist für Schweitzer der Widerspruch zwischen „elemen-
tarem Denken" und „befangenem Denken", das ganz unnatürlich geworden ist und in geistreichen Wortgefechten seine Armseligkeit ver-

---

[29] Vgl. R. BULTMANN, GV I 114ff., bes. 132f.
[30] GV I 116.
[31] GV I 116 Anm. 2.

steckt"[32]. Keine gerechte Beurteilung der Bemühungen Barths, die Wahrheit Gottes eben als Wahrheit *Gottes* zu denken! Martin Werners Versuch, zwischen beiden Theologen dennoch eine Berührung in den fundamentalen Erwägungen nachzuweisen, war Schweitzer „etwas ganz Neues. Aber es ist so und macht mir den Kerl fast lieb", schreibt er. „Aber diese infame geheimnisthuerische ‚neudeutsche' Schreibweise verzeih ich ihm darum doch nicht. Dieses infame geistreiche Spielen mit den Problemen"[33]. Und in einem Brief an Buri heißt es viele Jahre später: „Das möchte ich dem großen Dialektiker nicht wünschen, mit mir zusammengesperrt zu werden."[34] Schade! Beide hätten voneinander lernen können.

Weniger grundsätzlich war Schweitzers *Widerspruch gegen Bultmanns Theologie.* Natürlich war der Abstand zu einem Manne, der von sich bekennt, er habe sich in seinem „kritischen Radikalismus noch nie unbehaglich gefühlt, sondern ganz behaglich"[35], von vornherein gegeben, wenn einem selber jede Regung von historischem Skeptizismus „antipathisch" ist. Trotzdem war – was den Bezug des kritischen Radikalismus auf „alle die Phantasiebilder der Leben-Jesu-Theologie"[36] anbetrifft – auch eine große Nähe zueinander gegeben. Schweitzer „interessierte" sich für Bultmann „als einen ernstlichen Forscher"[37]. Ja, er liebte ihn als „einen tüchtigen, freisinnigen Christen und Forscher"[38]. Er kann sogar überzeugt sein, daß Bultmann intendiert, was er, Schweitzer, selber will: dem denkenden Menschen von heute den *unnötigen* Anstoß aus der Glaubensbotschaft ausräumen[39]. Nur beklagt er „die falsch orientierte Diskussion" als „tragisch"[40]. Damit meint Schweitzer vor allem das Programm der *Entmythologisierung.* Nicht nur gibt das Wort nach Schweitzers Meinung „gar nicht wieder, worauf es ankommt"[41]. Es schiebt „das Problem, um das es sich handelt, auf ein falsches Geleise". Denn das Wort „Mythos" ist „nur auf heidnische Götterlehre anwendbar". Dagegen im frühen Christentum handele es sich darum, „daß die Person und die Lehre

---

[32] Brief vom 10. 4. 1935 (an F. Buri. Abschrift im Zentralarchiv in Günsbach).
[33] Brief von Allerheiligen 1924 (an M. Werner. Abschrift im Zentralarchiv in Günsbach).
[34] 22. 12. 1950 (Abschrift im Zentralarchiv in Günsbach).
[35] GV I 101.
[36] AaO.
[37] Brief vom 14. 11. 1964 (an H. Pribnow. Abschrift im Zentralarchiv in Günsbach).
[38] 23. 4. 1958 (an H. F. Dressel. Abschrift im Zentralarchiv in Günsbach).
[39] „Dasselbe meint Bultmann". So in einem Brief vom 30. 10. 1956 (an Prof. Schütz. Abschrift im Zentralarchiv in Günsbach).
[40] Brief vom 23. 4. 1958 (an H. F. Dressel. Abschrift im Zentralarchiv Günsbach).
[41] Brief vom 15. 6. 1953 (an U. Neuenschwander. Abschrift im Zentralarchiv Günsbach).

Jesu in der Kirche mit griechischer Metaphysik ausgedrückt und so zum
Dogma wurden, wodurch sie erstarrten und verarmten"[42]. „Es handelt
sich also um eine *Entdogmatisierung* der Persönlichkeit Jesu."[43] Damit
meint Schweitzer, daß „einfach auf die ursprüngliche Vorstellung" zu-
rückgegangen wird: „Die Eschatologie ist eine durch die Ethik vorgege-
bene religiöse Hoffnung, und die Person Jesu ist mit der Denkweise der
griechischen Metaphysik vorgestellt worden. Da ist nichts von Mythus.
Da gibt es nichts zu ‚Entmythologisieren'."[44]

Hier redet man ganz offensichtlich aneinander vorbei, was sicher nicht
Schweitzers Schuld allein ist, der – von D. Fr. Strauß geschult – für Bultmanns Programm hätte aufgeschlossen sein können. Andererseits ist das
von Bultmann gewählte Stichwort, zumal in seinen zwei verschiedenen
Begründungstendenzen – das mythologische Weltbild ist dem „modernen Menschen" unzumutbar, und: jeder Mythos hat objektivierende
Tendenz – tatsächlich „problemgeladen"[45]. Davon abgesehen ist es jedoch – jedenfalls in der Tendenz – der Hermeneutik Schweitzers nicht
diametral entgegengesetzt, was letzterer auch durchaus so empfunden hat
(„dasselbe meint Bultmann"). Beiden geht es um die weltanschaulich und
zeitbedingte Sprachgestalt der neutestamentlichen Botschaft, die daher
notwendig zu *übersetzen* ist[46]. Für beide „kann es sich nicht um eine
Scheidung zwischen Vergänglichem und Bleibendem, sondern nur um
eine Uebertragung des Urgedankens jener Weltanschauung in unsere Begriffe handeln"[47]. Aber während für Schweitzer jener *Urgedanke* ein *zeitloser* ethischer Wille ist[48], der unter dem „Eindruck" der „Persönlichkeit" Jesu auf uns überspringt und „so unsere Weltanschauung, trotz aller
Verschiedenheit des Vorstellungsmaterials, dem Wesen nach der seinen

---

[42] Brief vom 30. 10. 1956 (an Prof. Schütz. Abschrift im Zentralarchiv in Günsbach).
[43] Brief vom 1. 6. 1958 (an Herrn Bahr, Südafrika, Abschrift im Zentralarchiv in Günsbach).
[44] Brief vom 17. 7. 1955 (an F. Buri. Abschrift im Zentralarchiv in Günsbach).
[45] Vgl. dazu G. KLEIN, R. Bultmann 411. Das Unbefriedigende des Stichwortes „Entmythologisieren" gesteht BULTMANN, Bibelkritik 16 zu.
[46] Bei SCHWEITZER, LJ 635/Werke 3, 877/GTB 623 kann es z. B. heißen: „Die primitive,
spätjüdische Metaphysik, in der Jesus seine Weltanschauung ausspricht, erschwert die Über-
setzung seiner Ideen in die Formeln unserer Zeit in außerordentlicher Weise." Und BULT-
MANN, KuM I 18 spricht in diesem Zusammenhang von „mythischer Eschatologie". – Zu
den Kon- und Divergenzen bei Schweitzer und Bultmann vgl. E. MÜLLER, Die säkulare Bedeutung Schweitzers 149 ff. 153 f., bes. 157: „Ganz Bultmannisch sieht Schweitzer das historische Problem mit Reimarus durchgängig als das Problem der Verkündigung Jesu."
[47] A. SCHWEITZER, LJ 635/Werke 3, 878/GTB 623; vgl. die Zurückweisung der Unterscheidung von „Schale und Kern" bei R. BULTMANN, KuM I 24 f.
[48] Vgl. LJ 634/Werke 3, 876 f./GTB 622 f.

gleichgestaltet und die Energien wachruft, die in der seinigen wirksam sind"[49], horcht Bultmann das mythologische Material auf das sich in ihm ausdrückende Existenzverständnis hin ab, um so die anthropologische Bedeutsamkeit des Christusgeschehens zum Ausdruck zu bringen[50]. Was Schweitzer und Bultmann trotz der sehr verwandten Grundtendenz voneinander scheidet, ist, daß letzterer mit seinem hermeneutischen Ansatz auch die liberale Theologie überwindet, sofern diese durch die ,,Persönlichkeit Jesu" menschliche Möglichkeiten angefacht und entbunden sieht[51], während Schweitzer gerade darin die einzige Möglichkeit findet, daß Jesus ,,in der Gegenwart geistige Kraft" wird[52]. Oder anders gesagt: Schweitzer fragt, welches das ,,moderne Aequivalent" jener ethischen Weltvollendung ist, der Jesus und Paulus im Vorstellungsmaterial der ,,spätjüdischen . . . Eschatologie" Ausdruck verliehen haben[53], und er antwortet: die sittliche Arbeit für das Reich Gottes, das heißt die Schaffung jenes Kulturideals, welches den Menschen ,,auf die Höhe wahrer Humanität" erhebt[54]. Dabei lehnt Schweitzer die Vorstellung ausdrücklich ab, daß wir die ,,Idee der sittlichen Weltvollendung" durch historische *Offenbarung* von Jesus bezogen haben[55]. Weil dadurch tatsächlich die Botschaft vom entscheidenden Handeln Gottes in Christus eliminiert, die Verkündigung auf bestimmte sittliche Grundgedanken reduziert wird, schärft Bultmann umgekehrt gerade den Gedanken der streng gefaßten Offenbarung ein, die uns die Weltgeschichte als Veranstaltung sündiger Menschen erkennen läßt und die uns nirgends anders als in Christus widerfährt – als Gnade Gottes, die Sünde vergibt und neuen Gehorsam *schenkt*[56].

Diese theologische Differenz, die in Bultmanns Grundlagenkritik am Liberalismus an den Tag kommt und mit der er eben auch Schweitzer trifft, ist so fundamental, daß die Gemeinsamkeiten der hermeneutischen Intentionen demgegenüber unerheblich werden[57].

Wie aber läßt sich von einer *bleibenden* Bedeutung Schweitzers sprechen, wenn er zu keiner der bedeutenden zeitgenössischen theologischen

---

[49] AaO 636/879/624.
[50] R. BULTMANN, Bibelkritik, bes. 69 ff.; vgl. G. KLEIN, R. Bultmann 411.
[51] Vgl. dazu G. KLEIN, R. Bultmann, passim.
[52] LJ 633/Werke 3, 875/GTB 621.
[53] AaO 635/878/624.
[54] Vgl. aaO 638/882/626.
[55] AaO 640/885/628. Siehe oben S. 218.
[56] R. BULTMANN, KuM I 25; vgl. *ders.*, Die Frage der natürlichen Offenbarung, in: GV II 100; dazu G. KLEIN, R. Bultmann 404.
[57] Vgl. J. W. BOWMAN, From Schweitzer to Bultmann.

Bewegungen in ein positives Verhältnis trat? Nun, er hat mit seinem un-trüglichen Problembewußtsein diesen Bewegungen zu sachlichen Grund-einsichten verholfen, ohne deren Beachtung Problemlösungen überhaupt unmöglich sind. Das gilt in dreifacher Hinsicht:

1. Schweitzer hat der exegetischen Zunft unseres Jahrhunderts einge-schärft, daß es bei der Auslegung des Neuen Testamentes unverzichtbar ist, das geschichtlich Fremde als solches zu verstehen, statt es dem eigenen Vorstellen gefügig zu machen. Uneingeschränkt hielt er selbst daran fest, „daß von der jetzt so vielfach und oft mit blendender Virtuosität geübten Vermengung unserer religiösen Betrachtungsweise mit der geschichtli-chen die geschichtliche Erkenntnis gar nichts und unser religiöses Leben auf die Dauer nicht sehr viel hat. Die Erforschung der geschichtlichen Wahrheit als solcher gilt mir als ein Ideal, dem die wissenschaftliche Theo-logie nachzustreben hat. Noch immer bin ich überzeugt, daß die blei-bende geistige Bedeutung, die das religiöse Denken der Vergangenheit für das unsrige hat, sich am stärksten auswirkt, wenn wir mit jener Frömmig-keit, so wie sie wirklich war, nicht wie wir sie uns zurecht legen, in Berüh-rung treten. Ein Christentum, das die historische Wahrheit nicht in den Dienst der geistigen zu stellen wagt, ist innerlich nicht gesund, auch wenn es sich stark vorkommt. Die Ehrfurcht vor der Wahrheit als solcher, die in unserem Glauben sein muß, wenn er nicht zum Kleinglauben werden soll, begreift auch die Achtung vor der historischen Wahrheit in sich"[58]. Tat-sächlich kann die Theologie *diesen* methodischen Grundsatz nur zu ihrem eigenen Schaden außer acht lassen. Er legt sie sachlich darauf fest, die Fra-ge: ‚Wer war Jesus von Nazareth?' an den *Anfang* zu stellen[59].

Als Harnack am 7. 3. 1929 Schweitzer zum Ehrenmitglied der Preußi-schen Akademie der Wissenschaft vorschlägt, tut er es in dem handschrift-lichen Antrag[60] u. a. auch mit dem Hinweis darauf, Schweitzers Studien zur Leben-Jesu-Forschung seien Werke, „die niemals veralten werden". Was das methodische und sachliche Gewicht der *Jesusfrage* innerhalb der Theologie anbetrifft, gilt dieses Urteil uneingeschränkt[61].

2. Schweitzer hat in der Frage der Eschatologie nicht nur für eine klare

---

[58] MP IXf./Werke 4, 22 f.

[59] So z. B. neuestens und mit besonderer Prägnanz P. STUHLMACHER, Das Evangelium von der Versöhnung in Christus. Grundlinien und Grundprobleme einer bibl. Theol. d. NT, in: DERS./H. CLASS, Das Evangelium von der Versöhnung in Christus, Stuttgart 1979, 13–54.

[60] Die Fotokopie befindet sich im Zentralarchiv in Günsbach.

[61] Vgl. bes. O. CULLMANN, Albert Schweitzers Auffassung der urchristlichen Reichsgot-teshoffnung, passim.

Sprachregelung plädiert (leider vergeblich!)[62]; er hat – dies ist sein wichtigstes Erbe – der Theologie unseres Jahrhunderts darüber hinaus klargemacht, daß dort, wo das Zusammendenken von Eschatologie und Historie als theologische Aufgabe preisgegeben wird, das Proprium der biblischen Botschaft überhaupt verspielt wird. Tatsächlich geht man in der heutigen Exegese und Systematik andere Wege als Schweitzer, weiß aber, daß sie nur dann rechte Wege sind, wenn sie nicht von der Eschatologie wegführen, sondern auf sie als das Zentrum der urchristlichen Verkündigung gerichtet bleiben.

3. Schweitzer hat der Theologie unseres Jahrhunderts klargemacht, daß die Entscheidung nie zwischen Jesus *oder* Paulus stehen kann. Das Christentumsverständnis gewinnt man mit beiden zusammen oder gar nicht. Paulus und Jesus sichern in ihrer spannungsvollen Einheit der Theologie ihren Gegenstand, das Christusgeschehen, ohne das sie nicht christlich genannt werden könnte.

Noch einmal ist zu betonen, daß wir manches im Blick auf diese drei Problemkreise heute ganz anders sagen als Schweitzer. Aber ein Zurück hinter seine Erkenntnisse ist unmöglich. ,,Wenn einmal abschließend die Geschichte der Theologie des 20. Jahrhunderts geschrieben wird, muß A. Schweitzer dort nicht nur als Verfasser einzelner Bücher aufgeführt werden, sondern als derjenige, der die neutestamentlichen Hauptprobleme jedenfalls gestellt hat."[63]

2. *Die Aktualität der Ethik Schweitzers*

Schweitzers Kulturphilosophie ist der Versuch, denkend zu erweisen, daß das wahre Menschsein nichts anderes als das Christsein, das Reich Gottes nicht ein Zweites neben dem Kulturideal ist. Über die theologische Problematik dieses Versuches braucht man nicht zu streiten. Er ist un-

---

[62] ,,Von Eschatologie sollte man nur da reden, wo es sich um das in unmittelbarer Nähe erwartete Weltende . . . handelt. Der Gebrauch des Wortes für die subjektive Endzukunft des Einzelnen, bei der keine imminente (!), die ganze Menschheit betreffende Katastrophe im Spiele ist, kann nur irreführen, da er die falsche Vorstellung erweckt, – exempla docent! – als ließen sich eine paulinische und eine den Mysterienreligionen angehörige Eschatologie in Parallele stellen und vergleichen. Von Eschatologie im wirklichen spätjüdisch-urchristlichen Sinne findet sich in keiner griechisch-orientalischen Lehre auch nur eine Spur" (PF 178). Freilich macht eine solche Sprachregelung die theologische Sachdefinition (welchen *Gebrauch* machen Jesus und Paulus?) erst recht zu einem dringenden Desiderat. Vgl. E. JÜNGEL, Paulus und Jesus 285 ff.

[63] O. CULLMANN, A. Schweitzers Auffassung der urchristlichen Reichsgotteshoffnung 643. Ganz anders das Urteil von T. FRANCIS GLASSON, Schweitzers Influence – Blessing or Bane?, in: JThS 28, 1977, 289–302. Antwort: Schweitzers theol. Einfluß sei schädlich.

durchführbar. Dennoch behält er seine Bedeutung, und zwar wegen der Ergebnisse, die Schweitzers Analyse der Kultursituation erbringt[1].

Es wurde bereits darauf hingewiesen, daß Schweitzers ethisches Philosophieren Resultat der ihm um 1900 bewußt werdenden Kulturkrise ist[2]. Eröffnet wird die Kulturkritik mit einer *Philosophiekritik*. Daß die Kultur im Niedergang ist, zeigt sich für Schweitzer daran, ,,daß sie sich materiell viel stärker entwickelt hat als geistig. Ihr Gleichgewicht ist gestört."[3] Diese Gleichgewichtsstörung war möglich, ,,weil kein Nachdenken über Kultur unter uns vorhanden war"[4]. Die Philosophie hat versagt! Denn ihre Aufgabe wäre es gewesen, die Weltwirklichkeit auch mit einer Weltanschauung zu fundamentieren, den Fortschritt durch ethische Vernunft zu regulieren, statt ihn immer nur zu beschreiben und sich auf Inventarisierung der Wirklichkeit zu beschränken. Niemand in unserer Zeit prüfe das Geistesleben ,,auf Adel der Gesinnung und auf Energie zum wahren Fortschritt"[5]. In diesem Satz steckt Schweitzers ganze Philosophie in nuce, die zugleich seine Religion ist. Wahrer Fortschritt ohne einen Adel der Gesinnung ist ausgeschlossen. Für den Adel der Gesinnung aber ist nach Schweitzer die Philosophie verantwortlich. Jedoch: ,,Aus einem Arbeiter am Werden einer allgemeinen Kulturgesinnung war die Philosophie nach dem Zusammenbruch in der Mitte des neunzehnten Jahrhunderts ein Rentner geworden, der sich fern von der Welt mit dem, was er sich gerettet hatte, beschäftigte. Sie wurde zur Wissenschaft, die die Ergebnisse der Naturwissenschaften und der historischen Wissenschaften sichtete und als Material zu einer zukünftigen Weltanschauung zusammentrug und dementsprechend einen gelehrten Betrieb auf allen Gebieten unterhielt. Zugleich wurde sie immer mehr von der Beschäftigung mit ihrer eigenen Vergangenheit absorbiert. Fast wurde die Philosophie zur Geschichte der Philosophie. Der schöpferische Geist hatte sie verlassen. Mehr und mehr wurde sie eine Philosophie ohne Denken. Wohl dachte sie über die Resultate der Einzelwissenschaften nach, aber das elementare Denken kam ihr abhanden."[6] Der für Schweitzer entscheidende Begriff

---

[1] Zum folgenden vgl. E. GRÄSSER, Elementair denken; BERNARD KAEMPF, Fondements et actualité de l'Ethique d'Albert Schweitzer, Theol. Diss. Strasbourg 1975. Beachtlich auch KEIJI KASAI, Die Bedeutung des Christentums in der heutigen Welt bei Albert Schweitzer und Paul Tillich, Theol. Diss. Basel 1977.

[2] Siehe oben S. 12f.

[3] KE 2/Werke 2, 118.

[4] VW 1/Werke 2/23.

[5] VW 1/Werke 2, 24.

[6] AaO 5f./28.

elementares Denken meint eine auf die Klärung von Lebensfragen, vor allem in ethischer Hinsicht, gerichtete Erkenntnis[7]. Philosophie ohne elementares Denken aber nennt Schweitzer eine „gelehrte Epigonenphilosophie". Sie spiele auf Schulen und Hochschulen zwar noch eine Rolle; „aber der Welt hatte sie nichts mehr zu sagen. Weltfremd war sie geworden, bei allem Wissen. Die Lebensprobleme, die die Menschen und die Zeit beschäftigten, spielten in ihrem Betriebe keine Rolle. Ihr Weg lief abseits von dem des allgemeinen geistigen Lebens. Wie sie von diesem keine Anregungen empfing, so gab sie ihm auch keine. Weil sie sich mit den elementaren Problemen nicht beschäftigte, unterhielt sie keine Elementarphilosophie, die zur Popularphilosophie werden konnte. . . Daß es eine Popularphilosophie gibt, die daraus entsteht, daß die Philosophie auf die elementaren, innerlichen Fragen, die die Einzelnen und die Menge denken oder denken sollen, eingeht, sie in umfassenderem und vollendeterem Denken vertieft und sie so der Allgemeinheit zurückgibt, und daß der Wert jeder Philosophie zuletzt danach zu bemessen ist, ob sie sich in eine lebendige Popularphilosophie umzusetzen vermag oder nicht, kam ihr nicht zum Bewußtsein"[8].

Das zweite Kapitel von „Verfall und Wiederaufbau der Kultur" ist überschrieben: „Kulturhemmende Umstände in unserem wirtschaftlichen und geistigen Leben"[9]. Das Frappierendste an diesen kulturhemmenden Umständen ist ihre ungebrochene Aktualität bis zum heutigen Tage. Gleich einer der ersten Sätze lautet: „Die Kulturfähigkeit des modernen Menschen ist herabgesetzt, weil die Verhältnisse, in die er hineingestellt ist, ihn verkleinern und psychisch schädigen."[10] Die Verhältnisse und Schädigungen, die Schweitzer im folgenden nennt, sind den heutigen Verhaltensforschern, Soziologen und Ökologen nicht fremd, sondern nur noch klarer gegenwärtig[11]. Wer sich heute um *elementares* Denken angesichts der bedrohlichen Entwicklung der Weltwirklichkeit bemüht, der steht bewußt oder unbewußt in einer unmittelbaren Geistesverwandtschaft mit Schweitzer. Die Beispiele aus dessen Kulturphilosophie belegen das schlagend.

Da ist z. B. von der Unfreiheit die Rede, die aus der Überanstrengung kommt. „Die gewöhnliche Überbeschäftigung des modernen Menschen in allen Gesellschaftskreisen hat zur Folge, daß das Geistige in ihm ver-

---

[7] Vgl. H. GROOS 604.
[8] VW 6 f./Werke 2, 29.
[9] AaO 9/32.
[10] AaO 9/32.
[11] Vgl. nur K. LORENZ, Todsünden.

kümmert. Indirekt wird er schon in seiner Kindheit davon betroffen. Seine Eltern, in dem unerbittlichen Arbeitsdasein gefangen, können sich ihm nicht in normaler Weise widmen. Damit kommt etwas für seine Entwicklung Unersetzliches in Wegfall. Später, selber der Überbeschäftigung unterworfen, verfällt er mehr und mehr dem Bedürfnis nach äußerlicher Zerstreuung. Die ihm bleibende Muße in der Beschäftigung mit sich selbst oder in ernster Unterhaltung mit Menschen oder Büchern zu verbringen, erfordert eine Sammlung, die ihm schwer fällt. Absolute Untätigkeit, Ablenkung von sich selbst und Vergessen sind ein physisches Bedürfnis für ihn. Als ein Nichtdenkender will er sich verhalten. Nicht Bildung sucht er, sondern Unterhaltung, und zwar solche, die die geringsten geistigen Anforderungen stellt. Die Mentalität dieser vielen Ungesammelten und Sammlungsunfähigen wirkt auf alle Organe zurück, die der Bildung und damit der Kultur dienen sollten. Das Theater tritt hinter dem Vergnügungs- oder Schaulokale zurück und das gediegene Buch hinter dem zerstreuenden. Zeitschriften und Zeitungen haben sich in steigendem Maße in die Tatsache zu finden, daß sie alles nur in der leichtest faßlichen Form an den Leser heranbringen dürfen. Der Vergleich des Durchschnitts der jetzigen Tagespresse mit der vor fünfzig oder sechzig Jahren läßt erkennen, wie weit sie sich in diesem Sinne umwandeln mußte.''[12]

Ein anderes Beispiel: Schweitzer warnt vor der geistigen Gefahr des Spezialistentums ebenso wie vor der der Humanitätslosigkeit: ,,Das normale Verhalten von Mensch zu Mensch ist uns erschwert. Durch die Hast unserer Lebensweise, durch den gesteigerten Verkehr und durch das Zusammenarbeiten und Zusammenwohnen mit vielen auf engem Raum, kommen wir fortwährend und in mannigfachster Weise als Fremde mit Fremden zusammen. Die Verhältnisse lassen es nicht zu, daß wir uns untereinander als Mensch zu Mensch verhalten . . . Die Affinität zum Nebenmenschen geht uns verloren. Damit sind wir auf dem Wege zur Inhumanität. Wo das Bewußtsein schwindet, daß jeder Mensch uns als Mensch etwas angeht, kommen Kultur und Ethik ins Wanken. Das Fortschreiten zur entwickelten Inhumanität ist dann nur noch eine Frage der Zeit.''[13]

Schweitzer warnt vor der kulturhemmenden ,,Überorganisation unserer öffentlichen Verhältnisse''[14]. ,,Je konsequenter die Organisation sich

---

[12] VW 11/Werke 2, 34f.

[13] AaO 14/37f.

[14] AaO 16/39. AaO 16/40. – In unseren Tagen schreibt H. SCHELSKY, Der selbständige Mensch in der freiheilichen Gesellschaftsordnung. Sonderdruck Studiengesellschaft für Information und Fortbildung e. V., Stuttgart 1977, 31: ,,*Der staatlich verordnete Zwang zur Solidarität* zerstört in Wirklichkeit das eigentliche Solidaritätsbewußtsein und macht den

ausbaut, desto stärker äußert sich ihre hemmende Wirkung auf das Produktive und Geistige. Es gibt Kulturstaaten, die sich von den Folgen einer weit zurückliegenden, allzu eingreifenden Zentralisierung der Verwaltung weder wirtschaftlich noch geistig erholen können. Einen Wald zum Park zu machen und als solchen zu unterhalten, mag in mancher Hinsicht zweckdienlich sein. Aber mit der reichen, den zukünftigen Bestand auf natürliche Weise sichernden Vegetation ist es dann vorbei."[15] Im Streben nach totaler Organisation, nach der „Gesamtheit"[16], sieht Schweitzer die größte Gefahr für die Kultur, weil es das Individuum zerstört. „Weil wir so auf die Urrechte der Indivudualität verzichten, kann unser Geschlecht keine neuen Gedanken hervorbringen oder vorhandene in zweckmäßiger Weise erneuern, sondern es erlebt nur, wie die bereits geltenden immer größere Autorität erlangen, sich immer einseitiger ausgestalten und sich bis in die letzten und gefährlichsten Konsequenzen ausleben. So sind wir in ein neues Mittelalter eingetreten . . . Noch ist keine Einsicht in unser geistiges Elend vorhanden. Von Jahr zu Jahr wird das Verbreiten von Meinungen mit Ausschalten des Denkens von den Kollektivitäten immer weiter ausgebildet. Die Methoden des Verfahrens sind zu solcher Vollkommenheit gediehen und haben solche Aufnahme gefunden, daß die Zuversicht, auch das Unsinnigste, wo es angebracht erscheinen sollte, zur öffentlichen Meinung erheben zu können, sich nicht erst zu rechtfertigen braucht."[17]

Die Zerstörung der Individualität wirkt sich auf die Ethik ganz besonders verheerend aus. „Mit der eigenen Meinung gibt der moderne Mensch auch das eigene sittliche Urteil auf. Um gut zu finden, was die Kollektivität in Wort und Tat dafür ausgibt, und zu verurteilen, was sie für schlecht erklärt, unterdrückt er die Bedenken, die in ihm aufsteigen. Nicht nur vor anderen, sondern auch vor sich selbst läßt er sie nicht zu Worte kommen. Es gibt keine Anstöße, über die sein Zugehörigkeitsgefühl zuletzt nicht triumphiert. So verliert er sein Urteil an das der Masse und seine Sittlichkeit an die ihre."[18] „Aber sie leiden Schaden an ihrer Seele."[19] „Der Bankerott des Kulturstaates, der von Jahrzehnt zu Jahrzehnt offenbarer wird,

---

Menschen – vielleicht aus gutgemeinten Gründen – *zum verwalteten Menschen* und die Solidarität zu einer bloßen Ideologie." Vgl. auch DERS., Der selbständige und der betreute Mensch, Stuttgart 1976.
[15] VW 16/Werke 2, 40.
[16] AaO 18 f./42 f.
[17] AaO 18 f./42 f.
[18] AaO 19/43.
[19] AaO 19 f./44.

richtet den modernen Menschen zugrunde. Die Demoralisation des Einzelnen durch die Gesamtheit ist in vollem Gange.''[20]

Dieses leidenschaftliche Plädoyer Schweitzers für den „ethischen Grundcharakter der Kultur"[21] ist nicht neu; wir kennen es bereits aus seinen Predigten. Stand dort die Frage, was das Reich Gottes sei, im Mittelpunkt, so hier – und das ist sachlich durchaus dasselbe – die Frage: „Was ist Kultur?"[22] Schweitzer antwortet in der allgemeinsten Weise: Kultur ist Fortschritt, „materieller und geistiger Fortschritt der einzelnen wie der Kollektivitäten"[23]. Aber es gibt eindeutige Prioritäten. „Der ethische Fortschritt ist . . . das Wesentliche und das Eindeutige, der materielle das weniger Wesentliche und das Zweifelhafte in der Kulturentwicklung."[24] Schweitzer sieht selbst, daß dies eine „moralistische Auffassung der Kultur" ist, die einen „rationalistisch-altmodisch" anmute[25]. Aber altmodisch oder modern sind keine Kriterien, die Schweitzer gelten läßt. Er fragt allein danach, auf welcher Seite die *Wahrheit* steht. Hier aber war er gewiß – und die Entwicklung gibt ihm recht –: ein Fortschritt *ohne* Ethik bringt in Wahrheit nur den Niedergang der Kultur und der Menschheit. Seine technische Omnipotenz hat den Menschen zum Übermenschen werden lassen. „Aber der Übermensch hat sich nicht auf das Niveau übermenschlicher Vernunft erhoben, die dem Besitz übermenschlicher Kraft entsprechen sollte. Der Übermensch wird, im gleichen Maße wie seine Macht sich vergrößert, mehr und mehr ein armer, armer Mensch. Um sich nicht der Zerstörung, die von oben auf ihn hinunterprasselt, völlig auszusetzen, muß er sich unter die Erde eingraben wie die Tiere des Feldes. . . . Die wesentliche Tatsache, die unser Gewissen aufrütteln muß

---

[20] AaO 20/44. – Ein halbes Jahrhundert später ist das bei K. LORENZ, Todsünden 109 die siebte der acht Todsünden der zivilisierten Menschheit: „Die Zunahme der Indoktrinierbarkeit der Menschheit. Die Vermehrung der Zahl der in einer einzigen Kulturgruppe vereinigten Menschen führt im Verein mit der Vervollkommnung technischer Mittel zur Beeinflussung der öffentlichen Meinung zu einer Uniformierung der Anschauungen, wie sie zu keinem Zeitpunkt der Menschheitsgeschichte bestanden hat. Dazu kommt, daß die suggestive Wirkung einer fest geglaubten Doktrin mit der Zahl ihrer Anhänger wächst, vielleicht sogar in geometrischer Proportion. Schon heute wird mancherorts ein Individuum, das sich der Wirkung der Massenmedien, z. B. des Fernsehens, bewußt entzieht, als pathologisch betrachtet. Die ent-individualisierenden Effekte sind allen jenen willkommen, die große Menschenmassen manipulieren wollen. Meinungsforschung, Werbetechnik und geschickt gesteuerte Mode helfen den Großproduzenten diesseits und den Funktionären jenseits des Eisernen Vorhanges zu gleichartiger Macht über die Massen."
[21] VW 21/Werke 2, 45.
[22] AaO.
[23] AaO.
[24] AaO 22/47.
[25] AaO.

und der wir schon seit langer Zeit eingedenk sein sollten, ist, daß wir um so unmenschlicher werden, je mehr wir zu Übermenschen emporwachsen."[26]

Daß Methode und Begriff der Schweitzerschen Kulturkritik sowie die Analyse der verursachenden Faktoren des Kulturzerfalls „einseitig und unvollständig" seien, wurde sofort gesehen und seither oft kritisiert[27]. Und auch die späten Ausführungen zum Friedensproblem, also Schweitzers Nobelpreisrede von 1954 und die Appelle von 1958, auf Atomversuchsexplosionen zu verzichten, hat man im Blick auf die politische Gesamtproblematik als „gutes Zureden" abqualifiziert, das „rührend naiv, aber auch seltsam flach" sei[28]. Letzteres mag zu scharf geurteilt sein. Insgesamt aber ist zuzugeben, daß Schweitzer die Dinge mit dem individualistisch verengten Sehwinkel der Popularphilosophie des 18. Jahrhunderts sieht und überhaupt auf dem Felde der Philosophie – von der modernen Großraumpolitik ganz zu schweigen – nicht den gleichen vollständigen Überblick hatte wie auf dem Felde der neutestamentlichen Forschung. Nur: Die Zukunft hat Albert Schweitzer im Grundsätzlichen recht gegeben und stuft alle Kritik im Detail zu akademischen Sandkastenspielen zurück[29]. Jenseits der Frage, ob Schweitzer einen zureichenden Kulturbegriff hatte, bleibt doch das Faktum, daß er wie kaum einer die sittliche Komponente in ihrer Bedeutung für die Zukunft erkannte und daß die heutige Entwicklung ihn als „größten, aktuellsten" Sozialethiker seiner Zeit ins Recht setzt[30]. Es geht Schweitzer darin wie den alttestamentlichen Propheten: sie unterschieden sich von den „Lügenpropheten" allein darin, daß ihnen die Zukunft recht gab. Jedenfalls ist in unserer Zeit der globalen Krisen, in die uns die modernen Technologien stürzen, kaum eine menschlichere, eindringlichere und aktuellere Stimme zu hören als die des Ethikers der *Ehrfurcht vor dem Leben*. Als Schweitzer zu Beginn unseres Jahrhunderts diese Entwicklung voraussah und kritisierte, hat man seine Einstellung leichthin mit Etiketten wie „Vitalismus" oder „Biologismus" versehen und zu den Akten gelegt. „Heute aber", so schreibt Robert Jungk mit Recht, „können wir uns kaum mehr leisten, Schweitzers Bemühungen um eine Wiedergeburt der Kultur aus dem Geist einer lebens-

---

[26] Zitiert von R. JUNGK, Der Mensch gegen den Übermenschen 9f.
[27] Vgl. zuletzt H. GROOS 506 ff.
[28] H. GROOS 595.
[29] Gegen H. GROOS 508 f. Was soll der Vorwurf, Schweitzers Kulturauffassung sei „zu individualistisch-intellektualistisch-rationalistisch" (509), wenn man zugleich sagt, er sei der Entdecker „einer neuen ethischen Dimension", nämlich der Dritten Welt (593)?
[30] H. GROOS 592.

bewahrenden Ethik rein akademisch zu beurteilen. Denn inzwischen haben die durch keinerlei ethische Bindung gehemmten Erkenntniskräfte es erstmals in der Geschichte der Menschheit bewirkt, daß der Mensch die Schöpfung bis in den Kern hinein zu ergründen und von dort aus zu wandeln vermag. Albert Schweitzer hat in seiner Osloer Nobelpreis-Rede auf die Gefahr hingewiesen, die dem Bestehen der Menschheit schon durch die bloßen Versuche mit den neuesten Atomwaffen drohe. Er hat schaudernd bekannt: ,Erst jetzt enthüllt sich uns das ganze Grauen unserer Existenz. Wir können der Frage nach der Zukunft der Menschheit nicht mehr entgehen.'"[31]

Heute ist *diese* Frage in aller Munde. Sie bestimmt die Debatten in den Parlamenten der Industriestaaten ebenso wie die Diskussionen in den Massenmedien und Akademien. Und auch die Theologie nimmt sich allmählich des Themas an[32]. Daß der Name Schweitzer dabei *keine* Rolle spielt, mag Kompensation des schlechten Gewissens sein, nicht auf seine Mahnung zur Ehrfurcht vor dem Leben gehört zu haben!

3. Die Denknotwendigkeit der Grundideen des Christentums oder die Versöhnung von Theologie und Philosophie

Am 12. Oktober 1923 schreibt Schweitzer an Martin Werner: ,,Ich will durchdenken, wie weit das voraussetzungslose Denken von sich aus zu ethischen und religiösen Gedanken kommt. Ich glaube zu zeigen, daß wenn man das Denken bis ans Ende zu denken wagt, es zur absoluten Ethik Jesu und zur Mystik kommt. Dies ist das Entscheidende für mich. Die tiefsten Überzeugungen des Christentums sind *denknotwendig*. Aber weil ich zu dieser Gewißheit durchgedrungen bin, rede ich so kalt und nüchtern wie möglich, um nicht mit den gewöhnlichen Apologeten des Christentums, die gar nicht überzeugen können, verwechselt zu werden. Mein Beruf ist, diesen Gedanken der Denknotwendigkeit der Grundideen des Christentums zu Ende zu denken und zu erweisen, daß alles consequente Denken religiös und ethisch wird! Eine unausgesprochene, schlichte Christlichkeit umschwebt meine Philosophie. Viele sind irritiert, weil ich nun mein Verhältnis zum Christentum nicht präcisiere. Aber die andern sollen meine Gedanken mit dem Christentum auseinandersetzen, nicht ich."[1]

---

[31] R. JUNGK, Der Mensch gegen den Übermenschen 11 f.

[32] Vgl. O. H. STECK, Welt und Umwelt (UTB 1006), Stuttgart 1978 (Lit.!); E. GRÄSSER, Neutestamentliche Erwägungen zu einer Schöpfungsethik, in: WPKG 68, 1979, 98–114.

[1] Abschrift im Zentralarchiv in Günsbach.

Es gibt kein Selbstzeugnis Schweitzers, das klarer zum Ausdruck brächte, worum es ihm letztendlich bei all seinem geistigen Schaffen zu tun war. Er will den Gedanken der *Denknotwendigkeit* der Grundideen des Christentums zu Ende denken. Dabei beflügelt ihn die Überzeugung der Einheit von Vernunft und Religion. Vernünftiges Denken und religiöse Überzeugung bedürfen gar keiner Versöhnung, weil beide nur *eine* Wahrheit kennen: den elementaren Sinn des Menschseins. Ja, diese Wahrheit ist nur da, wo die Übereinstimmung zwischen den beiden, dem vernünftigen Denken und dem elementaren Sinn des Menschseins, gefunden ist[2]. So ist der von Schweitzer geprägte Begriff der ,,Denkfrömmigkeit"[3] alles andere als eine sprachliche Koketterie. Er kennzeichnet exakt seine Theologie, die man besser als ,,Religionsphilosophie" bezeichnet[4]. Hauptinteresse ist und bleibt die Begründung einer ethisch wertvollen Kulturweltanschauung. Das erklärt Schweitzers völliges Unverständnis für jede Form des Konfessionalismus. ,,Für den Protestantismus gilt: In meines Vaters Haus sind viele Wohnungen", schreibt er an Martin Werner und fährt fort: ,,Wir sind in unserer Zeit die Einzigen, die bei der Vorstellung eines Gesamtprotestantismus verbleiben. Dies bedeutet eine Mission, die wir erfüllen."[5] Schweitzer erfüllte sie übrigens auch mit seiner Bach-Interpretation. Sie stellt in gewisser Weise eine Parallele zur neuen Jesus-Interpretation dar, sofern m.R. von ihr gesagt wird, sie habe Schweitzers überkonfessionelle bzw. freisinnige Religion befördert[6].

Tatsächlich ist Schweitzers Religion ,,weit entfernt sowohl von naiver, wie von orthodoxer Gläubigkeit, es ist auch bei ihm keine Rede von einem Glauben an die Gotteskindschaft Jesu in theologisch-dogmatischem Sin-

---

[2] U. Neuenschwander, Denker des Glaubens I 62.

[3] LD 214/Werke 1, 247.

[4] F. Buri, Albert Schweitzer als Theologe heute 3.

[5] Brief vom 14. 11. 1947 (Abschrift im Zentralarchiv in Günsbach). – Bemerkenswert in diesem Zusammenhang ist folgende Episode. Schweitzer wird 1903 Ehrenmitglied der Studenten-Verbindung Wilhelmitana. Sie war aufs Straßburger Stift beschränkt und eine nur theologische Verbindung, der auch H. J. Holtzmann als Ehrenmitglied angehörte. Dort hält Schweitzer vor der Verbindung eine Rede, von der es heißt: ,,In glänzender Darlegung hat unser Ehrenmitglied Privatdozent lic. Dr. Albert Schweitzer die schwierige Stellung der Verbindung zwischen den katholischen Verbindungen und den antikonfessionellen schlagenden Korporationen andererseits beleuchtet und eine neue Orientierung verlangt." Ergebnis: Die Wilhelmitana legte den theologischen und überhaupt konfessionellen Anstrich ab und meldete sich als ,,*christliche Verbindung*" (R. Will, Die Studenten-Verbindung Wilhelmitana zu Strassburg i. E. 1855–1905, Strassburg 1907, 83. – Zur Ehrenmitgliedschaft Schweitzers ebd. 105).

[6] Vgl. James B. Welch, A Critique of Albert Schweitzer's Editions and Recorded Performances of Twenty-Two Bach Chorale Preludes, Diss. Stanford University 1977.

ne; ja, seine ganze Theologie ist ein eigentümliches Gemenge von Agnostizismus und animistischem Pantheismus, das er selbst treffend als ethische Mystik bezeichnet"[7]. Schweitzer hätte seine Synthese von Gefühl,
Lebenswille und Vernunft auch ohne expliziten Rückgriff auf Jesus
durchführen können, also rein philosophisch seine Ehrfurcht vor dem
Leben begründen können. Daß er dennoch immer wieder auf Jesu Ethik
zurückgreift, liegt an deren Unbedingtheit. ,,Sie hat kein Ziel, keinen
Zweck in dieser Welt. Der Mensch an sich ist das Subjekt der Ethik Jesu,
und ihr Gedanke ist die letzte und tiefste Läuterung des menschlichen
Wesens für das Höchste. So ist die Ethik für ihn Selbstzweck in diesem
Sinne."[8] Um zu der Erkenntnis zu kommen, daß es auf die letzte und tiefste Läuterung des menschlichen Wesens für das Höchste ankommt, bedarf es keiner Offenbarung; das elementare Denken führt zu keinem anderen Ergebnis. Insofern befindet es sich in Übereinstimmung mit dem
Evangelium Jesu. Die durch die Ehrfurcht vor dem Leben philosophisch
gesetzte Vernunftbegründung für das Liebesgebot Jesu[9] wird durch den
Rückgriff auf Jesus keineswegs zugunsten einer dogmatischen Begründung annulliert. Denn ,,die Größe Jesu ist die: er ist Autorität geworden
für den Einzelnen in seiner wahrhaften Menschlichkeit. Das ist das Überwältigende an ihm: daß er in dem eschatologischen Traum Mensch wurde
und Mensch blieb . . ."[10]. In letzter Zuspitzung dieses Gedankens kann
Schweitzer sogar sagen: ,,Uns interessiert absolut nicht, ob Christus erst
das messianische oder das menschliche Selbstbewußtsein hatte, uns interessiert nur, daß ein Mensch (!) den Gedanken denken konnte, er sei der
Messias . . . Wie groß muß dieser Mensch gewesen sein!"[11]

Es gibt nach Schweitzer keine andere Bedeutung Jesu für den Glauben
als die, daß er in seiner wahrhaften Menschlichkeit Autorität geworden ist
für den Einzelnen, und zwar mit dem Ziele einer letzten und tiefsten Läuterung des menschlichen Wesens ,,für das Höchste". Jesus hat – so versteht es Schweitzer – einen Reich-Gottes-Willen hinterlassen, eine *Weltanschauung*. Sie fordert zur Aktivität auf, für dieses Reich zu wirken mit
derselben Leidenschaft und mit denselben sittlichen Kräften, wie sie sich
im Exemplum Jesu offenbaren[12]. Dieses *ethische* Verständnis des Reiches

---

[7] O. Kraus, A. Schweitzer 8.
[8] Schlußvorlesung 9. Vgl. Richard H. Hiers, Jesus and Ethics. Four Interpretations,
Philadelphia 1968 (verglichen werden Harnack, Schweitzer, Bultmann und Dodd).
[9] U. Neuenschwander, Denker des Glaubens I 62.
[10] Schlußvorlesung 10.
[11] Ebd. 12.
[12] Vgl. E. Müller, Die säkulare Bedeutung Schweitzers 155.

Gottes, für das sich Schweitzer leicht auf Luthers Erklärung der zweiten Bitte des Vater-Unsers im Kleinen und Großen Katechismus stützen könnte[13], kann der dogmatischen Formeln und der verschiedenen Konfessionen leicht entraten. Es handelt sich bei ihm nicht um eine Autorität der Erkenntnis, wie sie etwa nur dem Glauben gemäß ist, sondern um eine Autorität des Willens, wie sie jedem elementaren Denken einsichtig ist[14]. Das ist als Ergebnis der historischen Theologie Schweitzers festzuhalten. Jesus von Nazareth ist nicht unter uns gegenwärtig. ,,Er geht nicht mit über die Furt . . . Als historische Erscheinung bleibt er in seine Zeit gebannt.'' Aber wie weiland der Engel den Erzvater Jakob, so segnet er die, ,,welche mit ihm gerungen haben, daß sie, auch ohne ihn mitnehmen zu können wie er ist, als die so Gott von Angesicht gesehen haben und deren Seele genesen ist, ihre Straße ziehen und mit den Mächten der Welt kämpfen.''[15]

Als Schweitzer am 29. Juli 1905 sein Kolleg über die ,,Geschichte der Leben-Jesu-Forschung von Reimarus bis zur Gegenwart'' beschließt, tut er es mit dem Satz: ,,Der Geist Jesu in uns ist als der Schaffende in die Welt getreten, und damit hat die Wahrheit wieder bewiesen, daß sie doch zuletzt das höchste Gut ist und die Menschen vorwärts bringen kann.''[16]

Ein solcher Satz zeigt deutlich die *Grenzen* der Theologie Schweitzers. Es sind die vom Rationalismus des 18. Jahrhunderts gesetzten Grenzen. Aber freilich, Schweitzer geht diesen Weg des ,,sauberen Rationalismus'', wie ihn Theodor Heuß mit Recht genannt hat, um zu einer zeitlosen, tiefen Frömmigkeit zu gelangen. ,,Ich bin kein unkritischer Mensch'', schreibt er eineinhalb Jahre vor seinem Tode. ,,Ich verehre den Jesus von Nazareth des Evangeliums des Matthäus als meinen Führer im Leben. Durch ihn komme ich zur Geistigkeit des Frommseins. Alles Metaphysische der Religion kann ich als unerforschlich dahin gestellt sein lassen. Der Jesus von Galiläa, der aus dem Matthäusevangelium zu mir spricht, lehrt mich die tiefe Menschlichkeit und Frömmigkeit und hilft mir Menschen

---

[13] Im Großen Katechismus heißt es u. a.: ,,Deshalb bitten wir nur hier in erster Linie, dies möchte bei uns in Kraft treten und so sein Name durch das heilige Wort Gottes und durch christliches Leben gepriesen werden'' (Calwer Luther-Ausgabe I. Siebenstern-TB 7, München und Hamburg 1964, 115). Allerdings ist für LUTHER die Spannung zwischen dem jetzigen und dem endgültigen Kommen des Reiches Gottes grundlegend. Es ,,geschieht auf zweierlei Weise: Einmal hier, in dieser Zeit, durch das Wort und den Glauben, sodann in der Ewigkeit, wenn es offenbar werden wird'' (ebd.). Schweitzer kennt nur die erste Weise.

[14] Vgl. LJ 636/Werke 3, 878/GTB 624.

[15] RW 309/LJ 342/Werke 3, 498 f./GTB 358.

[16] Schlußvorlesung 13.

auf diesen Weg bringen."[17] Daß es ein *ganz eitler* Weg sei, wird gerade *die* Theologie nicht sagen, die um der in der Heiligen Schrift geoffenbarten Wahrheit willen über die Grenzen dieser Theologie hinausgehen *muß*.

---

[17] G. FRANZ, Briefwechsel 86.

VII. Epilog

Schweitzers Vorwurf an die Philosophie des 19. Jahrhunderts lautete:
„Sie verlor sich ins Unelementare." Das Gegenteil finden wir bei ihm sel-
ber, wie Willy Bremi mit Recht unterstreicht, wenn er den Weg *dieses* pro-
testantischen Menschen nachzeichnet[18]: Schweitzer ergreift auf jedem
Gebiet *ein* Zentralproblem und nur dieses: Als Musiker wendet er sich
Bach zu, als Philosoph *Kant*, als Theologe *Jesus und Paulus*, als Religions-
geschichtler *Indien und China* (nicht Afrika, wo er lebte), als Literat
Goethe, als Kulturdenker der *Ethik*, als Arzt der *arztlosen Menschheit*.
Mit allen diesen Zuwendungen will er wiederum nur *eines* ausdrücken:
Daß es auf den Menschen ankommt, den helfenden und opfernden ebenso
wie den heimgesuchten und hilfsbedürftigen. Die Gemeinschaft der Leidenden, die Brüder der vom Schmerz Gezeichneten, sie umfaßten für ihn
nicht nur die gequälte Menschheit. Sondern alle Kreatur, Mensch und
Tier, sehnt sich mit uns und ängstigt sich noch immerdar (Röm 8,22). Die
stummen, geschundenen Mitgeschöpfe hatten in Schweitzer bereits zu jener Zeit einen Anwalt, als es die mitleidslose Massentierhaltung und das
gnadenlose unnötige Experimentieren an Millionen von Tieren in den
pharmazeutischen Industrielabors noch nicht gab. Um 1950 herum wurden seine Überlegungen zu „Philosophie und Tierschutz" verbreitet[19] –
auch sie eine Anklage gegen das europäische Denken. Es hält die Tier-
schutzbewegung entweder für eine „Sentimentalität" oder „gesteht ihr
nur eine mehr nebensächliche Bedeutung zu"[20]. „Wie die Hausfrau, die
die Stube gescheuert hat, Sorge trägt, daß die Tür zu ist, damit ja der Hund
nicht hereinkomme und das getane Werk durch die Spuren seiner Pfoten
entstelle, also wachen die europäischen Denker darüber, daß ihnen keine
Tiere in der Ethik herumlaufen."[21] Obwohl der Grundsatz der Liebe, wie
ihn Jesus aufstellte, eine „Ethik grenzenloser Verantwortungen und

---

[18] W. BREMI, Der Weg des protestantischen Menschen von Luther bis Albert Schweitzer,
Zürich 1953, 442.
[19] Grundtexte 92–98/Werke 5, 135–142.
[20] Grundtexte 92/Werke 5, 135.
[21] KE 225/Werke 2/362f. Wilhelm Wundt, der Mitfreude mit Tieren für unmöglich erklärt, wird von Schweitzer aaO 226/363 entgegengehalten: „. . . als hätte er nie einen dur-
stigen Ochsen saufen sehen".

Pflichten" verlangt, welche „der Forderung der Liebe zu den Menschen die der Liebe gegen die Tiere an die Seite zu setzen" gebietet[22]. Schweitzer übersah dabei keineswegs die „Notwendigkeit", „Leben zu vernichten und zu schädigen, und in welch schweren Konflikten wir uns ständig bewegen, wenn wir wagen, uns nicht durch Gedankenlosigkeit zu betäuben"[23]. Aber er ließ keine Wahl: „Die Ethik der Liebe zu allen Geschöpfen im einzelnen auszudeuten: dies ist die schwere Aufgabe, die unserer Zeit gestellt ist."[24]

Sie hat sich ihr bisher entzogen. Mehr noch: sie erkauft sich ihren Wohlstand durch eine gigantische Tierquälerei und rücksichtslose Plünderung des Planeten Erde. Die theologische Ethik aber schweigt!

Schweitzer würde eine Menschlichkeit und würde ein Christentum verachtet haben, das die Tiere von der Brüderschaft der vom Schmerz Gezeichneten ausgeschlossen sein ließe. Dies bleibt seine Mahnung über den Tag hinaus.

Dieses Buch hat sich vorgenommen, nicht nur Fakten und Daten aus dem Leben Schweitzers zur Kenntnis zu geben. Es will uns seine Geschichte als lebendige Geschichte begegnen lassen, als etwas also, durch das ich selbst bewegt bin, in Bewegung gehalten werde, ja, zur Entscheidung gerufen werde im Blick auf das Verstehen, das Tun und Lassen des eigenen Lebens. Daß er zum Kirchenvater nicht taugt, wußte Schweitzer selber[25]. Aber er gehört zu den Menschen, „an denen sie (die Welt) den immer bedrohten Glauben aufrichten kann, es sei ‚der Mühe wert, ein Mensch zu sein'"[26]. Schweitzer schrieb einmal: „Vieles, was an Sanftmut, Gütigkeit, Kraft zum Verzeihen, Wahrhaftigkeit, Treue, Ergebung in Leid unser geworden ist, verdanken wir Menschen, an denen wir solches erlebt haben, einmal in einem großen, einmal in einem kleinen Begebnis . . . Ich glaube nicht, daß man in einen Menschen Gedanken hineinbringen kann, die nicht in ihm sind. Gewöhnlich sind in den Menschen

---

[22] Grundtexte 96.95/Werke 5, 140. 139.

[23] AaO 98/141.

[24] AaO 98/142.

[25] Als MARTIN WERNER mit Freunden einen Katechismus herausgab, der auch Schweitzer-Texte enthielt, gab SCHWEITZER seinen Mißmut kund und schrieb, die Reformatoren wären besser gewesen. Er sei kein Kirchenvater. „Zum Kirchenvater gehört das ‚Alter' wie zum guten Käs! Das müßten Sie als Emmenthaler wissen. Erst wenn Generationen verstrichen sind und eine christliche Persönlichkeit immer an Duft gewonnen hat, darf sie als Kirchenvater angeschnitten werden, Autorität ausüben und in Darlegungen der christlichen Lehre citiert werden" (Brief vom Pfingstsonntag 1927 an M. Werner. Abschrift im Zentralarchiv in Günsbach).

[26] HANS JONAS, Im Kampf um die Möglichkeit des Glaubens, in: O. KAISER (Hg.), Gedenken an Rudolf Bultmann, Tübingen 1977, 70 sagte das im Blick auf Rudolf Bultmann.

alle guten Gedanken als Brennstoffe vorhanden. Aber vieles von diesem Brennstoff entzündet sich erst oder erst recht, wenn eine Flamme oder ein Flämmchen von draußen, von einem andern Menschen her, in ihn hineinschlägt. Manchmal auch will unser Licht erlöschen und wird durch ein Erlebnis an einem Menschen wieder neu angefacht."[27]

Albert Schweitzer gehört zu den Menschen, die ein verloschenes Licht wieder anfachen können. Das ist seine Bedeutung über den Tag hinaus.

---

[27] Selbstzeugnisse 56f./Werk 1, 305/KJ 52.

Literaturverzeichnis

Hans Walter Bähr (Hg.), Albert Schweitzer. Sein Denken und sein Weg, Tübingen 1962 (H. W. Bähr)

KARL BARTH, Die Lehre von der Schöpfung, KD III/4, Zürich ²1957 (K. BARTH, KD III/4)

–, Die Lehre von der Versöhnung, KD II/1, Zürich ²1960 (K. BARTH, KD II/1)

–, Der Römerbrief, München ²1922 (K. BARTH, Römerbrief)

WALTER BAUER, Heinrich Julius Holtzmann (geb. 17. Mai 1832). Ein Lebensbild, in: DERS., Aufsätze und kleine Schriften (hg. v. G. Strecker), Tübingen 1967, 285–341 (W. BAUER, H. J. Holtzmann. Ein Lebensbild)

GÜNTHER BORNKAMM, Jesus von Nazareth (UB 19), Stuttgart ⁹1971 (G. BORNKAMM, Jesus)

JOHN WICK BOWMAN, From Schweitzer to Bultmann, in: ThTo 11, 1954/55, 160–178 (J. W. BOWMAN, From Schweitzer to Bultmann)

RUDOLF BULTMANN, Die Bedeutung der „dialektischen Theologie" für die neutestamentliche Wissenschaft, in: GV I, 114–133 (R. BULTMANN, GV I)

–, Die Christologie des Neuen Testaments, in: GV I 245–267 (GV I)

–, Exegetica. Aufsätze zur Erforschung des Neuen Testaments (hg. v. E. Dinkler), Tübingen 1967 (Exegetica)

–, Zur Frage der Christologie, in: GV I 85–113 (GV I)

–, Zur Geschichte der Paulus-Forschung, in: K. H. Rengstorf, WdF XXIV, 304–337 (R. BULTMANN, Zur Gesch. d. Pls.-Forschung)

–, Glauben und Verstehen. Gesammelte Aufsätze Bd. I. II. IV, Tübingen ⁷1972. ⁴1965. ¹1965 (GV I. II. IV)

–, Jesus, Tübingen 1951 (R. BULTMANN, Jesus)

–, Jesus Christus und die Mythologie. Das Neue Testament im Licht der Bibelkritik (Stundenbücher Bd. 48), Hamburg 1964 (R. BULTMANN, Bibelkritik)

–, Jesus und Paulus, in: Exegetica, 210–229 (Exegetica)

–, Rezension (A. Schweitzer, MP), in: DLZ 2, 1931, Sp. 1153–1158 (R. BULTMANN, Rezension)

–, Neues Testament und Mythologie. Das Problem der Entmythologisierung der neutestamentlichen Verkündigung, in: KuM I (ThF 1), Hamburg-Bergstedt ⁵1967 (R. BULTMANN, KuM I)

–, Die liberale Theologie und die jüngste theologische Bewegung, in: GV I 1–25 (GV I)

–, Theologie des Neuen Testaments, Tübingen ⁶1968 (R. BULTMANN, Theologie); ⁷1977 (hg. v. O. Merk)

–, Urchristentum und Religionsgeschichte, in: ThR NF 4, 1932, 1–21 (R. BULTMANN, Urchristentum)

–, Das Verhältnis der urchristlichen Christusbotschaft zum historischen Jesus, in: Exegetica 445–469 (Exegetica)

FRITZ BURI, Albert Schweitzer als Theologe heute (Christ u. Welt. Schriften für lebensbejahendes Christentum 6), Basel 1955 (F. BURI, Albert Schweitzer als Theologe heute)

–, Albert Schweitzers Theologie in seinen Predigten, in: ThPr 10, 1975, 224–236 (F. BURI, A. Schweitzers Theologie in seinen Predigten)

–, Albert Schweitzers Wahrheit in Anfechtung und Bewährung (Schriften z. Zeit im Artemis Verl. Heft 23), Zürich 1960 (F. BURI, Albert Schweitzers Wahrheit)

–, Der existentielle Charakter des konsequent-eschatologischen Jesus-Verständnisses Albert Schweitzers im Zusammenhang mit der heutigen Debatte zwischen Bultmann, Barth und Jaspers, in: Ehrfurcht vor dem Leben 44–58 (F. BURI, Der existentielle Charakter)

HENRY J. CADBURY, Dunkelheit um den historischen Jesus, in: G. Strube (Hg.), Wer war Jesus von Nazareth?, München 1972, 159–190 (H. J. CADBURY, Dunkelheit um den historischen Jesus)

HANS CONZELMANN, Grundriß der Theologie des Neuen Testaments, München ²1978 (H. CONZELMANN, Grundriß)

–, Zur Methode der Leben-Jesu-Forschung, in: DERS., Theologie als Schriftauslegung. Aufsätze zum NT (BEvTh 65), München 1974, 18–29 (H. CONZELMANN, Zur Methode der Leben-Jesu-Forschung)

OSCAR CULLMANN, Albert Schweitzers Auffassung der urchristlichen Reichsgotteshoffnung im Lichte der heutigen neutestamentlichen Forschung, in: EvTh 25, 1965, 643–656 (O. CULLMANN, A. Schweitzers Auffassung der urchristlichen Reichsgotteshoffnung)

GERHARD DELLING, Art. Abendmahl II. Urchristliches Mahl-Verständnis, in: TRE I 47–58 (G. DELLING, Abendmahl)

MARTIN DIBELIUS, Botschaft und Geschichte. Ges. Aufsätze. Bd. II. Zum Urchristentum und zur hellenistischen Religionsgeschichte (hg. v. G. Bornkamm), Tübingen 1956 (DIBELIUS II)

–, Die Formgeschichte des Evangeliums (hg. v. G. Bornkamm), Tübingen ⁶1971 (M. DIBELIUS, Formgeschichte)

–, Glaube und Mystik bei Paulus, in: Dibelius II, 94–116 (M. DIBELIUS, Glaube und Mystik bei Paulus)

Ehrfurcht vor dem Leben. Albert Schweitzer. Eine Freundesgabe zu seinem 80. Geburtstag, Bern 1955 (Ehrfurcht vor dem Leben)

Günther Franz (Hg.), Ein Briefwechsel über das Christentum zwischen Gustav Wyneken und Albert Schweitzer, in: Jahrbuch des Archivs der deutschen Jugendbewegung Bd. 3, Burg Ludwigstein 1971 (G. Franz, Briefwechsel)

HANS GEISSER, Versuch, die Geschichte des Dr. David Friedrich Strauß ihrer theologischen Abzweckung getreu zu erzählen, in: M. Brecht (Hg.), Theologen und Theologie an der Universität Tübingen (Contubernium. Beiträge zur Geschichte der Eberhard-Karls-Universität 15), Tübingen 1977, 344–378 (H. GEISSER, Versuch)

KARL GEROLD GOETZ, Die heutige Abendmahlsfrage in ihrer geschichtlichen Entwicklung. Ein Versuch zur Lösung, Leipzig ²1907 (K. G. GOETZ, Die heutige Abendmahlsfrage)

RUDOLF GRABS, Albert Schweitzer. Denker aus Christentum, Halle/S. 1958 (R. GRABS, Denker aus Christentum)

ERICH GRÄSSER, Elementair denken bij Albert Schweitzer, in: NGL. Orgaan van het nederlands genootschap von leraren 11, 1978, 471–473. 510–512 (E. GRÄSSER, Elementair denken)

–, Motive und Methoden der neueren Jesus-Literatur. An Beispielen dargestellt, in: VF 18, 1973, 3–45 (E. GRÄSSER, Jesus-Literatur)

–, Die Naherwartung Jesu (SBS 61), Stuttgart 1973 (E. GRÄSSER, Naherwartung)

–, Das Problem der Parusieverzögerung in den synoptischen Evangelien und in der Apostelgeschichte (BZNW 22), Berlin (1957) ³1977 (E. GRÄSSER, Parusieverzögerung)

HELMUT GROOS, Albert Schweitzer. Größe und Grenzen. Eine kritische Würdigung des Forschers und Denkers, München 1974 (H. GROOS)

JEAN HÉRING, De H. J. Holtzmann à Albert Schweitzer, in: Ehrfurcht vor dem Leben 21–29 (J. HÉRING, De H. J. Holtzmann à A. Schweitzer)

THEODOR HEUSS, Rede bei der Verleihung des Friedenspreises des Deutschen Buchhandels an Albert Schweitzer am 16. September 1951 in der Paulskirche zu Frankfurt am Main, in: Ehrfurcht vor dem Leben 194–199 (TH. HEUSS, Rede)

GEORG HOLLMANN, Rezension (A. Schweitzer, ML), in: ThLZ 27, 1902, 465–469 (G. HOLLMANN, Rezension)

HEINRICH JULIUS HOLTZMANN, Das messianische Bewußtsein Jesu. Ein Beitrag zur Le-
ben-Jesu-Forschung, Tübingen 1907 (H. J. HOLTZMANN, Das messianische Bewußtsein
Jesu)
–, Die Synoptiker. Die Apostelgeschichte (HC I), Freiburg ²1892 (H. J. HOLTZMANN, Sy-
noptiker)
–, Lehrbuch der neutestamentlichen Theologie I. II, Tübingen ²1911 (H. J. HOLTZMANN,
Theologie I. II)
OSCAR HOLTZMANN, Rezension (A. Schweitzer, PF), in: DLZ 33, 1912, 974–978 (O.
HOLTZMANN, Rezension)
ERNST JACOB, Neue Literatur über Paulus und das Urchristentum, in: MGWJ 75, 1931,
329–333 (E. JACOB, Neue Literatur)
HANS-HINRICH JENSSEN, Rezension (G. Groos), in: ThLZ 103, 1978, 95–100 (H.-H. JENS-
SEN, Rezension)
ADOLF JÜLICHER, Neue Linien in der Kritik der evangelischen Überlieferung (Vorträge des
Hess. u. Nass. theol. Ferienkurses 3), Gießen 1906 (A. JÜLICHER, Neue Linien)
EBERHARD JÜNGEL, Paulus und Jesus. Eine Untersuchung zur Präzisierung der Frage nach
dem Ursprung der Christologie (HUTh 2), Tübingen 1962 (E. JÜNGEL, Paulus und Je-
sus)
ROBERT JUNGK, Der Mensch gegen den Übermenschen, in: J. Pierhal, A. Schweitzer 5–16
(R. JUNGK, Der Mensch gegen den Übermenschen)
ERNST KÄSEMANN, An die Römer (HNT 8a), Tübingen 1973 (E. KÄSEMANN, An die Römer)
–, Exegetische Versuche und Besinnungen Bd. I. II, Göttingen 1970 (E. KÄSEMANN, EVB I.
II)
–, Sackgassen im Streit um den historischen Jesus, in: EVB II, 31–68 (E. KÄSEMANN, EVB
II)
FRIEDRICH WILHELM KANTZENBACH, Albert Schweitzer. Wirklichkeit und Legende (Per-
sönlichkeit und Geschichte 50), Göttingen 1969 (F. W. KANTZENBACH, A. Schweitzer)
–, Programme der Theologie. Denker, Schulen, Wirkungen. Von Schleiermacher bis
Moltmann, München 1978 (F. W. KANTZENBACH, Programme)
GÜNTER KLEIN, Rudolf Bultmann (1884–1976), in: M. Greschat (Hg.), Theologen des Pro-
testantismus im 19. und 20. Jahrhundert II (UB 285), Stuttgart 1978, 400–419 (G. KLEIN,
R. Bultmann)
TRAUGOTT KOCH, Albert Schweitzers Kritik des christologischen Denkens und die sachge-
mäße Form einer gegenwärtigen Beziehung auf den geschichtlichen Jesus. Eine Erinne-
rung anläßlich seines 100. Geburtstages, in: ZThK 73, 1976, 208–240
OSKAR KRAUS, Albert Schweitzer. Sein Werk und seine Weltanschauung, Bern 1926 (O.
KRAUS, A. Schweitzer)
F. KROPATSCHECK, Rezension (A. Schweitzer, PF), in: ZKG 33, 1912, 587 f. (F. KROPAT-
SCHECK, Rezension)
ULRICH KÜHN, Art. Abendmahl IV. Das Abendmahlsgespräch in der ökumenischen Theo-
logie der Gegenwart, in: TRE I 145–212 (U. KÜHN, Abendmahl)
WERNER GEORG KÜMMEL, Das Neue Testament. Geschichte der Erforschung seiner Pro-
bleme, Freiburg ²1970 (W. G. KÜMMEL, NT)
–, Heilsgeschehen und Geschichte. Ges. Aufsätze 1933–1964, hg. v. E. Gräßer/O.
Merk/A. Fritz (MThSt 3), Marburg 1965 (W. G. Kümmel I); DERS., Heilsgeschehen und
Geschichte. Ges. Aufsätze 1965–1977, hg. v. E. Gräßer/O. Merk (MThSt 16), Marburg
1978 (W. G. KÜMMEL II)
–, Albert Schweitzer als Paulusforscher, in: W. G. Kümmel II, 215–231 (W. G. KÜMMEL II)
–, Die Bedeutung der Enderwartung für die Lehre des Paulus, in: W. G. Kümmel I, 36–47
(W. G. KÜMMEL I)
–, Die ‚konsequente‘ Eschatologie Albert Schweitzers im Urteil der Zeitgenossen, in: W. G.
Kümmel I, 328–339 (W. G. KÜMMEL I)

–, Albert Schweitzer als Jesus- und Paulusforscher, in: W. G. Kümmel II, 1–11 (W. G. Kümmel II)

–, Verheißung und Erfüllung. Untersuchungen zur eschatologischen Verkündigung Jesu (AThANT 6), Zürich ³1956 (W. G. Kümmel, Verheißung und Erfüllung)

Wilhelm Lange-Eichbaum/Wolfram Kurth, Genie, Irrsinn und Ruhm. Genie – Mythus und Pathographie des Genies, München ¹1928. ⁶1967 (W. Lange-Eichbaum 1928). (W. Lange-Eichbaum/W. Kurth, Genie, Irrsinn u. Ruhm)

Martin Lönnebo, Albert Schweitzers etisk-religiosa ideal. Zusammenfassung: Das ethisch-religiöse Ideal Albert Schweitzers, Stockholm 1964 (M. Lönnebo, ideal)

Eernst Lohmeyer, Das Abendmahl in der Urgemeinde, in: JBL 56, 1937, 217–253 (E. Lohmeyer, Das Abendmahl in der Urgemeinde)

Konrad Lorenz, Die acht Todsünden der zivilisierten Menschheit (Serie Piper 50), München 1973 (K. Lorenz, Todsünden)

Golo Mann, Geschichtswissenschaft gestern und heute, in: MEL 10, 1974, 192–197 (G. Mann, Geschichtswissenschaft)

Georges Marchal, Albert Schweitzers Paulusdeutung, in: H. W. Bähr 172–177 (G. Marchal, Albert Schweitzers Paulusdeutung)

Helmut Merklein, Die Gottesherrschaft als Handlungsprinzip. Untersuchung zur Ethik Jesu (FzB 34), Würzburg 1978 (H. Merklein, Gottesherrschaft als Handlungsprinzip)

Hermann J. Meyer, Albert Schweitzers Doktorarbeit über Kant, in: H. W. Bähr 66–74 (H. J. Meyer, A. Schweitzers Doktorarbeit)

Otto Michel, Albert Schweitzer und die Leben-Jesu-Forschung heute. Apokalyptik und Qumran, in: H. W. Bähr 125–134 (O. Michel, A. Schweitzer u. d. LJ-Forschung heute)

Robert Minder, Albert Schweitzers Begegnung mit Goethe, in: H. W. Bähr 281–286 (R. Minder, A. Schweitzers Begegnung mit Goethe)

Jürgen Moltmann, Theologie der Hoffnung. Untersuchungen zur Begründung und zu den Konsequenzen einer christlichen Eschatologie (BEvTh 38), München 1964 (J. Moltmann, Theologie der Hoffnung)

Ernst Müller, Die säkulare Bedeutung Schweitzers für die Leben-Jesu-Forschung, in: H. W. Bähr 146–158 (E. Müller, Die säkulare Bedeutung Schweitzers)

Gotthold Müller, Identität und Immanenz. Zur Genese der Theologie von David Friedrich Strauß (BSHST 10), Zürich 1968 (G. Müller, Identität und Immanenz)

Ulrich Neuenschwander, Denker des Glaubens I (GTB 81), Gütersloh 1974 (U. Neuenschwander, Denker des Glaubens I)

Boris Michailowitsch Nossik, Albert Schweitzer. Ein Leben für die Menschlichkeit (übers. von L. Pickenhain), Leipzig ²1978 (B. M. Nossik)

Suzanne Oswald, Mein Onkel Bery. Erinnerungen an Albert Schweitzer, Zürich ³1973 (S. Oswald, Mein Onkel Bery)

Hermann Patsch, Abendmahl und historischer Jesus (CThM 1), Stuttgart 1972 (H. Patsch, Abendmahl)

Rudolf Pesch, Das Markusevangelium. 2 Teile (HThK II 1.2), Freiburg 1976. 1977 (R. Pesch, Markusevangelium 1.2)

Werner Picht, Albert Schweitzer. Wesen und Bedeutung, Hamburg 1960 (W. Picht)

Jean Pierhal, Albert Schweitzer. Das Leben eines guten Menschen, München 1959 (J. Pierhal, A. Schweitzer)

Carl-Heinz Ratschow, Die geistesgeschichtliche Bedeutung Albert Schweitzers, in: W. G. Kümmel/C. H. Ratschow, Albert Schweitzer als Theologe, zwei akademische Reden, Marburg 1966 (C. H. Ratschow, Die geistesgeschichtliche Bedeutung A. Schweitzers)

Richard Reitzenstein, Religionsgeschichte und Eschatologie, in: ZNW 13, 1912, 1–28 (R. Reitzenstein, Rel.gesch. u. Eschatologie)

Karl Heinrich Rengstorf, Das Paulusbild in der neueren deutschen Forschung (WdF XXIV), Darmstadt 1964 (K. H. Rengstorf, WdF XXIV)

JAMES M. ROBINSON, Einführung, in: A. Schweitzer, LJ. GTB I 7–24 (J. ROBINSON, Einführung)

JÜRGEN ROLOFF, Neues Testament (Neukirchener Arbeitsbücher), Neukirchen-Vluyn 1977 (J. ROLOFF, NT)

WALTER SACHS, Schweitzers Bücher zur Paulus-Forschung, in: H. W. Bähr 178–183 (W. SACHS, Schweitzers Bücher)

MARTIN SCHMIDT, Albert Schweitzer als Theologe, in: Studien der Erwin von Steinbach-Stiftung (hg. v. Chr. Hallier) Bd. 2, Frankfurt a. M. 1968 (M. SCHMIDT, A. Schweitzer als Theologe)

WALTER SCHMITHALS, Die Theologie Rudolf Bultmanns. Eine Einführung, Tübingen 1966 (W. SCHMITHALS, Die Theologie Bultmanns)

KLAUS SCHOLDER, Albert Schweitzer und Ferdinand Christian Baur, in: H. W. Bähr 184–192 (K. SCHOLDER, A. Schweitzer u. F. Chr. Baur)

LEO SCHRADE, Die Ästhetik Albert Schweitzers – eine Interpretation Joh. Seb. Bachs, in: H. W. Bähr 262–280 (L. SCHRADE, Die Ästhetik A. Schweitzers)

ALBERT SCHWEITZER, Gesammelte Werke in fünf Bänden (hg. v. R. Grabs), München o. J. (Werke 1.2.3.4.5)

–, Das Abendmahl im Zusammenhang mit dem Leben Jesu und der Geschichte des Urchristentums. Erstes Heft. Das Abendmahlsproblem auf Grund der wissenschaftlichen Forschung des 19. Jahrhunderts und der historischen Berichte, Tübingen/Leipzig 1901 (Abendmahlproblem)

–, Das Abendmahl im Zusammenhang mit dem Leben Jesu und der Geschichte des Urchristentums. Zweites Heft. Das Messianitäts- und Leidensgeheimnis. Eine Skizze des Lebens Jesu, Tübingen/Leipzig 1901 = Werke 5, 195–340 (ML)

–, J. S. Bach, Vorrede von Charles Marie Widor, Wiesbaden (1908) 1955 (o. Angabe d. Aufl.) (J. S. Bach)

–, Die psychiatrische Beurteilung Jesu. Darstellung und Kritik, Tübingen 1913 (PB)

–, Das Christentum und die Weltreligionen, München (1925) 1952 = Werke 2, 665–716 (CW)

–, Geschichte der Leben-Jesu-Forschung, Tübingen (^{2}1913) ^{6}1951 (LJ) = Werke 3 = GTB 77/78, 2 Bde, Gütersloh ^{3}1977 (GTB)

–, Geschichte der Paulinischen Forschung von der Reformation bis auf die Gegenwart, Tübingen (1911) ^{2}1933 (PF)

–, Gespräche über das Neue Testament, in: Evangelisch-protestantischer Kirchenbote für Elsaß-Lothringen 30–33, 1901–04 (Kirchenbote – Belegnummern im Zentralarchiv in Günsbach)

–, Goethe. Vier Reden, München (1950) 1970 = Werke 5, 467–554 (Goethe)

–, Interview im Urwald (1947), in: Werke 5, 557–563 (Interview)

–, Aus meiner Kindheit und Jugendzeit (1924) (= Selbstzeugnisse 9–64 = Werke 1, 253–313), München 1979 (146. T.) (KJ)

–, Kultur und Ethik. Kulturphilosophie. Zweiter Teil, München (1923) ^{2}1926 = Werke 2, 95–420 (KE)

–, Aus meinem Leben und Denken, (Leipzig 1931) München 1950 = Werke 1, 19–252 (LD)

–, Die Mystik des Apostels Paulus, Tübingen (1930) ^{2}1954 = Werke 4, 15–510 (MP)

–, Paulus als Befreier. Predigt zu St. Nicolai in Straßburg 1906 (Gal 5,1), in: W. Picht 293–298

–, Le Problème de l'Éthique dans l'Évolution de la Pensée humaine, in: Revue des Travaux de l'Académie des Sciences Morales & Politiques, Paris 1952 = Das Problem des Ethischen in der Entwicklung des menschlichen Denkens (dtsch. v. J. Weidenkampf), in: A. Schweitzer, Die Lehre von der Ehrfurcht vor dem Leben. Grundtexte aus fünf Jahrzehnten (hg. v. H. W. Bähr), München 1966, 99–112 (Grundtexte) = Das Problem der Ethik in der Höherentwicklung des menschlichen Denkens (dtsch. v. A. Schweitzer, in: Werke 5, 143–159) (Das Problem der Ethik. Zitiert wird nach Schweitzers Übers.)

–, ,Der Protestantismus und die theol. Wissenschaft.' Vortrag gehalten am 16. 02. 1902 in St. Nicolai in Straßburg (unveröffentl. Typoskript im Zentralarchiv in Günsbach) (Der Protestantismus und die theologische Wissenschaft)

–, Reich Gottes und Christentum (Hg. v. U. Neuenschwander), Tübingen 1967 = Werke 4, 511–731 (RG)

–, Von Reimarus zu Wrede. Eine Geschichte der Leben-Jesu-Forschung, Tübingen 1906 (RW)

–, Schlußvorlesung des Kollegs: ,,Geschichte der Leben-Jesu-Forschung von Reimarus bis zur Gegenwart." 29. Juli 1905 (das Typoskript in Günsbach trägt die handschriftl. Aufschrift: Copie des Cahiers du Prof. Picht) (Schlußvorlesung)

–, Selbstdarstellung seiner theologischen Entwicklung, Kopie in Günsbach, geschrieben im Urwald 1926 (angeheftet ist ein Umschlag, auf dem von Schweitzers Hand steht: ,,Theologische Selbstdarstellung Albert Schweitzers 1926", sie ist abgefaßt in der 3. Pers. Im Vorspann wird ein Unbekannter autorisiert, von der Skizze für ein Buch Gebrauch zu machen) (Selbstdarstellung)

–, Selbstzeugnisse. Aus meiner Kindheit und Jugendzeit (= KJ = Werke 1, 253–313). Zwischen Wasser und Urwald (= Werke 1, 315–476). Briefe aus Lambarene (= Werke 1, 477–685), München 1959 (Selbstzeugnisse)

–, Strassburger Predigten (hg. v. U. Neuenschwander), München 1966 (SP)

–, Verfall und Wiederaufbau der Kultur. Kulturphilosophie I, München 1923 = Werke 2, 17–93 (VW)

–, Was sollen wir tun? 12 Predigten über ethische Probleme (hg. v. M. Strege/L. Stiehm), Heidelberg 1974 (Wswt)

–, Die Weltanschauung der indischen Denker. Mystik und Ethik, München (1935) 1965 (= Werke 2, 421–663) (Die Weltanschauung der indischen Denker)

EDUARD SCHWEIZER, Art. Abendmahl. I. Im NT, in: RGG³ I Sp. 10–21 (E. SCHWEIZER, Abendmahl)

–, Das Herrenmahl im Neuen Testament. Ein Forschungsbericht, in: DERS., Neotestamentica, Zürich 1963, 344–370 (E. SCHWEIZER, Das Herrenmahl im NT. Ein Forschungsbericht)

GEORGE SEAVER, Albert Schweitzer als Mensch und als Denker, Göttingen ²1950 (G. SEAVER)

REINHARD SLENCZKA, Geschichtlichkeit und Personsein Jesu Christi. Studien zur christologischen Problematik der historischen Jesusfrage (FSÖTh 18), Göttingen 1967 (R. SLENCZKA, Geschichtlichkeit)

FRIEDRICH SPITTA, Geschichte und Litteratur des Urchristentums. Bd. 1, Göttingen 1893 (F. SPITTA, Geschichte und Litteratur des Urchristentums I)

HARALD STEFFAHN, Du aber folge mir nach. Albert Schweitzers Werk und Wirkung, Bern 1974 (H. STEFFAHN, Du aber folge mich nach)

HORST STEPHAN, Rezension (A. Schweitzer, RW), in: LZD 57, 1906, 1545 f. (H. STEPHAN, Rezension)

DAVID FRIEDRICH STRAUSS, Das Leben Jesu, Kritisch bearbeitet, Bd. I, (Tübingen 1835, Bd. II 1836) Darmstadt 1969 (D. F. STRAUSS, LJ I.II)

MARTIN STREGE, Albert Schweitzers Religion und Philosophie. Eine systematische Quellenstudie, 1965 (M. STREGE, A. Schweitzers Religion u. Philosophie)

FRITZ WARTENWEILER, Eine wenig bekannte Seite in Schweitzers Wirken: Als Seelsorger an St. Nicolai in Strassburg 1901–1913, in: Ehrfurcht vor dem Leben 104–114 (F. WARTENWEILER, Eine wenig bekannte Seite in Schweitzers Wirken)

HANS EMIL WEBER, Rezension (A. Schweitzer, MP), in: ThLBl 51, 1930, 403–407 (H. E. WEBER, Rezension)

HEINRICH WEINEL, Rezension (A. Schweitzer, ML), in: ThR 5, 1902, 231–245 (H. WEINEL, Rezension)

WILHLEM WEISCHEDEL, Sind die Menschen besser geworden? Zur Frage nach dem moralischen Fortschritt des Menschengeschlechts, in: DERS., Philosophische Grenzgänge. Vorträge und Essays, Stuttgart 1967, 80–98 (W. WEISCHEDEL, Sind die Menschen besser geworden?)

JOHANNES WEISS, Die Predigt Jesu vom Reiche Gottes (1892). Mit einem Geleitwort von Rudolf Bultmann (hg. v. F. Hahn), Göttingen ³1964 (J. WEISS, Die Predigt Jesu)

JULIUS WELLHAUSEN, Einleitung in die drei ersten Evangelien, Berlin 1905 (²1911) (J. WELLHAUSEN, Einleitung)

MARTIN WERNER, Albert Schweitzers Beitrag zur Frage nach dem historischen Jesus, in: H. W. Bähr 135–145 (M. WERNER, A. Schweitzers Beitrag zur Frage nach dem historischen Jesus)

PAUL WERNLE, Rezension (A. Schweitzer, RW), in: ThLZ 31, 1906, 516–519 (P. WERNLE, Rezension)

ULRICH WILCKENS, Die Bekehrung des Paulus als religionsgeschichtliches Problem, in: DERS., Rechtfertigung als Freiheit. Paulusstudien, Neukirchen-Vluyn 1974, 11–32 (U. WILCKENS, Rechtfertigung)

HANS WINDISCH, Rezension (A. Schweitzer, RW), in: ThR 12, 1909, 145–162 (H. WINDISCH, Rezension RW)

–, Rezension (A. Schweitzer, LJ), in: ThR 16, 1913, 319–341 (H. WINDISCH, Rezension LJ)

–, Rezension (A. Schweitzer, PF), in: ZWTh 55 (N.F. XX.) 1913, 173f. (H. WINDISCH, Rezension PF)

WILLIAM WREDE, Paulus (1904), in: K. H. Rengstorf, WdF XXIV 1–97 (W. WREDE, Paulus)

Namensregister

Albert Schweitzer
Sein Denken
und sein Weg

Herausgegeben von H. W. Bähr. 1962. XIV, 578 Seiten. 1 Tafel.
Kart., Ln.

»Man weiß es auf den ersten Blick: es ist *das* Werk über Schweitzer,
entstanden aus dem Widerhall seiner Gedanken, seines Wirkens, aus
dem Eindruck seiner Persönlichkeit in allen Kulturstätten der Welt
... In dem vorliegenden Band werden die Ideen, Ziele, Pläne, das
Menschlich-Persönliche Albert Schweitzers lebendig.«
Eduard Meyer, *Universitas*, 1962, H. 11

»Das Bedeutsame an diesem Werk ist die Tatsache, daß ... die Wirkung einer einzigen ... Persönlichkeit auf unsere Welt sichtbar gemacht wird. Denn die Autoren, die hier zu Wort kommen, stammen
nicht nur aus allen Fakultäten, sondern auch aus allen Nationen und
Erdteilen.«
Christ und Welt, 15. Jg., Nr. 32, 10. 8. 1962

»Cette publication s'impose à l'attention: pour la première fois, on a
réuni en un seul volume des études compétentes consacrées aux mul-
tiples aspects de la personne et de la pensée du docteur de Lambaré-
né.«
Bernard Reymond, *Revue de théologie et de philosophie*, 1965, no. 6

»Was Albert Schweitzer als Theologe und Musiker bzw. Musikwissenschaftler, als Arzt und Philosoph und – nicht zuletzt – als Mensch
geleistet hat, ist hier von berufener Hand aufgezeichnet. Doch wird
das Profil dieses Buches nicht nur von den wissenschaftlichen Beiträgen geprägt, ... nicht minder bedeutungsvoll und aufschlußreich sind
.. die ... Kurzbeiträge vorwiegend ausländischer Gelehrter, die ihre
Eindrücke von der Persönlichkeit und dem Werk Schweitzers wiedergeben und die weltweite Resonanz repräsentieren, die der doctor
universalis gefunden hat.«
Erich Gaenschalz, *Saarländischer Rundfunk*, 15. 3. 1962

»... as a survey and summary of the many-sided personality and
work of Albert Schweitzer it is unique and as such it is a valuable con-
tribution to the already extensive library of works on Schweitzer.«
K. Runia, *Vox Reformata*, 1968, Nr. 11

»Obwohl die Gestalt Albert Schweitzers im Mittelpunkt steht, obgleich jeder einzelne Beitrag durch ihn und sein Wirken ausgelöst
oder angeregt worden ist, greifen die Texte in ihrer Gesamtheit hinein
in die geistige, moralische und soziale Problematik unserer Zeit. ...
Ein Stück Weltkultur ist sichtbar gemacht und gedeutet.«
Neue Zürcher Zeitung, 19. 7. 1962

J. C. B. Mohr (Paul Siebeck)
Tübingen